KB206731

기독교 신앙의 참된 안내서

어둠에서 빛으로

어둠에서 빛으로

펴 낸 날   2024년 9월 30일

지 은 이   김성인
펴 낸 이   이기성
기획편집   이지희, 윤가영, 서해주
표지디자인   이지희
책임마케팅   강보현, 김성욱
펴 낸 곳   도서출판 생각나눔
출판등록   제 2018-000288호
주   소   경기 고양시 덕양구 청초로 66, 덕은리버워크 B동 1708호, 1709호
전   화   02-325-5100
팩   스   02-325-5101
홈페이지   www.생각나눔.kr
이 메 일   bookmain@think-book.com

· 책값은 표지 뒷면에 표기되어 있습니다.
  ISBN 979-11-7048-752-4(03230)

기독교 신앙의 참된 안내서

어둠에서
빛으로

김성인 지음

누구든지 이 책을 발견하고 이 책을 읽는 사람들은
어둠에서 빛으로 나아오게 되어 빛 가운데 살게 되며
하나님이 예비하신 영원한 기업을 얻게 될 것이다

생각나눔

✝️ 이 책은 말씀의 영적 소경이었던 목사가 37년 동안 학습된 지식만 가지고 목회를 하면서 주님의 교회가 현재의 이러한 모습의 교회가 아니라는 것을 일찍이 깨닫기는 하였으나 참된 교회와 지도자를 어디에서도 찾지 못하여 심히 답답하고 괴로워하며 많은 갈등 속에 몸부림치며 목회를 하다가 비로소 말씀의 주인이신 주님을 말씀 속에서 만나게 되니 사마리아 여인이 주님을 만난 후에 기뻐하며 동네로 달려가서 소식을 전하여 사람들을 주님께로 데리고 나왔던 것처럼 필자도 사마리아 여인의 심정으로 지금도 어디선가 애를 태우며 주님을 기다리는 사람들에게 내가 만난 주님을 전하기 위하여 이 책을 발간하게 되었다.

말씀에 눈이 열리게 되니 그동안 찾고, 구하며, 애를 태웠던 모든 문제가 한꺼번에 해결되었다. 그 모든 답이 하나님이 주신 신·구약 말씀 속에 분명하게 기록되어 있었는데, 그동안 그 말씀을 표면적으로는 수없이 읽었으나 주님을 만나지 못하였다가 이제야 그 말씀에 붙잡혀서 성령의 인도함을 받게 된 것이다.

그러므로 누구든지 이 책을 읽게 되면 성경과 신앙, 그리고 교회관, 구원관, 목회관 등의 기독교 신앙의 모든 문제에 대한 답을 얻을 수 있을 것이다.

서언

　　예수님의 제자들도 부활하신 예수님을 만나기 전까지는 예수님에 대하여 아무것도 알지 못하여 실패에 실패를 거듭하며 아주 나약한 모습으로 예수님을 따라갈 수밖에 없었다. 예수님 사역의 정점인 십자가 죽으심 앞에서는 모든 것을 체념한 듯, 베드로는 나는 예수를 알지 못한다고 세 번씩이나 부인하는 어처구니없는 실패를 하였으니 그 실패의 원인이 어디에 있었던 것일까?

　　그 원인은 그때까지 예수님을 알지 못하고 있었던 것이다.

　　누구든지 예수님에 대하여 알지 못한다면 그 결과는 당연히 실패할 수밖에 없다.

　　예수님의 제자들이 주님의 부르심을 받고 주님으로부터 가르침을 받았고, 주님이 하시는 일들을 모두 목격하였음에도 불구하고 부활하신 주님을 만나기 전까지는 주님께서 이 땅에 오신 목적과 하시는 일에 대하여 그리고 자기들을 제자 삼으신 목적과 자신의 사명에 대하여 아무것도 깨닫지 못하였던 것이다.

하물며 오늘의 교회 지도자들이 총회의 교육과정을 이수하고 고시를 거쳐서 목사로 임직받았다고 해서 주님에 대하여 모든 것을 알고, 주님의 일을 할 수 있는 지식이나 자격을 모두 갖추었다고 생각하면 큰 착각이다.

우리는 아직도 너무 부족하며 무지하고 무능하기 때문에 오늘의 교회가 이렇게 많은 오류와 혼란에 빠지게 된 것이다.

영적 분야에 있어서는 전혀 알지 못하는 영적 소경들임에도 불구하고 바리새인들처럼 자신이 소경인 것조차도 알지 못하고 육신의 눈과 표면적 지식만 가지고 하나님의 일을 한다고 나선 것이다.

그렇기에 자신도 모르게 많은 거짓된 말을 하기도 하고 영적인 주님의 일에는 완전히 실패하고 있으며, 어두움 속에서 많은 불법을 저지르며 마땅히 하여야 할 영적 일을 하지 못하고 육적이고 세상적인 일을 하면서 그것을 하나님의 일로 착각 하고 있는 것이다.

육적으로 학습된 지식만 가지고는 절대로 주님을 알 수도 없고, 주님의 일을 할 수가 없는 것이다.

사람들이 알고 있는 것은 표면적인 것뿐이고, 영적 지식과 능력을 갖춘 사람이 없어서 이렇게 많은 거짓된 지도자들이 나타나서 거짓 교회를 세워가고 있는 것이다.

"거짓 그리스도들과 거짓 선지자들이 일어나 큰 표적과 기사를 보이어 할 수만 있으면 택하신 자들도 미혹하게 하리라" (마 24:24)

"사랑하는 자들아 영을 다 믿지 말고 오직 영들이 하나님께 속하였나 시험하라 많은 거짓 선지자가 세상에 나왔음이니라" (요일 4:1)

"이제는 우리가 얽매였던 것에 대하여 죽었으므로 율법에서 벗어났으니 이러므로 우리가 영의 새로운 것으로 섬길 것이요 의문의 묵은 것으로 아니할찌니라" (롬 7:6)

"오직 하나님이 성령으로 이것을 우리에게 보이셨으니 성령은 모든 것 곧 하나님의 깊은 것이라도 통달하시느니라

사람의 사정을 사람의 속에 있는 영 외에는 누가 알리요 이와 같이 하나님의 사정도 하나님의 영 외에는 아무도 알지 못하느니라

우리가 세상의 영을 받지 아니하고 오직 하나님께로 온 영을 받았으니 이는 우리로 하여금 하나님께서 우리에게 은혜로 주신 것들을 알게 하려 하심이라

우리가 이것을 말하거니와 사람의 지혜의 가르친 말로 아니하고 오직 성령의 가르치신 것으로 하니 신령한 일은 신령한 것으로 분별하느니라

육에 속한 사람은 하나님의 성령의 일을 받지 아니하나니 저희에게는 미련하게 보임이요 또 깨닫지도 못하나니 이런 일은 영적으로라야 분변함이니라" (고전 2:10-14)

예수님 제자들의 삶을 전기와 후기로 구분하여 살펴보면 전기는 예수님의 부름을 받은 이후 부활하신 예수님을 만나기 전까지요, 후기는 예수님이 부활하신 이후부터 제자로서 일생을 마친 날까지다.

전기에서는 육의 눈을 가지고 예수님을 따랐으며, 실패와 실수를 반복하며 예수님에 대하여 아무것도 알지 못한 가운데 예수님에 대하여 조금씩 알아가고 배워가는 과정이어서 아주 불완전하고 인간의 무지와 나약함이 그대로 드러나 있다. 후기는 부활의 주님을 만

나서 영의 눈이 열리고 예수님과 하나가 되고 예수님에 대하여 모든 것을 알고 깨닫게 되니 비로소 예수님으로부터 "내 양을 치라"는 사명을 받았다. 예루살렘을 떠나지 말고 아버지의 약속하신 것을 기다리라는 예수님 말씀에 따라 함께 모여 기도하는 중에 오순절날 성령의 충만함을 받은 후에는 한 번도 나약한 모습을 보이거나 실패하지 아니하였고, 대부분의 제자가 순교로써 멋지게 헌신한 삶을 보여주고 있다.

주님의 일꾼들은 반드시 이러한 전기와 후기의 과정을 거치게 됨으로써 전기는 육의 사람으로서 준비 단계요, 후기는 영의 사람으로 거듭나서 성령의 충만함을 받아 헌신하는 삶을 살아가게 되므로 모든 사역자는 자신이 지금 어느 단계에 있는가를 먼저 살펴보고 전기의 과정을 지나서 후기의 멋진 승리의 삶을 산 후에 주님 앞에 설 수 있기 바란다.

"예수께서 대답하여 가라사대 나의 하는 것을 네가 이제는 알지 못하나 이후에는 알리라" (요13:7)

제자들이 처음에는 주님과 함께하고 있었음에도 불구하고 주님과 주님이 하시는 일을 전혀 알지 못하고 따라가고 있었지만, 주님의 말씀대로 후에는 영의 눈이 열려서 모든 것을 확실히 알고 제자로서의 사명을 충실하게 수행할 수가 있었다. 주님의 백성들은 모두가 알지 못하고 주님을 따라갈 때가 있으니 이때는 모든 것이 불완전하고 실패를 반복하게 되지만, 그 후 모든 것을 확실하게 알고 주님을 따라가게 될 때는 절대로 실패하지 않고 승리의 삶을 살아갈 수가 있는 것이니 언제든지 잘 인내하면서 주님을 배우고 알아가는 일에 충실하여야 할 것이다.

"유월절 전에 예수께서 자기가 세상을 떠나 아버지께로 돌아가실 때가 이른 줄 아시고 세상에 있는 자기 사람들을 사랑하시되 끝까지 사랑하시니라"(요 13:1)

"저희가 조반 먹은 후에 예수께서 시몬 베드로에게 이르시되 요한의 아들 시몬아 네가 이 사람들보다 나를 더 사랑하느냐 하시니 가로되 주여 그러하외다 내가 주를 사랑하는줄 주께서 아시나이다 가라사대 내 어린 양을 먹이라 하시고

또 두 번째 가라사대 요한의 아들 시몬아 네가 나를 사랑하느냐 하시니 가로되 주여 그러하외다 내가 주를 사랑하는 줄 주께서 아시나이다 가라사대 내 양을 치라 하시고 세 번째 가라사대 요한의 아들 시몬아 네가 나를 사랑하느냐 하시니 주께서 세 번째 네가 나를 사랑하느냐 하시므로 베드로가 근심하여 가로되 주여 모든 것을 아시오매 내가 주를 사랑하는 줄을 주께서 아시나이다 예수께서 가라사대 내 양을 먹이라

내가 진실로 진실로 네게 이르노니 젊어서는 네가 스스로 띠 띠고 원하는 곳으로 다녔거니와 늙어서는 네 팔을 벌리리니 남이 네게 띠 띠우고 원치 아니하는 곳으로 데려가리라"(요 21:15-18)

주님께서는 비로소 제자들이 주님의 양들을 양육할 수 있는 자격과 능력을 갖추게 되었을 때 당신의 양들을 위임하시고 지상 사역을 마치시고 승천하신 것이다.

"예수께서 나아와 일러 가라사대 하늘과 땅의 모든 권세를 내게 주셨으니

그러므로 너희는 가서 모든 족속으로 제자를 삼아 아버지와 아들과 성령의 이름으로 세례를 주고 내가 너희에게 분부한 모든 것을 가르쳐 지키게 하라

볼찌어다 내가 세상 끝날까지 너희와 항상 함께 있으리라 하시니라" (마 28:18-20)

2024년 5월
안양 관양동 아크로타워에서
강성교회 목사 김성인

목
차

제4편

하나님의 심판과 구원

제5편

성경 말씀에 대한 바른 이해

제6편

최후의 심판

제1편

이 세상에 있는 교회의 현실

보아도 알지 못하고
들어도 깨닫지 못하는 사람들

....

"일어나 가서 보니 에디오피아 사람 곧 에디오피아 여왕 간다게의 모든 국고를 맡은 큰 권세가 있는 내시가 예배하러 예루살렘에 왔다가

돌아가는데 병거를 타고 선지자 이사야의 글을 읽더라

성령이 빌립더러 이르시되 이 병거로 가까이 나아가라 하시거늘

빌립이 달려가서 선지자 이사야의 글 읽는 것을 듣고 말하되 읽는 것을 깨닫느뇨

대답하되 지도하는 사람이 없으니 어찌 깨달을 수 있느뇨 하고 빌립을 청하여 병거에 올라 같이 앉으라 하니라" (행 8:27-31)

"지도하는 사람이 없으니 어찌 깨달을 수 있느뇨"라고 에디오피아 여왕의 내시가 말한 것처럼 많은 사람이 성경 말씀을 들으며 읽어도 깨닫지 못한다.

그러한 사람들에게 빌립과 같이 성령의 보내심을 받은 사람의 가르침이 있어야 말씀을 온전히 깨닫고 바른 신앙의 삶을 살아갈 수 있는 것이다.

"그러므로 내가 저희에게 비유로 말하기는 저희가 보아도 보지

못하며 들어도 듣지 못하며 깨닫지 못함이니라

이사야의 예언이 저희에게 이루었으니 일렀으되 너희가 듣기는 들어도 깨닫지 못할 것이요 보기는 보아도 알지 못하리라

이 백성들의 마음이 완악하여져서 그 귀는 듣기에 둔하고 눈은 감았으니 이는 눈으로 보고 귀로 듣고 마음으로 깨달아 돌이켜 내게 고침을 받을까 두려워함이라 하였느니라

그러나 너희 눈은 봄으로, 너희 귀는 들음으로 복이 있도다" (마 13:13-16)

"예수께서 열두 제자를 데리시고 이르시되 보라 우리가 예루살렘으로 올라가노니 선지자들로 기록된 모든 것이 인자에게 응하리라

인자가 이방인들에게 넘기워 희롱을 받고 능욕을 받고 침 뱉음을 받겠으며

저희는 채찍질하고 죽일 것이니 저는 삼 일 만에 살아나리라 하시되

제자들이 이것을 하나도 깨닫지 못하였으니 그 말씀이 감추었으므로 저희가 그 이르신 바를 알지 못하였더라" (눅 18:31-34)

"그 안에 생명이 있었으니 이 생명은 사람들의 빛이라 빛이 어두움에 비취되 어두움이 깨닫지 못하더라" (요 1:4-5)

"어찌하여 내 말을 깨닫지 못하느냐 이는 내 말을 들을 줄 알지 못함이로다" (요 8:43)

"예수는 한 어린 나귀를 만나서 타시니

이는 기록된바 시온 딸아 두려워 말라 보라 너의 왕이 나귀새끼를 타고 오신다 함과 같더라

제자들은 처음에 이 일을 깨닫지 못하였다가 예수께서 영광을 얻으신 후에야 이것이 예수께 대하여 기록된 것임과 사람들이 예수께 이같이 한 것인 줄 생각났더라" (요 12:14-16)

"저희가 일자를 정하고 그의 우거하는 집에 많이 오니 바울이 아침부터 저녁까지 강론하여 하나님 나라를 증거하고 모세의 율법과 선지자의 말을 가지고 예수의 일로 권하더라

그 말을 믿는 사람도 있고 믿지 아니하는 사람도 있어

서로 맞지 아니하여 흩어질 때에 바울이 한 말로 일러 가로되 성령이 선지자 이사야로 너희 조상들에게 말씀하신 것이 옳도다

일렀으되 이 백성에게 가서 말하기를 너희가 듣기는 들어도 도무지 깨닫지 못하며 보기는 보아도 도무지 알지 못하는도다

이 백성들의 마음이 완악하여져서 그 귀로는 둔하게 듣고 그 눈을 감았으니 이는 눈으로 보고 귀로 듣고 마음으로 깨달아 돌아와 나의 고침을 받을까 함이라 하였으니 그런즉 하나님의 이 구원을 이방인에게로 보내신 줄 알라 저희는 또한 들으리라 하더라" (행 28:23-28)

선생 된 자 중에도 알지 못하고 깨닫지 못한 거짓된 사람들이 많이 있어서 오늘의 교회가 이렇게 큰 혼란에 빠져 있고, 수많은 거짓 잡교가 세계 곳곳에 세워진 것이다.

"거짓 선지자가 많이 일어나 많은 사람을 미혹하게 하겠으며 불

법이 성하므로 많은 사람의 사랑이 식어지리라"(마 24:11-12)

"그 때에 사람이 너희에게 말하되 보라 그리스도가 여기 있다 보라 저기 있다 하여도 믿지 말라

거짓 그리스도들과 거짓 선지자들이 일어나서 이적과 기사를 행하여 할 수만 있으면 택하신 백성을 미혹케 하려 하리라"(막 13:21-22)

"육으로 난 것은 육이요 성령으로 난 것은 영이니

내가 네게 거듭나야 하겠다 하는 말을 기이히 여기지 말라

바람이 임의로 불매 네가 그 소리를 들어도 어디서 오며 어디로 가는지 알지 못하나니 성령으로 난 사람은 다 이러하니라

니고데모가 대답하여 가로되 어찌 이러한 일이 있을 수 있나이까

예수께서 가라사대 너는 이스라엘의 선생으로서 이러한 일을 알지 못하느냐"(요 3:6-10)

"무리를 보시고 민망히 여기시니 이는 저희가 목자 없는 양과 같이 고생하며 유리함이라

이에 제자들에게 이르시되 추수할 것은 많되 일군은 적으니

그러므로 추수하는 주인에게 청하여 추수할 일군들을 보내어 주소서 하라 하시니라"(마 9:36-38)

"그냥 두어라 저희는 소경이 되어 소경을 인도하는 자로다 만일 소경이 소경을 인도하면 둘이 다 구덩이에 빠지리라 하신대"(마 15:14)

"화 있을찐저 외식하는 서기관들과 바리새인들이여 너희는 교인

하나를 얻기 위하여 바다와 육지를 두루 다니다가 생기면 너희보다 배나 더 지옥 자식이 되게 하는도다 화 있을찐저 소경된 인도자여 너희가 말하되 누구든지 성전으로 맹세하면 아무 일 없거니와 성전의 금으로 맹세하면 지킬찌라 하는도다" (마 23:15-16)

"우리가 이것을 말하거니와 사람의 지혜의 가르친 말로 아니하고 오직 성령의 가르치신 것으로 하니 신령한 일은 신령한 것으로 분별하느니라

육에 속한 사람은 하나님의 성령의 일을 받지 아니하나니 저희에게는 미련하게 보임이요

또 깨닫지도 못하나니 이런 일은 영적으로라야 분변함이니라" (고전 2:13-14)

하나님의 세계는 영적인 세계이기 때문에 반드시 성령의 인도를 받는 사람에게 지도를 받아야 하며, 무엇이든지 하나님의 말씀에 의하여 분별하고 깨달아야 실족하지 않고 구원에 이를 수 있는 것이다.

"이 이상은 나 다니엘이 홀로 보았고 나와 함께한 사람들은 이 이상은 보지 못하였어도 그들이 크게 떨며 도망하여 숨었었느니라

그러므로 나만 홀로 있어서 이 큰 이상을 볼 때에 내 몸에 힘이 빠졌고 나의 아름다운 빛이 변하여 썩은듯하였고 나의 힘이 다 없어졌으나

내가 그 말소리를 들었는데 그 말소리를 들을 때에 내가 얼굴을 땅에 대고 깊이 잠들었었느니라

한 손이 있어 나를 어루만지기로 내가 떨더니 그가 내 무릎과 손바닥이 땅에 닿게 일으키고

내게 이르되 은총을 크게 받은 사람 다니엘아 내가 네게 이르는 말을 깨닫고 일어서라 내가 네게 보내심을 받았느니라 그가 내게 이 말을 한 후에 내가 떨며 일어서매 그가 내게 이르되 **다니엘아 두려워하지 말라 네가 깨달으려 하여 네 하나님 앞에 스스로 겸비케 하기로 결심하던 첫날부터 네 말이 들으신바 되었으므로 내가 네 말로 인하여 왔느니라**" (단 10:7-12)

"천사가 대답하여 가로되 나는 하나님 앞에 섰는 가브리엘이라 이 좋은 소식을 전하여 네게 말하라고 보내심을 입었노라" (눅 1:19)

"하나님께로서 보내심을 받은 사람이 났으니 이름은 요한이라 저가 증거하러 왔으니 곧 빛에 대하여 증거하고 모든 사람으로 자기를 인하여 믿게 하려 함이라

그는 이 빛이 아니요 이 빛에 대하여 증거하러 온 자라" (요 1:6-8)

하나님은 천사들을 보내시고 또한 성령의 감동하심을 받은 사람들을 보내셨으며

하나님의 아들 예수 그리스도를 보내셨고, 그리고 성령 하나님이 오셨고

예수님은 그의 제자들을 보내시어 우리들에게 구원의 복음을 전하게 하셨으니

선생 된 자들은 반드시 하나님으로부터 보내심을 입은 사람들이어야 하는 것이다.

"누구든지 주의 이름을 부르는 자는 구원을 얻으리라

그런즉 저희가 믿지 아니하는 이를 어찌 부르리요 듣지도 못한 이를 어찌 믿으리요 전파하는 자가 없이 어찌 들으리요

보내심을 받지 아니하였으면 어찌 전파하리요 기록된바 아름답도다 좋은 소식을 전하는 자들의 발이여 함과 같으니라" (롬 10:13-15)

"하나님의 사랑이 우리에게 이렇게 나타난바 되었으니 하나님이 자기의 독생자를 세상에 보내심은 저로 말미암아 우리를 살리려 하심이니라" (요일 4:9)

"예수께서 또 가라사대 너희에게 평강이 있을찌어다 아버지께서 나를 보내신 것 같이 나도 너희를 보내노라

이 말씀을 하시고 저희를 향하사 숨을 내쉬며 가라사대 성령을 받으라

너희가 뉘 죄든지 사하면 사하여질 것이요 뉘 죄든지 그대로 두면 그대로 있으리라 하시니라" (요 20:21-23)

"내가 또 보니 보좌와 네 생물과 장로들 사이에 어린 양이 섰는데 일찍 죽임을 당한 것 같더라 일곱 뿔과 일곱 눈이 있으니 이 눈은 온 땅에 보내심을 입은 하나님의 일곱 영이더라" (계 5:6)

하나님의 말씀은 성령으로 감동된 사람들이 기록한 말씀이기에 성령의 도우심 없이 인간적 지식으로는 깨달을 수가 없는 것이다.

그래서 하나님은 마지막 때에 약속의 성령을 보내셔서 하나님의 말씀을 가르쳐 깨닫게 하시는 것이다.

"내가 아직도 너희에게 이를 것이 많으나 지금은 너희가 감당치 못하리라

그러하나 진리의 성령이 오시면 그가 너희를 모든 진리 가운데로 인도하시리니

그가 자의로 말하지 않고 오직 듣는 것을 말하시며 장래 일을 너희에게 알리시리라" (요 16:12-13)

어둠에서 빛으로

제목에 대한 설명

....

"내가 대답하되 주여 뉘시니이까 주께서 가라사대 나는 네가 핍박하는 예수라

일어나 네 발로 서라 내가 네게 나타난 것은 곧 네가 나를 본 일과 장차 내가 네게 나타날 일에 너로 사환과 증인을 삼으려 함이니

이스라엘과 이방인들에게서 내가 너를 구원하여 저희에게 보내어 **그 눈을 뜨게 하여 어두움에서 빛으로, 사단의 권세에서 하나님께로 돌아가게 하고 죄 사함과 나를 믿어 거룩케 된 무리 가운데서 기업을 얻게 하리라 하더이다**" (행 26:15-18)

"누구든지 헛된 말로 너희를 속이지 못하게 하라 이를 인하여 하나님의 진노가 불순종의 아들들에게 임하나니

그러므로 저희와 함께 참예 하는 자 되지 말라

너희가 전에는 어두움이더니 이제는 주 안에서 빛이라 빛의 자녀들처럼 행하라

빛의 열매는 모든 착함과 의로움과 진실함에 있느니라" (엡 5:6-9)

이 세상은 어두움이 지배하는 세상이기 때문에 어둠 속에서는 아무것도 보이지 않으므로 알지도 못하고 깨닫지도 못하는 것이다.

그렇기에 예수께서 세상에 오셨을 때에 사람들은 예수(빛, 생명)에 대하여 아무것도 알지 못하고 받아들이지 않았는데, 지금도 마찬가지이다.

"태초에 말씀이 계시니라 이 말씀이 하나님과 함께 계셨으니 이 말씀은 곧 하나님이시니라

그가 태초에 하나님과 함께 계셨고

만물이 그로 말미암아 지은바 되었으니 지은 것이 하나도 그가 없이는 된 것이 없느니라

그 안에 생명이 있었으니 이 생명은 사람들의 빛이라

빛이 어두움에 비취되 어두움이 깨닫지 못하더라

하나님께로서 보내심을 받은 사람이 났으니 이름은 요한이라

저가 증거하러 왔으니 곧 빛에 대하여 증거하고 모든 사람으로 자기를 인하여 믿게 하려 함이라" (요 1:1-7)

빛으로 오신 예수님을 증거하는 자는 반드시 하나님으로부터 보내심을 받은 사람이어야 빛을 증거할 수 있어서 어두움에 있는 사람들을 이끌어 낼 수 있는 것이다.

하나님은 일찍이 하나님의 사람들을 보내셔서 말씀을 증거하셨지만, 사람들은 아무것도 깨닫지 못하였으니 그들의 눈과 귀가 어두워졌기 때문이다.

"흑암에 앉은 백성이 큰 빛을 보았고 사망의 땅과 그늘에 앉은 자들에게 빛이 비취었도다 하였느니라" (마 4:17)

"나는 빛으로 세상에 왔나니 무릇 나를 믿는 자로 어두움에 거하지 않게 하려 함이로라"(요 12:46)

이 세상에는 하나님이 보내신 자들도 있고, 하나님이 부르시지도 보내시지도 않으셨는데 자기가 스스로 나가서 하나님의 보내심을 받은 자처럼 행세하며 온갖 거짓말로 하나님의 백성들을 미혹하는 사악한 거짓 선지자들도 있다. 많은 사람이 그들에게 미혹되어 더 깊은 사망의 늪에 빠져서 탈출하지 못하고 죽어가고 있으니 저들을 어찌하랴.

사울은 유대교의 열심 있는 지도자이었지만, 예수님을 만나기 전까지는 어두움에 사로잡혀서 주님을 알지 못했다. 주님을 대적하는 삶을 살다가 주님을 만난 후에 어둠에서 해방되고 주님 안에 거하게 되니 어두움에 사로잡혀 있는 수많은 사람을 생명으로 이끌어내는 일에 생명 바쳐 헌신할 수 있었다.

지금도 주님 만나기 전의 사울처럼 자신이 주님의 종이라고 말하고 있지만, 그들이 아직 주님을 만나지 못하여 어둠에서 벗어나지 못하고 여전히 사단의 앞잡이 노릇을 하는 사람들이 많이 있다. 이러한 사람들은 속히 회개하고 주님을 만나서 빛 가운데 거하는 종들이 되고, 변화를 받아 어둠 속에 있는 사람들을 끌어내는 주님의 참된 일꾼이 되어서 하나님 나라의 기업을 이어받게 하는 훌륭한 일꾼으로 쓰임 받기를 바란다.

주님 안에 거하지 못하는 사람들은 주님께 쓰임 받지 못하고 언제나 사단의 앞잡이가 되며, 주님 안에 거하는 사람은 어둠에 사로잡혀 있는 사람들을 주님께 인도하여 살리는 주님의 일꾼이 되는 것이다.

누구든지 주님을 만난 사람은 죽을 사람을 살리는 주님의 일에 쓰임 받게 될 것이고, 주님을 만나지 못한 사람은 어둠의 종이 되어 끝내 사단의 앞잡이 노릇만 하다가 하나님의 심판에 처하게 될 것이다.

"거짓 선지자들을 삼가라 양의 옷을 입고 너희에게 나아오나 속에는 노략질하는 이리라" (마 7:15)

"내가 떠난 후에 흉악한 이리가 너희에게 들어와서 그 양떼를 아끼지 아니하며
또한 너희 중에서도 제자들을 끌어 자기를 좇게 하려고 어그러진 말을 하는 사람들이 일어날 줄을 내가 아노니
그러므로 너희가 일깨워 내가 삼 년이나 밤낮 쉬지 않고 눈물로 각 사람을 훈계하던 것을 기억하라" (행 20:29-31)

"여호와께서 내게 이르시되 선지자들이 내 이름으로 거짓 예언을 하도다 나는 그들을 보내지 아니하였고 그들에게 명하거나 이르지 아니하였거늘 그들이 거짓 계시와 복술과 허탄한 것과 자기 마음의 속임으로 너희에게 예언하도다
그러므로 내가 보내지 아니하였어도 내 이름으로 예언하여 이르기를 칼과 기근이 이 땅에 이르지 아니하리라 하는 선지자들에 대하여 나 여호와가 이같이 이르노라 그 선지자들은 칼과 기근에 멸

망할 것이요

그들의 예언을 받은 백성은 기근과 칼로 인하여 예루살렘 거리에 던짐을 입을 것인즉 그들을 장사할 자가 없을 것이요 그 아내와 그 아들과 그 딸도 그렇게 되리니 이는 내가 그들의 악을 그 위에 부음이니라" (렘 14:14-16)

"나 여호와가 말하노라 몽사를 얻은 선지자는 몽사를 말할 것이요 내 말을 받은 자는 성실함으로 내 말을 말할 것이라 겨와 밀을 어찌 비교하겠느냐

나 여호와가 말하노라 내 말이 불같지 아니하냐 반석을 쳐서 부스러뜨리는 방망이 같지 아니하냐

나 여호와가 말하노라 그러므로 보라 서로 내 말을 도적질하는 선지자들을 내가 치리라

나 여호와가 말하노라 보라 그들이 혀를 놀려 그가 말씀하셨다 하는 선지자들을 내가 치리라 나 여호와가 말하노라 보라 거짓 몽사를 예언하여 이르며 거짓과 헛된 자만으로 내 백성을 미혹하게 하는 자를 내가 치리라 **내가 그들을 보내지 아니하였으며 명하지 아니하였나니 그들이 이 백성에게 아무 유익이 없느니라 여호와의 말이니라**" (렘 23:28-32)

"여호와께서 말씀하시되 내가 그들을 보내지 아니하였거늘 그들이 내 이름으로 거짓을 예언하니 내가 너희를 몰아내며 너희와 너희에게 예언하는 선지자들을 멸망시키기에 이르리라 하셨나이다" (렘 27:15)

지금 교회 안에 온갖 불법과 거짓이 자행되고 있는 것은 교회의 지도자라 하는 사람들이 하나님이 보내신 자들이 아니고 사단이 보낸 사람들이기 때문이다.

<u>사람들은 왜 빛을 거부하는가?</u>

"그 정죄는 이것이니 곧 빛이 세상에 왔으되 사람들이 자기 행위가 악하므로 빛보다 어두움을 더 사랑한 것이니라

악을 행하는 자마다 빛을 미워하여 빛으로 오지 아니하나니 이는 그 행위가 드러날까 함이요" (요 3:19-20)

"예루살렘아 예루살렘아 선지자들을 죽이고 네게 파송된 자들을 돌로 치는 자여 암탉이 그 새끼를 날개 아래 모음 같이 내가 네 자녀를 모으려 한 일이 몇 번이냐 그러나 너희가 원치 아니하였도다

보라 너희 집이 황폐하여 버린바 되리라 내가 너희에게 이르노니 이제부터 너희는 찬송하리로다 주의 이름으로 오시는 이여 할 때까지 나를 보지 못하리라 하시니라" (마 23:37-39)

"때가 아직 낮이매 나를 보내신 이의 일을 우리가 하여야 하리라 밤이 오리니 그때는 아무도 일할 수 없느니라 내가 세상에 있는 동안에는 세상의 빛이로라" (요 9:4-5)

"내 안에 거하라 나도 너희 안에 거하리라 가지가 포도나무에 붙어 있지 아니하면 절로 과실을 맺을 수 없음 같이 너희도 내 안에 있지 아니하면 그러하리라

나는 포도나무요 너희는 가지니 저가 내 안에, 내가 저 안에 있

으면 이 사람은 과실을 많이 맺나니 나를 떠나서는 너희가 아무것
도 할 수 없음이라" (요 15:4-5)

주님 안에만 빛이 있고 생명이 있으니 주님의 사람들은 주님을 만
나서 주님 안에 거하며 항상 주님의 빛에 의하여 인도하심을 받기
바란다.

무지와 어둠 속에서 자행되고 있는
교회 안의 거짓과 불법들

....

        필자는 목회를 시작할 때부터 한국 교회 안에 너무 많은 거짓과 불법이 있는 것을 발견하고 목회에 대한 갈등과 무력감과 회의감에 괴로워하며 목회를 하고 있었다.

교회가 너무나 많은 거짓에 미혹되어 있어서 교회의 본질과 성격이 주님이 계시하신 교회와는 전혀 다르고, 교회는 무엇이 잘못되었는지도 모르고 잘못된 대로 존재하다가 홀연히 사라져 가는 모습을 보며 교회가 언제부터 왜 이렇게 되었는지 그 원인을 찾으려고 몸부림치다가 뒤늦게 성령께 붙잡히고 하나님 말씀에 눈이 열려서 그동안 보지 못하고 알지 못하였던 것을 알게 되었다.

교회가 변질된 원인은 역시 사단의 미혹에서 비롯되었다는 사실이 말씀 속에 나타나 있던 것이다.

에덴동산에서 맨 처음 뱀이 던져준 미혹이 오늘날에도 그대로 재현되고 있는데, 에덴에서 우리의 조상이 뱀의 유혹을 분별하지 못하고 하나님이 금하신 나무의 열매를 받아먹었던 것처럼 오늘의 교회 지도자들이나 성도들도 사단의 유혹을 전혀 분별하지 못하고 사단이 던져준 거짓에 걸려들어서 교회가 십자가 구원의 참된 신앙으로 성장하지 못하고 사람의 탐욕을 이루게 하려는 사단의 미혹에 놀아나서 사이비 신앙으로 뿌리내리게 된 것이다.

거짓이 합성된 것은 누구에게나 더욱 달콤하기 때문에 사람들은 언제나 그대로 받아들여 가르치고 선포하였으며, 듣는 사람들은 아무것도 알지 못한 채 거짓된 것을 의심 없이 받아들인다. 이러한 것들이 교회 안에 수많은 오류를 낳고 낳아서 많은 거짓 열매들이 맺히게 되었고, 이로 인하여 교회는 주님이 주신 생명의 양식을 공급받지 못하여 생명을 얻지 못하였고 스스로 무너지고 말게 된 것이다.

"화 있을찐저 외식하는 서기관들과 바리새인들이여 너희는 천국 문을 사람들 앞에서 닫고 너희도 들어가지 않고 들어가려 하는 자도 들어가지 못하게 하는도다 (없음)

화 있을찐저 외식하는 서기관들과 바리새인들이여 너희는 교인 하나를 얻기 위하여 바다와 육지를 두루 다니다가 생기면 너희보다 배나 더 지옥 자식이 되게 하는도다" (마 23:13-15)

한국 교회는 순수한 십자가 구원의 복음과 성령의 역사로 부흥한 것이 아니라 복음에 무지한 지도자들이 사람들이 찾고 원하는 어떤 절실한 필요에 맞춰서 하나님은 우리가 필요한 것은 무엇이든지 믿고 구하면 다 주신다는 솔깃한 말을 복음이라고 전하였다. 그 소리에 사람들의 마음 문이 열리게 되었고, 이에 많은 사람이 찾아와서 오늘의 교회가 부흥을 이룬 것이다.

그 결과 오늘의 교회 안에는 그동안 뿌려놓은 많은 거짓의 열매들이 맺어지게 되어 교회가 극도의 혼란 속에 빠져들어 이제는 회복 불능상태에 이르게 되었다.

복음과 성령의 역사는 죄인이 하나님을 만나기 위하여 회개하고 거듭나서 죄인이 의인이 되고 육의 사람이 영의 사람이 되고 옛사람이 예수님을 만나서 생명을 얻어 새사람이 되도록 하여야 하는데, 오늘의 교회는 영적으로 거듭나고 성령으로 충만한 사람이 되도록 가르치는 것이 아니라 옛사람 그대로 살아가면서 하늘나라가 아닌 이 세상의 번영과 안녕만 추구하며 살아가도록 가르치고 있는 것이다.

그동안 세속적이고 인위적인 방법으로 세워졌던 많은 교회가 역사 속에서 사라지고 그 흔적만 남았는데, 그 원인은 모두 교회가 하나님의 순수한 복음으로 세워지고 유지되었던 것이 아니고 각 나라의 민족성과 그들의 정치 문화 사상과 여러 가지 토속종교의 신앙과 합성되면서 다양한 세속문화로 장식된 인본주의적 교회가 되어서 교회의 본질과는 전혀 다른 이상한 형태의 다양한 종교로 변형되어서 주님이 세우신 구원의 종교와 아무 상관이 없는 교회가 되었기에 모두 사라지게 되었고, 지금도 진행형이다.

주님의 교회는 오직 하나님에 의하여, 죄로 인하여 사형이 선고된 죄인에게 생명을 얻게 하기 위한 하나님의 목적을 위하여 존재하는 것이다.

그런데 교회와 신앙도 인간의 탐욕을 위한 수단과 방편으로 이용되면서 하나님의 것이 아니라 미혹의 영이 던져준 거짓된 것만 구하는 신앙만 있어서 교회의 모양은 있으나 아직 생명을 얻지 못한 교회로 존재하다 사라지는 것이다.

"그날에 많은 사람이 나더러 이르되 주여 주여 우리가 주의 이름으로 선지자 노릇하며 주의 이름으로 귀신을 쫓아내며 주의 이름으로 많은 권능을 행치 아니하였나이까 하리니 그때에 내가 저희에게 밝히 말하되 내가 너희를 도무지 알지 못하니 불법을 행하는 자들아 내게서 떠나가라 하리라

그러므로 누구든지 나의 이 말을 듣고 행하는 자는 그 집을 반석 위에 지은 지혜로운 사람 같으니

비가 내리고 창수가 나고 바람이 불어 그 집에 부딪히되 무너지지 아니하나니 이는 주초를 반석 위에 놓은 연고요

나의 이 말을 듣고 행치 아니하는 자는 그 집을 모래 위에 지은 어리석은 사람 같으리니

비가 내리고 창수가 나고 바람이 불어 그 집에 부딪히매 무너져 그 무너짐이 심하니라" (마 7:22-27)

교회와 신앙의 기초는 오직 예수님이기 때문에 교회는 모든 것이 예수님 말씀을 기초로 하고 예수님 중심이 되어야 하고 예수님으로 완성되어야 하는 것이다.

"또 내가 네게 이르노니 너는 베드로라 내가 이 반석 위에 내 교회를 세우리니 음부의 권세가 이기지 못하리라" (마 16:18)

"너희는 사도들과 선지자들의 터 위에 세우심을 입은 자라 그리스도 예수께서 친히 모퉁이 돌이 되셨느니라

그의 안에서 건물마다 서로 연결하여 주 안에서 성전이 되어가고 너희도 성령 안에서 하나님의 거하실 처소가 되기 위하여 예수 안에서 함께 지어져 가느니라" (엡 2:20-22)

"서머나 교회의 사자에게 편지하기를 처음이요 나중이요 죽었다

가 살아나신 이가 가라사대

　내가 네 환난과 궁핍을 아노니 실상은 네가 부요한 자니라 자칭 유대인이라 하는 자들의 훼방도 아노니 실상은 유대인이 아니요 사단의 회라

　네가 장차 받을 고난을 두려워 말라 볼찌어다 마귀가 장차 너희 가운데서 몇 사람을 옥에 던져 시험을 받게 하리니 너희가 십 일 동안 환난을 받으리라 네가 죽도록 충성하라 그리하면 내가 생명의 면류관을 네게 주리라

　귀 있는 자는 성령이 교회들에게 하시는 말씀을 들을찌어다 이기는 자는 둘째 사망의 해를 받지 아니하리라" (계 2:8-11)

필자가 목회자이었지만 수없이 갈등하고 비틀거리며 걸어갈 수밖에 없었던 이유는 하나님의 말씀과 영적인 분야에 무지하고 무능하였기에 그동안 주님의 교회를 세워나가는 것이 아니라 세상의 일, 사람의 일을 하고 있다고 판단하였기 때문이다.

예수님의 제자들도 예수님에 대하여 알지 못하였을 때는 실패와 실수를 반복하였고, 예수님을 모른다고 부인하며 모두 흩어지기도 하였으나 예수님에 대하여 모든 것을 알고 주님으로부터 영적인 생명을 얻게 된 후부터는 어떤 고난에도 흔들리지 않고 오직 주님만 바라보면서 그 무서운 환난의 파도를 넘어 복음 전하는 일에 자기들의 생명을 바쳐 최종 목적지까지 힘차게 완주할 수 있었던 것이다.

우리가 지금도 힘없이 흔들거리며 걸어가고 있는 원인은 모두 내가 아직 주님의 뒤를 따라가고 주님의 복음을 세상에 전할 수 있을 만큼 깨닫고 성장하지 못하였을 뿐만 아니라 주님의 생명을 얻지 못하였기 때문이다, 주님의 일은 세상에 속한 일이 아니라 영의 속

한 일이다.

우리는 아직도 영의 사람이 되지 못하였고 영적 생명을 얻지 못하여 여전히 하나님의 일과 사람의 일을 구분하지 못하고, 사람의 일을 하면서 그것이 하나님의 일이라고 착각하고 있는 것이다.

필자가 이제는 말씀의 눈이 열려서 오늘의 교회 안에 이렇게 많은 오류가 어떻게 뿌리내렸는지를 찾게 되니까 모든 문제가 결국 하나님 말씀에 무지한 인간들이 사단의 거짓에 미혹되었기 때문이라는 사실을 발견하고 성령의 빛 안에서 말씀을 보니 이제 교회를 바로 세워갈 수 있다는 확신을 가지게 되었다. 지금도 나와 같이 목회에 갈등하며 어둠 속에서 헤매고 있는 모든 사람과 말씀을 공유하기 원하는 마음에서 이 글을 기록하게 된 것이다.

이 책을 읽는 모든 사람에게도 종의 눈을 열어 말씀을 보게 하신 성령께서 임하시기를 기도드리며, 이 책의 내용은 필자의 사사로운 생각에서 나온 것이 아니라 모두 성경 본문 말씀에 있는 말씀으로, 그 안에서 바른길을 찾아갈 수 있도록 본문의 말씀 그대로 옮겨 기록하였기에 논란의 문제가 될 수 없으며, 동일한 성경 말씀이 여러 곳에 반복적으로 기록된 것은 여러 부분에서 독자의 이해를 돕기 위하여 반복하여 기록한 것이니 이해를 바란다.

오늘의 교회에 빛의 열매가
맺어지고 있는가?

....

"너희가 넉 달이 지나야 추수할 때가 이르겠다 하지 아니하느냐
내가 너희에게 이르노니 눈을 들어 밭을 보라 희어져 추수하게 되
었도다

거두는 자가 이미 삯도 받고 영생에 이르는 열매를 모으나니 이
는 뿌리는 자와 거두는 자가 함께 즐거워하게 하려 함이니라"(요
4:35-36)

"너희가 전에는 어두움이더니 이제는 주 안에서 빛이라 빛의 자녀
들처럼 행하라 빛의 열매는 모든 착함과 의로움과 진실함에 있느니라

주께 기쁘시게 할 것이 무엇인가 시험하여 보라 너희는 열매 없
는 어두움의 일에 참예 하지 말고 도리어 책망하라"(엡 5:8-11)

"거짓 선지자들을 삼가라 양의 옷을 입고 너희에게 나아오나 속
에는 노략질하는 이리라

그의 열매로 그들을 알찌니 가시나무에서 포도를, 또는 엉겅퀴에
서 무화과를 따겠느냐

이와 같이 좋은 나무마다 아름다운 열매를 맺고 못된 나무가 나
쁜 열매를 맺나니

좋은 나무가 나쁜 열매를 맺을 수 없고 못된 나무가 아름다운 열
매를 맺을 수 없느니라
아름다운 열매를 맺지 아니하는 나무마다 찍혀 불에 던지우느니라
이러므로 그의 열매로 그들을 알리라" (마 7:15-20)

교회가 맺어야 하는 열매는 빛의 열매요 영생에 이르는 열매이다.
그러나 오늘의 교회가 이 빛과 영생의 열매를 맺지 못하고 있으니
그 원인이 어디에 있는 것일까?

모든 열매는 뿌려진 씨앗에 의하여 그대로 싹이 트고 자라서 열
매를 맺는 것이다. 그동안 교회가 영생을 위한 씨앗을 뿌린 것이 아
니라 처음부터 사단이 던져준 미혹의 거짓 씨앗만 뿌렸던 것이다.

그 거짓의 씨앗은 곧 에덴에서 여자를 미혹하는데 뱀이 뿌렸던 그
거짓의 씨앗이고 사십일을 금식하여 굶주리셨던 예수님 앞에 던졌
던 사단의 씨앗인데, 예수님은 마귀의 시험을 모두 물리치셨는데 눈
먼 교회 지도자들은 마귀의 시험을 분별하지 못하고 사단의 미혹
에 그대로 걸려들게 된 것이다.

'예수 믿으면 복 받아요', '십일조 하면 차고 넘치도록 채워 주신다
고 하셨어요', '기도하면 능력 받아서 무엇이든 다 할 수 있어요.'라고
가르치면서 어떤 큰 기적이나 강조하고 예수 믿으면 원하는 무엇이
든 다 이룰 수 있다고 설교하였으며, 듣는 사람들은 목사들의 말을
그대로 믿고 받아드린 것이다.

그래서 성도들 대부분은 지금도 차고 넘치는 복을 기대하면서 십
일조와 헌금을 하고 봉사를 하고 있는 것이다.

예수님의 구속의 은혜를 깨닫고 회개하고 거듭나서 성령의 교통

하심 속에서 주어지는 신령한 은혜로 인하여 기뻐하며 감사하고 살지 못하고, 오직 복 받기 위한 일에 목적을 두고 신앙생활을 하고 있다. 사람들이 기다리는 그 복은 언제나 올지 기약도 없는데 복 받을 그날만 바라보며 사람들은 그것을 믿음으로 착각하고 있다.

죄로 인하여 사형선고를 받은 죄인에게 필요한 유일한 복음은,
"그러므로 이제 그리스도 예수 안에 있는 자에게는 결코 정죄함
이 없나니
이는 그리스도 예수 안에 있는 생명의 성령의 법이 죄와 사망의
법에서 너를 해방하였음이라" (롬 8:1-2) 이다.

복음의 목적은 죄인을 회개시켜서 영생을 얻게 하는 것 한 가지뿐이다.

죄인을 살리기 위한 복음은 '회개하라'인데, 교회는 처음부터 죄인들에게 회개의 복음을 전하지 아니하고 '예수 믿으면 복 받아요', '예수 믿으면 형통하고 성공해요', '병 고침 받아요', '십일조 하면 차고 넘치도록 채워주십니다.' 같은 소리만 외쳤고, 사람들에게 긍정적 마인드를 가지게 하려는 메시지를 전하려고 목사들마다 노력하였다. 그러한 내용의 설교는 가장 인기가 있어서 그러한 내용의 설교를 잘하는 목사들은 언제나 그 목사 설교 잘한다, 말씀이 좋다, 말씀에 은혜 받았다 하면서 소문이 나고, 그 소문을 듣고 많은 사람이 찾아오니 교회는 짧은 기간에도 크게 부흥하였는데, 그 대표적인 교회가 여의도 ○○○○○교회이다.

이 교회는 세계 제일의 교회가 되기도 하였으나 현재는 여러 가지 문제들로 인하여 교인 수가 많이 급격하게 감소하고 있다.

대부분의 교회 지도자들이 이렇게 마귀의 미혹에 걸려들어서 마귀의 요구를 따라 이적이나 행하여 사람들을 현혹하려는 마귀의 시험에 놀아나고 있는 것이다.

이전에는 예수님이 하셨던 사십 일 금식기도를 하는 사람들도 많이 있었는데, 사십 일 금식기도의 목적은 능력 받아서 능력 있는 지도자가 되어서 목회를 하려는 것이었다.

일단 사십 일 금식기도를 잘 마친 사람은 부흥사로 많이 활동하기도 하였는데, 사십 일 금식기도의 경력은 부흥사의 이력 제1순위로 소개되어 그가 아주 특별하고 대단하며 능력 있는 특별한 사람으로 인정받기도 하였으니 너도나도 사십 일 금식기도가 유행일 때도 있었다.

자신만이 하나님의 능력 있는 특별한 사람으로 인정받고 싶어 하는 욕망도 사단의 미혹인데 아무도 그것을 깨닫지 못하고 있는 것이다.

모두가 버려야 할 사단의 거짓의 씨앗이다.

자신을 통해서 성령 충만, 병 고침, 능력, 권세, 이적들이 나타나고 사람들에게 인정받고 유명한 전도자 부흥사로 쓰임 받고자 하는 탐욕을 가진 사람들이 많다. 이러한 자체가 마귀의 것이라는 사실을 지도자들이 깨닫지 못하고 곳곳에서, 현재에도 성령 집회를 한다고 하면서 무당들이 행하는 짓거리를 하는 사람들이 많이 있으니 교회가 사단이 접수해 버린 사단의 활동무대가 되고 말았다.

예수님을 시험하였던 사단의 시험 내용을 먼저 잘 살펴보기 바란다.

<u>첫째, 이 돌들이 떡덩이가 되게 하라는 시험이었다.</u>

마귀는 사십 일을 굶주린 예수님에게 가장 시급한 떡의 문제를

가지고 시험하였는데, 네가 하나님의 아들로서 능력이 있으니 돌을 가지고 떡 덩이를 만들어 네가 하나님의 아들이라는 것을 증명하여 사람들이 너를 인정하게 하라는 시험이었다.

마귀는 지금도 네가 하나님의 자녀이니 하나님의 말씀에 네가 기도만 하면 무엇이든지 다 주신다고 하였으니 기도해서 네게 필요한 것을 무엇이든지 얻어서 사람들이 너를 인정하게 하라는 시험을 하고 있다. 그래서 오늘의 교회 지도자들이나 성도들이 기도하고 응답받아 이적을 행하여 사람들로부터 인정을 받아서 큰일에 쓰임 받고 큰 부자가 되려는 사단의 유혹에 빠져있는 것이다.

탐욕에 미혹된 사람들이 기도의 능력으로 갖가지 이적을 행하여 하나님을 증거하겠다고 하는데 이것이 교회를 오류에 빠지게 하고 병들게 한 가장 큰 원인이다.

교회는 죄인이 하나님 사랑을 깨닫고 하나님 앞에 돌아와 회개하고 거듭나서 새사람이 되면 그것이 능력이고 변화이고 가장 놀라운 축복이요, 기적인 것을 깨달아야 한다.

회개하고 거듭남의 체험도 없는 사람이 기도하고 능력 받아서 남다른 능력을 가지려는 탐심을 가지고 성령 받겠다고 날뛰고 있으니 그러한 사람에게 사단이 들어가서 평생토록 사단의 신앙을 가지고 살아가고 있는 것이다.

"많은 사람에게 붙었던 더러운 귀신들이 크게 소리를 지르며 나가고 또 많은 중풍병자와 앉은뱅이가 나으니

그 성에 큰 기쁨이 있더라

그 성에 시몬이라 하는 사람이 전부터 있어 마술을 행하여 사마

리아 백성을 놀라게 하며 자칭 큰 자라 하니

낮은 사람부터 높은 사람까지 다 청종하여 가로되 이 사람은 크다 일컫는 하나님의 능력이라 하더라

오래 동안 그 마술에 놀랐으므로 저희가 청종하더니

빌립이 하나님 나라와 및 예수 그리스도의 이름에 관하여 전도함을 저희가 믿고 남녀가 다 세례를 받으니

시몬도 믿고 세례를 받은 후에 전심으로 빌립을 따라 다니며 그 나타나는 표적과 큰 능력을 보고 놀라니라

예루살렘에 있는 사도들이 사마리아도 하나님의 말씀을 받았다 함을 듣고 베드로와 요한을 보내매

그들이 내려가서 저희를 위하여 성령 받기를 기도하니

이는 아직 한 사람에게도 성령 내리신 일이 없고 오직 주 예수의 이름으로 세례만 받을 뿐이러라

이에 두 사도가 저희에게 안수하매 성령을 받는지라

시몬이 사도들의 안수함으로 성령 받는 것을 보고 돈을 드려

가로되 이 권능을 내게도 주어 누구든지 내가 안수하는 사람은 성령을 받게 하여 주소서 하니

베드로가 가로되 네가 하나님의 선물을 돈 주고 살 줄로 생각하였으니 네 은과 네가 함께 망할찌어다

하나님 앞에서 네 마음이 바르지 못하니 이 도에는 네가 관계도 없고 분깃 될 것도 없느니라

그러므로 너의 이 악함을 회개하고 주께 기도하라 혹 마음에 품은 것을 사하여 주시리라

내가 보니 너는 악독이 가득하며 불의에 매인바 되었도다

시몬이 대답하여 가로되 나를 위하여 주께 기도하여 말한 것이

하나도 내게 임하지 말게 하소서 하니라" (행 8:7-24)

사이비 시몬 같은 사람이 지금도 곳곳에서 복음이 아닌 거짓된 행위를 하면서 돈을 갈취하고 있는데 그들이 하는 짓거리를 보면 어떻게 해서든지 자신이 성령 받아서 능력, 기적, 병 고침, 방언, 은사 활동을 하면서 돈벌이를 하려고 하는 것이다. 곳곳에서 지금도 은사집회, 성령집회, 신유집회 현수막을 내걸고 이상한 행위를 하고 있는데 그러한 곳에는 생명을 얻게 하는 복음은 없고, 사단의 거짓만 있어서 많은 사람이 여기에 미혹되어 자신의 인생을 망치고 있는 것이다.

사단의 두 번째 시험 문제는 예수님을 성전 꼭대기에 세워놓고 네가 만일 하나님의 아들이어든 뛰어내리라 하나님이 그 사자들을 명하여 너를 다치지 않게 하시리라는 것이었다.

사단은 이렇게 종종 말씀에 무지하고 기도를 통하여 무엇인가 자신을 과시하려는 사람들에게 네가 하나님의 아들인 것을 특별한 이적을 통해서 증명하여 보이라고 미혹하는 것이다.

사단의 미혹을 받으면 사람들이 자신은 무엇이든지 다 할 수 있다는 착각에 빠지게 되어 사람들 앞에서 인정받고 싶어서 때로는 해서는 안 될 어리석은 행동을 서슴지 않는 모습을 보이기도 한다.

세 번째 시험은 세상 모든 영광을 보여주면서 내게 절하면 이 모든 것을 네게 주리라고 시험하였다.

세상의 모든 영광, 이것은 사람들이 누구나 원하는 것들이다. 오늘의 교인들이 여기에 빠져있는 것이다. 기도하고 응답받아서 누구보다도 풍요한 삶과 영광을 누리며 살아보고 싶은 것이다.

예수님은 이 모든 시험을 단호하게 물리치셨는데, 탐욕으로 가득한 사람들은 아무것도 분별하지 못하고 사단이 던져준 미끼를 덥석 물어버렸기 때문에 말씀과 성령의 인도를 받지 못하고 언제나 사단에 끌려다니고 있는 것이다.

목사들은 자신이 무슨 특별한 축복권이 있는 사람처럼 자기가 기도만 하면 무엇이든지 다 이루어진다고 말하며 행동하고 있는데 교인들이 이로 인하여 목사에게 기대하고 의지하는 바가 아주 크니 목사도 성도들도 모두 미혹되어 있는 것이다.

"그 때에 예수께서 성령에게 이끌리어 마귀에게 시험을 받으러 광야로 가사

사십 일을 밤낮으로 금식하신 후에 주리신지라

시험하는 자가 예수께 나아와서 가로되 네가 만일 하나님의 아들이어든 명하여 이 돌들이 떡덩이가 되게 하라

예수께서 대답하여 가라사대 기록되었으되 사람이 떡으로만 살 것이 아니요 하나님의 입으로 나오는 모든 말씀으로 살 것이라 하였느니라 하시니

이에 마귀가 예수를 거룩한 성으로 데려다가 성전 꼭대기에 세우고

가로되 네가 만일 하나님의 아들이어든 뛰어내리라 기록하였으되 저가 너를 위하여 그 사자들을 명하시리니 저희가 손으로 너를 받들어 발이 돌에 부딪히지 않게 하리로다 하였느니라

예수께서 이르시되 또 기록되었으되 주 너의 하나님을 시험치 말

라 하였느니라 하신대

마귀가 또 그를 데리고 지극히 높은 산으로 가서 천하 만국과 그 영광을 보여 가로되 만일 내게 엎드려 경배하면 이 모든 것을 네게 주리라

이에 예수께서 말씀하시되 사단아 물러가라 기록되었으되 주 너의 하나님께 경배하고 다만 그를 섬기라 하였느니라

이에 마귀는 예수를 떠나고 천사들이 나아와서 수종드니라" (마 4:1-11)

사단의 시험에 걸려들게 되면 복음에 눈을 뜨지 못하고 사단이 던진 거짓 믿음 가지고 평생토록 어둠의 지배를 받으며 살아갈 수밖에 없으니 어둠에 있는 사람들은 하나님의 모든 좋은 것을 하나도 맛보지 못하고 세상의 썩어질 것만 찾다가 결국 스스로 시험에 빠져서 모두 버림받게 되는 것이다.

사단이 또한 마지막으로 또 예수님을 시험하였으니 예수께서 십자가의 죽음을 통하여 인간 구원을 성취할 것을 사단이 먼저 알고 충성스러운 베드로를 앞세워서 예수의 십자가 죽음을 막아보려 하였던 것이다.

"이때로부터 예수 그리스도께서 자기가 예루살렘에 올라가 장로들과 대제사장들과 서기관들에게 많은 고난을 받고 죽임을 당하고 제 삼일에 살아나야 할 것을 제자들에게 비로소 가르치시니

베드로가 예수를 붙들고 간하여 가로되 주여 그리 마옵소서 이 일이 결코 주에게 미치지 아니하리이다

예수께서 돌이키시며 베드로에게 이르시되 사단아 내 뒤로 물러

가라 너는 나를 넘어지게 하는 자로다 네가 하나님의 일을 생각지
아니하고 도리어 사람의 일을 생각하는도다 하시고

이에 예수께서 제자들에게 이르시되 아무든지 나를 따라 오려
거든 자기를 부인하고 자기 십자가를 지고 나를 좇을 것이니라" (마
16:21-24)

사단은 이렇게 영의 눈이 어두운 육의 제자들을 통하여 기독교가
예수님의 십자가 구원의 복음을 전하는 종교가 아니라 인간의 탐욕
과 허영과 인간애만 있는 기독교문화를 만들어서 사람들이 추구하
는 문화만 있는 교회로 바꾸어 놓으려고 시도하였으나 예수님 앞에
서는 사단의 음모가 밝히 드러나 실패할 수밖에 없었고, 그 후 성령
충만한 사도들에게도 사단의 작전은 모두 실패하였다. 오랜 시간이
지나고 교회가 성령의 빛이 흐려지자 그 틈을 타고 들어와서 교회
안에 각종 거짓되고 세상적이며 인본주의적 씨앗을 뿌려놓아서 오
늘의 교회가 이렇게 다양한 형태의 유사 기독교회로 변질된 것이다.

교회 안에 거짓된 가르침만
가득하다

....

"화 있을찐저 외식하는 서기관들과 바리새인들이여 너희는 천국
문을 사람들 앞에서 닫고 너희도 들어가지 않고 들어가려 하는 자
도 들어가지 못하게 하는도다"(마 23:13)

"그러나 성령이 밝히 말씀하시기를 후일에 어떤 사람들이 믿음에
서 떠나 미혹케 하는 영과 귀신의 가르침을 좇으리라 하셨으니
　자기 양심이 화인 맞아서 외식함으로 거짓말하는 자들이라"(딤
전 4:1-2)

예수님은 외식하는 서기관들과 바리새인들을 향하여 '사람들 앞
에서 천국 문을 닫고 너희도 들어가지 않고 들어가려 하는 자도 들
어가지 못하게 하는 자'라고 책망하셨다.
　말씀의 소경 된 지도자들은 모두가 사단의 거짓에 이미 미혹되어
있어서 에덴동산에서 우리의 조상들을 미혹했던 뱀이 그랬던 것처
럼 언제나 성경 말씀을 자기들의 사악한 목적을 위하여 백성들이
미혹될 거짓 것을 합성하여 가르치고 있는데 교인들은 그 말씀이
변형되었다는 사실조차 알지 못하고, 그 말을 듣고 보니 말씀대로
살면 자신이 원하는 무엇이든지 다 이룰 수 있을 것 같은 생각이 들

어서 여과 없이 받아들이게 되었다. 에덴동산의 여자가 뱀의 말을 듣고 선악과를 바라보니 실제로 뱀의 말처럼 될 것같이 보였던 것과 다를 바가 없는 것이다.

하나님의 말씀으로부터 난 믿음은 참된 믿음이거니와 사단의 거짓을 받아들여서 가지게 된 믿음은 거짓된 믿음, 사단의 믿음인 것이다.

지금도 대부분의 사람이 사단의 믿음을 가지고 있다. 말씀대로 순종하면 곧 응답받아서 큰 부자가 되고 영화롭게 될 것이라고 생각하며, 이미 구원받은 하나님의 백성이라고 생각하고 있는 것이다.

지도자 한 사람이 미혹되면 그 공동체 전체가 미혹되는데 교회 지도자 중에는 뱀의 입을 가진 사람들이 너무도 많이 있어서 많은 교회가 이에 미혹되어 참믿음이 아닌 거짓 믿음을 가지고 살아가고 있는 것이다.

사단에게 미혹된 사람은 하나님의 말씀을 읽어도 그 말씀의 뜻을 바르게 알지 못하고 미혹된 자기의 거짓을 합성하여 성경 말씀을 자기 마음대로 해석하고 마음대로 바꾸어 변질된 것으로 가르치고 있으니 그들이 바로 에덴의 뱀의 입을 가진 사람들이다.

에덴은 천국이요 교회인데 그 안에도 사악한 뱀(사단)이 도사리고 있었던 것처럼 오늘의 교회 안에도 사단이 도사리고 있어서 무지한 직분자들을 이용하여 거짓 씨앗만 뿌리게 하고 있는 것이다.

오늘의 교회가 사단의 무대가 되어버렸으니 이를 어찌하면 좋으랴? 주님의 탄식 소리만 들려 온다.

물은 오염이 되면 정수해서 마실 수 있으나 세상에 퍼진 오염된 가르침은 정수할 방법이 없고, 이미 많은 사람이 그 물을 마시고 병

들어 죽어가고 있으니

교회의 생명이 길지 않고 잠깐 있다가 사라지는 이유가 모두 사단이 오염시킨 거짓된 가르침 때문이다.

"그러나 민간에 또한 거짓 선지자들이 일어났었나니 이와 같이 너희 중에도 거짓 선생들이 있으리라 저희는 멸망케 할 이단을 가만히 끌어들여 자기들을 사신 주를 부인하고 임박한 멸망을 스스로 취하는 자들이라

여럿이 저희 호색하는 것을 좇으리니 이로 인하여 진리의 도가 훼방을 받을 것이요 **저희가 탐심을 인하여 지은 말을 가지고 너희로 이를 삼으니** 저희 심판은 옛적부터 지체하지 아니하며 저희 멸망은 자지 아니하느니라

하나님이 범죄한 천사들을 용서치 아니하시고 지옥에 던져 어두운 구덩이에 두어 심판 때까지 지키게 하셨으며

옛 세상을 용서치 아니하시고 오직 의를 전파하는 노아와 그 일곱 식구를 보존하시고 경건치 아니한 자들의 세상에 홍수를 내리셨으며

소돔과 고모라 성을 멸망하기로 정하여 재가되게 하사 후세에 경건치 아니할 자들에게 본을 삼으셨으며

무법한 자의 음란한 행실을 인하여 고통하는 의로운 롯을 건지셨으니

(이 의인이 저희 중에 거하여 날마다 저 불법한 행실을 보고 들음으로 그 의로운 심령을 상하니라)

주께서 경건한 자는 시험에서 건지시고 불의한 자는 형벌 아래 두어 심판 날까지 지키시며 육체를 따라 더러운 정욕 가운데서 행

하며 주관하는 이를 멸시하는 자들에게 특별히 형벌하실 줄을 아시느니라 이들은 담대하고 고집하여 떨지 않고 영광 있는 자를 훼방하거니와

더 큰 힘과 능력을 가진 천사들이라도 주 앞에서 저희를 거스려 훼방하는 송사를 하지 아니하느니라

그러나 이 사람들은 본래 잡혀 죽기 위하여 난 이성 없는 짐승 같아서 그 알지 못한 것을 훼방하고 저희 멸망 가운데서 멸망을 당하며

불의의 값으로 불의를 당하며 낮에 연락을 기쁘게 여기는 자들이니 점과 흠이라 너희와 함께 연회할 때에 저희 간사한 가운데 연락하며

음심이 가득한 눈을 가지고 범죄 하기를 쉬지 아니하고 굳세지 못한 영혼들을 유혹하며 탐욕에 연단된 마음을 가진 자들이니 저주의 자식이라

<u>저희가 바른길을 떠나 미혹하여 브올의 아들 발람의 길을 좇는도다</u> 그는 불의의 삯을 사랑하다가

자기의 불법을 인하여 책망을 받되 말 못하는 나귀가 사람의 소리로 말하여 이 선지자의 미친 것을 금지하였느니라

이 사람들은 물 없는 샘이요 광풍에 밀려가는 안개니 저희를 위하여 캄캄한 어두움이 예비 되어 있나니

저희가 허탄한 자랑의 말을 토하여 미혹한데 행하는 사람들에게서 겨우 피한 자들을 음란으로써 육체의 정욕 중에서 유혹하여

저희에게 자유를 준다 하여도 자기는 멸망의 종들이니 누구든지 진 자는 이긴 자의 종이 됨이니라

만일 저희가 우리 주 되신 구주 예수 그리스도를 앎으로 세상의

더러움을 피한 후에 다시 그 중에 얽매이고 지면 그 나중 형편이 처음보다 더 심하리니

의의 도를 안 후에 받은 거룩한 명령을 저버리는 것보다 알지 못하는 것이 도리어 저희에게 나으니라

참 속담에 이르기를 개가 그 토하였던 것에 돌아가고 돼지가 씻었다가 더러운 구덩이에 도로 누웠다 하는 말이 저희에게 응하였도다" (벧후 2:1-22)

"뱀들아 독사의 새끼들아 너희가 어떻게 지옥의 판결을 피하겠느냐

그러므로 내가 너희에게 선지자들과 지혜 있는 자들과 서기관들을 보내매 너희가 그 중에서 더러는 죽이고 십자가에 못 박고 그 중에 더러는 너희 회당에서 채찍질하고 이 동네에서 저 동네로 구박하리라

그러므로 의인 아벨의 피로부터 성전과 제단 사이에서 너희가 죽인 바라갸의 아들 사가랴의 피까지 땅 위에서 흘린 의로운 피가 다 너희에게 돌아가리라

내가 진실로 너희에게 이르노니 이것이 다 이 세대에게 돌아가리라

예루살렘아 예루살렘아 선지자들을 죽이고 네게 파송된 자들을 돌로 치는 자여 암탉이 그 새끼를 날개 아래 모음 같이 내가 네 자녀를 모으려 한 일이 몇 번이냐 그러나 너희가 원치 아니하였도다

보라 너희 집이 황폐하여 버린바 되리라" (마 23:33-38)

잘못된 것에 미혹되었으나 자신이 미혹된 사실을 전혀 알지 못하고 변화되지 않은 채 살아가고 있으니 그를 따르는 사람들이 함께 망하고 있는데 말씀에 눈이 어두워서 아무것도 깨닫지 못하고 있는

것이다.

"여호와께서 이같이 말씀하시되 너희는 길에 서서 보며 옛적 길 곧 선한 길이 어디인지 알아보고 그리로 행하라 너희 심령이 평강을 얻으리라 하나 그들의 대답이 우리는 그리로 행치 않겠노라 하였으며

내가 또 너희 위에 파숫군을 세웠으니 나팔소리를 들으라 하나 그들의 대답이 우리는 듣지 않겠노라 하였도다

그러므로 너희 열방아 들으라 회중아 그들의 당할 일을 알라

땅이여 들으라 내가 이 백성에게 재앙을 내리리니 이것이 그들의 생각의 결과라 그들이 내 말을 듣지 아니하며 내 법을 버렸음이니라

시바에서 유향과 원방에서 향품을 내게로 가져옴은 어찜이뇨 나는 그들의 번제를 받지 아니하며 그들의 희생을 달게 여기지 않노라

그러므로 나 여호와가 이같이 말하노라 보라 내가 이 백성 앞에 거침을 두리니 아비와 아들들이 한가지로 거기 거치며 이웃과 그 친구가 함께 멸망하리라" (렘 6:16-21)

"도적이 오는 것은 도적질하고 죽이고 멸망시키려는 것뿐이요 내가 온 것은 양으로 생명을 얻게 하고 더 풍성히 얻게 하려는 것이라

나는 선한 목자라 선한 목자는 양들을 위하여 목숨을 버리거니와 삯군은 목자도 아니요 양도 제 양이 아니라 이리가 오는 것을 보면 양을 버리고 달아나나니 이리가 양을 늑탈하고 또 헤치느니라" (요 10:10-12)

"사울이 주의 제자들을 대하여 여전히 위협과 살기가 등등하여

대제사장에게 가서

　다메섹 여러 회당에 갈 공문을 청하니 이는 만일 그 도를 좇는 사람을 만나면 무론남녀하고 결박하여 예루살렘으로 잡아 오려 함이라

　사울이 행하여 다메섹에 가까이 가더니 홀연히 하늘로서 빛이 저를 둘러 비추는지라 땅에 엎드러져 들으매 소리 있어 가라사대 사울아 사울아 네가 어찌하여 나를 핍박하느냐 하시거늘

　대답하되 주여 뉘시오니이까 가라사대 나는 네가 핍박하는 예수라" (행 9:1-5)

사울이 그랬듯이 누구든지 예수님을 만난 사람은 변화되어서 주님의 일꾼으로 쓰임을 받을 수 있지만, 세상에는 예수님을 알지도 못하는 사람들이 주님의 일꾼으로 위장하고 나와서 도리어 많은 사람을 넘어지게 하고 있는 것이다.

　"인자가 그 천사들을 보내리니 저희가 그 나라에서 모든 넘어지게 하는 것과

　또 불법을 행하는 자들을 거두어 내어 풀무 불에 던져 넣으리니 거기서 울며 이를 갊이 있으리라" (마 13:41-42)

아무도 자신의 지식과 열심과 신앙을 자랑하지 말라. 만약에 당신이 예수님을 만나지 못한 사람이라면 당신의 모든 자랑거리는 오히려 다른 사람들을 미혹하고 죽이는 무서운 사단의 입으로 사용될 것이다.

　영생에 목표를 두지 않고 세상의 것을 목적 삼아 말하는 사람들

은 백퍼센트 미혹된 사람들이니 그들의 말을 가지고 판단하기를 바란다.

거짓 영에 미혹된 자들은 예수님이 오셔서 말씀과 이적으로 모든 것을 다 보여주셨지만 아무것도 깨닫지 못하였고, 끝까지 예수님을 대적하고 진리를 거부하였으니 예수님은 그들에 대하여 무섭게 책망하시며 다가올 심판을 예고하셨던 것이다.

"예수께서 권능을 가장 많이 베푸신 고을들이 회개치 아니하므로 그 때에 책망하시되 화가 있을찐저 고라신아 화가 있을찐저 벳새다야 너희에게서 행한 모든 권능을 두로와 시돈에서 행하였더면 저희가 벌써 베옷을 입고 재에 앉아 회개하였으리라

내가 너희에게 이르노니 심판날에 두로와 시돈이 너희보다 견디기 쉬우리라

가버나움아 네가 하늘에까지 높아지겠느냐 음부에까지 낮아지리라 네게서 행한 모든 권능을 소돔에서 행하였더면 그 성이 오늘날까지 있었으리라

내가 너희에게 이르노니 심판 날에 소돔 땅이 너보다 견디기 쉬우리라 하시니라" (마 11:20-24)

예수님은 무지한 사람들을 깨우치기 위하여 많은 기사와 이적을 보이셨으나 그 백성들은 여전히 깨닫지 못하였고, 마지막에는 도리어 예수를 십자가에 못 박아 죽이라고 소동을 일으키니 빌라도는 백성들의 소요가 두려워서 백성들의 요구대로 예수를 십자가에 못 박아 죽였던 것이다.

"대제사장들과 장로들이 무리를 권하여 바라바를 달라 하게 하고 예수를 멸하자 하게 하였더니

총독이 대답하여 가로되 둘 중에 누구를 너희에게 놓아 주기를 원하느냐 가로되 바라바로소이다

빌라도가 가로되 그러면 그리스도라 하는 예수를 내가 어떻게 하랴 저희가 다 가로되 십자가에 못 박혀야 하겠나이다

빌라도가 가로되 어찜이뇨 무슨 악한 일을 하였느냐 저희가 더욱 소리 질러 가로되 십자가에 못 박혀야 하겠나이다 하는지라

빌라도가 아무 효험도 없이 도리어 민란이 나려는 것을 보고 물을 가져다가 무리 앞에서 손을 씻으며 가로되 이 사람의 피에 대하여 나는 무죄하니 너희가 당하라

백성이 다 대답하여 가로되 그 피를 우리와 우리 자손에게 돌릴찌어다 하거늘

이에 바라바는 저희에게 놓아주고 예수는 채찍질하고 십자가에 못 박히게 넘겨주니라" (마 27:20-26)

신앙인들이 비진리에 미혹되고 사단에게 사로잡히면 세상에서 가장 악명높은 사람이 되며 교회의 혼란과 파괴의 주범이 되는 것이다.

신앙인들은 항상 말씀에 깨어 있어서 악한 영에 미혹되지 않도록 주의하여야 한다.

오순절 성령 강림 이후에 성령 충만한 제자들이 예수님의 죽으심과 부활하심에 대하여 말씀을 전하게 되었을 때에 비로소 사람들이 깨닫기 시작하고 회개하여 하나님 앞에 돌아왔으니 예수님의 죽으심과 부활하심 그리고 성령의 역사가 아니면 죄인들이 회개하고

하나님 앞에 돌아올 수 없는 것이다.

필자가 최근까지 하나님 앞에서 언제나 소경임을 고백하며 회개하였고, 말씀에 눈을 뜨기 위하여 열심히 말씀을 배우며 연구하고 가르치며 살았어도 이제야 말씀에 눈을 뜨게 되었는데, 일반 성도들이 말씀에 눈을 뜨기는 결코 쉽지 않으니 여러분 모두가 먼저 자신의 소경 됨을 인하여 괴로워하며 항상 겸손하게 성령님의 도움을 구하여야 할 것이다.

"나의 자녀들아 내가 이것을 너희에게 씀은 너희로 죄를 범치 않게 하려 함이라 만일 누가 죄를 범하면 아버지 앞에서 우리에게 대언자가 있으니 곧 의로우신 예수 그리스도시라

저는 우리 죄를 위한 화목 제물이니 우리만 위할 뿐 아니요 온 세상의 죄를 위하심이라

우리가 그의 계명을 지키면 이로써 우리가 저를 아는 줄로 알 것이요

저를 아노라 하고 그의 계명을 지키지 아니하는 자는 거짓말하는 자요 진리가 그 속에 있지 아니하되

누구든지 그의 말씀을 지키는 자는 하나님의 사랑이 참으로 그 속에서 온전케 되었나니 이로써 우리가 저 안에 있는 줄을 아노라

저 안에 거한다 하는 자는 그의 행하시는 대로 자기도 행할찌니라

사랑하는 자들아 내가 새 계명을 너희에게 쓰는 것이 아니라 너희가 처음부터 가진 옛 계명이니 이 옛 계명은 너희의 들은바 말씀이거니와

다시 내가 너희에게 새 계명을 쓰노니 저에게와 너희에게도 참된 것이라 이는 어두움이 지나가고 참빛이 벌써 비침이니라

빛 가운데 있다 하며 그 형제를 미워하는 자는 지금까지 어두운 가운데 있는 자요

그의 형제를 사랑하는 자는 빛 가운데 거하여 자기 속에 거리낌이 없으나

그의 형제를 미워하는 자는 어두운 가운데 있고 또 어두운 가운데 행하며 갈 곳을 알지 못하나니 이는 어두움이 그의 눈을 멀게 하였음이니라

자녀들아 내가 너희에게 쓰는 것은 너희 죄가 그의 이름으로 말미암아 사함을 얻음이요

아비들아 내가 너희에게 쓰는 것은 너희가 태초부터 계신 이를 앎이요 청년들아 내가 너희에게 쓰는 것은 너희가 악한 자를 이기었음이니라

아이들아 내가 너희에게 쓴 것은 너희가 아버지를 알았음이요 아비들아 내가 너희에게 쓴 것은 너희가 태초부터 계신 이를 알았음이요 청년들아 내가 너희에게 쓴 것은 너희가 강하고 하나님의 말씀이 너희 속에 거하시고 너희가 흉악한 자를 이기었음이라

이 세상이나 세상에 있는 것들을 사랑치 말라 누구든지 세상을 사랑하면 아버지의 사랑이 그 속에 있지 아니하니

이는 세상에 있는 모든 것이 육신의 정욕과 안목의 정욕과 이생의 자랑이니 다 아버지께로 좇아 온 것이 아니요 세상으로 좇아 온 것이라

이 세상도, 그 정욕도 지나가되 오직 하나님의 뜻을 행하는 이는 영원히 거하느니라" (요일 2:1-17)

하나님의 자녀들을 미혹하는
거짓의 영

에덴동산에서 사람을 미혹하는 일에 성공한 사단은 그 후 현재까지 계속하여 하나님의 자녀들을 미혹하여 넘어지게 하고 있으니 이 세상에서 사단의 미혹에 넘어가지 않은 사람은 예수님 이외에는 아무도 없다.

예수님의 공생애는 사십 일을 금식하신 후에 성령에게 이끌리어 마귀에게 시험을 받는 일부터 시작된다. 그것은 마귀의 미혹에 넘어가서 죄를 범함으로 죽음에 이르게 된 사람을 구원하시기 위해서는 사람을 미혹하여 죽음에 이르게 한 마귀의 시험을 물리치시고 승리하신 후에야 사단에 미혹되어 사로잡혀 있는 사람들을 구원할 수 있었기 때문이다, 마귀를 이긴 사람이 아니면 마귀에 사로잡혀 있는 사람을 절대로 끌어낼 수 없는 것이다.

"그러나 내가 하나님의 성령을 힘입어 귀신을 쫓아내는 것이면 하나님의 나라가 이미 너희에게 임하였느니라

사람이 먼저 강한 자를 결박하지 않고야 어떻게 그 강한 자의 집에 들어가 그 세간을 늑탈하겠느냐 결박한 후에야 그 집을 늑탈하리라" (마 12:28-29)

첫 사람 아담은 마귀의 미혹에 실패하였지만 두 번째 아담(예수님)은 마귀의 시험에서 승리하시고 우리의 구원자가 되신 것이다.

사단은 하나님의 백성들을 미혹하는 일을 결코 포기하지 않는다.

정신 바짝 차리지 않으면 큰일을 해놓고서 마지막 중요한 순간에 실패하는 것이다.

하나님의 일은 사람의 것으로는 절대 이룰 수가 없으며, 사람의 것으로 이루어진 것은 결국 모두 무너지게 된다.

"바리새인 가말리엘은 교법사로 모든 백성에게 존경을 받는 자라 공회 중에 일어나 명하여 사도들을 잠간 밖에 나가게 하고

말하되 이스라엘 사람들아 너희가 이 사람들에게 대하여 어떻게 하려는 것을 조심하라

이전에 드다가 일어나 스스로 자랑하매 사람이 약 사백이나 따르더니 그가 죽임을 당하매 좇던 사람이 다 흩어져 없어졌고

그 후 호적할 때에 갈릴리 유다가 일어나 백성을 꾀어 좇게 하다가 그도 망한즉 좇던 사람이 다 흩어졌느니라

이제 내가 너희에게 말하노니 이 사람들을 상관 말고 버려두라 이 사상과 이 소행이 사람에게로서 났으면 무너질 것이요

만일 하나님께로서 났으면 너희가 저희를 무너뜨릴 수 없겠고 도리어 하나님을 대적하는 자가 될까 하노라 하니" (행 5:34-39)

"그날에 많은 사람이 나더러 이르되 주여 주여 우리가 주의 이름으로 선지자 노릇하며 주의 이름으로 귀신을 좇아 내며 주의 이름으로 많은 권능을 행치 아니하였나이까 하리니

그때에 내가 저희에게 밝히 말하되 내가 너희를 도무지 알지 못

하니 불법을 행하는 자들아 내게서 떠나가라 하리라

그러므로 누구든지 나의 이 말을 듣고 행하는 자는 그 집을 반석 위에 지은 지혜로운 사람 같으리니

비가 내리고 창수가 나고 바람이 불어 그 집에 부딪히되 무너지지 아니하나니 이는 주초를 반석 위에 놓은 연고요

나의 이 말을 듣고 행치 아니하는 자는 그 집을 모래 위에 지은 어리석은 사람 같으리니

비가 내리고 창수가 나고 바람이 불어 그 집에 부딪히매 무너져 그 무너짐이 심하니라"(마 7:22-27)

"시몬아, 시몬아, 보라 사단이 밀 까부르듯 하려고 너희를 청구하였으나

그러나 내가 너를 위하여 네 믿음이 떨어지지 않기를 기도하였노니 너는 돌이킨 후에 네 형제를 굳게 하라"(눅 22:31-32)

예수님의 제자들도 주님의 도우심이 있었기 때문에 제자로서의 사명을 끝까지 수행할 수 있었으니 사람의 지식과 능력으로는 절대로 사단의 시험과 유혹을 물리칠 수가 없는 것이다.

그러므로 성령께서 우리를 떠나시지 않도록 항상 깨끗함을 유지하고 항상 겸손하고 항상 기도하며 항상 기뻐하며 항상 감사하며 성령 안에 살면서 성령께 순복하고 성령의 항상 인도를 받아야 한다.

구약시대에 하나님의 백성들이 아무리 회개하고 하나님의 뜻대로 살려고 하여도 사단은 언제나 정치·경제·세상의 모든 이념과 사상과 문화 뒤에 숨어서 사람들을 미혹하였는데 그때마다 사람들이 사단의 미혹에 넘어가서 하나님을 배반하게 되었던 것이다.

"이 백성이 오히려 자기들을 치시는 자에게로 돌아오지 아니하며 만군의 여호와를 찾지 아니하도다

이러므로 여호와께서 하루 사이에 이스라엘 중에서 머리와 꼬리며 종려가지와 갈대를 끊으시리니

머리는 곧 장로와 존귀한 자요 꼬리는 곧 거짓말을 가르치는 선지자라 **백성을 인도하는 자가 그들로 미혹케 하니 인도를 받는 자가 멸망을 당하는도다**" (사 9:13-16)

"처녀 예루살렘이여 내가 무엇으로 네게 증거하며 무엇으로 네게 비유할꼬 처녀 시온이여 내가 무엇으로 네게 비교하여 너를 위로할꼬 너의 파괴됨이 바다 같이 크니 누가 너를 고칠소냐

네 선지자들이 네게 대하여 헛되고 어리석은 묵시를 보았으므로 네 죄악을 드러내어서 네 사로잡힌 것을 돌이키지 못하였도다 **저희가 거짓 경고와 미혹케 할 것만 보았도다**" (애 2:13-14)

"여호와께서 가라사대 모압의 서너 가지 죄로 인하여 내가 그 벌을 돌이키지 아니하리니 이는 저가 에돔 왕의 뼈를 불살라 회를 만들었음이라

내가 모압에 불을 보내리니 그리욧 궁궐들을 사르리라 모압이 요란함과 외침과 나팔 소리 중에서 죽을 것이라

내가 그 중에서 재판장을 멸하며 방백들을 저와 함께 죽이리라 이는 여호와의 말씀이니라

여호와께서 가라사대 유다의 서너가지 죄로 인하여 내가 그 벌을 돌이키지 아니하리니 이는 저희가 여호와의 율법을 멸시하며 그 율례를 지키지 아니하고 **그 열조의 따라가던 거짓것에 미혹하였음이**

라" (암 2:1-4)

"예수께서 대답하여 가라사대 **너희가 사람의 미혹을 받지 않도록 주의하라**

많은 사람이 내 이름으로 와서 이르되 나는 그리스도라 하여 많은 사람을 미혹케 하리라

난리와 난리 소문을 듣겠으나 너희는 삼가 두려워 말라 이런 일이 있어야 하되 끝은 아직 아니니라

민족이 민족을, 나라가 나라를 대적하여 일어나겠고 처처에 기근과 지진이 있으리니 이 모든 것이 재난의 시작이니라

그 때에 사람들이 너희를 환난에 넘겨주겠으며 너희를 죽이리니 너희가 내 이름을 위하여 모든 민족에게 미움을 받으리라

그 때에 많은 사람이 시험에 빠져 서로 잡아 주고 서로 미워하겠으며

거짓 선지자가 많이 일어나 많은 사람을 미혹하게 하겠으며 불법이 성하므로 많은 사람의 사랑이 식어지리라" (마 24:4-12)

"근신하라 깨어라 너희 대적 마귀가 우는 사자 같이 두루 다니며 삼킬 자를 찾나니 너희는 믿음을 굳게 하여 저를 대적하라 이는 세상에 있는 너희 형제들도 동일한 고난을 당하는 줄을 앎이니라

모든 은혜의 하나님 곧 그리스도 안에서 너희를 부르사 자기의 영원한 영광에 들어가게 하신 이가 잠간 고난을 받은 너희를 친히 온전케 하시며 굳게 하시며 강하게 하시며 터를 견고케 하시리라"

(벧전 5:8-10)

여호수아를 대적하였던 마귀는 하나님 보좌 앞에까지 올라와서 여호수아를 대적하였으니 마귀가 얼마나 끈질기게 하나님의 백성들을 괴롭히며 넘어지게 하려고 따라붙어 다니는지 분명히 알아야 할 것이다.

"대제사장 여호수아는 여호와의 사자 앞에 섰고 사단은 그의 우편에 서서 그를 대적하는 것을 여호와께서 내게 보이시니라

여호와께서 사단에게 이르시되 사단아 여호와가 너를 책망하노라 예루살렘을 택한 여호와가 너를 책망하노라

이는 불에서 꺼낸 그슬린 나무가 아니냐 하실 때에 여호수아가 더러운 옷을 입고 천사 앞에 섰는지라" (슥 3:1-3)

그뿐인가 모세가 죽었을 때에 그 시신을 놓고 천사장 미가엘과 마귀가 다투는데 천사장 미가엘도 마귀 앞에 판결을 내리지 못하고 주께서 너를 꾸짖으시기를 원하노라 하는 말로 종결지었다.

"천사장 미가엘이 모세의 시체에 대하여 마귀와 다투어 변론할 때에 감히 훼방하는 판결을 쓰지 못하고 다만 말하되 주께서 너를 꾸짖으시기를 원하노라 하였거늘" (유 1:9)

마귀가 이렇게 집요하게 하나님의 백성들을 쫓아다니며 하나라도 더 넘어트리려고 혈안이 되어있는데 교회는 아무것도 모르고 깊이 잠들어 있는 것이다.

지도자라도 깨어있으면 교회를 살릴 수가 있는데 지도자들도 잠들어 있고 미혹이 되어 있으니 그 틈을 타고 온갖 거짓된 것들이 총

회와 교회 안으로 들어와 뿌리내리고 자리 잡아서 거짓된 세력이 점점 세력을 얻어가고 있다.

현대는 사단의 유혹받을 일들이 너무 많이 있으니 근신하여 깨어 있지 못하면 언제 쓰러질지 모르며, 넘어지지 않을 사람이 없으니 별들이 우수수 떨어지고 있다.

육의 눈으로는 영적인 것이 보이지 않으니 육의 눈만 가지고 있으면서 나는 맹인이 아니라고 착각하지 말라.

성경 말씀을 가르치면서도 언제나 말씀의 핵심을 벗어나서 자기의 생각과 사상으로 미혹될 것을 합성하여 가르치는 자들이 모두 맹인이다.

성경말씀의 핵심 목적을 알지 못하고 있으니 언제나 자신의 이념을 따라 생각하고 주장하면서 그것이 곧 하나님의 뜻이라고 가르치는 자들이 대부분이다.

그러니 교회가 아무것도 변하지 아니하고 옛사람 그대로 예배당만 왔다 갔다 하며 세상의 것만 찾고 예수님을 찾지 않으니 어찌 그들을 천국 백성이라 할 수 있겠는가?

예수님 만나지 못한 자의 입에서 나오는 것은 모두가 세상의 것이요, 미혹의 영이 쏟아내는 유혹하는 말뿐인데 사람들은 이러한 소리에 더욱 흥미를 가지며 깊숙이 매료되어 혼미함에 빠져있는 것이다.

"거짓 행하는 자가 내 집 안에 거하지 못하며 거짓말 하는 자가 내 목전에 서지 못하리로다
아침마다 내가 이 땅의 모든 악인을 멸하리니 죄악 행하는 자는 여호와의 성에서 다 끊어지리로다" (시 101:6-7)

"그런즉 어떠하뇨 이스라엘이 구하는 그것을 얻지 못하고 오직 택하심을 입은 자가 얻었고 그 남은 자들은 완악하여졌느니라

기록된바 하나님이 오늘날까지 저희에게 혼미한 심령과 보지 못할 눈과 듣지 못할 귀를 주셨다 함과 같으니라

또 다윗이 가로되 저희 밥상이 올무와 덫과 거치는 것과 보응이 되게 하옵시고 저희 눈은 흐려 보지 못하고 저희 등은 항상 굽게 하옵소서 하였느니라"(롬 11:7-10)

교회 안에 침투한
대표적 인본주의, 성탄절

....

"내가 이 책의 예언의 말씀을 듣는 각인에게 증거하노니 만일 누구든지 이것들 외에 더하면 하나님이 이 책에 기록된 재앙들을 그에게 더하실 터이요

만일 누구든지 이 책의 예언의 말씀에서 제하여 버리면 하나님이 이 책에 기록된 생명 나무와 및 거룩한 성에 참예함을 제하여 버리시리라" (계 22:18-19)

"너는 그 말씀에 더하지 말라 그가 너를 책망하시겠고 너는 거짓말 하는 자가 될까 두려우니라" (잠 30:6)

"발람이 발락의 신하들에게 대답하여 가로되 발락이 그 집에 은, 금을 가득히 채워서 내게 줄찌라도 내가 능히 여호와 내 하나님의 말씀을 어기어 덜하거나 더하지 못하겠노라" (민 22:18)

성탄절은 교회 안에 뿌리내린 대표적 인본주의 산물이다. 이것은 사단이 하나님의 진리를 혼탁하게 하기 위하여 던져준 사단의 미혹의 산물이다. 그런데 하나님도 성경도 모르는 사람들이 미혹에 넘어가서 만들어 놓은 절기이다.

사단은 언제든지 아름답고 화려하고 그럴듯하게 포장하여 사람들을 미혹하였고, 사람들은 아무 생각 없이 받아들이고 말았다. 오늘의 교회가 이렇게 혼란하고 무질서하고 진리에서 벗어나서 변질된 원인은 사단이 심어놓은 수많은 인본주의 탐욕과 허영의 문화때문이다.

성경에 기록되지 않은 것은 그 무엇도 사람이 만들어 지키면 안된다. 그것은 하나님의 말씀이 아니고, 사람의 것이고 사단의 것이다. 그것은 우상과 같은 것이다. 그런데 사람과 사단에 의해서 수많은 우상이 교회 안에 침투한 것이다.

구약시대의 성전 시대에도 이스라엘 백성들은 하나님과 수많은 우상을 함께 섬겼다. 그것이 그들이 하나님으로부터 심판을 받고 패망한 원인이다. 사단은 인간들의 탐욕의 길을 틈타고 들어와서 사단의 거짓 씨앗을 계속하여 뿌리고 있는 것이다.

역사상에 교회가 흥하다가 사라지는 이유는 모두가 교회 안에 침투한 거짓된 것들 때문이다. 진리에 눈이 어두우면 사람들은 계속하여 세상의 것들을 교회 안으로 가지고 들어와서 화려하고 그럴듯하게 미화시킨다. 이것이 교회가 부패하고 사라지게 된 원인이다.

건강한 사람도 몸 안에 사악한 것, 파괴의 세력이 들어오게 되면 그는 병이 들고 결국은 죽음에 이르게 되는 것이다. 오늘의 교회는 건강한 교회가 아니다. 아주 회복이 어려울 만큼 깊은 병에 들어있다.

성탄절은 성경 말씀 속에 기록이 없다. 무지한 인본주의 사람들에 의하여 제정된 날이다. 성경에 기록되지 않은 말씀은 어떠한 것도 받아들여서는 안 된다. 그런데 성경에 기록되지 않은 성탄절이 사람들에 의하여 만들어져서 교회 안의 대표적인 축제의 날로 자리 잡았는데, 사단은 성탄절을 만들어서 예수도 일반 사람과 동일한 사람이라는 인식을 심어놓아서 예수의 신성을 부정하게 한 것이다.

세상에 태어난 사람들은 태어난 날이 있고 죽은 날이 있다. 그러나 예수님은 동정녀 마리아에게서 낳으셨으나 성경에 태어나신 날도 없고, 죄인을 위하여 대속의 죽으심을 당하셨다가 삼 일 만에 부활하여 승천하셨으니 죽으신 날이 없다.

예수님을 우리 사람들과 동등하게 생각하고 일반 사람처럼 생각하면 안 된다. 예수님은 사람들의 지식이나 이성으로는 알 수 없는 신비의 비밀로 세상에 임하신 분이시다.

"이는 한 아기가 우리에게 났고 한 아들을 우리에게 주신바 되었는데 그 어깨에는 정사를 메었고 그 이름은 기묘자라, 모사라, 전능하신 하나님이라, 영존하시는 아버지라, 평강의 왕이라 할 것임이라

그 정사와 평강의 더함이 무궁하며 또 다윗의 위에 앉아서 그 나라를 굳게 세우고 지금 이후 영원토록 공평과 정의로 그것을 보존하실 것이라 만군의 여호와의 열심이 이를 이루시리라" (사 9:6-7)

성경에 보면 예수님의 그림자요 모형이신 멜기세덕에 관하여 이렇게 말씀하고 있다.

"여호와께서 내 주에게 말씀하시기를 내가 네 원수로 네 발등상되게 하기까지 너는 내 우편에 앉으라 하셨도다

여호와께서 시온에서부터 주의 권능의 홀을 내어 보내시리니 주

는 원수 중에서 다스리소서

주의 권능의 날에 주의 백성이 거룩한 옷을 입고 즐거이 헌신하니 새벽 이슬 같은 주의 청년들이 주께 나오는도다

여호와는 맹세하고 변치 아니하시리라 이르시기를 **너는 멜기세덱의 반차를 좇아 영원한 제사장**이라 하셨도다

주의 우편에 계신 주께서 그 노하시는 날에 열왕을 쳐서 파하실 것이라"(시 110:1-5)

"대제사장마다 사람 가운데서 취한 자이므로 하나님께 속한 일에 사람을 위하여 예물과 속죄하는 제사를 드리게 하나니

저가 무식하고 미혹한 자를 능히 용납할 수 있는 것은 자기도 연약에 싸여 있음이니라

이러므로 백성을 위하여 속죄제를 드림과 같이 또한 자기를 위하여 드리는 것이 마땅하니라

이 존귀는 아무나 스스로 취하지 못하고 오직 아론과 같이 하나님의 부르심을 입은 자라야 할 것이니라

또한 이와 같이 **그리스도께서 대제사장 되심도 스스로 영광을 취하심이 아니요 오직 말씀하신 이가 저더러 이르시되 너는 내 아들이니 내가 오늘날 너를 낳았다 하셨고 또한 이와 같이 다른데 말씀하시되 네가 영원히 멜기세덱의 반차를 좇는 제사장이라 하셨으니**

그는 육체에 계실 때에 자기를 죽음에서 능히 구원하실 이에게 심한 통곡과 눈물로 간구와 소원을 올렸고 그의 경외하심을 인하여 들으심을 얻었느니라

그가 아들이시라도 받으신 고난으로 순종함을 배워서

온전하게 되었은즉 자기를 순종하는 모든 자에게 영원한 구원의 근원이 되시고

하나님께 멜기세덱의 반차를 좇은 대제사장이라 칭하심을 받았느니라

멜기세덱에 관하여는 우리가 할 말이 많으나 너희의 듣는 것이 둔하므로 해석하기 어려우니라" (히 5:1-11)

"이 멜기세덱은 살렘 왕이요 지극히 높으신 하나님의 제사장이라 여러 임금을 쳐서 죽이고 돌아오는 아브라함을 만나 복을 빈 자라

아브라함이 일체 십분의 일을 그에게 나눠주니라 그 이름을 번역한즉 첫째 의의 왕이요 또 살렘 왕이니 곧 평강의 왕이요

아비도 없고 어미도 없고 족보도 없고 시작한 날도 없고 생명의 끝도 없어 하나님 아들과 방불하여 항상 제사장으로 있느니라

이 사람의 어떻게 높은 것을 생각하라 조상 아브라함이 노략물 중 좋은 것으로 십분의 일을 저에게 주었느니라

레위의 아들들 가운데 제사장의 직분을 받는 자들이 율법을 좇아 아브라함의 허리에서 난 자라도 자기 형제인 백성에게서 십분의 일을 취하라는 명령을 가졌으나

레위 족보에 들지 아니한 멜기세덱은 아브라함에게서 십분의 일을 취하고 그 약속 얻은 자를 위하여 복을 빌었나니 폐일언하고 낮은 자가 높은 자에게 복빎을 받느니라 또 여기는 죽을 자들이 십분의 일을 받으나 저기는 산다고 증거를 얻은 자가 받았느니라

또한 십분의 일을 받는 레위도 아브라함으로 말미암아 십분의 일을 바쳤다 할 수 있나니

이는 멜기세덱이 아브라함을 만날 때에 레위는 아직 자기 조상의

허리에 있었음이니라

레위 계통의 제사 직분으로 말미암아 온전함을 얻을 수 있었으면 (백성이 그 아래서 율법을 받았으니) 어찌하여 아론의 반차를 좇지 않고 멜기세덱의 반차를 좇는 별다른 한 제사장을 세울 필요가 있느뇨

제사 직분이 변역한즉 율법도 반드시 변역하리니

이것은 한 사람도 제단 일을 받들지 않는 다른 지파에 속한 자를 가리켜 말한 것이라 **우리 주께서 유다로 좇아 나신 것이 분명하도다 이 지파에는 모세가 제사장들에 관하여 말한 것이 하나도 없고**

멜기세덱과 같은 별다른 한 제사장이 일어난 것을 보니 더욱 분명하도다

그는 육체에 상관된 계명의 법을 좇지 아니하고 오직 무궁한 생명의 능력을 좇아 된 것이니

증거하기를 네가 영원히 멜기세덱의 반차를 좇는 제사장이라 하였도다" (히 7:1-17)

"태초에 말씀이 계시니라 이 말씀이 하나님과 함께 계셨으니 이 말씀은 곧 하나님이시니라

그가 태초에 하나님과 함께 계셨고

만물이 그로 말미암아 지은바 되었으니 지은 것이 하나도 그가 없이는 된 것이 없느니라

그 안에 생명이 있었으니 이 생명은 사람들의 빛이라

빛이 어두움에 비취되 어두움이 깨닫지 못하더라

하나님께로서 보내심을 받은 사람이 났으니 이름은 요한이라

저가 증거하러 왔으니 곧 빛에 대하여 증거하고 모든 사람으로

자기를 인하여 믿게 하려 함이라

그는 이 빛이 아니요 이 빛에 대하여 증거하러 온 자라

참빛 곧 세상에 와서 각 사람에게 비취는 빛이 있었나니

그가 세상에 계셨으며 세상은 그로 말미암아 지은바 되었으되 세상이 그를 알지 못하였고

자기 땅에 오매 자기 백성이 영접지 아니하였으나

영접하는 자 곧 그 이름을 믿는 자들에게는 하나님의 자녀가 되는 권세를 주셨으니 이는 혈통으로나 육정으로나 사람의 뜻으로 나지 아니하고 오직 하나님께로서 난 자들이니라

말씀이 육신이 되어 우리 가운데 거하시매 **우리가 그 영광을 보니 아버지의 독생자의 영광이요 은혜와 진리가 충만하더라**" (요 1:1-14)

예수님은 태초부터 계신 분으로 사람들처럼 어느 시대에 태어나서 존재하신 분이 아니시라는 사실이 명백한데도 사단은 말씀에 무지한 사람들을 이용하여 성탄절을 만들어 예수님의 신격을 받아들이지 못하게 한 것이다.

그래서 대부분의 사람이 예수나 석가나 공자를 동일한 사람으로 받아들이게 하였으니 사단이 교회 안에 뿌린 거짓의 씨앗인데 이러한 오류들이 지금까지 내려오면서 거짓의 열매를 맺게 하였으나 아무도 깨닫지 못하고 있으니 모두가 소경이기 때문이다.

예수님이 세상에 오셨음이 전해 것은 하나님의 계시에 의하여 찾아왔던 동방 박사들이나 목자들이 예수님을 방문하게 된 후에 알려졌으나 태어나신 날은 아무도 알지 못하여 말하지 않았을 뿐만

아니라 오히려 **예수님은 태초부터 계신 자요, 시작한 날도 없고 생명의 끝도 없는 분**이라고 성경에 분명하게 말씀하고 있는 것이다.

> "이에 헤롯이 가만히 박사들을 불러 별이 나타난 때를 자세히 묻고 베들레헴으로 보내며 이르되 가서 아기에 대하여 자세히 알아보고 찾거든 내게 고하여 나도 가서 그에게 경배하게 하라
>
> 박사들이 왕의 말을 듣고 갈째 동방에서 보던 그 별이 문득 앞서 인도하여 가다가 아기 있는 곳 위에 머물러 섰는지라
>
> 저희가 별을 보고 가장 크게 기뻐하고 기뻐하더라
>
> 집에 들어가 아기와 그 모친 마리아의 함께 있는 것을 보고 엎드려 아기께 경배하고 보배합을 열어 황금과 유향과 몰약을 예물로 드리니라
>
> 꿈에 헤롯에게로 돌아가지 말라 지시하심을 받아 다른 길로 고국에 돌아가니라" (마 2:7-12)

성탄절이 처음 제정된 것은 AD 4세기로 당시 태양신 미트라(Mitraism)를 섬기던 로마 콘스탄틴 황제가 기독교로 개종하고 AD 313년 밀라노칙령을 선포해 기독교를 공인한 것이 그 시발점으로 황제는 태양신과 예수를 동일한 신으로 여겼다고 전해진다. 로마의 농경신 제사 사투르날리아와 게르만의 율 축제의 시기를 예수의 탄생을 축하하는 크리스마스로 선택되었다고 하니 사단이 기독교 복음을 우상의 문화와 혼합하여 교회 안에 뿌려놓은 것이 확실한데도 지금까지 교회 안에서 이를 그대로 수용하고 있는 것은 교회 지도자들의 무지와 무능을 그대로 보여준 것이라 할 수 있다.

교회 안에 깊게 뿌리내린 거짓이 견고하게 복음의 자리를 차지하

고, 구원의 복음이 뿌리내리지 못하도록 온갖 훼방을 하고 있어도 무지한 교회는 아무것도 깨닫지 못하고 받아들여서 연례적인 축제의 날로 지키고 있는 것이다.

교회는 이렇게 시간이 흐르면서 하나님에 대하여 무지한 사람들에 의해서 사람의 것과 세상의 것, 사단의 것이 합성되어 일반화되고 세속화되어서 기독교 지도자 중에도 기독교와 세상 종교를 같은 맥락으로 보고 모든 종교에도 구원이 있다고 말하는 사람들이 있으니 그들이 모두 말씀의 무지한 소경들인 것이다.

교회 안에는 이미 사단이 뿌려놓은 거짓이 뿌리내려서 계속하여 거짓의 열매를 맺어가고 있는데 세상에는 언제나 거짓이 더 득세하게 되니 교회도 결국은 거짓에 모두 정복되고 말 것이니 더 늦기 전에 지도자들이 통곡하며 회개하여 말씀에 눈이 열려야 교회를 살릴 수 있다.

"예수께서 그들 앞에 또 비유를 베풀어 가라사대 천국은 좋은 씨를 제 밭에 뿌린 사람과 같으니

사람들이 잘 때에 그 원수가 와서 곡식 가운데 가라지를 덧뿌리고 갔더니 싹이 나고 결실할 때에 가라지도 보이거늘

집 주인의 종들이 와서 말하되 주여 밭에 좋은 씨를 심지 아니하였나이까 그러면 가라지가 어디서 생겼나이까

주인이 가로되 원수가 이렇게 하였구나 종들이 말하되 그러면 우리가 가서 이것을 뽑기를 원하시나이까

주인이 가로되 가만 두어라 가라지를 뽑다가 곡식까지 뽑을까 염려하노라

둘 다 추수 때까지 함께 자라게 두어라 추수 때에 내가 추숫군들
에게 말하기를 가라지는 먼저 거두어 불사르게 단으로 묶고 곡식
은 모아 내 곳간에 넣으라 하리라"(마 13:24-30)

성탄절은 교회 안에 뿌리내린 대표적 인본주의 문화이며, 그 외에
도 너무 많은 거짓이 틈을 타고 들어와 복음의 빛을 퇴색시켜 사람
들로 하여금 성자 예수님의 신성을 부정하게 하고 구원의 복음을
깨닫지 못하게 하여 혼란에 빠지도록 물타기를 하였는데 이것이 사
단의 1호 전략인 것이다.

하나님의 진리가 사람에게 전달되기만 하면 사람들에 의하여 사
람의 취향에 맞도록 변질되어 진리의 빛이 흐려졌으니 타락한 인간
은 십자가 구원의 복음보다는 변질된 기독교 문화를 더 선호하고
있기 때문인데 이것이 에덴동산에서 시작된 사단의 것이라는 사실
을 아직도 깨닫지 못하고 있다. 한 번 미혹된 사람들은 어둠에 정복
되어 있기 때문에 아무것도 보이지 않으니 참과 거짓을 분별하지 못
하는 것이다.

거듭나지 못한
지도자들

....

"사십 일 동안 땅을 정탐하기를 마치고 돌아와

바란 광야 가데스에 이르러 모세와 아론과 이스라엘 자손의 온
회중에게 나아와 그들에게 회보하고 그 땅 실과를 보이고

모세에게 보고하여 가로되 당신이 우리를 보낸 땅에 간즉 과연
젖과 꿀이 그 땅에 흐르고 이것은 그 땅의 실과니이다

그러나 그 땅 거민은 강하고 성읍은 견고하고 심히 클 뿐 아니라
거기서 아낙 자손을 보았으며

아말렉인은 남방 땅에 거하고 헷인과 여부스인과 아모리인은 산
지에 거하고 가나안인은 해변과 요단 가에 거하더이다

갈렙이 모세 앞에서 백성을 안돈시켜 가로되 우리가 곧 올라가서
그 땅을 취하자 능히 이기리라 하나

그와 함께 올라갔던 사람들은 가로되 우리는 능히 올라가서 그
백성을 치지 못하리라 그들은 우리보다 강하니라 하고

이스라엘 자손 앞에서 그 탐지한 땅을 악평하여 가로되 우리가
두루 다니며 탐지한 땅은 그 거민을 삼키는 땅이요 거기서 본 모든
백성은 신장이 장대한 자들이며

거기서 또 네피림 후손 아낙 자손 대장부들을 보았나니 우리는
스스로 보기에도 메뚜기 같으니 그들의 보기에도 그와 같았을 것이

니라" (민 13:25-33)

"온 회중이 소리를 높여 부르짖으며 밤새도록 백성이 곡하였더라

이스라엘 자손이 다 모세와 아론을 원망하며 온 회중이 그들에게 이르되 우리가 애굽 땅에서 죽었거나 이 광야에서 죽었더면 좋았을 것을

어찌하여 여호와가 우리를 그 땅으로 인도하여 칼에 망하게 하려 하는고 우리 처자가 사로잡히리니 애굽으로 돌아가는 것이 낫지 아니하랴

이에 서로 말하되 우리가 한 장관을 세우고 애굽으로 돌아가자 하매

모세와 아론이 이스라엘 자손의 온 회중 앞에서 엎드린지라"(민 14:1-5)

"온 회중이 그들을 돌로 치려 하는 동시에 여호와의 영광이 회막에서 이스라엘 모든 자손에게 나타나시니라

여호와께서 모세에게 이르시되 이 백성이 어느 때까지 나를 멸시하겠느냐 내가 그들 중에 모든 이적을 행한 것도 생각하지 아니하고 어느 때까지 나를 믿지 않겠느냐

내가 전염병으로 그들을 쳐서 멸하고 너로 그들보다 크고 강한 나라를 이루게 하리라 모세가 여호와께 여짜오되 애굽인 중에서 주의 능력으로 이 백성을 인도하여 내셨거늘 그리하시면 그들이 듣고

이 땅 거민에게 고하리이다 주 여호와께서 이 백성 중에 계심을 그들도 들었으니 곧 주 여호와께서 대면하여 보이시며 주의 구름이 그들 위에 섰으며 주께서 낮에는 구름기둥 가운데서, 밤에는 불기

둥 가운데서 그들 앞에서 행하시는 것이니이다

이제 주께서 이 백성을 한 사람 같이 죽이시면 주의 명성을 들은 열국이 말하여 이르기를

여호와가 이 백성에게 주기로 맹세한 땅에 인도할 능이 없는 고로 광야에서 죽였다 하리이다

이제 구하옵나니 이미 말씀하신대로 주의 큰 권능을 나타내옵소서 이르시기를

여호와는 노하기를 더디하고 인자가 많아 죄악과 과실을 사하나 형벌 받을 자는 결단코 사하지 아니하고 아비의 죄악을 자식에게 갚아 삼사대까지 이르게 하리라 하셨나이다

구하옵나니 주의 인자의 광대하심을 따라 이 백성의 죄악을 사하시되 애굽에서부터 지금까지 이 백성을 사하신 것 같이 사하옵소서

여호와께서 가라사대 내가 네 말대로 사하노라

그러나 진실로 나의 사는 것과 여호와의 영광이 온 세계에 충만할 것으로 맹세하노니 나의 영광과 애굽과 광야에서 행한 나의 이적을 보고도 이같이 열번이나 나를 시험하고 내 목소리를 청종치 아니한 그 사람들은

내가 그 조상들에게 맹세한 땅을 결단코 보지 못할 것이요 또 나를 멸시하는 사람은 하나라도 그것을 보지 못하리라

오직 내 종 갈렙은 그 마음이 그들과 달라서 나를 온전히 좇았은즉 그의 갔던 땅으로 내가 그를 인도하여 들이리니 그 자손이 그 땅을 차지하리라

아말렉인과 가나안인이 골짜기에 거하나니 너희는 내일 돌이켜 홍해 길로 하여 광야로 들어갈찌니라

여호와께서 모세와 아론에게 일러 가라사대

나를 원망하는 이 악한 회중을 내가 어느 때까지 참으랴 이스라엘 자손이 나를 향하여 원망하는바 그 원망하는 말을 내가 들었노라

그들에게 이르기를 여호와의 말씀에 나의 삶을 가리켜 맹세하노라 너희 말이 내 귀에 들린대로 내가 너희에게 행하리니

너희 시체가 이 광야에 엎드러질 것이라 너희 이십 세 이상으로 계수함을 받은 자 곧 나를 원망한 자의 전부가

여분네의 아들 갈렙과 눈의 아들 여호수아 외에는 내가 맹세하여 너희로 거하게 하리라 한 땅에 결단코 들어가지 못하리라" (민 14:10-30)

교회에는 많은 일꾼이 있다. 그러나 그들 모두가 거듭나서 영적인 안목이 있으면 아무런 문제가 없을 텐데 안타깝게도 대부분의 사람이 영적 안목은 없고, 육적인 안목만 가지고 하나님의 일을 하고 있기 때문에 교회 안에는 언제나 많은 부정적 일들이 행하여지는 것이다. 그럼에도 불구하고 사람들의 요구에 의하여 또는 무지한 지도자에 의해서 거듭나지 못한 사람들을 교회의 중직자로 임직하고 있는 것이 현실이다.

교회의 직분은 영광도 아니고, 명예나 권세도 아니다. 내가 받은 직분은 내가 져야 할 십자가임을 깨닫고 자기 십자가를 지고 주님을 따라가기 위한 각오가 되어있지 않은 사람은 절대로 직분자가 되어서는 안 된다. 십자가는 내가 거기서 죽어서 하나님께 제물로 드려질 형틀이다.

"이에 예수께서 제자들에게 이르시되 아무든지 나를 따라 오려거든 자기를 부인하고 자기 십자가를 지고 나를 좇을 것이니라" (마

16:24)

직분은 아무에게나 주어서도 안 되고, 평신도들은 자신이 꼭 직분을 받으려 하여서도 아니 된다. 영적으로 성숙하지 못한 사람이 직분을 받으면 그 직분으로 인하여 도리어 많은 시험과 유혹에 휘말리어 사단에 이용되기 쉬우니 직분 받은 후에 더욱 어려운 형편에 처하여지는 사람들이 많이 있다. 직분을 제안받았을 때 모세처럼 나는 자격이 없는 사람이라고 정중하게 사양하는 모습을 보이는 자세가 오히려 하나님 앞에서 올바른 자세이다.

그럼에도 불구하고 어떤 사람들은 다른 목적을 가지고 직분을 얻으려고 하고 있으며, 목회자는 영적인 안목을 가지고 성령으로 거듭난 사람을 선택하여 일꾼으로 세워야 하는데도 불구하고 좀 문제가 있음을 알면서도 직분을 받으면 잘하겠지 하는 착각을 하고 언제나 무분별하게 직분을 수여하고 있다. 사람은 직분을 받은 후에도 절대로 변하지 않는 사람들이 많으니 끝까지 변하지 않고 성장하지 못하면 언젠가는 그로 인하여 교회가 큰 어려움에 빠지게 된다.

모세도 대적하는 사람들 때문에 많은 어려움이 있었으니 대적하던 자들이 모두 모세의 측근이었거나 각 지파의 우두머리들이었다.

"이르시되 내 말을 들으라 너희 중에 선지자가 있으면 나 여호와가 이상으로 나를 그에게 알리기도 하고 꿈으로 그와 말하기도 하거니와

내 종 모세와는 그렇지 아니하니 그는 나의 온 집에 충성됨이라

그와는 내가 대면하여 명백히 말하고 은밀한 말로 아니하며 그는 또 여호와의 형상을 보겠거늘 너희가 어찌하여 내 종 모세 비방

하기를 두려워 아니하느냐

여호와께서 그들을 향하여 진노하시고 떠나시매

구름이 장막 위에서 떠나갔고 미리암은 문둥병이 들려 눈과 같더라 아론이 미리암을 본즉 문둥병이 들었는지라” (민 12:6-10)

“레위의 증손 고핫의 손자 이스할의 아들 고라와 르우벤 자손 엘리압의 아들 다단과 아비람과 벨렛의 아들 온이 당을 짓고

이스라엘 자손 총회에 택함을 받은 자 곧 회중에 유명한 어떤 족장 이백 오십인과 함께 일어나서 모세를 거스리니라

그들이 모여서 모세와 아론을 거스려 그들에게 이르되 너희가 분수에 지나도다 회중이 다 각각 거룩하고 여호와께서도 그들 중에 계시거늘 너희가 어찌하여 여호와의 총회 위에 스스로 높이느뇨

모세가 듣고 엎드렸다가

고라와 그 모든 무리에게 말하여 가로되 아침에 여호와께서 자기에게 속한 자가 누구인지, 거룩한 자가 누구인지 보이시고 그 자를 자기에게 가까이 나아오게 하시되 곧 그가 택하신 자를 자기에게 가까이 나아오게 하시리니

이렇게 하라 너 고라와 너의 모든 무리는 향로를 취하고 내일 여호와 앞에서 그 향로에 불을 담고 그 위에 향을 두라 그 때에 여호와의 택하신 자는 거룩하게 되리라 레위 자손들아 너희가 너무 분수에 지나치느니라

모세가 또 고라에게 이르되 너희 레위 자손들아 들으라

이스라엘의 하나님이 이스라엘 회중에서 너희를 구별하여 자기에게 가까이 하게 하사 여호와의 성막에서 봉사하게 하시며 회중 앞에 서서 그들을 대신하여 섬기게 하심이 너희에게 작은 일이겠느냐

하나님이 너와 네 모든 형제 레위 자손으로 너와 함께 가까이 오게 하신 것이 작은 일이 아니어늘 너희가 오히려 제사장의 직분을 구하느냐

이를 위하여 너와 너의 무리가 다 모여서 여호와를 거스리는도다 아론은 어떠한 사람이관대 너희가 그를 원망하느냐

모세가 엘리압의 아들 다단과 아비람을 부르러 보내었더니 그들이 가로되 우리는 올라가지 않겠노라

네가 우리를 젖과 꿀이 흐르는 땅에서 이끌어 내어 광야에서 죽이려 함이 어찌 작은 일이기에 오히려 스스로 우리 위에 왕이 되려 하느냐

이뿐 아니라 네가 우리를 젖과 꿀이 흐르는 땅으로 인도하여 들이지도 아니하고 밭도 포도원도 우리에게 기업으로 주지 아니하니 네가 이 사람들의 눈을 빼려느냐 우리는 올라가지 아니하겠노라

모세가 심히 노하여 여호와께 여짜오되 주는 그들의 예물을 돌아보지 마옵소서 나는 그들의 한 나귀도 취하지 아니하였고 그들의 한 사람도 해하지 아니하였나이다 하고 이에 고라에게 이르되 너와 너의 온 무리는 아론과 함께 내일 여호와 앞으로 나아오되

너희는 각기 향로를 잡고 그 위에 향을 두고 각 사람이 그 향로를 여호와 앞으로 가져오라 향로는 모두 이백 오십이라 너와 아론도 각각 향로를 가지고 올찌니라

그들이 각기 향로를 취하여 불을 담고 향을 그 위에 두고 모세와 아론으로 더불어 회막문에 서니라

고라가 온 회중을 회막문에 모아 놓고 그 두 사람을 대적하려 하매 여호와의 영광이 온 회중에게 나타나시니라

여호와께서 모세와 아론에게 일러 가라사대

너희는 이 회중에게서 떠나라 내가 순식간에 그들을 멸하려 하노라

그 두 사람이 엎드려 가로되 하나님이여 모든 육체의 생명의 하나님이여 한 사람이 범죄하였거늘 온 회중에게 진노하시나이까

여호와께서 모세에게 일러 가라사대 회중에게 명하여 이르기를

너희는 고라와 다단과 아비람의 장막 사면에서 떠나라 하라

모세가 일어나 다단과 아비람에게로 가니 이스라엘 장로들이 좇았더라

모세가 회중에게 일러 가로되 이 악인들의 장막에서 떠나고 그들의 물건은 아무 것도 만지지 말라 그들의 모든 죄중에서 너희도 멸망할까 두려워 하노라 하매

무리가 고라와 다단과 아비람의 장막 사면을 떠나고 다단과 아비람은 그 처자와 유아들과 함께 나와서 자기 장막문에 선지라

모세가 가로되 여호와께서 나를 보내사 이 모든 일을 행케 하신 것이요 나의 임의로 함이 아닌 줄을 이 일로 인하여 알리라

곧 이 사람들의 죽음이 모든 사람과 일반이요 그들의 당하는 벌이 모든 사람의 당하는 벌과 일반이면 여호와께서 나를 보내심이 아니어니와

만일 여호와께서 새 일을 행하사 땅으로 입을 열어 이 사람들과 그들의 모든 소속을 삼켜 산채로 음부에 빠지게 하시면 이 사람들이 과연 여호와를 멸시한 것인 줄을 너희가 알리라

이 모든 말을 마치는 동시에 그들의 밑의 땅이 갈라지니라

땅이 그 입을 열어 그들과 그 가족과 고라에게 속한 모든 사람과 그 물건을 삼키매 그들과 그 모든 소속이 산채로 음부에 빠지며 땅이 그 위에 합하니 그들이 총회 중에서 망하니라

그 주위에 있는 온 이스라엘이 그들의 부르짖음을 듣고 도망하며 가로되 땅이 우리도 삼킬까 두렵다 하였고

여호와께로서 불이 나와서 분향하는 이백 오십인을 소멸하였더라

여호와께서 모세에게 일러 가라사대

너는 제사장 아론의 아들 엘르아살을 명하여 붙는 불 가운데서 향로를 취하여다가 그 불을 타처에 쏟으라 그 향로는 거룩함이니라

사람들은 범죄하여 그 생명을 스스로 해하였거니와 그들이 향로를 여호와 앞에 드렸으므로 그 향로가 거룩하게 되었나니 그 향로를 쳐서 제단을 싸는 편철을 만들라 이스라엘 자손에게 표가 되리라 하신지라

제사장 엘르아살이 불탄 자들의 드렸던 놋 향로를 취하여 쳐서 제단을 싸서

이스라엘 자손의 기념물이 되게 하였으니 이는 아론 자손이 아닌 외인은 여호와 앞에 분향하러 가까이 오지 못하게 함이며 또 고라와 그 무리와 같이 되지 않게 하기 위함이라 여호와께서 모세로 그에게 명하신대로 하였더라

이튿날 이스라엘 자손의 온 회중이 모세와 아론을 원망하여 가로되 너희가 여호와의 백성을 죽였도다 하고

회중이 모여 모세와 아론을 칠 때에 회막을 바라본즉 구름이 회막을 덮었고 여호와의 영광이 나타났더라

모세와 아론이 회막 앞에 이르매

여호와께서 모세에게 일러 가라사대

너희는 이 회중에게서 떠나라 내가 순식간에 그들을 멸하려 하노라 하시매 그 두 사람이 엎드리니라

이에 모세가 아론에게 이르되 너는 향로를 취하고 단의 불을 그

것에 담고 그 위에 향을 두어가지고 급히 회중에게로 가서 그들을 위하여 속죄하라 여호와께서 진노하셨으므로 염병이 시작되었음이니라

아론이 모세의 명을 좇아 향로를 가지고 회중에게로 달려 간즉 백성 중에 염병이 시작되었는지라 이에 백성을 위하여 속죄하고

죽은 자와 산 자 사이에 섰을 때에 염병이 그치니라 고라의 일로 죽은 자 외에 염병에 죽은 자가 일만 사천 칠백명이었더라

염병이 그치매 아론이 회막문 모세에게로 돌아오니라"(민 16:1-50)

거듭나지 못한
교회의 제직들

....

        교회 안에는 표면적으로는 충성스런 일꾼 같으나 영적
으로는 거듭나지 못하여 아버지의 근심이 되는 일꾼이 있으니 누가
복음 15장에 나오는 맏아들 같은 사람들이다.

  "맏아들은 밭에 있다가 돌아와 집에 가까왔을 때에 풍류와 춤추
는 소리를 듣고
    한 종을 불러 이 무슨 일인가 물은대
    대답하되 당신의 동생이 돌아왔으매 당신의 아버지가 그의 건강
한 몸을 다시 맞아들이게 됨을 인하여 살진 송아지를 잡았나이다
하니
    저가 노하여 들어가기를 즐겨 아니하거늘 아버지가 나와서 권한
대 아버지께 대답하여 가로되 내가 여러 해 아버지를 섬겨 명을 어
김이 없거늘 내게는 염소 새끼라도 주어 나와 내 벗으로 즐기게 하
신 일이 없더니
    아버지의 살림을 창기와 함께 먹어버린 이 아들이 돌아오매 이를
위하여 살진 송아지를 잡으셨나이다" (눅 15:25-30)

  맏아들은 그동안 아버지에게 온갖 충성을 다 하면서 살았던 믿

음직스러운 아들이다. 오늘의 교회 안에도 이러한 사람들의 공로는 인정할 만하다. 그러나 그런 사람들에게 치명적 결함이 있으니 다른 사람에 대한 배려나 사랑이 없고, 오직 자신의 공로만 내세우며 인정받고 싶어 하는 사람이다.

맏아들이 외형적인 면으로는 아주 든든하고 자랑스러운 아들처럼 보인다. 그런데 아버지가 가장 기뻐하시는 자리에서 원망과 불평을 쏟아놓으며 모처럼 조성된 좋은 분위기에 재를 뿌리고, 아버지의 말씀도 거부하고 그 즐거운 잔치 자리에 끝내 참여하지 않았다.

교회의 일꾼은 자신이 원하는 것을 얻기 위해서 일하는 자가 아니라 오직 아버지가 무엇을 원하시는지 깨달아서 모든 것이 아버지의 뜻에 맞춰져 있어야 한다.

아버지는 둘째 아들이 아버지를 떠난 후에 언제나 이 아들 걱정만 하면서 아들이 돌아오기를 하루하루 애태우며 기다리고 걱정하는 모습을 맏아들도 항상 보았기 때문에 아버지가 원하시는 것이 무엇인가를 잘 알았을 것이다.

아버지의 애타는 그 심정을 알았으면 잃었던 그 아들이 돌아와서 아버지가 기뻐하시는 모습을 보았을 때 자기도 함께 기뻐하고 즐거워 했어야 하였는데, 도리어 돌아온 아들로 인하여 기뻐하며 송아지를 잡고 큰 잔치를 배설한 아버지를 원망하면서 그 잔치 자리에 함께하지 않았던 것이다.

아버지가 아무리 설득을 하여도 아버지의 마음을 받아드리지 않았으니 이 맏아들의 마음에는 아버지도 싫고 동생도 보기 싫었던 것이다. 이것이 교회에서 맏아들처럼 충성 봉사하는 일부의 제직 중에서 나타나는 모습이다. 어떤 사람은 나무랄 것이 없이 다 잘하는데 가장 중요한 아버지의 뜻을 따르지 못하며, 다른 사람에 대한 사랑이 없고 자기만 인정해 주기 바라는 것이다. 이러한 사람은 교회에서 가장 중요한 일을 결정하게 될 때 자기의 생각과 다르면 거침없이 반대표를 던지고 그 일을 하지 못하도록 훼방하는 사람이다.

하나님이 가장 기뻐하실 일은 잃었던 아들을 찾게 된 된 일이다. 교회는 모두 아버지의 이 마음에 하나가 되어야 한다. 교회의 일과 신앙인의 신앙생활에는 우선이 있고, 차선이 있다. 이것이 바뀌면 안 된다. 그런데 모범생들에게는 대체로 이것이 바뀌어 있는 것이다.

교회의 제직들은 나보다 다른 사람을 더 귀히 여기고 사랑하며 감싸주고 도와주며, 아랫사람의 발을 닦아줄 수 있는 겸손함과 사랑이 있는 예수님의 마음을 가지고 있는 사람이 되어야 한다. 이런 마음을 가진 사람이 예수님의 은혜를 아는 사람이고, 예수님의 마음과 가르침을 따르는 사람이다. 이러한 일군이 많은 교회는 언제나 화목하고 아름다우며, 건강하게 성장하는 칭찬받는 좋은 교회이다.

맏아들 같은 사람은 언제나 하나님의 사랑과 은혜보다 자기의 공적이 앞서 있는 사람으로 언젠가는 시험에 들어 교회가 나를 위해서는 해준 것이 뭣이 있느냐고 따질 사람들이다. 교회 제직들은 언제나 자신의 공로는 모두 뒤로 던져버리고 아버지의 사랑만 있어야 한다. 아버지의 사랑을 모르고 자기의 공로만 앞세우는 사람은 반드시 아버지의 근심이 되고, 교회나 자신에게 아무 유익이 없고 목회자의 근심이 되고 그들의 시기 질투로 인하여 목회자가 그들의 눈치를 보아야 하는 곤란할 때가 아주 많다.

생각하여 보자. 아버지는 죄인들을 위하여 사랑하는 외아들을 희생 제물로 내어 주시기까지 하셨는데 그 사랑에 비하면 사람들이 하나님을 위하여 한 일이 어찌 대단한 일이라 할 수 있겠는가?

"너희 중에 뉘게 밭을 갈거나 양을 치거나 하는 종이 있어 밭에서 돌아 오면 저더러 곧 와 앉아서 먹으라 할 자가 있느냐

도리어 저더러 내 먹을 것을 예비하고 띠를 띠고 나의 먹고 마시는 동안에 수종들고 너는 그 후에 먹고 마시라 하지 않겠느냐

명한대로 하였다고 종에게 사례하겠느냐

이와 같이 너희도 명령 받은 것을 다 행한 후에 이르기를 **우리는 무익한 종이라 우리의 하여야 할 일을 한 것뿐이라 할찌니라**" (눅 17:7-10)

"그러므로 주 안에서 갇힌 내가 너희를 권하노니 너희가 부르심을 입은 부름에 합당하게 행하여

모든 겸손과 온유로 하고 오래 참음으로 사랑 가운데서 서로 용납하고

평안의 매는 줄로 성령의 하나 되게 하신 것을 힘써 지키라

몸이 하나이요 성령이 하나이니 이와 같이 너희가 부르심의 한 소망 안에서 부르심을 입었느니라" (엡 4:1-4)

교회 안에 섞여있는
잡족들

....

"이스라엘 자손이 라암셋에서 발행하여 숙곳에 이르니 유아 외
에 보행하는 장정이 육십만 가량이요 중다한 잡족과 양과 소와 심
히 많은 생축이 그들과 함께 하였으며" (출 12:37-38)

"백성이 여호와의 들으시기에 악한 말로 원망하매 여호와께서 들
으시고 진노하사 여호와의 불로 그들 중에 붙어서 진 끝을 사르게
하시매
백성이 모세에게 부르짖으므로 모세가 여호와께 기도하니 불이
꺼졌더라
그곳 이름을 다베라라 칭하였으니 이는 여호와의 불이 그들 중
에 붙은 연고였더라
이스라엘 중에 섞여 사는 무리가 탐욕을 품으매 이스라엘 자손
도 다시 울며 가로되 누가 우리에게 고기를 주어 먹게 할꼬" (민
11:1-4)

이스라엘 사람들이 애굽을 떠날 때 많은 잡족이 출애굽 대열에
합류하여 따라 나왔다. 출애굽 직전에 애굽 전역에 있었던 열 가지
의 놀라운 이적들을 보고 이 잡족들도 하나님의 살아 계심을 알게

되었는지 이스라엘 백성의 탈출 대열에 합류하였던 것이다. 그런데 이 사람들이 광야에서 언제나 원망과 불평의 선동자들이 되었다.

교회는 사단이 들여보낸 사람들도 간혹 끼어 있어서 이들이 기회만 있으면 자기들의 본성을 드러내는데, 이런 사람들은 아무리 말씀을 듣고 이적을 보아도 변화되지 않고 믿음이 자라지 않으며 무엇이든 자기 생각대로 기분에 따라 원망 불평을 쏟아내는 사람들이다. 그들은 하나님도 모르고 언제나 하나님의 일을 훼방하며 공동체를 무너지게 하는 바람잡이 노릇을 한다.

불평은 문둥병과 같고 전염병 같아서 순식간에 교회 공동체로 퍼지게 되니 이런 사람들이 정말 골치 아픈 사람들이다. 이로 인하여 하나님의 진노로 많은 사람이 죽임을 당하였다. 하나님도 이 방법 외에는 이스라엘 공동체를 보존하고 이끌어가실 방법이 없었으니 무지한 사람들의 집단적 행동은 무엇으로도 다스릴 수 없었기 때문이다.

죄악으로 병든 인간은 웬만한 이적으로는 깨닫고 변화되지 않는다. 이런 사람은 공동체의 암 덩어리 같은 존재인데, 암 덩어리는 저절로 없어지지 않고 칼로 도려내고 주변을 방사선으로 지져버려야 다른 부위에 전이가 되지 않는다. 교회에 이런 사람이 있으면 공동체 전체가 큰 고통을 겪게 되고, 후에도 커다란 상처가 남게 되며, 극복이 되어도 그 후유증이 남아 있게 된다.

이런 잡족이 교회에서 세력을 얻으면 목회자는 더욱 힘들게 되고, 교회는 하나님과 아무 상관이 없는 세상 집단으로 전락 되는 것이다. 성령이 함께하는 사람은 교회 안에 사랑과 부흥의 불을 지피고, 사단에 사로잡힌 자들은 언제나 교회를 분열시키며 불 끄는 일에 동원되는 것이다. 엘리야 같은 능력의 선지자도 그러한 백성들 때문에 얼마나 지치고 힘들었으면 하나님 앞에서 자신의 생명을 거두어 달라는 기도를 하였겠는가?

"아합이 엘리야의 무릇 행한 일과 그가 어떻게 모든 선지자를 칼로 죽인 것을 이세벨에게 고하니

이세벨이 사자를 엘리야에게 보내어 이르되 내가 내일 이맘때에는 정녕 네 생명으로 저 사람들 중 한 사람의 생명 같게 하리라 아니하면 신들이 내게 벌 위에 벌을 내림이 마땅하니라 한지라

저가 이 형편을 보고 일어나 그 생명을 위하여 도망하여 유다에 속한 브엘세바에 이르러 자기의 사환을 그곳에 머물게 하고

스스로 광야로 들어가 하룻길쯤 행하고 한 로뎀나무 아래 앉아서 죽기를 구하여 가로되 여호와여 넉넉하오니 지금 내 생명을 취하옵소서 나는 내 열조보다 낫지 못하니이다 하고" (왕상 19:1-4)

진짜는 보이지 않고
가짜만 가득한 세상

....

아무리 보아도 진품은 어디에 있는지 보이지 않고 가짜들만 차고 넘친다. 값이 비싸고 귀한 것일수록 가짜가 많은 것처럼 그래서 교회도 가짜가 차고 넘치는 것이다.

그런데 문제는 아무리 찾아보아도 어디에 감추어져 있는지 진품이 보이지 않는 것이다. 그렇기에 대부분의 사람은 가짜를 모두 진짜로 알고 그들을 따르고 있는 것이다. 그리고 사람들은 진품과 가짜를 구별하지도 못하는데 그 이유가 이미 거짓에 미혹되어 있기 때문이며, 가짜가 대세인 곳에서는 진품이 오히려 외면을 받기 때문이다. 사람들이 예수님을 버린 이유도 당시 유대 사회는 이미 거짓에 정복되어 있었기 때문이다.

타락한 세상에는 언제나 거짓의 힘이 더 강하여 진리가 뿌리내리기 어렵다. 어둠 속에서는 아무것도 분별이 되지 않으니 어둠의 지배 아래 있는 사람들은 옳고 그른 것조차 구분하지 못하는 것이다.

예수님이 많은 이적을 행하시며 무슨 말씀을 하시든지 사람들의 마음속에는 이미 '저 사람은 아니야.'라고 단정하고 마음을 닫아버렸기 때문에 세상이 예수님의 것은 아무것도 받아드리지 않았던 것이다. 예수님의 공생애 초기 때는 예수가 혹시 메시야가 아닐까 하는 관심을 가지고 찾아 왔으나 후에는 사람마다 '그는 아니야!'라며 자기들의 잘못된 기준으로 예수는 메시야가 아니라고 스스로 결론을 내리고 모두 뒤돌아가고 말았던 것이다.

돌아갈 때도 그대로 돌아가는 것이 아니라 사람마다 한마디씩 내뱉으며 입을 비쭉이며 돌아간다. 그러니 어둠이 지배하는 세상에서는 언제나 어둠의 세력이 대세가 되어 대부분의 사람이 이 어둠의 그림자를 따라가는 것이다.

"나를 보는 자는 다 비웃으며 입술을 비쭉이고 머리를 흔들며 말하되" (시 22:7)

"우리의 전한 것을 누가 믿었느뇨 여호와의 팔이 뉘게 나타났느뇨
그는 주 앞에서 자라나기를 연한 순 같고 마른 땅에서 나온 줄기 같아서 고운 모양도 없고 풍채도 없은즉 우리의 보기에 흠모할만한 아름다운 것이 없도다
그는 멸시를 받아서 사람에게 싫어 버린바 되었으며 간고를 많이 겪었으며 질고를 아는 자라 마치 사람들에게 얼굴을 가리우고 보지 않음을 받는 자 같아서 멸시를 당하였고 우리도 그를 귀히 여기지 아니하였도다" (사 53:1-3)

"닷새 후에 대제사장 아나니아가 어떤 장로들과 한 변사 더둘로와 함께 내려와서 총독 앞에서 바울을 고소하니라
바울을 부르매 더둘로가 송사하여 가로되
벨릭스 각하여 우리가 당신을 힘입어 태평을 누리고 또 이 민족이 당신의 선견을 인하여 여러 가지로 개량된 것을 우리가 어느 모양으로나 어느 곳에서나 감사무지하옵나이다

당신을 더 괴롭게 아니하려 하여 우리가 대강 여짜옵나니 관용
하여 들으시기를 원하나이다

우리가 보니 이 사람은 염병이라 천하에 퍼진 유대인을 다 소요
케 하는 자요 나사렛 이단의 괴수라" (행 24:1-5)

"도마가 가로되 주여 어디로 가시는지 우리가 알지 못하거늘 그
길을 어찌 알겠삽나이까

예수께서 가라사대 내가 곧 길이요 진리요 생명이니 나로 말미암
지 않고는 아버지께로 올 자가 없느니라" (요 14:5-6)

도마의 말처럼 우리가 그 길을 어찌 알겠삽나이까? 예수님이 무
슨 말씀을 하셔도 사람들은 알지 못하는 것이다. 이번에는 총독 빌
라도가 예수님께 묻는다. '진리가 무엇이냐?' 그런데 빌라도의 물음
에 예수님은 아무 대답을 하지 않으셨다.

모두가 소경들뿐이요, 듣지 못하는 귀머거리들이며 거짓에 미혹
되어 아무것도 깨닫지 못하고 받아드리지 않으니 그들에게 아무리
말한들 무슨 소용이 있겠는가?

"제 구시 즈음에 예수께서 크게 소리질러 가라사대 엘리 엘리 라
마 사박다니 하시니 이는 곧 나의 하나님, 나의 하나님, 어찌하여
나를 버리셨나이까 하는 뜻이라" (마 27:46)

"예수께서 신 포도주를 받으신 후 가라사대 다 이루었다 하시고
머리를 숙이시고 영혼이 돌아가시니라" (요 19:30)

세상에는 이렇게 가짜들이 세력을 잡고 있으니 누가 진짜를 알고

받아드려서 믿고 구원을 받을 수가 있겠는가?

세례요한은 바리새인 서기관들을 향하여

"요한이 많은 바리새인과 사두개인이 세례 베푸는데 오는 것을 보고 이르되 독사의 자식들아 누가 너희를 가르쳐 임박한 진노를 피하라 하더냐" (마 3:7)

예수님도 그들을 향하여

"독사의 자식들아 너희는 악하니 어떻게 선한 말을 할 수 있느냐 이는 마음에 가득한 것을 입으로 말함이라" (마 12:34)

"또 내가 보매 천사가 무저갱 열쇠와 큰 쇠사슬을 그 손에 가지고 하늘로서 내려와서 용을 잡으니 곧 옛 뱀이요 마귀요 사단이라 잡아 일천년 동안 결박하여

무저갱에 던져 잠그고 그 위에 인봉하여 천년이 차도록 다시는 만국을 미혹하지 못하게 하였다가 그 후에는 반드시 잠간 놓이리라" (계 20:1-3)

"천년이 차매 사단이 그 옥에서 놓여

나와서 땅의 사방 백성 곧 곡과 마곡을 미혹하고 모아 싸움을 붙이리니 그 수가 바다 모래 같으리라

저희가 지면에 널리 퍼져 성도들의 진과 사랑하시는 성을 두르매 하늘에서 불이 내려와 저희를 소멸하고

또 저희를 미혹하는 마귀가 불과 유황 못에 던지우니 거기는 그 짐승과 거짓 선지자도 있어 세세토록 밤낮 괴로움을 받으리라" (계 20:7-10)

에덴동산의 여자도 하나님 말씀보다 뱀의 말이 더 진짜 같이 들려졌기에 뱀의 말에 넘어갔는데 그 뱀이 지금도 여전히 거짓 선지자의 입을 통하여 세상에 거짓된 것만 가득하게 뿌려놓고 있는 것이다.

소경 인간들은 아무것도 보지 못하기 때문에 자기를 인도하는 사람들이 소경이라는 사실조차도 모르고 그들을 따라가고 있으니 그들의 마지막이 어디이겠는가?

세례요한의 눈에는 예수님이 보였기 때문에 내가 아니고 내 뒤에 오시는 분이라고 예수님을 분명히 소개하였는데 예수님이 보이지 않는 소경들은 자신들이 주인의 자리에 앉아서 주인 노릇 하고 있는 것이다.

"거짓 선지자들을 삼가라 양의 옷을 입고 너희에게 나아오나 속에는 노략질하는 이리라

그의 열매로 그들을 알찌니 가시나무에서 포도를, 또는 엉겅퀴에서 무화과를 따겠느냐

이와 같이 좋은 나무마다 아름다운 열매를 맺고 못된 나무가 나쁜 열매를 맺나니

좋은 나무가 나쁜 열매를 맺을 수 없고 못된 나무가 아름다운 열매를 맺을 수 없느니라

아름다운 열매를 맺지 아니하는 나무마다 찍혀 불에 던지우느니라"(마 7:15-19)

어둠의 세상에 권세를 잡고 있는
악의 세력들

"뱀들아 독사의 새끼들아 너희가 어떻게 지옥의 판결을 피하겠느냐
그러므로 내가 너희에게 선지자들과 지혜 있는 자들과 서기관들
을 보내매 너희가 그 중에서 더러는 죽이고 십자가에 못 박고 그
중에 더러는 너희 회당에서 채찍질하고 이 동네에서 저 동네로 구
박하리라 그러므로 의인 아벨의 피로부터 성전과 제단 사이에서 너
희가 죽인 바라갸의 아들 사가랴의 피까지 땅 위에서 흘린 의로운
피가 다 너희에게 돌아가리라
내가 진실로 너희에게 이르노니 이것이 다 이 세대에게 돌아가리라
예루살렘아 예루살렘아 선지자들을 죽이고 네게 파송된 자들을
돌로 치는 자여 암탉이 그 새끼를 날개 아래 모음 같이 내가 네 자
녀를 모으려 한 일이 몇 번이냐 그러나 너희가 원치 아니하였도다
보라 너희 집이 황폐하여 버린바 되리라" (마 23:33-38)

이 말씀이 당시 거짓된 유대교를 향한 예수님의 마지막 경고이다.
미혹된 자들에게는 절대로 복음이 들리지 않는다. 그렇기에 여전히
깨닫지 못하고 언제나 잘못된 삶을 살아가게 되니 교회가 타락하고
변질이 되면 세상 어떤 사람보다도 더 악하고 어리석게 되어 하나님
을 대적하는 무지하고 패역한 집단이 되는 것이다.

예수님을 최종 심문하고 판결하였던 빌라도가 예수에게는 아무런 죄가 없음을 선언하면서 석방하려고 하였지만, 유대교도들은 예수를 십자가에 못 박아야 한다고 소리치며 소동을 일으켰기에 빌라도는 백성들의 소요가 자신에게 정치적으로 큰 부담이 될 것으로 판단하고 민의에 의해서 예수를 십자가에 못 박아 죽이도록 내어주고 말았다. 타락한 자들은 세상의 법까지도 무시하고 그들의 집단적 힘을 이용하여 무엇이든 자기들이 원하는 방향으로 나아가는 통제할 수 없는 무서운 집단이 되는 것이다.

> "빌라도가 가로되 그러면 그리스도라 하는 예수를 내가 어떻게 하랴 저희가 다 가로되 십자가에 못 박혀야 하겠나이다
> 빌라도가 가로되 어찜이뇨 무슨 악한 일을 하였느냐 저희가 더욱 소리질러 가로되 십자가에 못 박혀야 하겠나이다 하는지라
> 빌라도가 아무 효험도 없이 도리어 민란이 나려는 것을 보고 물을 가져다가 무리 앞에서 손을 씻으며 가로되 이 사람의 피에 대하여 나는 무죄하니 너희가 당하라
> 백성이 다 대답하여 가로되 그 피를 우리와 우리 자손에게 돌릴찌어다 하거늘
> 이에 바라바는 저희에게 놓아주고 예수는 채찍질하고 십자가에 못 박히게 넘겨주니라" (마 27:22-26)

세상은 혼란과 무질서의 장마당이다. 무엇이든 자기들의 뜻을 이루기 위하여 힘으로 밀어붙이는 것이다. 법이 있어도 때로는 군중의 힘에 의하여 그 법은 무시되기도 한다. 홍수가 나면 기존의 수로는 무용지물이 되어버리는데 지나친 집단의 세력은 통제되지 않기

때문이다.

쿠데타가 실패하면 대역죄가 되지만 성공하면 새로운 질서가 자리 잡는다. 그렇기에 세상은 언제나 어떤 강한 힘의 지배를 받으며, 법이 변하고 질서가 새롭게 재편되며 흘러가고 있다.

교회가 거듭나지 않은 육의 사람들로 구성이 되고 그 힘이 강하여지게 되면 그곳은 교회가 아닌 교회의 모양으로 위장된 사악한 집단이 되어 하나님의 뜻과 말씀을 벗어나 언제나 물질과 사람의 힘으로 움직이며 잘못된 방향으로 나아가는 것이다. 그렇기에 오늘의 교회가 이렇게 다양한 모습으로 분열되면서 각양각색의 변질된 수많은 가짜 교회들이 우후죽순처럼 자라고 있는 것이다.

법과 질서를 따르지 않는 통제할 수 없는 힘은 결국 개인이나 단체 그리고 사회와 국가에 큰 재앙과 파멸을 가져오게 되는데 지금 세상이 그 파멸에 직면하여 있는 것이다. 땅속에 지나친 에너지가 축적이 되면 결국은 강한 지진이 일어나서 지상의 모든 것을 파괴하고 무너트리는 원리와 동일하다.

기온이 상승할수록 더욱 강한 태풍을 일으키게 되며, 나라가 전쟁을 위해 준비한 힘이 쌓이고 쌓이면 언젠가는 반드시 전쟁이 일어나서 모든 것이 파괴되고 사람들이 죽고 세상은 공포의 소용돌이에 빠져들게 된다. 그래서 무슨 힘이든지 과도하게 축적이 되면 그로 인하여 그 사회는 반드시 파멸로 이어지게 되는데, 사람들의 탐욕은 끝이 없어 세상은 사람들이 쌓아놓은 힘의 부작용으로 인하여 멸망이 눈앞에 다가오고 있는데도 무지한 사람들은 아무것도 깨닫지 못하고 더 많은 것을 얻으려 욕망에 혈안이 되어있으니 필연적으로 파멸을 불러오는 것이다.

유대교의 비정상적 힘은 예수를 죽였고, 하나님의 공동체가 패역한 집단으로 전락하였으니 그들에게 구원의 복음은 존재하지 않고 자기들 스스로 만든 율법으로 지도층에 있는 일부의 사람들이 그들 조직을 지배하며 유지하기 위한 수단으로 사용하고 있으니 하나님과 전혀 관계없는 독특한 집단이 되어버린 것이다.

이스라엘뿐만 아니라 세계 곳곳에 존재하는 모든 종교가 이렇게 자기들의 세력을 견고히 하고 십자가 구원의 복음이 들어오지 못하도록 가로막고 있으니 사단의 장벽이 얼마나 견고한지 복음을 전하는 자들은 언제나 큰 환난에 직면하여 자신의 생명을 걸고 복음을 전하여야 하였다.

"제자들이 둘러섰을 때에 바울이 일어나 성에 들어갔다가 이튿날 바나바와 함께 더베로 가서

복음을 그 성에서 전하여 많은 사람을 제자로 삼고 루스드라와 이고니온과 안디옥으로 돌아가서

제자들의 마음을 굳게 하여 이 믿음에 거하라 권하고 또 우리가 하나님 나라에 들어가려면 많은 환난을 겪어야 할 것이라 하고

각 교회에서 장로들을 택하여 금식 기도하며 저희를 그 믿은바 주께 부탁하고

비시디아 가운데로 지나가서 밤빌리아에 이르러

도를 버가에서 전하고 앗달리아로 내려가서

거기서 배 타고 안디옥에 이르니 이곳은 두 사도의 이룬 그 일을 위하여 전에 하나님의 은혜에 부탁하던 곳이라

이르러 교회를 모아 하나님이 함께 행하신 모든 일과 이방인들에게 믿음의 문을 여신 것을 고하고 제자들과 함께 오래 있으니라"

(행 14:20-28)

"그리스도의 고난이 우리에게 넘친 것 같이 우리의 위로도 그리스도로 말미암아 넘치는도다

우리가 환난 받는 것도 너희의 위로와 구원을 위함이요 혹 위로받는 것도 너희의 위로를 위함이니 이 위로가 너희 속에 역사하여 우리가 받는 것 같은 고난을 너희도 견디게 하느니라

너희를 위한 우리의 소망이 견고함은 너희가 고난에 참예하는 자가 된 것 같이 위로에도 그러할 줄을 앎이라

형제들아 우리가 아시아에서 당한 환난을 너희가 알지 못하기를 원치 아니하노니 힘에 지나도록 심한 고생을 받아 살 소망까지 끊어지고 우리 마음에 사형 선고를 받은 줄 알았으니 이는 우리로 자기를 의뢰하지 말고 오직 죽은 자를 다시 살리시는 하나님만 의뢰하게 하심이라

그가 이같이 큰 사망에서 우리를 건지셨고 또 건지시리라 또한 이후에라도 건지시기를 그를 의지하여 바라노라" (고후 1:5-10)

"내가 너희를 향하여 하는 말이 담대한 것도 많고 너희를 위하여 자랑하는 것도 많으니 내가 우리의 모든 환난 가운데서도 위로가 가득하고 기쁨이 넘치는도다

우리가 마게도냐에 이르렀을 때에도 우리 육체가 편치 못하고 사방으로 환난을 당하여 밖으로는 다툼이요 안으로는 두려움이라" (고후 7:4-5)

"이러므로 우리가 참다 못하여 우리만 아덴에 머물기를 좋게 여겨 우리 형제 곧 그리스도 복음의 하나님의 일군인 디모데를 보내노니 이는 너희를 굳게 하고 너희 믿음에 대하여 위로함으로

누구든지 이 여러 환난 중에 요동치 않게 하려 함이라 우리로 이것을 당하게 세우신 줄을 너희가 친히 알리라

우리가 너희와 함께 있을 때에 장차 받을 환난을 너희에게 미리 말하였더니 과연 그렇게 된 것을 너희가 아느니라"(살전 3:1-4)

"서머나 교회의 사자에게 편지하기를 처음이요 나중이요 죽었다가 살아나신 이가 가라사대

내가 네 환난과 궁핍을 아노니 실상은 네가 부요한 자니라 자칭 유대인이라 하는 자들의 훼방도 아노니 실상은 유대인이 아니요 사단의 회라

네가 장차 받을 고난을 두려워 말라 볼찌어다 마귀가 장차 너희 가운데서 몇 사람을 옥에 던져 시험을 받게 하리니 너희가 십일 동안 환난을 받으리라 네가 죽도록 충성하라 그리하면 내가 생명의 면류관을 네게 주리라

귀 있는 자는 성령이 교회들에게 하시는 말씀을 들을찌어다 이기는 자는 둘째 사망의 해를 받지 아니하리라"(계 2:8-11)

"보라 너희가 다 각각 제 곳으로 흩어지고 나를 혼자 둘 때가 오나니 벌써 왔도다 그러나 내가 혼자 있는 것이 아니라 아버지께서 나와 함께 계시느니라

이것을 너희에게 이름은 너희로 내 안에서 평안을 누리게 하려함이라 세상에서는 너희가 환난을 당하나 담대하라 내가 세상을 이기었노라 하시니라"(요 16:32-33)

"육십 이 이레 후에 기름 부음을 받은 자가 끊어져 없어질 것이

며 장차 한 왕의 백성이 와서 그 성읍과 성소를 훼파하려니와 그의 종말은 홍수에 엄몰 됨 같을 것이며 또 끝까지 전쟁이 있으리니 황폐할 것이 작정 되었느니라" (단 9:26)

"또 여섯째가 그 대접을 큰 강 유브라데에 쏟으매 강물이 말라서 동방에서 오는 왕들의 길이 예비되더라
또 내가 보매 개구리 같은 세 더러운 영이 용의 입과 짐승의 입과 거짓 선지자의 입에서 나오니
저희는 귀신의 영이라 이적을 행하여 온 천하 임금들에게 가서 하나님 곧 전능하신이의 큰 날에 전쟁을 위하여 그들을 모으더라" (계 16:12-14)

하나님 백성의 진행을 가로막는
어둠의 세력들

이스라엘 백성들 앞에는 수많은 이방 민족들이 이스라엘 백성들의 진로를 가로막고 통행에 협조하지 않았으며, 오히려 전쟁을 일으켰으니 이스라엘 백성들의 하루하루가 고난과 전쟁이었다.

"이스라엘이 아모리 왕 시혼에게 사자를 보내어 가로되
우리로 당신의 땅을 통과하게 하소서 우리가 밭에든지 포도원에
든지 들어가지 아니하며 우물물도 공히 마시지 아니하고 우리가 당
신의 지경에서 다 나가기까지 왕의 대로로만 통행하리이다 하나
시혼이 자기 지경으로 이스라엘의 통과함을 용납하지 아니하고
그 백성을 다 모아 이스라엘을 치러 광야로 나와서 야하스에 이르
러 이스라엘을 치므로" (민 21:21-23)

사단의 세력은 하나님 백성들이 가는 길을 가로막고 결코 쉽게 지나가도록 협조하지 않는다. 모두가 비협조자들이요 훼방꾼들이요 대적하는 자들이다. 그러니 할 수 없이 전쟁을 해야 하고, 그 전쟁에서 반드시 승리하여야 앞으로 나아갈 수 있는 것이다. 이것이 천국 가는 길이다. 그렇기에 천국은 결코 아무나 쉽게 갈 수 있는 길이 아니라는 사실을 절대로 잊지 말아야 할 것이다.

사단은 성도들의 신앙 성장에 방해가 될 사람들이나 사건들을 동원하여서 언제나 우리의 길을 가로막으며 분쟁을 일으키는데, 그 세력이 결코 만만치 않은 연합군이니 훈련되지 않고 연단 받지 않은 사람은 절대로 그들과 싸워 승리할 수가 없는 것이다.

"이스라엘 자손의 온 회중이 여호와의 명령대로 신 광야에서 떠나 그 노정대로 행하여 르비딤에 장막을 쳤으나 백성이 마실 물이 없는지라

백성이 모세와 다투어 가로되 우리에게 물을 주어 마시게 하라 모세가 그들에게 이르되 너희가 어찌하여 나와 다투느냐 너희가 어찌하여 여호와를 시험하느냐

거기서 백성이 물에 갈하매 그들이 모세를 대하여 원망하여 가로되 당신이 어찌하여 우리를 애굽에서 인도하여 내어서 우리와 우리 자녀와 우리 생축으로 목말라 죽게 하느냐

모세가 여호와께 부르짖어 가로되 내가 이 백성에게 어떻게 하리이까 그들이 얼마 아니면 내게 돌질 하겠나이다

여호와께서 모세에게 이르시되 백성 앞을 지나가서 이스라엘 장로들을 데리고 하수를 치던 네 지팡이를 손에 잡고 가라

내가 거기서 호렙산 반석 위에 너를 대하여 서리니 너는 반석을 치라 그것에서 물이 나리니 백성이 마시리라 모세가 이스라엘 장로들의 목전에서 그대로 행하니라

그가 그곳 이름을 맛사라 또는 므리바라 불렀으니 이는 이스라엘 자손이 다투었음이요 또는 그들이 여호와를 시험하여 이르기를 여호와께서 우리 중에 계신가 아닌가 하였음이더라

때에 아말렉이 이르러 이스라엘과 르비딤에서 싸우니라

모세가 여호수아에게 이르되 우리를 위하여 사람들을 택하여 나가서 아말렉과 싸우라 내일 내가 하나님의 지팡이를 손에 잡고 산 꼭대기에 서리라

여호수아가 모세의 말대로 행하여 아말렉과 싸우고 모세와 아론과 훌은 산꼭대기에 올라가서

모세가 손을 들면 이스라엘이 이기고 손을 내리면 아말렉이 이기더니

모세의 팔이 피곤하매 그들이 돌을 가져다가 모세의 아래에 놓아 그로 그 위에 앉게 하고 아론과 훌이 하나는 이편에서, 하나는 저편에서 모세의 손을 붙들어 올렸더니 그 손이 해가 지도록 내려오지 아니한지라

여호수아가 칼날로 아말렉과 그 백성을 쳐서 파하니라

여호와께서 모세에게 이르시되 이것을 책에 기록하여 기념하게 하고 여호수아의 귀에 외워 들리라 내가 아말렉을 도말하여 천하에서 기억함이 없게 하리라

모세가 단을 쌓고 그 이름을 여호와 닛시라 하고 가로되 여호와께서 맹세하시기를 여호와가 아말렉으로 더불어 대대로 싸우리라"

(출 17:1-16)

이 말씀은 교회의 영적 모습을 그대로 보여주는 말씀이다. 아직 영적으로 성숙하지 못한 이스라엘 백성들은 전쟁 중에도 안에서는 물이 없다고 아우성이고, 밖에서는 아주 강하고 완전무장을 하고 있는 아말렉 군대와 전쟁을 하여야 했다.

교회 내부의 구성원들이 하나가 되어있다면 외부의 적은 두려울 것이 없는데 내부의 구성원들도 하나 되지 못하고 무장되지 않은

오합지졸의 군대이니 이스라엘은 안팎으로 많은 어려움이 있었고, 이 어려움으로 인하여 외부 세력과 전쟁을 할 때도 고전을 면치 못하였다.

모세가 손을 들면 이스라엘이 이기고, 모세의 손이 내려오면 아말렉이 이기고 그것을 본 아론과 훌이 큰 돌을 가져다가 모세로 하여금 앉게 하고 양쪽에서 모세의 손을 붙잡아주니 그 손이 종일 내려오지 않음으로 이스라엘이 아말렉을 이겼더라고 말씀하고 있다.

영적 전쟁은 기도가 따라야 한다. 기도 이외에는 사단의 세력을 이길 방법이 없으니 지도자에게서 기도의 손이 내려오지 않도록 협력자의 헌신이 따라야 한다. 그래서 교회는 목회자를 돕기 위해 직분자를 세우는 것이다. 그런데 영적 소경을 직분자로 세워놓으면 지도자를 더욱 힘들게 하여 목회자가 오히려 이런 사람들 때문에 더 지치고 힘을 잃게 되어 기도의 손이 내려오게 되는 것이다.

목사가 힘을 잃으면 마귀가 춤을 추는데 교회 안에는 마귀를 돕는 일만 찾아서 하는 사람들이 있으니 교인들이 무지하면 사단은 힘들이지 않고 교회 공동체를 쉽게 무너트릴 수 있는 것이다.

이스라엘 군대가 모세와 여호수아로 인하여 사십 년 동안 철저하게 훈련을 받고 영적으로 무장하고 드디어 요단강을 건너서 그곳의 일곱 족속과의 본격적인 전쟁이 시작되었을 때 여리고 성을 정복한 후 다음 목표인 아이성과 전쟁을 하게 되었는데, 여리고 성에 비하면 아무것도 아닌 아이성 전투에서 이스라엘군이 크게 참패하고 후퇴한 일이 있었다. 그 원인은 탐욕의 마귀가 틈을 타고 들어와서 아간이라는 사람을 미혹하여 전리품을 훔치게 하였던 것이니 승리 후에도 반드시 사단이 내부로 침투하여 공동체를 무너트리고 있으니 사단은 언제나 하나님의 말씀을 떠나서 탐심이 가득한 사람을 이용하여 교회를 넘어지게 하는 것이다.

"이스라엘 자손들이 바친 물건을 인하여 범죄하였으니 이는 유다
지파 세라의 증손 삽디의 손자 갈미의 아들 아간이 바친 물건을 취
하였음이라 여호와께서 이스라엘 자손들에게 진노하시니라
여호수아가 여리고에서 사람을 벧엘 동편 벧아웬 곁에 있는 아이
로 보내며 그들에게 일러 가로되 올라가서 그 땅을 정탐하라 하매
그 사람들이 올라가서 아이를 정탐하고 여호수아에게로 돌아와서
그에게 이르되 백성을 다 올라가게 말고 이삼천명만 올라가서 아이
를 치게 하소서 그들은 소수니 모든 백성을 그리로 보내어 수고롭
게 마소서 하므로
백성 중 삼천명쯤 그리로 올라갔다가 아이 사람 앞에서 도망하니
아이 사람이 그들의 삼십 륙인쯤 죽이고 성문 앞에서부터 스바
림까지 쫓아와서 내려가는 비탈에서 쳤으므로 백성의 마음이 녹아
물 같이 된지라" (수 7:1-5)

아간의 탐욕 때문에 이스라엘 용사 삼십육 명이 전사하게 되었고,
이스라엘 군대가 후퇴하게 되었을 때 여호수아가 나서서 원인을 알
아보니 아간이 죄를 범한 사실을 알고 직접 아간을 끌어다가 돌로
쳐 죽이게 하고 불로 태워서 죄를 제거하였으니 죄가 이렇게 무서운
것이다. 사단은 기회만 있으면 아간 같은 사람을 이용하여 교회를
무너트리려고 하고 있는 것이다.

"여호수아가 이스라엘 모든 사람으로 더불어 세라의 아들 아간
을 잡고 그 은과 외투와 금덩이와 그 아들들과 딸들과 소들과 나

귀들과 양들과 장막과 무릇 그에게 속한 모든 것을 이끌고 아골 골짜기로 가서

여호수아가 가로되 네가 어찌하여 우리를 괴롭게 하였느뇨 여호와께서 오늘날 너를 괴롭게 하시리라 하니 온 이스라엘이 그를 돌로 치고 그것들도 돌로 치고 불사르고 그 위에 돌무더기를 크게 쌓았더니 오늘날까지 있더라 여호와께서 그 극렬한 분노를 그치시니 그러므로 그곳 이름을 오늘날까지 아골 골짜기라 부르더라" (수 7:24-26)

지금도 물질에 눈먼 아간 같은 사람들이 교회 지도자 노릇을 하고 있는데 이들로 인하여 교회가 영적 전쟁에서 이미 실패하여 큰 혼란에 빠져 있고 많은 사람이 죽음에 이르게 된 것이다.

교회는 왜 변화되지 않고
성장하지 못하는가?

과거 60~80년대는 어린이들이 참으로 많았다. 여름방학에는 매년 여름 성경학교를 하였는데 이때 아이들을 교회로 데려오는 일은 그리 어렵지 않으니 교사들이 교회 주변으로 성경학교를 알리는 깃발을 들고 꽹과리와 북만 치고 동네를 한 바퀴 돌아오면 아이들은 교회에서 성경학교를 하는 줄 알고 선생들의 뒤를 따라 교회로 따라 들어왔다. 꽹과리를 잘 치든지 못 치든지 그것은 아무런 상관이 없었다.

그 당시만 하여도 어린아이들에게는 마땅한 놀이나 간식거리가 흔치 않았던 시대이었기에 성경학교는 아이들에게 꽤 인기가 있었으니 성경학교에 가면 많은 친구와 어울려 재미있는 놀이도 하고 맛있는 간식도 먹고 달란트 시장에서 자기가 원하는 선물까지 푸짐하게 받을 수 있었기 때문이다. 그러나 아이들은 성경학교가 끝나게 되면 그 많은 아이 중에 두세 명만 주일학교에 남고 떠나서 다시 돌아오지 않았다.

아이들은 복음이 무엇인지 알지 못한다. 아이들뿐만 아니라 오늘의 청·장년들도 복음을 이해하지 못하고 있다. 그것은 교회 지도자들이 복음이 무엇인지 확실하게 가르치지 못하고 복음이 아닌 사람들이 원하는 선물만 주었기 때문이다. 교회에서 가르치는 말씀들도 대부분 지식적으로만 학습되어 있기 때문에 사람들은 주님과 구원에 대하여 잘 알지도 못하고 관심도 없고 구원이 아닌 다른 목적으로 교회를 찾아왔다가 언젠가는 미련 없이 교회를 떠나는 것이다.

사람은 누구든지 눈에 보이는 것과 자신이 원하는 것을 위하여 살아갈 뿐 보이지 않는 영적인 일은 관심도 없고 알려고 하지도 않으며, 얻고 구하려는 아무런 노력도 하지 않기 때문에 하나님 나라의 일을 가르치고 전하는 일이 결코 쉽지 않으니 교회에 다닌다 해서 모두가 천국의 사람들로 변하는 것이 아니다.

> "예루살렘아 예루살렘아 선지자들을 죽이고 네게 파송된 자들을 돌로 치는 자여 암탉이 그 새끼를 날개 아래 모음 같이 내가 네 자녀를 모으려 한 일이 몇 번이냐 그러나 너희가 원치 아니하였도다"(마 23:37)

아무리 보여주며 가르쳐서 알게 하고 품으려 하여도 사람들이 원하지 않으니 어떻게 그들이 주님과 하나가 되고 천국의 주인공이 될 수가 있겠는가? 그러나 어떤 사람은 자신의 죄를 깨달아 주님의 구원을 애타게 기다리며 찾는 사람도 간혹 있으니 그러한 사람들에게는 반드시 구원의 문이 열리는 것이다.

사람이 구하는 것과 주님이 주시려고 하는 것이 일치되어야 하는데 언제나 서로 다른 것이다. 우리는 나의 욕구를 모두 내려놓고 주님이 주시려고 하시는 것에 맞추어야 주님이 주시는 것을 얻을 수 있는 것이다.

내가 원하고 주님도 원하실 때 치료가 이루어지고, 구원이 이루어지는 것이다.

"예수께서 산에서 내려 오시니 허다한 무리가 좇으니라

한 문둥병자가 나아와 절하고 가로되 주여 원하시면 저를 깨끗케 하실 수 있나이다 하거늘

예수께서 손을 내밀어 저에게 대시며 가라사대 내가 원하노니 깨끗함을 받으라 하신대 즉시 그의 문둥병이 깨끗하여진지라" (마 8:1-3)

"열 두 해를 혈루증으로 앓는 여자가 예수의 뒤로 와서 그 겉옷 가를 만지니

이는 제 마음에 그 겉옷만 만져도 구원을 받겠다 함이라 예수께서 돌이켜 그를 보시며 가라사대 딸아 안심하라 네 믿음이 너를 구원하였다 하시니

여자가 그 시로 구원을 받으니라" (마 9:20-22)

"가로되 예수여 당신의 나라에 임하실 때에 나를 생각하소서 하니 예수께서 이르시되 내가 진실로 네게 이르노니 오늘 네가 나와 함께 낙원에 있으리라 하시니라" (눅 23:42-43)

"구하라 그러면 너희에게 주실 것이요 찾으라 그러면 찾을 것이요 문을 두드리라

그러면 너희에게 열릴 것이니 구하는 이마다 얻을 것이요 찾는 이가 찾을 것이요 두드리는 이에게 열릴 것이니라" (마 7:7-8)

"수고하고 무거운 짐진 자들아 다 내게로 오라 내가 너희를 쉬게

하리라

나는 마음이 온유하고 겸손하니 나의 멍에를 메고 내게 배우라 그러면 너희 마음이 쉼을 얻으리니

이는 내 멍에는 쉽고 내 짐은 가벼움이라 하시니라" (마 11:28-30)

"너희 목마른 자들아 물로 나아오라 돈 없는 자도 오라 너희는 와서 사 먹되 돈 없이, 값 없이 와서 포도주와 젖을 사라

너희가 어찌하여 양식 아닌 것을 위하여 은을 달아 주며 배부르게 못할 것을 위하여 수고하느냐 나를 청종하라 그리하면 너희가 좋은 것을 먹을 것이며 너희 마음이 기름진 것으로 즐거움을 얻으리라

너희는 귀를 기울이고 내게 나아와 들으라 그리하면 너희 영혼이 살리라 내가 너희에게 영원한 언약을 세우리니 곧 다윗에게 허락한 확실한 은혜니라" (사 55:1-3)

하나님의 좋은 것을 주시겠다고 오라고 반복적으로 애타게 부르시지만, 사람들은 하나같이 외면을 하는 것이다.

"예수께서 다시 비유로 대답하여 가라사대

천국은 마치 자기 아들을 위하여 혼인 잔치를 베푼 어떤 임금과 같으니

그 종들을 보내어 그 청한 사람들을 혼인 잔치에 오라 하였더니 오기를 싫어하거늘 다시 다른 종들을 보내며 가로되 청한 사람들에게 이르기를 내가 오찬을 준비하되 나의 소와 살진 짐승을 잡고 모든 것을 갖추었으니 혼인 잔치에 오소서 하라 하였더니 저희가

돌아보지도 않고 하나는 자기 밭으로, 하나는 자기 상업차로 가고
　　그 남은 자들은 종들을 잡아 능욕하고 죽이니" (마 22:1-6)

　교회라는 곳은 사람들에게 아무리 오라고 하여도 오지 않는 사람들이 대부분이고, 교회에서 일어나는 여러 가지 놀라운 기적의 소식을 듣고 관심을 가지고 교회에 찾아 왔다가도 다시 돌아가는 사람이 많다. 인생 끝자락에 세상에는 구원이 없음을 깨닫고 마지막 희망을 가지고 찾아오는 사람이 간혹 있으나 영생을 위하여 예수를 믿는 사람들이 많지 않은 것이 사실이다.
　어떤 사람들이 예수님을 찾아왔는가를 살펴보면 불치의 병으로 고생하면서 세상에서 아무 소망이 없는 사람들이 예수의 소문을 듣고 고침 받기 위하여 예수님을 찾아왔는데, 예수님은 그러한 사람들을 외면하시지 않고 모두 고쳐주셨다.

　"그곳 사람들이 예수신 줄을 알고 그 근방에 두루 통지하여 모든 병든 자를 예수께 데리고 와서 다만 예수의 옷가에라도 손을 대게 하시기를 간구하니 손을 대는 자는 다 나음을 얻으니라" (마 14:35-36)

　"믿고 주께로 나오는 자가 더 많으니 남녀의 큰 무리더라
　심지어 병든 사람을 메고 거리에 나가 침대와 요 위에 뉘이고 베드로가 지날 때에 혹 그 그림자라도 뉘게 덮일까 바라고
　예루살렘 근읍 허다한 사람들도 모여 병든 사람과 더러운 귀신에게 괴로움 받는 사람을 데리고 와서 다 나음을 얻으니라" (행 5:14-16)

　"저는 죄를 범치 아니하시고 그 입에 궤사도 없으시며

욕을 받으시되 대신 욕하지 아니하시고 고난을 받으시되 위협하지 아니하시고 오직 공의로 심판하시는 자에게 부탁하시며

친히 나무에 달려 그 몸으로 우리 죄를 담당하셨으니 이는 우리로 죄에 대하여 죽고 의에 대하여 살게 하려 하심이라 저가 채찍에 맞음으로 너희는 나음을 얻었나니

너희가 전에는 양과 같이 길을 잃었더니 이제는 너희 영혼의 목자와 감독 되신 이에게 돌아왔느니라" (벧전 2:22-25)

누구든지 살기 위하여 하나님께 돌아오면 용서받고 영원한 생명을 얻을 기회가 있지만, 복음을 외면하는 사람에게는 절대로 구원의 문이 열리지 않으며 열렸던 문도 닫혀버리는 것이다.

"야곱아 이스라엘아 이 일을 기억하라 너는 내 종이니라 내가 너를 지었으니 너는 내 종이니라 이스라엘아 너는 나의 잊음이 되지 아니하리라

내가 네 허물을 빽빽한 구름의 사라짐 같이, 네 죄를 안개의 사라짐 같이 도말하였으니 너는 내게로 돌아오라 내가 너를 구속하였음이니라

여호와께서 이 일을 행하셨으니 하늘아 노래할찌어다 땅의 깊은 곳들아 높이 부를찌어다 산들아 삼림과 그 가운데 모든 나무들아 소리내어 노래할찌어다 여호와께서 야곱을 구속하셨으니 이스라엘로 자기를 영화롭게 하실 것임이로다" (사 44:21-23)

"너희는 여호와를 만날만한 때에 찾으라 가까이 계실 때에 그를 부르라

악인은 그 길을, 불의한 자는 그 생각을 버리고 여호와께로 돌아오라 그리하면 그가 긍휼히 여기시리라 우리 하나님께로 나아오라 그가 널리 용서하시리라

여호와의 말씀에 내 생각은 너희 생각과 다르며 내 길은 너희 길과 달라서 하늘이 땅보다 높음같이 내 길은 너희 길보다 높으며 내 생각은 너희 생각보다 높으니라" (사 55:6-9)

"여호와의 말씀에 너희는 이제라도 금식하며 울며 애통하고 마음을 다하여 내게로 돌아오라 하셨나니

너희는 옷을 찢지 말고 마음을 찢고 너희 하나님 여호와께로 돌아올찌어다 그는 은혜로우시며 자비로우시며 노하기를 더디하시며 인애가 크시사 뜻을 돌이켜 재앙을 내리지 아니하시나니

주께서 혹시 마음과 뜻을 돌이키시고 그 뒤에 복을 끼치사 너희 하나님 여호와께 소제와 전제를 드리게 하지 아니하실는지 누가 알겠느냐

너희는 시온에서 나팔을 불어 거룩한 금식일을 정하고 성회를 선고하고

백성을 모아 그 회를 거룩케 하고 장로를 모으며 소아와 젖먹는 자를 모으며 신랑을 그 방에서 나오게 하며 신부도 그 골방에서 나오게 하고

여호와께 수종드는 제사장들은 낭실과 단 사이에서 울며 이르기를 여호와여 주의 백성을 긍휼히 여기소서 주의 기업으로 욕되게 하여 열국들로 그들을 관할하지 못하게 하옵소서 어찌하여 이방인으로 그들의 하나님이 어디 있느뇨 말하게 하겠나이까 할찌어다

그 때에 여호와께서 자기 땅을 위하여 중심이 뜨거우시며 그 백

성을 긍휼히 여기실 것이라" (엘 2:12-18)

"다리오왕 이년 팔월에 여호와의 말씀이 잇도의 손자 베레갸의 아들 선지자 스가랴에게 임하니라 가라사대

나 여호와가 무리의 열조에게 심히 진노하였느니라

그러므로 너는 무리에게 고하기를 만군의 여호와께서 이처럼 이르시되 너희는 내게로 돌아오라 나 만군의 여호와의 말이니라

그리하면 내가 너희에게로 돌아가리라 나 만군의 여호와의 말이니라 너희 열조를 본받지 말라 옛적 선지자들이 그들에게 외쳐 가로되 만군의 여호와께서 말씀하시기를 너희가 악한 길, 악한 행실을 떠나서 돌아오라 하셨다 하나 그들이 듣지 않고 내게 귀를 기울이지 아니하였느니라 나 여호와의 말이니라

너희 열조가 어디 있느냐 선지자들이 영원히 살겠느냐

내가 종 선지자들에게 명한 내 말과 내 전례들이 어찌 네 열조에게 임하지 아니하였느냐 그러므로 그들이 돌쳐 이르기를 만군의 여호와께서 우리 길대로, 우리 행위대로 우리에게 행하시려고 뜻하신 것을 우리에게 행하셨도다 하였다 하셨느니라 하라" (슥 1:1-6)

"나 여호와는 변역지 아니하나니 그러므로 야곱의 자손들아 너희가 소멸되지 아니하느니라

만군의 여호와가 이르노라 너희 열조의 날로부터 너희가 나의 규례를 떠나 지키지 아니하였도다 그런즉 내게로 돌아오라 그리하면 나도 너희에게로 돌아가리라 하였더니 너희가 이르기를 우리가 어떻게 하여야 돌아가리이까 하도다

사람이 어찌 하나님의 것을 도적질하겠느냐 그러나 너희는 나의 것을 도적질하고도 말하기를 우리가 어떻게 주의 것을 도적질하였

나이까 하도다 이는 곧 십일조와 헌물이라

　너희 곧 온 나라가 나의 것을 도적질하였으므로 너희가 저주를 받았느니라

　만군의 여호와가 이르노라 너희의 온전한 십일조를 창고에 들여 나의 집에 양식이 있게 하고 그것으로 나를 시험하여 내가 하늘 문을 열고 너희에게 복을 쌓을 곳이 없도록 붓지 아니하나 보라

　만군의 여호와가 이르노라 내가 너희를 위하여 황충을 금하여 너희 토지 소산을 멸하지 않게 하며 너희 밭에 포도나무의 과실로 기한 전에 떨어지지 않게 하리니

　너희 땅이 아름다와지므로 열방이 너희를 복되다 하리라 만군의 여호와의 말이니라" (말 3:6-12)

　죄인들을 하나님 앞에 돌아오게 하기 위하여 하나님께서는 선지자들과 천사들을 보내셨고, 후에는 하나님의 아들 예수님을 보내셨다. 예수님은 삼 년 동안 가르치신 제자들을 죄인들에게 보내셔서 죄인들을 부르고 계신 것이다.

　"예수께서 또 가라사대 너희에게 평강이 있을찌어다 아버지께서 나를 보내신 것 같이 나도 너희를 보내노라" (요 20:21)

　"천사가 대답하여 가로되 나는 하나님 앞에 섰는 가브리엘이라 이 좋은 소식을 전하여 네게 말하라고 보내심을 입었노라" (눅 1:19)

　"예수께서 이르시되 내가 다른 동네에서도 하나님의 나라 복음을 전하여야 하리니

나는 이 일로 보내심을 입었노라 하시고 갈릴리 여러 회당에서 전도하시더라"(눅 4:43-44)

"하나님께로서 보내심을 받은 사람이 났으니 이름은 요한이라 저가 증거하러 왔으니 곧 빛에 대하여 증거하고 모든 사람으로 자기를 인하여 믿게 하려 함이라"(요 1:6-7)

"두 사람이 성령의 보내심을 받아 실루기아에 내려가 거기서 배 타고 구브로에 가서 살라미에 이르러 하나님의 말씀을 유대인의 여러 회당에서 전할쌔 요한을 수종자로 두었더라"(행 13:4-5)

"그리스도께서 나를 보내심은 세례를 주게 하려 하심이 아니요 오직 복음을 전케 하려 하심이니 말의 지혜로 하지 아니함은 그리스도의 십자가가 헛되지 않게 하려 함이라
십자가의 도가 멸망하는 자들에게는 미련한 것이요 구원을 얻는 우리에게는 하나님의 능력이라"(고전 1:17-18)
"진실로 진실로 너희에게 이르노니 죽은 자들이 하나님의 아들의 음성을 들을 때가 오나니 곧 이 때라 듣는 자는 살아나리라"(요 5:25)
"살아계신 아버지께서 나를 보내시매 내가 아버지로 인하여 사는 것 같이 나를 먹는 그 사람도 나로 인하여 살리라
이것은 하늘로서 내려온 떡이니 조상들이 먹고도 죽은 그것과 같지 아니하여 이 떡을 먹는 자는 영원히 살리라"(요 6:57-58)

생명을 주시기 위하여 오신 예수님과 죽음에 처한 사람이 스스로

주님을 찾아와서 주님을 만나게 되었을 때 변화가 되고 구원이 이루어지는 것이다.

"그리스도께서 약하심으로 십자가에 못 박히셨으나 오직 하나님의 능력으로 살으셨으니 우리도 저의 안에서 약하나 너희를 향하여 하나님의 능력으로 저와 함께 살리라" (고후 13:4)

"그러므로 너희가 주 안에 굳게 선즉 우리가 이제는 살리라" (살전 3:8)

"오직 나의 의인은 믿음으로 말미암아 살리라 또한 뒤로 물러가면 내 마음이 저를 기뻐하지 아니하리라 하셨느니라
우리는 뒤로 물러가 침륜에 빠질 자가 아니요 오직 영혼을 구원함에 이르는 믿음을 가진 자니라" (히 10:38-39)
성령께서 하셔야 한다. 복음 전하는 자에게는 성령이 임하셔야 하고, 성령이 임한 사람이 복음을 전해야 복음을 듣는 사람에게도 성령이 임하고 구원의 역사가 나타나게 되는 것이다.

"날마다 마음을 같이 하여 성전에 모이기를 힘쓰고 집에서 떡을 떼며 기쁨과 순전한 마음으로 음식을 먹고 하나님을 찬미하며 또 온 백성에게 칭송을 받으니
주께서 구원 받는 사람을 날마다 더하게 하시니라" (행 2:46-47)

모든 일이 성령 안에서 이루어져야 하고, 성령으로 말미암지 아니하고 사람에게서 난 것은 하나님의 구원과는 아무 상관이 없어 반

드시 무너지고 사라지게 되므로 교회의 주체는 사람이 아니고 성령 하나님이시다. 그런데 우리의 신앙은 항상 내가 주인이 되고 하나님이 보호자 역할만 해주시기 바라는 것이다.

매일 매일 기도하는 내용을 보아도 사람들은 언제나 자신이 주인의 자리에 있고 자신이 하고자 하는 일을 위하여 하나님이 도와달라는 식의 기도를 하고 있다. 주종이 뒤바뀌어 버린 것이다. 우리는 '해주세요.'라고 하지 말고, '무엇을 어떻게 할까요?'라고 주인의 뜻을 물어서 주인이 하라고 하시는 일을 해야 한다.

종이 주인의 뜻을 따르지 않고 제 맘대로 주인의 일을 하였다가는 죽도록 일을 해놓고서도 불법을 행한 자라는 책망을 받고 버림받게 되는 것이다.

"그러므로 염려하여 이르기를 무엇을 먹을까 무엇을 마실까 무엇을 입을까 하지 말라 이는 다 이방인들이 구하는 것이라 너희 천부께서 이 모든 것이 너희에게 있어야 할 줄을 아시느니라

너희는 먼저 그의 나라와 그의 의를 구하라 그리하면 이 모든 것을 너희에게 더하시리라" (마 6:31-34)

그의 나라와 그의 의를 구하라.

이것이 하나님의 뜻이며 하늘 문을 여는 기도이다. 사람들이 구하는 것들은 주님께서 구하지 말라고 하신 것들만 애써서 구하고 있고, 주님께서 구하라고 하신 것에는 관심도 없다.

하나님은 세상 것도 구하면 주시고 구하지 않으면 안 주시는 하나님이 아니시다. 구하지 않아도 주시는 것이 있고, 아무리 구하여도 얻지 못할 것이 있다.

"너희가 욕심을 내어도 얻지 못하고 살인하며 시기하여도 능히 취하지 못하나니

너희가 다투고 싸우는도다 너희가 얻지 못함은 구하지 아니함이요 구하여도 받지 못함은 정욕으로 쓰려고 잘못 구함이니라"(약 4:2-3)

우리가 하나님의 뜻대로 살면서 하나님을 기쁘시게 하는 사람이 되면 영육 간의 모든 필요한 것은 하나님께서 언제든지 채워주시는 것이다.

"여호와 하나님은 해요 방패시라 여호와께서 은혜와 영화를 주시며 정직히 행하는 자에게 좋은 것을 아끼지 아니하실 것임이니이다 만군의 여호와여 주께 의지하는 자는 복이 있나이다"(시 84:10-11)

"너희 성도들아 여호와를 경외하라 저를 경외하는 자에게는 부족함이 없도다 젊은 사자는 궁핍하여 주릴찌라도 여호와를 찾는 자는 모든 좋은 것에 부족함이 없으리로다"(시 34:9-10)

하나님이 주신 좋은 것을 소유한 사람은 그 사람이 좋은 사람으로 변화되어 좋은 사람으로 살게 되는 것이고, 사단의 악한 것을 가지고 있으면 악한 사람이 되는 것이다. 그러므로 사람들은 항상 좋은 것만 생각하고 좋은 것만 얻으려고 노력해야 한다.

"범사에 감사하라 이는 그리스도 예수 안에서 너희를 향하신 하나님의 뜻이니라

성령을 소멸치 말며 예언을 멸시치 말고 범사에 헤아려 좋은 것
을 취하고
악은 모든 모양이라도 버리라" (살전 5:18-22)

"너희는 이 세대를 본받지 말고 오직 마음을 새롭게 함으로 변화
를 받아 하나님의 선하시고 기뻐하시고 온전하신 뜻이 무엇인지 분
별하도록 하라" (롬 12:2)

"나 주 여호와가 말하노라 이스라엘 족속아 내가 너희 각 사람의
행한대로 국문할찌라 너희는 돌이켜 회개하고 모든 죄에서 떠날찌
어다 그리한즉 죄악이 너희를 패망케 아니하리라
너희는 범한 모든 죄악을 버리고 마음과 영을 새롭게 할찌어다
이스라엘 족속아 너희가 어찌하여 죽고자 하느냐
나 주 여호와가 말하노라 죽는 자의 죽는 것이 내가 기뻐하지 아
니하노니 너희는 스스로 돌이키고 살찌니라" (겔 18:30-32)

"진리가 예수 안에 있는 것 같이 너희가 과연 그에게서 듣고 또한
그 안에서 가르침을 받았을찐대
너희는 유혹의 욕심을 따라 썩어져 가는 구습을 좇는 옛 사람을
벗어 버리고
오직 심령으로 새롭게 되어
하나님을 따라 의와 진리의 거룩함으로 지으심을 받은 새 사람을
입으라" (엡 4:21-24)

"너희가 서로 거짓말을 말라 옛 사람과 그 행위를 벗어버리고 새

사람을 입었으니

　이는 자기를 창조하신 자의 형상을 좇아 지식에까지 새롭게 하심을 받는 자니라"(골 3:9-10)

교회는 죄인이 의인으로 변화되는 곳이요
옛사람이 새사람이 되는 곳이며
육의 사람이 영의 사람이 되는 곳이고
사단의 자식이 하나님의 자녀가 되는 곳이요
사망 아래에 있던 사람이 생명을 찾아가는 곳이다.

"예수께서 마태의 집에서 앉아 음식을 잡수실 때에 많은 세리와 죄인들이 와서 예수와 그 제자들과 함께 앉았더니

　바리새인들이 보고 그 제자들에게 이르되 어찌하여 너희 선생은 세리와 죄인들과 함께 잡수시느냐

　예수께서 들으시고 이르시되 건강한 자에게는 의원이 쓸데없고 병든 자에게라야 쓸데 있느니라

　너희는 가서 내가 긍휼을 원하고 제사를 원치 아니하노라 하신 뜻이 무엇인지 배우라 내가 의인을 부르러 온 것이 아니요 죄인을 부르러 왔노라 하시니라"(마 9:10-13)

"집에 와서 그 벗과 이웃을 불러 모으고 말하되 나와 함께 즐기자 나의 잃은 양을 찾았노라 하리라

　내가 너희에게 이르노니 이와 같이 죄인 하나가 회개하면 하늘에서는 회개할 것 없는 의인 아흔 아홉을 인하여 기뻐하는 것보다 더 하리라"(눅 15:6-7)

"우리가 아직 죄인 되었을 때에 그리스도께서 우리를 위하여 죽으심으로 하나님께서 우리에게 대한 자기의 사랑을 확증하셨느니라

그러면 이제 우리가 그 피를 인하여 의롭다 하심을 얻었은즉 더욱 그로 말미암아 진노하심에서 구원을 얻을 것이니

곧 우리가 원수 되었을 때에 그 아들의 죽으심으로 말미암아 하나님으로 더불어 화목되었은즉 화목된 자로서는 더욱 그의 살으심을 인하여 구원을 얻을 것이니라" (롬 5:8-10)

"미쁘다 모든 사람이 받을만한 이 말이여 그리스도 예수께서 죄인을 구원하시려고 세상에 임하셨다 하였도다 죄인 중에 내가 괴수니라

그러나 내가 긍휼을 입은 까닭은 예수 그리스도께서 내게 먼저 일절 오래 참으심을 보이사 후에 주를 믿어 영생 얻는 자들에게 본이 되게 하려 하심이니라

만세의 왕 곧 썩지 아니하고 보이지 아니하고 홀로 하나이신 하나님께 존귀와 영광이 세세토록 있어지이다 아멘" (딤전 1:15-17)

"아버지께서 자기 속에 생명이 있음 같이 아들에게도 생명을 주어 그 속에 있게 하셨고

또 인자됨을 인하여 심판하는 권세를 주셨느니라

이를 기이히 여기지 말라 무덤 속에 있는 자가 다 그의 음성을 들을 때가 오나니

선한 일을 행한 자는 생명의 부활로, 악한 일을 행한 자는 심판의 부활로 나오리라" (요 5:26-29)

"이는 하늘로서 내려오는 떡이니 사람으로 하여금 먹고 죽지 아니하게 하는 것이니라 나는 하늘로서 내려온 산 떡이니 사람이 이 떡을 먹으면 영생하리라 나의 줄 떡은 곧 세상의 생명을 위한 내 살이로라 하시니라"(요 6:50-51)

"태초부터 있는 생명의 말씀에 관하여는 우리가 들은 바요 눈으로 본 바요 주목하고 우리 손으로 만진 바라

이 생명이 나타내신바 된지라 이 영원한 생명을 우리가 보았고 증거하여 너희에게 전하노니 이는 아버지와 함께 계시다가 우리에게 나타내신바 된 자니라"(요일 1:1-2)

요즘은 교인들이 변화되고 성장하도록 하는 복음은 들을 수가 없으니 하늘의 양식은 세상적 풍요와 세상 것으로 만족하려는 사람들은 아무도 구하지 않으니 교회 안에 사람들이 받아먹고 변화되어 영적 성장을 얻게 하는 양식이 없는 것이다.

이스라엘 사람들이 머물렀던 메마른 광야는 먹을 양식도 마실 물도 없었던 곳이었다. 그런데 그곳에 그들이 알지 못했던 생명 양식과 생명수가 풍족하게 준비되어 있었다.

세상적 풍요의 시대에 살아가는 사람들은 하늘의 양식을 찾지도 않고 그들의 눈에 보이지도 않는다. 그렇기에 교회의 강단에도 생명 양식의 공급은 이미 끊어져 버렸고, 세상 양식 이야기나 하고 있는데 사람들은 그 유혹에 빠져서 세상 이야기에 마음만 즐거우면 그것으로 은혜 받았다고 한마디씩 하면서 기뻐하며 돌아가고 있다.

생명의 양식은 세상의 풍요가 모두 사라지고 보이지 않는 척박한 곳에서 얻을 수가 있었으니 하나님의 백성들은 세상의 풍요를 목적

으로 살지 말고, 생명 양식에 굶주려 있는 처참한 자신을 먼저 깨닫고 우리를 살리시려고 하나님이 주신 그 양식을 구하여야 한다.

"이스라엘 자손의 온 회중이 여호와의 명령대로 신 광야에서 떠나 그 노정대로 행하여 르비딤에 장막을 쳤으나 백성이 마실 물이 없는지라

백성이 모세와 다투어 가로되 우리에게 물을 주어 마시게 하라 모세가 그들에게 이르되 너희가 어찌하여 나와 다투느냐 너희가 어찌하여 여호와를 시험하느냐

거기서 백성이 물에 갈하매 그들이 모세를 대하여 원망하여 가로되 당신이 어찌하여 우리를 애굽에서 인도하여 내어서 우리와 우리 자녀와 우리 생축으로 목말라 죽게 하느냐

모세가 여호와께 부르짖어 가로되 내가 이 백성에게 어떻게 하리이까 그들이 얼마 아니면 내게 돌질 하겠나이다

여호와께서 모세에게 이르시되 백성 앞을 지나가서 이스라엘 장로들을 데리고 하수를 치던 네 지팡이를 손에 잡고 가라

내가 거기서 호렙산 반석 위에 너를 대하여 서리니 너는 반석을 치라 그것에서 물이 나리니 백성이 마시리라 모세가 이스라엘 장로들의 목전에서 그대로 행하니라" (출 17:1-6)

눈으로 보이는 세상적 풍요는 우리 영혼을 병들게 하였고 영적 눈을 멀게 하여 하나님을 알지도 못하게 하였고 하나님을 찾지도 않게 하였다.

육의 양식은 아무리 기름지고 좋은 양식을 먹어도 사람들이 영의 사람으로 변하지 않는다. 육의 사람이 영의 사람으로 변화되려면 주

님께서 십자가 위에서 이루신 그 양식을 먹어야 한다.

"내가 곧 생명의 떡이로라

너희 조상들은 광야에서 만나를 먹었어도 죽었거니와

이는 하늘로서 내려오는 떡이니 사람으로 하여금 먹고 죽지 아니

하게 하는 것이니라 나는 하늘로서 내려온 산 떡이니 사람이 이 떡

을 먹으면 영생하리라 나의 줄 떡은 곧 세상의 생명을 위한 내 살

이로라 하시니라" (요 6:48-51)

"내 살을 먹고 내 피를 마시는 자는 영생을 가졌고 마지막 날에

내가 그를 다시 살리리니

내 살은 참된 양식이요 내 피는 참된 음료로다

내 살을 먹고 내 피를 마시는 자는 내 안에 거하고 나도 그 안에

거하나니

살아계신 아버지께서 나를 보내시매 내가 아버지로 인하여 사는

것 같이 나를 먹는 그 사람도 나로 인하여 살리라

이것은 하늘로서 내려온 떡이니 조상들이 먹고도 죽은 그것과

같지 아니하여 이 떡을 먹는 자는 영원히 살리라" (요 6:54-58)

광야 이스라엘 백성들에게 양식으로 주신 만나도 하루가 지나면 벌레가 생기고 냄새가 나서 먹지 못하게 되었으니 왜 그랬을까? 사람으로 하여금 매일 매일 하나님과 교통하면서 하나님 안에서 살아가도록 하기 위한 하나님의 계시이다. 사람은 하루라도 하나님을 떠나서 살게 되면 하나님과 멀어지고 변질되기 시작하여 세상과 가까워지고 안일함에 빠지고 미혹을 받아서 세상으로 돌아가게 되는 것이다.

사단은 하나님의 백성으로 살아가는 우리를 끊임없이 유혹하고 있으니 하나님은 사람들이 매일 매일 하나님이 주시는 양식을 먹고 힘을 얻어서 하나님이 주시는 힘으로 소망 가운데 살아가도록 하신 것이다.

"그들이 모세의 말을 청종치 아니하고 더러는 아침까지 두었더니 벌레가 생기고 냄새가 난지라 모세가 그들에게 노하니라
　무리가 아침마다 각기 식량대로 거두었고 해가 뜨겁게 쪼이면 그것이 스러졌더라" (출 16:20-21)

한때는 신령한 은사를 받았던 사람들이 후에는 병들고 타락하고 부패하여 냄새가 나고 버림받게 되는 이유가 세상 것으로 배가 불러서 하나님을 찾지 않았기 때문이다.

그들은 세상 물질로 배가 부르면서 하나님이 주신 영적 양식을 찾지 아니하였고, 세상적인 것으로 만족해하면서 다시 세상으로 되돌아간 것이다.

그래서 하나님은 신령한 양식도 쌓아놓고 살지 못하도록 하셨는데 만나만 먹고 살았던 이스라엘 사람들이 후에는 만나에도 실증을 느끼고 애굽에서 먹었던 기름진 고기가 생각나서 또다시 원망하며 울부짖었으니 하나님과 멀어진 사람은 언제나 육의 본성으로 되돌아가려는 본능이 아주 강한 것이다.

"이스라엘 자손의 온 회중이 엘림에서 떠나 엘림과 시내산 사이신 광야에 이르니 애굽에서 나온 후 제 이월 십오일이라
　이스라엘 온 회중이 그 광야에서 모세와 아론을 원망하여

그들에게 이르되 우리가 애굽 땅에서 고기 가마 곁에 앉았던 때와 떡을 배불리 먹던 때에 여호와의 손에 죽었더면 좋았을 것을 너희가 이 광야로 우리를 인도하여 내어 이 온 회중으로 주려 죽게 하는도다"(출 16:1-3)

"이스라엘 중에 섞여 사는 무리가 탐욕을 품으매 이스라엘 자손도 다시 울며 가로되 누가 우리에게 고기를 주어 먹게 할꼬

우리가 애굽에 있을 때에는 값 없이 생선과 외와 수박과 부추와 파와 마늘들을 먹은 것이 생각나거늘

이제는 우리 정력이 쇠약하되 이 만나 외에는 보이는 것이 아무 것도 없도다 하니

만나는 깟씨와 같고 모양은 진주와 같은 것이라"(민 11:4-7)

두 형태로 존재하는
교회에 대한 이해

....

　　교회는 두 가지 형태로 존재하는데 이 두 교회에 대하여 올바르게 이해하여야 바른 신앙생활을 할 수가 있다.

　첫째로 교회는 세상에 존재하는 유형 교회가 있다.

　두 번째는 천상에 존재하는 영적 교회가 있다.

　이 두 교회는 영적으로는 서로 하나 되어있으나 그 위치나 모습이나 성격에 있어서는 서로 다르다. 천상에서는 모두가 하나로 통일된 하나의 교회이고, 지상에 있는 교회는 서로 달리하며 나누어지고 분리되어 있다. 천상의 교회는 영원하며, 지상의 교회는 영원하지 않다. 천상의 교회는 영적 전쟁이 끝나고 승리하여 평화를 얻은 교회이지만, 지상에 있는 교회는 전투 중의 교회로서 많은 혼란과 고난과 삶과 죽음으로 분리되는 곳이다.

　천상교회의 일원이 되기 위해서는 반드시 이 세상에 있는 교회의 일원으로 영적 전투에서 승리한 사람이어야 한다. 이스라엘 백성들이 하나님의 약속의 땅에 들어가기 위하여 사십 년 동안 광야에 머무르며 변화하고 성장하였듯이 이 세상의 교회는 광야 사십 년 세월의 교회와 동일하며, 그 역할이 매우 중요하다.

　광야 사십 년의 삶은 그야말로 육을 가진 사람이 영의 사람으로 거듭나는 과정이며, 이 과정을 마친 후 가나안 정복을 위한 전쟁에

투입되어 승리를 한 후에 약속의 땅을 분배받을 수 있었으니 하나님의 백성들은 누구든지 지상의 이 과정을 반드시 거쳐야 하나님의 나라에 입성하게 되므로 세상에 사는 동안에는 많은 고난과 인내가 따르는 것이다.

"성경에 일렀으되 오늘날 너희가 그의 음성을 듣거든 노하심을 격동할 때와 같이 너희 마음을 강퍅케 하지 말라 하였으니

듣고 격노케 하던 자가 누구뇨 모세를 좇아 애굽에서 나온 모든 이가 아니냐 또 하나님이 사십년 동안에 누구에게 노하셨느뇨 범죄하여 그 시체가 광야에 엎드러진 자에게가 아니냐

또 하나님이 누구에게 맹세하사 그의 안식에 들어오지 못하리라 하셨느뇨 곧 순종치 아니하던 자에게가 아니냐

이로 보건대 저희가 믿지 아니하므로 능히 들어가지 못한 것이라"(히 3:15-19)

"그러므로 우리는 두려워할지니 그의 안식에 들어갈 약속이 남아 있을지라도 너희 중에 혹 미치지 못할 자가 있을까 함이라

저희와 같이 우리도 복음 전함을 받은 자이나 그러나 그 들은바 말씀이 저희에게 유익되지 못한 것은 듣는 자가 믿음을 화합지 아니함이라

이미 믿는 우리들은 저 안식에 들어가는도다 그 말씀하신 바와 같으니 내가 노하여 맹세한 바와 같이 저희가 내 안식에 들어오지 못하리라 하셨다 하였으나 세상을 창조할 때부터 그 일이 이루었느니라"(히 4:1-3)

"이것을 너희에게 이름은 너희로 내 안에서 평안을 누리게 하려 함이라

세상에서는 너희가 환난을 당하나 담대하라 내가 세상을 이기었 노라 하시니라" (요 16:33)

"유대인들이 안디옥과 이고니온에서 와서 무리를 초인하여 돌로 바울을 쳐서 죽은 줄로 알고 성밖에 끌어 내치니라

제자들이 둘러 섰을 때에 바울이 일어나 성에 들어갔다가 이튿 날 바나바와 함께 더베로 가서

복음을 그 성에서 전하여 많은 사람을 제자로 삼고 루스드라와 이고니온과 안디옥으로 돌아가서

제자들의 마음을 굳게 하여 이 믿음에 거하라 권하고 또 **우리가 하나님 나라에 들어가려면 많은 환난을 겪어야 할 것이라 하고**

각 교회에서 장로들을 택하여 금식 기도하며 저희를 그 믿은바 주께 부탁하고

비시디아 가운데로 지나가서 밤빌리아에 이르러

도를 버가에서 전하고 앗달리아로 내려가서 거기서 배 타고 안디 옥에 이르니 이곳은 두 사도의 이룬 그 일을 위하여 전에 하나님의 은혜에 부탁하던 곳이라

이르러 교회를 모아 하나님이 함께 행하신 모든 일과 이방인들 에게 믿음의 문을 여신 것을 고하고 제자들과 함께 오래 있으니라" (행 14:19-28)

이 세상에 사는 인생이 유한한 것처럼 이 세상에 있는 교회도 유 한하다. 사십 년 광야의 삶은 매우 고달프고 힘들었지만, 그 세월이

지나고 마침내 하나님의 약속이 정확하게 성취되었으니 우리 모두 현실의 삶이 매우 힘이 들고 고달프다 하더라도 앞에 있는 영원한 삶을 바라보면서 그 나라에 합당한 사람이 되기 위하여 힘써야 할 것이다.

"바울과 실루아노와 디모데는 하나님 우리 아버지와 주 예수 그리스도 안에 있는 데살로니가인의 교회에 편지하노니

하나님 아버지와 주 예수 그리스도로부터 은혜와 평강이 너희에게 있을찌어다

형제들아 우리가 너희를 위하여 항상 하나님께 감사할찌니 이것이 당연함은 너희 믿음이 더욱 자라고 너희가 다 각기 서로 사랑함이 풍성함이며

그리고 너희의 참는 모든 핍박과 환난 중에서 너희 인내와 믿음을 인하여 하나님의 여러 교회에서 우리가 친히 자랑함이라

이는 하나님의 공의로운 심판의 표요 너희로 하여금 하나님 나라에 합당한 자로 여기심을 얻게 하려 함이니 **그 나라를 위하여 너희가 또한 고난을 받느니라**

너희로 환난 받게 하는 자들에게는 환난으로 갚으시고

환난 받는 너희에게는 우리와 함께 안식으로 갚으시는 것이 하나님의 공의시니 주 예수께서 저의 능력의 천사들과 함께 하늘로부터 불꽃 중에 나타나실 때에

하나님을 모르는 자들과 우리 주 예수의 복음을 복종치 않는 자들에게 형벌을 주시리니

이런 자들이 주의 얼굴과 그의 힘의 영광을 떠나 영원한 멸망의 형벌을 받으리로다 그 날에 강림하사 그의 성도들에게서 영광을 얻

으시고 모든 믿는 자에게서 기이히 여김을 얻으시리라 (우리의 증거가 너희에게 믿어졌음이라)

이러므로 우리도 항상 너희를 위하여 기도함은 우리 하나님이 너희를 그 부르심에 합당한 자로 여기시고 모든 선을 기뻐함과 믿음의 역사를 능력으로 이루게 하시고

우리 하나님과 주 예수 그리스도의 은혜대로 우리 주 예수의 이름이 너희 가운데서 영광을 얻으시고 너희도 그 안에서 영광을 얻게 하려 함이니라" (살후 1:1-12)

"믿음이 없이는 기쁘시게 못하나니 하나님께 나아가는 자는 반드시 그가 계신 것과 또한 그가 자기를 찾는 자들에게 상 주시는 이심을 믿어야 할찌니라

믿음으로 노아는 아직 보지 못하는 일에 경고하심을 받아 경외함으로 방주를 예비하여 그 집을 구원하였으니 이로 말미암아 세상을 정죄하고 믿음을 좇는 의의 후사가 되었느니라

믿음으로 아브라함은 부르심을 받았을 때에 순종하여 장래 기업으로 받을 땅에 나갈째 갈 바를 알지 못하고 나갔으며

믿음으로 저가 외방에 있는 것 같이 약속하신 땅에 우거하여 동일한 약속을 유업으로 함께 받은 이삭과 야곱으로 더불어 장막에 거하였으니

이는 하나님의 경영하시고 지으실 터가 있는 성을 바랐음이니라" (히 11:6-10)

이스라엘 백성들이 광야에 머무를 때는 장막 생활을 하였다. 장막 초막은 모두가 임시 시설이다. 우리가 이 세상에 사는 동안 사용

하는 시설들은 우리들의 육신을 포함하여 모든 것이 임시 시설이므로 우리들은 더 좋은 장막을 소망 삶고 살아야 하는데 이것이 곧 믿음인 것이다.

"사랑하는 자들아 주께는 하루가 천년 같고 천년이 하루 같은 이 한가지를 잊지 말라 주의 약속은 어떤이의 더디다고 생각하는 것 같이 더딘 것이 아니라 오직 너희를 대하여 오래 참으사 아무도 멸망치 않고 다 회개하기에 이르기를 원하시느니라

그러나 주의 날이 도적 같이 오리니 그 날에는 하늘이 큰 소리로 떠나 가고 체질이 뜨거운 불에 풀어지고 땅과 그 중에 있는 모든 일이 드러나리로다

이 모든 것이 이렇게 풀어지리니 너희가 어떠한 사람이 되어야 마땅하뇨 거룩한 행실과 경건함으로

하나님의 날이 임하기를 바라보고 간절히 사모하라 그 날에 하늘이 불에 타서 풀어지고 체질이 뜨거운 불에 녹아지려니와

우리는 그의 약속대로 의의 거하는바 새 하늘과 새 땅을 바라보도다

그러므로 사랑하는 자들아 너희가 이것을 바라보나니 주 앞에서 점도 없고 흠도 없이 평강 가운데서 나타나기를 힘쓰라"(벧후 3:8-14)

"저희가 나온바 본향을 생각하였더면 돌아갈 기회가 있었으려니와 저희가 이제는 더 나은 본향을 사모하니 곧 하늘에 있는 것이라 그러므로 하나님이 저희 하나님이라 일컬음 받으심을 부끄러워 아니하시고 저희를 위하여 한 성을 예비하셨느니라"(히 11:15-16)

"믿음으로 모세는 장성하여 바로의 공주의 아들이라 칭함을 거절하고

도리어 하나님의 백성과 함께 고난 받기를 잠시 죄악의 낙을 누리는 것보다 더 좋아하고

그리스도를 위하여 받는 능욕을 애굽의 모든 보화보다 더 큰 재물로 여겼으니 이는 상주심을 바라봄이라

믿음으로 애굽을 떠나 임금의 노함을 무서워 아니하고 곧 보이지 아니하는 자를 보는 것 같이 하여 참았으며

믿음으로 유월절과 피 뿌리는 예를 정하였으니 이는 장자를 멸하는 자로 저희를 건드리지 않게 하려 한 것이며

믿음으로 저희가 홍해를 육지 같이 건넜으나 애굽 사람들은 이것을 시험하다가 빠져 죽었으며

믿음으로 칠일 동안 여리고를 두루 다니매 성이 무너졌으며

믿음으로 기생 라합은 정탐군을 평안히 영접하였으므로 순종치 아니한 자와 함께 멸망치 아니하였도다" (히 11:24-31)

히브리서 11장의 말씀은 기독교인의 믿음이 무엇을 소망하는 믿음인가를 분명하고 말씀하고 있으니 세상에 있는 모든 성도가 영원한 것에 목표를 둔 믿음을 소유할 수 있기를 바란다.

"이 일 후에 내가 보니 하늘에 열린 문이 있는데 내가 들은바 처음에 내게 말하던 나팔소리 같은 그 음성이 가로되 이리로 올라오라 이 후에 마땅히 될 일을 내가 네게 보이리라 하시더라

내가 곧 성령에 감동하였더니 보라 하늘에 보좌를 베풀었고 그 보좌 위에 앉으신 이가 있는데

앉으신 이의 모양이 벽옥과 홍보석 같고 또 무지개가 있어 보좌에 둘렸는데 그 모양이 녹보석 같더라

또 보좌에 둘려 이십 사 보좌들이 있고 그 보좌들 위에 이십 사 장로들이 흰 옷을 입고 머리에 금 면류관을 쓰고 앉았더라

보좌로부터 번개와 음성과 뇌성이 나고 보좌 앞에 일곱 등불 켠 것이 있으니 이는 하나님의 일곱 영이라

보좌 앞에 수정과 같은 유리 바다가 있고 보좌 가운데와 보좌 주위에 네 생물이 있는데 앞뒤에 눈이 가득하더라

그 첫째 생물은 사자 같고 그 둘째 생물은 송아지 같고 그 세째 생물은 얼굴이 사람 같고 그 네째 생물은 날아가는 독수리 같은데

네 생물이 각각 여섯 날개가 있고 그 안과 주위에 눈이 가득하더라 그들이 밤낮 쉬지 않고 이르기를 거룩하다 거룩하다 거룩하다 주 하나님 곧 전능하신 이여 전에도 계셨고 이제도 계시고 장차 오실 자라 하고

그 생물들이 영광과 존귀와 감사를 보좌에 앉으사 세세토록 사시는 이에게 돌릴 때에 이십사 장로들이 보좌에 앉으신 이 앞에 엎드려

세세토록 사시는 이에게 경배하고 자기의 면류관을 보좌 앞에 던지며 가로되 우리 주 하나님이여 영광과 존귀와 능력을 받으시는 것이 합당하오니 주께서 만물을 지으신지라 만물이 주의 뜻대로 있었고 또 지으심을 받았나이다 하더라"(계 4:1-11)

"또 저가 수정 같이 맑은 생명수의 강을 내게 보이니 하나님과 및 어린 양의 보좌로부터 나서

길 가운데로 흐르더라 강 좌우에 생명 나무가 있어 열두 가지 실

과를 맺히되 달마다 그 실과를 맺히고 그 나무 잎사귀들은 만국을 소성하기 위하여 있더라

다시 저주가 없으며 하나님과 그 어린 양의 보좌가 그 가운데 있으리니 그의 종들이 그를 섬기며

그의 얼굴을 볼터이요 그의 이름도 저희 이마에 있으리라

다시 밤이 없겠고 등불과 햇빛이 쓸데 없으니 이는 주 하나님이 저희에게 비취심이라 저희가 세세토록 왕노릇하리로다

또 그가 내게 말하기를 이 말은 신실하고 참된지라 주 곧 선지자들의 영의 하나님이 그의 종들에게 결코 속히 될 일을 보이시려고 그의 천사를 보내셨도다

보라 내가 속히 오리니 이 책의 예언의 말씀을 지키는 자가 복이 있으리라 하더라

이것들을 보고 들은 자는 나 요한이니 내가 듣고 볼 때에 이 일을 내게 보이던 천사의 발 앞에 경배하려고 엎드렸더니

저가 내게 말하기를 나는 너와 네 형제 선지자들과 또 이 책의 말을 지키는 자들과 함께 된 종이니 그리하지 말고 오직 하나님께 경배하라 하더라

또 내게 말하되 이 책의 예언의 말씀을 인봉하지 말라 때가 가까우니라

불의를 하는 자는 그대로 불의를 하고 더러운 자는 그대로 더럽고 의로운 자는 그대로 의를 행하고 거룩한 자는 그대로 거룩되게 하라

보라 내가 속히 오리니 내가 줄 상이 내게 있어 각 사람에게 그의 일한대로 갚아 주리라

나는 알파와 오메가요 처음과 나중이요 시작과 끝이라

그 두루마기를 빠는 자들은 복이 있으니 이는 저희가 생명 나무에 나아가며 문들을 통하여 성에 들어갈 권세를 얻으려 함이로다"
(계 22:1-14)

이것이 영원히 존재하는 참교회의 모습이니 지상에 있는 모든 교회는 주님 앞에 이르기 전까지 오직 영원한 교회에 소망을 두고 영생에 이르는 열매를 맺기 위하여 힘써야 할 것이다.

길을 잃고
방황하는 교회

....

오늘의 교회는 길을 잃고 광야에서 방황하고 있는 모습 그 자체이다. 예수님은 '내가 곧 길이요.' 하셨는데 길을 잃었다는 말은 우리의 참 목자이신 예수님을 잃었다는 말이요, 목자 없는 양과 같이 되었다는 말이다. 성도들이 예수님을 찾아야 하는데 예수님이 아닌 다른 것만 찾고 있으니 처음부터 길을 찾지 못한 것이다.

지금 여러분이 교회에 나와서 누구를 찾고, 무엇을 찾고 있는지 자신을 돌아보라. 양의 눈에는 목자가 분명하게 보여야 하고, 목자를 따라가야 먹을 것과 마실 것과 편안히 쉴 곳이 준비되어 있는데 양들이 목자를 찾지 않고 있는 것이다. 양이 목자를 찾지 않는다는 것은 그 양은 이미 죽은 것이나 마찬가지이다.

"무리가 거기 예수도 없으시고 제자들도 없음을 보고 곧 배들을
타고 예수를 찾으러 가버나움으로 가서
바다 건너편에서 만나 랍비여 어느 때에 여기 오셨나이까 하니
예수께서 대답하여 가라사대 내가 진실로 진실로 너희에게 이르
노니 너희가 나를 찾는 것은 표적을 본 까닭이 아니요 떡을 먹고
배부른 까닭이로다
썩는 양식을 위하여 일하지 말고 영생하도록 있는 양식을 위하여

하라 이 양식은 인자가 너희에게 주리니 인자는 아버지 하나님의 인치신 자니라" (요 6:24-27)

목자를 찾은 사람은 그 목자에게서 절대로 세상의 양식, 육의 양식을 찾지 않는다.

생명의 양식을 맛본 사람은 썩어질 육의 양식 같은 것은 쳐다보지도 않게 되는 것이다.

"예수께서 모든 성과 촌에 두루 다니사 저희 회당에서 가르치시며 천국 복음을 전파하시며 모든 병과 모든 약한 것을 고치시니라

무리를 보시고 민망히 여기시니 이는 저희가 목자 없는 양과 같이 고생하며 유리함이라

이에 제자들에게 이르시되 추수할 것은 많되 일군은 적으니

그러므로 추수하는 주인에게 청하여 추수할 일군들을 보내어 주소서 하라 하시니라" (마 9:35-38)

"예수께서 나오사 큰 무리를 보시고 그 목자 없는 양 같음을 인하여 불쌍히 여기사 이에 여러 가지로 가르치시더라

때가 저물어가매 제자들이 예수께 나아와 여짜오되 이곳은 빈 들이요 때도 저물어가니

무리를 보내어 두루 촌과 마을로 가서 무엇을 사 먹게 하옵소서

대답하여 가라사대 너희가 먹을 것을 주라 하시니 여짜오되 우리가 가서 이백 데나리온의 떡을 사다 먹이리이까

이르시되 너희에게 떡 몇 개나 있느냐 가서 보라 하시니 알아보고 가로되 떡 다섯 개와 물고기 두 마리가 있더이다 하거늘

제자들을 명하사 그 모든 사람으로 떼를 지어 푸른 잔디 위에 앉

게 하시니

떼로 혹 백씩, 혹 오십씩 앉은지라

예수께서 떡 다섯 개와 물고기 두 마리를 가지사 하늘을 우러러 축사하시고 떡을 떼어 제자들에게 주어 사람들 앞에 놓게 하시고 또 물고기 두 마리도 모든 사람에게 나누어 주시매

다 배불리 먹고 남은 떡 조각과 물고기를 열 두 바구니에 차게 거두었으며

떡을 먹은 남자가 오천 명이었더라" (막 6:34-44)

"저희가 다시 주리지도 아니하며 목마르지도 아니하고 해나 아무 뜨거운 기운에 상하지 아니할찌니

이는 보좌 가운데 계신 어린 양이 저희의 목자가 되사 생명수 샘으로 인도하시고 하나님께서 저희 눈에서 모든 눈물을 씻어 주실 것임이러라" (계 7:16-17)

예수님만 우리들의 참 목자이시고 세상의 지도자는 목자가 아니니 사람 지도자를 찾고 사람을 따르지 말고 예수님을 찾으라. 그리하면 생명을 얻게 되고 생명의 길을 갈 수 있는 것이다. 우리의 생명은 교회나 목사에게 있는 것이 아니라 예수 안에 있으므로 예수님만 찾아야 한다. 교회를 찾아왔으나 예수님을 만나지 못한 자들은 결코 구원에 이를 수가 없으니 반드시 예수님을 찾아 만나서 예수 안에서 살아가야 한다.

교회는 세상의 것을 얻을 수 있는 곳이 아니라 예수님을 만나고 천국을 얻을 수 있는 가르침만 있는 곳이고, 예수님 신부가 될 사람들의 공동체인 것이다. 신부에게 가장 중요한 분은 오직 신랑 되신

예수 그리스도이시다.

"여호와께서 이스라엘 족속에게 이르시기를 너희는 나를 찾으라 그리하면 살리라

뻴엘을 찾지 말며 길갈로 들어가지 말며 브엘세바로도 나아가지 말라

길갈은 정녕 사로잡히겠고 벧엘은 허무하게 될 것임이라 하셨나니 너희는 여호와를 찾으라 그리하면 살리라

염려컨대 저가 불같이 요셉의 집에 내리사 멸하시리니 벧엘에서 그 불들을 끌 자가 없을까 하노라" (암 5:4-6)

"백성이 하나님과 모세를 향하여 원망하되 어찌하여 우리를 애굽에서 인도하여 올려서 이 광야에서 죽게 하는고 이곳에는 식물도 없고 물도 없도다 우리 마음이 이 박한 식물을 싫어하노라 하매

여호와께서 불뱀들을 백성 중에 보내어 백성을 물게 하시므로 이스라엘 백성 중에 죽은 자가 많은지라

백성이 모세에게 이르러 가로되 우리가 여호와와 당신을 향하여 원망하므로 범죄하였사오니 여호와께 기도하여 이 뱀들을 우리에게서 떠나게 하소서 모세가 백성을 위하여 기도하매

여호와께서 모세에게 이르시되 불뱀을 만들어 장대 위에 달라 물린 자마다 그것을 보면 살리라

모세가 놋뱀을 만들어 장대 위에 다니 뱀에게 물린 자마다 놋뱀을 쳐다본즉 살더라" (민 21:5-9)

하나님께서는 죄로 인하여 죽을 수밖에 없는 사람들을 살리시기

위하여 이렇게 구원의 방편을 마련하시어 죄인이 살길을 예비하여 놓으셨으니 그분이 바로 예수 그리스도이시다. 그러므로 누구든지 하나님을 찾고 하나님의 말씀을 들으면 죽을 사람도 살고, 망할 사람이 망하지 않고 영생을 얻는 것이다.

"살아계신 아버지께서 나를 보내시매 내가 아버지로 인하여 사는 것 같이 나를 먹는 그 사람도 나로 인하여 살리라"(요 6:57)

표적이나 구하는 사람들에게 예수님이 하신 말씀은
"악하고 음란한 세대가 표적을 구하나 요나의 표적 밖에는 보여 줄 표적이 없느니라 하시고 저희를 떠나 가시다"(마 16:4)이다.

이 요나의 표적은 예수님의 죽으심과 삼 일 만에 부활하실 것을 비유로 말씀하신 것이니 표적 중의 표적이요, 요나의 전도를 받은 니느웨 백성들이 회개하여 구원을 받은 것처럼 예수님의 죽으심과 부활하심의 소식을 듣고 회개하는 사람들은 모두가 구원을 받을 것이니 이 표적이야말로 표적 중의 표적인 것이다. 지금도 많은 어리석은 사람들이 표적이나 구하고 있고, 능력 받아서 표적이나 행하는 자가 되려고 한다.

예수님은 죽었던 나사로를 다시 살리시는 표적을 행하셨다. 그러나 그로 인하여 유대교 지도자들은 나사로까지 죽이려고 하였으니 주님께서 죽었던 사람을 살리시는 이적을 보이셨어도 그것을 보고 회개하여 예수를 영접하려고 하지 않고, 예수와 나사로를 모두 죽이려고 하였다. 세상에서는 어떠한 이적을 보인다 할지라도 사람들을 변화시킬 수 없으니 지금도 이적이나 행하려 하는 어리석은 사람들아! 성경 말씀을 자세하게 살펴보고 자신이 하여야 할 일이 무엇인가 찾기를 바란다. 목회자가 하여야 할 일은 능력 받아서 이적을 보여서 사람들을 믿게 하려고 하는 것이 아니라 사람들에게 복음을 전하기 위하여 예수님처럼 자기 자신이 희생을 하여야 하는 것이다.

예수님이 세상에서 많은 이적을 행하셨으나 예수님의 제자들도 이적을 보고 변화되지 못하였고, 예수님이 십자가 위에서 죽으시고 말씀대로 삼 일 만에 부활하신 예수님을 만난 후에 비로소 제자들이 변할 수 있었으니 예수님의 십자가의 죽으심과 부활이 무지하고 어리석으며 흉악한 죄인들이 보고 깨달을 수 있는 복음의 핵심이요, 하나님이 인간에게 보여주신 가장 확실한 사랑의 증거이며 구원과 심판의 마지노선이다.

이 증거는 구원과 심판의 유일한 기준이 되었으니 믿는 자는 그 믿음으로 구원에 이르는 것이요, 믿지 않는 자는 이 놀라운 하나님의 사랑을 받아들이지 않는 그 자체로 하나님의 용서와 사랑을 거역하였기에 그것이 심판이 증거가 된 것이다. 그러므로 복음을 전하는 사람들은 자신이 희생하지 않으면 결코 한 사람도 변화시킬 수 없으며, 구원에 이르게 할 수 없다는 사실을 깨닫고 주님의 말씀처럼 자기의 십자가를 지고 주님을 따르는 자들이 되기 바란다.

"유대인의 큰 무리가 예수께서 여기 계신줄을 알고 오니 이는 예수만 위함이 아니요 죽은 자 가운데서 살리신 나사로도 보려 함이러라 대제사장들이 나사로까지 죽이려고 모의하니 나사로 까닭에 많은 유대인이 가서 예수를 믿음이러라" (요 12:9-11)

"이에 예수께서 제자들에게 이르시되 아무든지 나를 따라 오려

거든 자기를 부인하고 자기 십자가를 지고 나를 좇을 것이니라

누구든지 제 목숨을 구원코자 하면 잃을 것이요 누구든지 나를 위하여 제 목숨을 잃으면 찾으리라" (마 16:24-25)

"하나님이 그 아들을 세상에 보내신 것은 세상을 심판하려 하심이 아니요 저로 말미암아 세상이 구원을 받게 하려 하심이라

저를 믿는 자는 심판을 받지 아니하는 것이요 믿지 아니하는 자는 하나님의 독생자의 이름을 믿지 아니하므로 벌써 심판을 받은 것이니라" (요 3:17-18)

"불의의 모든 속임으로 멸망하는 자들에게 임하리니 이는 저희가 진리의 사랑을 받지 아니하여 구원함을 얻지 못함이라

이러므로 하나님이 유혹을 저의 가운데 역사하게 하사 거짓 것을 믿게 하심은

진리를 믿지 않고 불의를 좋아하는 모든 자로 심판을 받게 하려 하심이니라" (살후 2:10-12)

사람들이 예수님을 찾는 것은 표적과 육신을 위한 떡이 목적이었기 때문에 예수님은 때로는 사람들을 피하기도 하셨다. 예수님이 사람들에게 주시고자 하시는 것과 사람들이 받기를 원하는 것이 전혀 합치가 되지 못하고 서로 다르니 사람들이 주님으로부터 받아야 할 것을 받지 못하게 되므로 결국 주님도 그들을 떠나시고 사람들도 주님을 떠나갔다. 이것이 세상에 잠깐 존재하다가 사라지고 있는 교회의 전형적 모습이다.

"야곱 집과 이스라엘 집 모든 가족아 나 여호와의 말을 들으라

나 여호와가 이같이 말하노라 너희 열조가 내게서 무슨 불의함을 보았관대 나를 멀리하고 허탄한 것을 따라 헛되이 행하였느냐

그들이 우리를 애굽 땅에서 인도하여 내시고 광야 곧 사막과 구덩이 땅, 간조하고 사망의 음침한 땅, 사람이 다니지 아니하고 거주하지 아니하는 땅을 통과케 하시던 여호와께서 어디 계시냐 말하지 아니하였도다

내가 너희를 인도하여 기름진 땅에 들여 그 과실과 그 아름다운 것을 먹게 하였거늘 너희가 이리로 들어와서는 내 땅을 더럽히고 내 기업을 가증히 만들었으며

제사장들은 여호와께서 어디 계시냐 하지 아니하며 법 잡은 자들은 나를 알지 못하며 관리들도 나를 항거하며 선지자들은 바알의 이름으로 예언하고 무익한 것을 좇았느니라

그러므로 내가 여전히 너희와 다투고 너희 후손과도 다투리라 여호와의 말이니라" (렘 2:4-9)

"그가 또 내게 이르시되 인자야 이스라엘 족속의 행하는 일을 보느냐 그들이 여기서 크게 가증한 일을 행하여 나로 내 성소를 멀리 떠나게 하느니라 너는 다시 다른 큰 가증한 일을 보리라 하시더라" (겔 8:6)

"이스라엘 족속이 그릇하여 나를 떠날 때에 레위 사람도 그릇하여 그 우상을 좇아 나를 멀리 떠났으니 그 죄악을 담당하리라" (겔 44:10)

구약 이스라엘뿐만 아니라 신약시대의 모든 교회도 역사가 보여주는 것은 그 많은 교회가 잠깐 존재하였다가 모두 사라졌다는 사실이다. 복음을 먼저 받은 유럽의 교회들이 다 사라지고 건물만 남아서 지난날의 교회 모습만 전하고 있을 뿐이다. 교회가 이렇게 된 근본 원인은 교회의 본질을 잃어버리고 사람마다 세상의 것에 미혹되어서 세상의 욕망을 따라갔기 때문이다.

아무리 많은 사람이 모였었다 할지라도 하나님 말씀을 따르지 아니하고 세상을 좇아가고 인간의 욕망을 따라서 살게 된 교회는 하나님의 구원 목적과는 아무 상관 없이 다른 삶을 살아가게 되기 때문에 생명력이 없어서 결국은 모두 소멸하게 되는 것이다. 현대 교회가 외형적으로는 크게 성장한 듯하여도 이미 하나님의 인간 구원 목적과 아무 상관이 없는 삶을 살아가고 있다면 오늘의 교회들도 점점 사라지게 되어 다음 세대는 교회를 알지 못하고 사는 시대가 될 것이다. 이렇게 말하면 목사가 왜 그렇게 부정적으로 말하느냐고 하는 사람들도 있을 것이다. 그러나 내가 그렇게 말하는 것이 아니라 성경이 그렇게 말씀하고 있으며, 지난 역사가 말하고 있다.

말씀과 역사는 우리의 거울이요, 후세를 위한 가장 확실한 교과서이다. 우리의 미래에 무슨 일이 일어날지 알 수는 없지만 지난 역사 속에 미래의 모습이 비쳐 있으며, 하나님도 앞으로 일어날 일들에 대하여 이미 계시하셨다.

세상의 모든 일이 긍정적으로 말한다 해서 반드시 긍정적 결과를 가져오는 것이 아니니 오늘의 시대를 보라 얼마나 어려워졌는가? 이렇게 엉망이 되어버린 이유는 모두가 탐욕을 품고 무엇이든지 잘될 것이라는 허상이 가져온 결과이다. 거기에는 긍정적이고 적극적 사고 신념도 한몫하였는데, 교회도 한때는 긍정적 사고와 적극적 사고가 교회의 신앙에 접목되어서 믿음으로 무엇이든 할 수 있다는 허상의 꿈을 가지게 하였다. 심지어 꿈의 교회, 비전 교회라는 교회 명도 이러한 사상에서 생겨난 것이다. 이러한 사상이 일부의 무지한 사람들에 의하여 기독교의 거짓복음으로 전하여졌고, 사람들은 그대로 받아들였으며, 기도만 하면 무엇이든 얻을 수 있고 무엇이나 할 수 있다는 허상을 꿈꾸게 하였던 것이다.

지금 대형 건설사들이나 대기업들이 왜 무너지고 있는가? 그 원인은 허상과 부패에 있다. 곳곳에 건축하다 버려진 건물들이 많이 있고, 완공은 했으나 분양도 못 하고 남아 있는 빈집들도 많으며, 개인들도 탐욕으로 빚을 내어서 분양만 받아놓고 비어있는 지식산업센터와 상가나 사무실이 곳곳에 있다. 어디 그뿐인가? 공사를 하다가 중단된 현장이 수도 없이 방치되어 있는 모습은 사람들의 긍정과 적극적 사고와 적극적 투자와 탐욕이 가져온 결과로서 오늘의 심각한 결과를 초래하였다.

기독교 신앙을 하나님의 말씀에 세상적 이념과 사상을 합성시켜 놓으면 이것이 곧 탐욕의 사람들에게 가장 인기 있는 미혹의 미끼로 사용되었으니 이러한 것을 따라가다가 교회도 사람들도 모두 망하게 된 것이다. 예수님 앞에 와서 떡이나 구하였던 사람들이 후에는 모두 예수님을 떠나고 말았으니 예수님이 우리에게 주시려고 하였던 떡은 사람들이 구하는 육신의 양식이 아니라 영원히 살 수 있게 하는 생명의 양식(떡)이라는 사실을 기독교인들은 분명하게 알아야 할 것이다. 그러니 제발 육신의 썩어질 양식은 구하지 말라. 육신의 것은 구하지 않아도 될 양식이며, 우리가 애써 찾고 구하여야 할 것은 오직 생명의 양식뿐이다.

"너희는 마음에 근심하지 말라 하나님을 믿으니 또 나를 믿으라

내 아버지 집에 거할 곳이 많도다 그렇지 않으면 너희에게 일렀으리라 내가 너희를 위하여 처소를 예비하러 가노니

가서 너희를 위하여 처소를 예비하면 내가 다시 와서 너희를 내게로 영접하여 나 있는 곳에 너희도 있게 하리라

내가 가는 곳에 그 길을 너희가 알리라

도마가 가로되 주여 어디로 가시는지 우리가 알지 못하거늘 그 길을 어찌 알겠삽나이까

예수께서 가라사대 내가 곧 길이요 진리요 생명이니 나로 말미암지 않고는 아버지께로 올 자가 없느니라" (요 14:1-6)

"곧 그 때에 어떤 바리새인들이 나아와서 이르되 나가서 여기를 떠나소서 헤롯이 당신을 죽이고자 하나이다

가라사대 가서 저 여우에게 이르되 오늘과 내일 내가 귀신을 쫓아내며 병을 낫게 하다가 제 삼일에는 완전하여지리라 하라

그러나 오늘과 내일과 모레는 내가 갈 길을 가야 하리니 선지자가 예루살렘 밖에서는 죽는 법이 없느니라" (눅 13:31-33)

"예수께서 이르시되 내가 진실로 진실로 너희에게 이르노니 하늘에서 내린 떡은 모세가 준 것이 아니라 오직 내 아버지가 하늘에서 내린 참 떡을 너희에게 주시나니

하나님의 떡은 하늘에서 내려 세상에게 생명을 주는 것이니라

저희가 가로되 주여 이 떡을 항상 우리에게 주소서

예수께서 가라사대 내가 곧 생명의 떡이니 내게 오는 자는 결코 주리지 아니할 터이요 나를 믿는 자는 영원히 목마르지 아니하리

라" (요 6:32-35)

"진실로 진실로 너희에게 이르노니 믿는 자는 영생을 가졌나니

내가 곧 생명의 떡이로라

너희 조상들은 광야에서 만나를 먹었어도 죽었거니와

이는 하늘로서 내려오는 떡이니 사람으로 하여금 먹고 죽지 아니

하게 하는 것이니라 나는 하늘로서 내려온 산 떡이니 사람이 이 떡

을 먹으면 영생하리라 나의 줄 떡은 곧 세상의 생명을 위한 내 살

이로라 하시니라" (요 6:47-51)

예수님이 주신 떡을 받아먹었던 제자들이 그때야 눈이 밝아지게
되어 잃었던 예수님을 만나게 되었고, 예수님 안에 살게 되면서 그
후부터 주님의 제자로서 사명을 완수할 수 있었던 것이다.

"가라사대 미련하고 선지자들의 말한 모든 것을 마음에 더디 믿

는 자들이여

그리스도가 이런 고난을 받고 자기의 영광에 들어가야 할 것이

아니냐 하시고

이에 모세와 및 모든 선지자의 글로 시작하여 모든 성경에 쓴바

자기에 관한 것을 자세히 설명하시니라

저희의 가는 촌에 가까이 가매 예수는 더 가려하는 것 같이 하시니

저희가 강권하여 가로되 우리와 함께 유하사이다 때가 저물어가

고 날이 이미 기울었나이다 하니 이에 저희와 함께 유하러 들어 가

시니라

저희와 함께 음식 잡수실 때에 떡을 가지사 축사하시고 떼어 저

희에게 주시매

저희 눈이 밝아져 그인줄 알아 보더니 예수는 저희에게 보이지 아니하시는지라

저희가 서로 말하되 길에서 우리에게 말씀하시고 우리에게 성경을 풀어 주실 때에 우리 속에서 마음이 뜨겁지 아니하더냐 하고

곧 그시로 일어나 예루살렘에 돌아가 보니 열 한 사도와 및 그와 함께한 자들이 모여 있어 말하기를 주께서 과연 살아나시고 시몬에게 나타나셨다 하는지라

두 사람도 길에서 된 일과 예수께서 떡을 떼심으로 자기들에게 알려지신 것을 말하더라" (눅 24:25-35)

"예수께서 가라사대 와서 조반을 먹으라 하시니 제자들이 주신줄 아는 고로 당신이 누구냐 감히 묻는 자가 없더라

예수께서 가셔서 떡을 가져다가 저희에게 주시고 생선도 그와 같이 하시니라

이것은 예수께서 죽은자 가운데서 살아나신 후에 세 번째로 제자들에게 나타나신 것이라

저희가 조반 먹은 후에 예수께서 시몬 베드로에게 이르시되 요한의 아들 시몬아 네가 이 사람들보다 나를 더 사랑하느냐 하시니 가로되 주여 그러하외다 내가 주를 사랑하는줄 주께서 아시나이다 가라사대 내 어린 양을 먹이라 하시고

또 두번째 가라사대 요한의 아들 시몬아 네가 나를 사랑하느냐 하시니 가로되 주여 그러하외다 내가 주를 사랑하는줄 주께서 아시나이다 가라사대 내 양을 치라 하시고 세번째 가라사대 요한의 아들 시몬아 네가 나를 사랑하느냐 하시니 주께서 세번째 네가 나

를 사랑하느냐 하시므로 베드로가 근심하여 가로되 주여 모든 것을 아시오매 내가 주를 사랑하는 줄을 주께서 아시나이다 예수께서 가라사대 내 양을 먹이라

내가 진실로 진실로 네게 이르노니 젊어서는 네가 스스로 띠 띠고 원하는 곳으로 다녔거니와 늙어서는 네 팔을 벌리리니 남이 네게 띠 띠우고 원치 아니하는 곳으로 데려가리라

이 말씀을 하심은 베드로가 어떠한 죽음으로 하나님께 영광을 돌릴 것을 가리키심이러라 이 말씀을 하시고 베드로에게 이르시되 나를 따르라 하시니

베드로가 돌이켜 예수의 사랑하시는 그 제자가 따르는 것을 보니 그는 만찬석에서 예수의 품에 의지하여 주여 주를 파는 자가 누구오니이까 묻던 자러라

이에 베드로가 그를 보고 예수께 여짜오되 주여 이 사람은 어떻게 되겠삽나이까

예수께서 가라사대 내가 올 때까지 그를 머물게 하고자 할찌라도 네게 무슨 상관이냐 너는 나를 따르라 하시더라" (요 21:12-22)

제자들이 눈이 열리고 생명의 양식이 무엇인가를 분명히 알게 되어 그 양식으로 주님의 양들을 양육할 수 있게 되었을 때 비로소 예수님은 당신의 양들을 제자들에게 위임하시고 승천하신 것이다.

제자들은 그때부터는 전혀 흔들리지 아니하고 성령의 인도하심을 받으며 주님의 뒤를 따라 복음을 전했는데, 제자들이 소유한 복음의 능력이 얼마나 강한지 세상의 어떤 악의 세력도 제자들의 복음 사역을 가로막지 못하였다. 이것이 예수님과 함께하고 성령 충만했던 제자들의 삶이었다.

교회는 속히 이 길(예수)을 찾아야 한다. 길을 찾지 못하면 우리의 모든 수고가 물거품이 되어버린다. 사단은 성령이 충만하여 주의 길을 가고 있는 사도들을 따라다니면서 훼방을 하기도 하였으나 그것은 아무 문제가 되지 않았다.

"온 섬 가운데로 지나서 바보에 이르러 바예수라 하는 유대인 거짓 선지자 박수를 만나니

그가 총독 서기오 바울과 함께 있으니 서기오 바울은 지혜 있는 사람이라 바나바와 사울을 불러 하나님 말씀을 듣고자 하더라

이 박수 엘루마는(이 이름을 번역하면 박수라) 저희를 대적하여 총독으로 믿지 못하게 힘쓰니

바울이라고 하는 사울이 성령이 충만하여 그를 주목하고

가로되 모든 궤계와 악행이 가득한 자요 마귀의 자식이요 모든 의의 원수여 주의 바른 길을 굽게 하기를 그치지 아니하겠느냐

보라 이제 주의 손이 네 위에 있으니 네가 소경이 되어 얼마 동안 해를 보지 못하리라 하니 즉시 안개와 어두움이 그를 덮어 인도할 사람을 두루 구하는지라

이에 총독이 그렇게 된 것을 보고 믿으며 주의 가르치심을 기이히 여기니라" (행 13:6-12)

오늘날에도 사단은 세상의 거짓의 것을 포장하여 가지고 교회 안에 들어와서 풀어놓고 눈멀고 말씀에 무지한 지도자들과 성도들을 미혹하여 길을 잃고 방황하게 하고 있는데, 눈이 어두운 자들은 아무도 깨닫지 못하고 있는 것이다.

"그러므로 내가 이 세대를 노하여 가로되 저희가 항상 마음이 미혹되어 내 길을 알지 못하는도다 하였고

내가 노하여 맹세한 바와 같이 저희는 내 안식에 들어오지 못하리라 하셨다 하였으니" (히 3:10-11)

"너희가 전에는 양과 같이 길을 잃었더니 이제는 너희 영혼의 목자와 감독 되신 이에게 돌아왔느니라" (벧전 2:25)

주인이 뒤바뀐
교회의 이름

....

　　교회는 건물명이 아니고 성도들의 공동체를 일컫는 명칭이다. 그런데 예배당 건물이 교회가 되고 성도들은 예배당에 드나드는 객처럼 인식되어 버렸다. 교회가 부흥하면 예배당을 짓고 더 부흥하면 또다시 더 큰 예배당을 짓고, 그것도 부족하면 여러 곳에 지교회 예배당을 짓는 일을 반복하며 교인들은 평생 예배당의 종처럼 살면서 진액을 다 소모하고 지쳐버린 것이다.

　스페인에는 144년 동안 공사 중인 성가정 성당이 있으니 2026년도에 완공될 예정이란다 가톨릭이나 기독교가 공통적으로 예배당 건축에 경쟁을 하였고, 예배당의 화려한 자태는 기념비처럼 여겨지며 성도들의 자랑거리가 되기도 하였다. 그러한 일들로 인하여 결국 교인들은 예배당의 노예가 되어버렸으니 이것이 지금까지 전 세계의 모든 교회가 보여준 교회의 허상이다.

　주님은 지상 사역을 하실 때 주로 갈릴리 호수 주변의 들판이나 가까운 산에서 가르치시고 전하셨으며, 어느 한 지역이 아니라 여러 지역에서 활동을 하셨다. 구약시대 성전 중심의 신앙은 결국 변질이 되어 하나님과 아무 상관이 없는 사악한 인간 집단으로 전락하였으니 그곳은 사람을 구원하고 살리는 집단이 아니라 사람을 구원하시기 위하여 이 땅에 오신 예수님마저 십자가에 못 박아 죽이는 사악한 집단이 되고 말았다.

어떤 사람들은 예배당 건물을 마치 구약시대 성전의 성물처럼 생각하고 얼마나 신성시하는지 예배당이 우상이 되었으니 기가 막힐 노릇이다. 교인들은 예배당과 성구들을 성물이라 여기고 잘못 건드리면 큰 해를 입고 잘 받들면 복을 받는다고 생각하고 있으니 인간의 무지와 탐욕이 스스로 교회 안에 이러한 황금빛 우상을 만들어 놓았으니 무지한 지도자들에 의하여 그렇게 교육된 것이다.

교인들이 가져야 할 가치를 모두 예배당 건물이나 성구에 넘겨주고 마치 교인들은 종처럼 살아가면서 화려한 예배당을 건축하고 하나님께 헌신하였으니 자손 대대로 큰 복을 받을 수 있다는 말을 그대로 믿고 교인들은 아무리 어려워도 동참하였던 것이다.

예배당 건축을 위하여 무리하게 헌금을 한 그 후유증은 성도들과 목회자에게 큰 어려움을 초래하기도 하여 성도들이 떠나고 시험에 들고 심지어 예배당 건물이 경매에 넘어가고 이단 교회에 팔려나가는 일들이 적지 않으니 교회의 가치와 우선순위가 완전히 뒤바뀌어서 가장 존귀한 성도들이 하나님의 은혜와 사랑 안에 살지 못하고 건물 안에 갇혀서 스스로 종노릇하면서 살아가고 있다.

한국 교회의 통상적인 이러한 일로 인하여 많은 교인이 시험에 들어서 몸담았던 교회를 떠나 이곳저곳으로 떠돌아다니고 있으니 집도 잃고 길도 잃고 모든 것을 다 잃어버린 것이다. 어디 그뿐인가? 목사와 장로 간에 분쟁이 일어나고 법적 소송이 벌어져서 법적인 책임을 지고 형무소 생활을 하기도 하고, 가까운 사람의 돈을 빌려 쓰고 갚지 못하여 많은 사람에게 피해를 입히고 거리가 멀어진 사람들도 많이 있다.

교회의 가장 큰 가치는 예수님의 피로 구속하신 성도들의 생명이다. 교회는 예수님 안에서 성도들이 기쁨과 감사가 넘치는 가운데 서로 사랑하고 도우며 위로하며 살아가는 공동체가 되어야 한다.

현대는 교회 예배당뿐만 아니라 많은 상가와 아파트들이 주인은 없고 빈집으로 남아있다가 경매에 넘어가고 헐값에 팔려나가고 있는 시대가 되었으니 이러한 건물로 인하여 여유 있게 살아가던 사람들마저 회복 불가능한 상태에 빠져서 아주 힘들게 살아가고 있으며, 목사와 교인들도 예배당 건축 후에 그 후유증으로 무척 힘들게 살아가는 사람들이 많이 있다.

또 한 가지 중요한 것은 교인들이 예배당만 지어놓고 할 일을 다 했다고 생각하고 영적 성장은 거기서 멈춰버린 것이다. 영적 가치를 모두 건물에 넘겨주고 예배당 건물만 바라보며 살아가는데 그것을 믿음으로 착각하고 있는 것이다.

이제는 신앙생활에 갈등이 생겨서 교회에 나가지 않는 사람들이 많으니 그들을 가나안(안나가) 교인이라고 부르는 신조어가 생겼는데 그들의 수가 등록 숫자의 30%가 된다고 하니 시간이 지나도 그들이 다시 돌아오지 않고 있는 것이다.

우리가 거할 곳은 예수님 품이지, 보이는 건물이 아니다. 교회의 지도자들은 모든 성도가 참 성전이신 예수님 안에서 생명을 얻고 만족을 누리며 살도록 지도하고 가르쳐야 하는데, 예수님 품이 아닌 눈에 보이는 예배당의 화려함과 웅장함으로 대리만족을 얻으며 위로받고 기뻐하며 살아가도록 하고 있다. 교인들은 아무것도 모르고 건물만 바라보면서 그것을 자랑삼고 언젠가 세상의 큰 복을 받을 그 날에 소망을 두고 살아가고 있는 것이다.

눈에 보이는 화려하고 아름다운 것은 모두 사라져야 한다. 이러한 것들이 예수님의 희생과 십자가 사랑이 보이지 않게 가로막고 있는 것이다. 우리의 구원이 화려하고 아름다운 예배당으로 인하여 이루어진 것이 아니라 험하고 고통스러운 십자가 위에서 못 박혀 죽으신 예수 그리스도 안에서 이루어졌으니 성도들은 그 사랑에 감격하여 눈물을 흘리며 예수님만 바라보고 따라가야 한다.

"그러나 하나님께서 세상의 미련한 것들을 택하사 지혜 있는 자들을 부끄럽게 하려 하시고 세상의 약한 것들을 택하사 강한 것들을 부끄럽게 하려 하시며

하나님께서 세상의 천한 것들과 멸시 받는 것들과 없는 것들을 택하사 있는 것들을 폐하려 하시나니

이는 아무 육체라도 하나님 앞에서 자랑하지 못하게 하려 하심이라

너희는 하나님께로부터 나서 그리스도 예수 안에 있고 예수는 하나님께로서 나와서 우리에게 지혜와 의로움과 거룩함과 구속함이 되셨으니

기록된바 자랑하는 자는 주 안에서 자랑하라 함과 같게 하려 함이니라" (고전 1:27-31)

"너희의 자랑하는 것이 옳지 아니하도다 적은 누룩이 온 덩어리에 퍼지는 것을 알지 못하느냐

너희는 누룩 없는 자인데 새 덩어리가 되기 위하여 묵은 누룩을 내어버리라 우리의 유월절 양 곧 그리스도께서 희생이 되셨느니라" (고전 5:6-7)

"형제들아 내가 그리스도 예수 우리 주 안에서 가진바 너희에

게 대한 나의 자랑을 두고 단언하노니 나는 날마다 죽노라" (고전 15:31)

"그러나 내게는 우리 주 예수 그리스도의 십자가 외에 결코 자랑할 것이 없으니 그리스도로 말미암아 세상이 나를 대하여 십자가에 못 박히고 내가 또한 세상을 대하여 그러하니라" (갈 6:14)

"내가 이미 얻었다 함도 아니요 온전히 이루었다 함도 아니라 오직 내가 그리스도 예수께 잡힌바 된 그것을 잡으려고 좇아가노라
형제들아 나는 아직 내가 잡은 줄로 여기지 아니하고 오직 한 일 즉 뒤에 있는 것은 잊어버리고 앞에 있는 것을 잡으려고
푯대를 향하여 그리스도 예수 안에서 하나님이 위에서 부르신 부름의 상을 위하여 좇아가노라" (빌 3:12-14)

우리의 목표는 보이는 것이 아니며, 아직 보이지도 아니하고 이루지도 못하였으니 어디에서도 멈추어서는 안 된다. 눈에 보이는 것만 이루어 놓고 다 이루었다고 착각하지 말라. 눈에 보이는 것들은 우리의 구원과 아무 상관이 없고 영적 성장에 오히려 큰 장애가 되고 있으니 그러한 것은 자랑의 대상도 아니고 우리의 목표도 아니다. 그런데 대부분의 사람이 세상에 보이는 것만 이루어 놓고 그것으로 자신이 할 일을 다 하였다 생각하고 자랑하며 안일함에 빠져있는 것이다.

"형제들아 너희는 함께 나를 본받으라 또 우리로 본을 삼은 것 같이 그대로 행하는 자들을 보이라

내가 여러 번 너희에게 말하였거니와 이제도 눈물을 흘리며 말하노니 여러 사람들이 그리스도 십자가의 원수로 행하느니라

저희의 마침은 멸망이요 저희의 신은 배요 그 영광은 저희의 부끄러움에 있고 땅의 일을 생각하는 자라

오직 우리의 시민권은 하늘에 있는지라 거기로서 구원하는 자 곧 주 예수 그리스도를 기다리노니" (빌 3:17-20)

세상에 있는 교회는 죄인이 하나님의 사랑 안에 살면서 끊임없이 영적 양식을 공급받아서 영적 사람으로 거듭나게 하는 곳이다. 그런데 거듭나지 못한 지도자들은 영의 양식을 나누어 주지도 못하고 언제나 세상의 썩어질 양식 이야기로 성도들의 눈을 더욱 어둡게 하고 있으니 그러한 지도자 아래에서는 절대로 영적인 사람으로 거듭날 수 없어서 끝까지 세상의 썩어질 것만 찾다가 구원에 이르지 못하는 사람들이 많이 있을 것이다.

미혹된 하나님
백성의 실상

....

"그러나 성령이 밝히 말씀하시기를 후일에 어떤 사람들이 믿음에
서 떠나 미혹케 하는 영과 귀신의 가르침을 좇으리라 하셨으니" (딤
전 4:1)

"돈을 사랑함이 일만 악의 뿌리가 되나니 이것을 사모하는 자들
이 미혹을 받아 믿음에서 떠나 많은 근심으로써 자기를 찔렀도다"
(딤전 6:10)

"디모데야 네게 부탁한 것을 지키고 거짓 되이 일컫는 지식의 망
령되고 허한 말과 변론을 피하라
　이것을 좇는 사람들이 있어 믿음에서 벗어났느니라 은혜가 너희
와 함께 있을찌어다" (딤전 6:20-21)

"그리스도께서 우리로 자유케 하려고 자유를 주셨으니 그러므로
굳세게 서서 다시는 종의 멍에를 메지 말라
　보라 나 바울은 너희에게 말하노니 너희가 만일 할례를 받으면
그리스도께서 너희에게 아무 유익이 없으리라
　내가 할례를 받는 각 사람에게 다시 증거하노니 그는 율법 전체

를 행할 의무를 가진 자라

율법 안에서 의롭다 함을 얻으려 하는 너희는 그리스도에게서 끊어지고 은혜에서 떨어진 자로다

우리가 성령으로 믿음을 좇아 의의 소망을 기다리노니 그리스도 예수 안에서는 할례나 무할례가 효력이 없되 사랑으로써 역사하는 믿음 뿐이니라

너희가 달음질을 잘하더니 누가 너희를 막아 진리를 순종치 않게 하더냐"(갈 5:1-7)

신앙생활을 잘하던 사람들 가운데도 후에 탈선하는 사람들이 수없이 많이 있다. 그 원인은 모두 거듭나지 못하였고 탐욕에 미혹되었기 때문이니 끝까지 하나님의 말씀으로 무장하고 성령 안에서 살기를 힘써야 할 것이다.

"내가 이르노니 너희는 성령을 좇아 행하라 그리하면 육체의 욕심을 이루지 아니하리라 육체의 소욕은 성령을 거스리고 성령의 소욕은 육체를 거스리나니 이 둘이 서로 대적함으로 너희의 원하는 것을 하지 못하게 하려 함이니라"(갈 5:16-17)

"보라 내가 오늘날 생명과 복과 사망과 화를 네 앞에 두었나니

곧 내가 오늘날 너를 명하여 네 하나님 여호와를 사랑하고 그 모든 길로 행하며 그 명령과 규례와 법도를 지키라 하는 것이라 그리하면 네가 생존하며 번성할 것이요 또 네 하나님 여호와께서 네가 가서 얻을 땅에서 네게 복을 주실 것임이니라

그러나 네가 만일 마음을 돌이켜 듣지 아니하고 유혹을 받아서

다른 신들에게 절하고 그를 섬기면

　내가 오늘날 너희에게 선언하노니 너희가 반드시 망할 것이라 너희가 요단을 건너가서 얻을 땅에서 너희의 날이 장구치 못할 것이니라"(신 30:15-18)

　"이스라엘 장로 두어 사람이 나아와 내 앞에 앉으니

　여호와의 말씀이 내게 임하여 가라사대

　인자야 이 사람들이 자기 우상을 마음에 들이며 죄악의 거치는 것을 자기 앞에 두었으니 그들이 내게 묻기를 내가 조금인들 용납하랴

　그런즉 너는 그들에게 말하여 이르라 나 주 여호와가 말하노라 이스라엘 족속 중에 무릇 그 우상을 마음에 들이며 죄악의 거치는 것을 자기 앞에 두고 선지자에게 나아오는 자에게는 나 여호와가 그 우상의 많은 대로 응답하리니

　이는 이스라엘 족속이 다 그 우상으로 인하여 나를 배반하였으므로 내가 그들의 마음에 먹은대로 그들을 잡으려 함이니라

　그런즉 너는 이스라엘 족속에게 이르기를 주 여호와의 말씀에 너희는 마음을 돌이켜 우상을 떠나고 얼굴을 돌이켜 모든 가증한 것을 떠나라

　이스라엘 족속과 이스라엘 가운데 우거하는 외인 중에 무릇 나를 떠나고 자기 우상을 마음에 들이며 죄악의 거치는 것을 자기 앞에 두고 자기를 위하여 내게 묻고자 하여 선지자에게 나아오는 자에게는 나 여호와가 친히 응답하여

　그 사람을 대적하여 그들로 놀라움과 감계와 속담거리가 되게 하여 내 백성 가운데서 끊으리니 너희가 나를 여호와인 줄 알리라

만일 선지자가 유혹을 받고 말을 하면 나 여호와가 그 선지자로 유혹을 받게 하였음이어니와 내가 손을 펴서 내 백성 이스라엘 가운데서 그를 멸할 것이라

선지자의 죄악과 그에게 묻는 자의 죄악이 같은즉 각각 자기의 죄악을 담당하리니

이는 이스라엘 족속으로 다시는 미혹하여 나를 떠나지 않게 하며 다시는 모든 범죄함으로 스스로 더럽히지 않게 하여 그들로 내 백성을 삼고 나는 그들의 하나님이 되려 함이니라 나 주 여호와의 말이니라 하셨다 하라

여호와의 말씀이 또 내게 임하여 가라사대

인자야 가령 어느 나라가 불법하여 내게 범죄하므로 내가 손을 그 위에 펴서 그 의뢰하는 양식을 끊어 기근을 내려서 사람과 짐승을 그 나라에서 끊는다 하자

비록 노아, 다니엘, 욥, 이 세 사람이 거기 있을찌라도 그들은 자기의 의로 자기의 생명만 건지리라 나 주 여호와의 말이니라"(겔 14:1-14)

하나님 백성들도 흥하고 망할 때가 분명하니 하나님 말씀을 지켜 순종하며 바르고 깨끗하게 살 때는 흥하였고, 하나님의 말씀을 거역하고 우상에 미혹되어 혼합된 신앙 속에 살아갈 때는 반드시 망하였다.

하나님의 말씀을 지키지 못하고 거짓된 것에 미혹을 받는 이유는 하나님 말씀에 대한 무지와 여러 가지 욕심에 사로잡혀 살기 때문이다.

"유다 왕 웃시야와 요담과 아하스와 히스기야 시대에 아모스의 아들 이사야가 유다와 예루살렘에 대하여 본 이상이라

하늘이여 들으라 땅이여 귀를 기울이라 여호와께서 말씀하시기를 내가 자식을 양육하였거늘 그들이 나를 거역하였도다

소는 그 임자를 알고 나귀는 주인의 구유를 알건마는 이스라엘은 알지 못하고 나의 백성은 깨닫지 못하는도다 하셨도다

슬프다 범죄한 나라요 허물 진 백성이요 행악의 종자요 행위가 부패한 자식이로다 그들이 여호와를 버리며 이스라엘의 거룩한 자를 만홀히 여겨 멀리하고 물러갔도다

너희가 어찌하여 매를 더 맞으려고 더욱 더욱 패역하느냐 온 머리는 병 들었고 온 마음은 피곤하였으며

발바닥에서 머리까지 성한 곳이 없이 상한 것과 터진 것과 새로 맞은 흔적 뿐이어늘 그것을 짜며 싸매며 기름으로 유하게 함을 받지 못하였도다

너희 땅은 황무하였고 너희 성읍들은 불에 탔고 너희 토지는 너희 목전에 이방인에게 삼키웠으며 이방인에게 파괴됨 같이 황무하였고

딸 시온은 포도원의 망대 같이, 원두밭의 상직막 같이, 에워싸인 성읍 같이 겨우 남았도다" (사 1:1-8)

하나님의 백성들이 하나님에 대한 지식이 없어서 망하게 되었는데 가르치는 지도자가 지식이 없는데 어찌 그의 백성들이 온전한 지식을 얻을 수 있겠는가? 올바른 지식이 없기 때문에 각종 세상의 사상과 거짓된 것과 온갖 잡된 것들을 교회 안으로 끌어들여서 교회는 세상의 각종 이념과 사상 그리고 거짓의 영들이 뿌려놓은 세

상문화가 싹터서 자라고 있으니 오늘의 교회가 그 본분도 잃어버리고 생명을 위한 양식도 없으니 구원의 소망도 없는 것이다.

성경 말씀이 우리 신앙의 절대적 유일의 교과서인데 사람들이 성경 말씀보다 각 사람의 사상이나 체험 몽사 같은 헛된 말을 더 믿고 따르고 있으니 거짓의 아비인 사단이 하나님 말씀에 무지한 지도자들이나 성도들을 사로잡아 죽음의 길로 끌어가고 있는데 소경들에게는 아무것도 보이지 않는 것이다.

"때가 이르리니 사람이 바른 교훈을 받지 아니하며 귀가 가려워서 자기의 사욕을 좇을 스승을 많이 두고 또 그 귀를 진리에서 돌이켜 허탄한 이야기를 좇으리라"(딤후 4:3-4)

"이 지혜는 이 세대의 관원이 하나도 알지 못하였나니 만일 알았더면 영광의 주를 십자가에 못 박지 아니하였으리라

기록된바 하나님이 자기를 사랑하는 자들을 위하여 예비하신 모든 것은 눈으로 보지 못하고 귀로도 듣지 못하고 사람의 마음으로도 생각지 못하였다 함과 같으니라

오직 하나님이 성령으로 이것을 우리에게 보이셨으니 성령은 모든 것 곧 하나님의 깊은 것이라도 통달하시느니라

사람의 사정을 사람의 속에 있는 영 외에는 누가 알리요 이와 같이 하나님의 사정도 하나님의 영 외에는 아무도 알지 못하느니라"
(고전 2:8-11)

"형제들아 지혜에는 아이가 되지 말고 악에는 어린 아이가 되라 지혜에 장성한 사람이 되라

율법에 기록된바 주께서 가라사대 내가 다른 방언하는 자와 다

른 입술로 이 백성에게 말할찌라도 저희가 오히려 듣지 아니하리라 하였으니" (고전 14:20-21)

"저희의 모든 악이 길갈에 있으므로 내가 거기서 저희를 미워하였노라 그 행위가 악하므로 내 집에서 쫓아내고 다시는 사랑하지 아니하리라 그 방백들은 다 패역한 자니라

에브라임이 침을 입고 그 뿌리가 말라 과실을 맺지 못하나니 비록 아이를 낳을지라도 내가 그 사랑하는 태의 열매를 죽이리라

저희가 듣지 아니하므로 내 하나님이 저희를 버리시리니 저희가 열국 가운데 유리하는 자가 되리라" (호 9:15-17)

"다리오왕 이년 팔월에 여호와의 말씀이 잇도의 손자 베레갸의 아들 선지자 스가랴에게 임하니라 가라사대

나 여호와가 무리의 열조에게 심히 진노하였느니라

그러므로 너는 무리에게 고하기를 만군의 여호와께서 이처럼 이르시되 너희는 내게로 돌아오라 나 만군의 여호와의 말이니라 그리하면 내가 너희에게로 돌아가리라 나 만군의 여호와의 말이니라

너희 열조를 본받지 말라 옛적 선지자들이 그들에게 외쳐 가로되 만군의 여호와께서 말씀하시기를 너희가 악한 길, 악한 행실을 떠나서 돌아오라 하셨다 하나 그들이 듣지 않고 내게 귀를 기울이지 아니하였느니라 나 여호와의 말이니라" (슥 1:1-4)

"그들이 청종하기를 싫어하여 등으로 향하며 듣지 아니하려고 귀를 막으며

그 마음을 금강석 같게 하여 율법과 만군의 여호와가 신으로 이

전 선지자를 빙자하여 전한 말을 듣지 아니하므로 큰 노가 나 만군의 여호와께로서 나왔도다

만군의 여호와가 말하였었노라 내가 불러도 그들이 듣지 아니하였은즉 그들이 불러도 내가 듣지 아니하고 회리 바람으로 그들을 그 알지 못하던 모든 열국에 헤치리라 한 후로 이 땅이 황무하여 왕래하는 사람이 없었나니 이는 그들이 아름다운 땅으로 황무하게 하였음이니라 하시니라"(슥 7:11-14)

"너희 제사장들아 이제 너희에게 이같이 명령하노라 만군의 여호와가 이르노라

너희가 만일 듣지 아니하며 마음에 두지 아니하여 내 이름을 영화롭게 하지 아니하면 내가 너희에게 저주를 내려 너희의 복을 저주하리라 내가 이미 저주하였나니 이는 너희가 그것을 마음에 두지 아니하였음이니라"(말 2:1-2)

하나님은 그의 백성들에게 반복하여 말씀을 주셨지만, 백성들은 한결같이 하나님의 말씀을 듣지 않았다. 하나님의 말씀을 듣지 아니하니 하나님에 대한 지식이 없는 것은 당연하고, 하나님에 대한 지식이 없으니 언제나 하나님을 거역하고 이방의 헛된 우상에 미혹되어 넘어가게 되었다. 하나님을 더욱 격분하게 하는 행위만 반복하였기 때문에 하나님께서는 참고, 또 참고, 참으시다가 결국은 저들을 심판하여 멸망케 하셨던 것이다.

"그러므로 네가 알 것은 네 하나님 여호와께서 네게 이 아름다운 땅을 기업으로 주신 것이 네 의로움을 인함이 아니니라 너는 목이

곧은 백성이니라

너는 광야에서 네 하나님 여호와를 격노케 하던 일을 잊지 말고 기억하라 네가 애굽땅에서 나오던 날부터 이곳에 이르기까지 늘 여호와를 거역하였으되

호렙산에서 너희가 여호와를 격노케 하였으므로 여호와께서 진노하사 너희를 멸하려 하셨느니라"(신 9:6-8)

"내가 너희의 패역함과 목이 곧은 것을 아나니 오늘날 내가 생존하여 너희와 함께 하여도 너희가 여호와를 거역하였거든 하물며 내가 죽은 후의 일이랴

너희 지파 모든 장로와 유사들을 내 앞에 모으라 내가 이 말씀을 그들의 귀에 들리고 그들에게 천지로 증거를 삼으리라

내가 알거니와 내가 죽은 후에 너희가 스스로 부패하여 내가 너희에게 명한 길을 떠나서 여호와의 목전에 악을 행하여 너희의 손으로 하는 일로 그를 격노케 하므로 너희가 말세에 재앙을 당하리라 하니라"(신 31:27-29)

"이 일은 이스라엘 자손이 자기를 애굽에서 인도하여 내사 애굽 왕 바로의 손에서 벗어나게 하신 그 하나님 여호와께 죄를 범하고 또 다른 신들을 경외하며

여호와께서 이스라엘 자손 앞에서 쫓아내신 이방 사람의 규례와 이스라엘 여러 왕의 세운 율례를 행하였음이라

이스라엘 자손이 가만히 불의를 행하여 그 하나님 여호와를 배역하여 모든 성읍에 망대로부터 견고한 성에 이르도록 산당을 세우고

모든 산 위에와 모든 푸른 나무 아래에 목상과 아세라상을 세우고

또 여호와께서 저희 앞에서 물리치신 이방 사람 같이 그곳 모든 산당에서 분향하며 또 악을 행하여 여호와를 격노케 하였으며

또 우상을 섬겼으니 이는 여호와께서 행치 말라 명하신 일이라

여호와께서 각 선지자와 각 선견자로 이스라엘과 유다를 경계하여 이르시기를 너희는 돌이켜 너희 악한 길에서 떠나 나의 명령과 율례를 지키되 내가 너희 열조에게 명하고 또 나의 종 선지자들로 너희에게 전한 모든 율법대로 행하라 하셨으나

저희가 듣지 아니하고 그 목을 굳게 하기를 그 하나님 여호와를 믿지 아니하던 저희 열조의 목 같이 하여

여호와의 율례와 여호와께서 그 열조로 더불어 세우신 언약과 경계하신 말씀을 버리고 허무한 것을 좇아 허망하며 또 여호와께서 명하사 본받지 말라 하신 사면 이방 사람을 본받아

그 하나님 여호와의 모든 명령을 버리고 자기를 위하여 두 송아지 형상을 부어 만들고 또 아세라 목상을 만들고 하늘의 일월 성신을 숭배하며 또 바알을 섬기고

또 자기 자녀를 불 가운데로 지나가게 하며 복술과 사술을 행하고 스스로 팔려 여호와 보시기에 악을 행하여 그 노를 격발케 하였으므로

여호와께서 이스라엘을 심히 노하사 그 앞에서 제하시니 유다 지파 외에는 남은 자가 없으니라" (왕하 17:7-18)

"우리가 시작할 때에 확실한 것을 끝까지 견고히 잡으면 그리스도와 함께 참예한 자가 되리라

성경에 일렀으되 오늘날 너희가 그의 음성을 듣거든 노하심을 격

동할 때와 같이 너희 마음을 강퍅케 하지 말라 하였으니

듣고 격노케 하던 자가 누구뇨 모세를 좇아 애굽에서 나온 모든 이가 아니냐

또 하나님이 사십년 동안에 누구에게 노하셨느뇨 범죄하여 그 시체가 광야에 엎드러진 자에게가 아니냐

또 하나님이 누구에게 맹세하사 그의 안식에 들어오지 못하리라 하셨느뇨 곧 순종치 아니하던 자에게가 아니냐

이로 보건대 저희가 믿지 아니하므로 능히 들어가지 못한 것이라"(히 3:14-19)

이미 세상에 미혹되었던 사람들이 교회 안으로 들어왔으니 교회 안에서도 변화되지 못하고 미혹된 대로 살아가고 있기 때문에 저들이 거듭나서 하나님 백성으로 살게 되기까지 많은 시간과 철저한 교육과 연단이 필요한 것이다.

사람이 결코 쉽게 변화될 수가 없으니 이스라엘 백성들도 뜨겁고 고통스러웠던 광야에서 사십 년의 연단을 거친 후에 온전한 하나님의 백성이 되어서 가나안을 정복할 수 있었으니 사람마다 필요한 것은 광야의 연단뿐이다. 그러나 안타까운 것은 오늘의 교회가 미혹된 사람들을 변화시키기 위하여서는 거듭나고 성령으로 충만한 지도자들이 광야의 훈련과 같은 교육 프로그램을 가지고 훈련에 임하여야 하는데 그러한 자격도 능력도 교육계획도 없으며, 성도들도 그러한 교육에 임할 마음에 준비가 전혀 없다.

성도들은 교회에 등록만 하고 주일성수와 헌금의 의무만 다하는 것으로 적당히 신앙생활을 하는 것으로 자기가 변화된 믿음 좋은 신앙인으로 착각하며 살아가고 있는 것이다. 그러니 평생토록 변화

되지 못하고 죽음에 이르게 되는 사람들이 대부분인데 어찌 그들 모두에 대하여 그렇게 쉽게 구원받았다고 말할 수가 있겠는가?

"예수께서 대답하시되 진실로 진실로 네게 이르노니 사람이 물과 성령으로 나지 아니하면 하나님 나라에 들어갈 수 없느니라"(요 3:5)

"내가 듣고도 깨닫지 못한지라 내가 가로되 내 주여 이 모든 일의 결국이 어떠하겠삽나이까

그가 가로되 다니엘아 갈찌어다 대저 이 말은 마지막 때까지 간수하고 봉함할 것임이니라

많은 사람이 연단을 받아 스스로 정결케 하며 희게 할 것이나 악한 사람은 악을 행하리니 악한 자는 아무도 깨닫지 못하되 오직 지혜 있는 자는 깨달으리라"(단 12:8-10)

"그러므로 우리가 믿음으로 의롭다 하심을 얻었은즉 우리 주 예수 그리스도로 말미암아 하나님으로 더불어 화평을 누리자

또한 그로 말미암아 우리가 믿음으로 서 있는 이 은혜에 들어감을 얻었으며 하나님의 영광을 바라고 즐거워하느니라

다만 이뿐 아니라 우리가 환난 중에도 즐거워하나니 이는 환난은 인내를

인내는 연단을, 연단은 소망을 이루는 줄 앎이로다"(롬 5:1-4)

"저희가 다 자기 일을 구하고 그리스도 예수의 일을 구하지 아니하되 디모데의 연단을 너희가 아나니 자식이 아비에게 함같이 나와 함께 복음을 위하여 수고하였느니라"(빌 2:21-22)

"때가 오래므로 너희가 마땅히 선생이 될터인데 너희가 다시 하나님의 말씀의 초보가 무엇인지 누구에게 가르침을 받아야 할 것이니 젖이나 먹고 단단한 식물을 못 먹을 자가 되었도다

대저 젖을 먹는 자마다 어린 아이니 의의 말씀을 경험하지 못한 자요

단단한 식물은 장성한 자의 것이니 저희는 지각을 사용하므로 연단을 받아 선악을 분변하는 자들이니라" (히 5:12-14)

사라져 가는
교회

....

한때는 사람들로 차고 넘쳤던 교회들이 왜 모두 사라진 것인가? 사도들과 그의 제자들에 의하여 세워졌던 모든 교회와 유럽의 교회들이 사라졌으며, 미국의 교회들 그리고 우리 한국에 있는 교회도 지금 빠르게 사라지고 있다. 한국 교회도 코로나19 이후에 많은 사람이 교회를 떠나서 돌아오지 않고 있으니 많은 교회가 문을 닫았고, 현존하는 교회 중에도 많은 교회가 앞으로 존립 자체가 어려워질 것이다.

참된 교회는 영원하여야 하는데 영원은커녕 2~3세기도 유지하지 못하고 사라지는 것이다. 그 원인이 무엇인가? 원인을 찾지 못하면 교회를 다시 세워나갈 수가 없고, 현존하는 교회도 지킬 수 없다. 이러한 교회의 모습을 우리는 성경에서 찾을 수가 있다. 예수님의 삼년 공생애 기간에 있었던 모든 일이 지금 모든 교회에서 그대로 재현되고 있다.

예수님 사역 초기에는 예수님의 이적 행하심의 소문을 듣고 엄청난 인파가 모여들었다. 그러나 예수님의 사역 말기 십자가 복음이 선포되는 가장 귀중한 시간에는 사람들이 모두 떠나고 말았다. 예수님 초기 사역 때에 예수님을 찾아왔던 사람들은 교회가 아니라 대부분이 구경꾼들이었다. 그들은 이적 행하심을 보려고 왔던 사람들이고, 병 고침이나 받으려고 찾아왔던 사람들이다.

　예수님이 행하신 이적의 목적은, 사람들로 하여금 예수께서 하나
님께서 약속하신 우리의 구세주로 이 땅에 오신 메시야임을 알게
하여서 보고 듣는 모든 사람이 예수님을 영접하여 구원에 이르게
하기 위함이다. 그러나 사람들은 이러한 이적을 보고서도 예수를
알아보지도 못하였고 믿지 않았으니 예수님이 그들을 향하여 하신
말씀이 무엇인가?
　예수님은 죽었던 나사로도 살리셨지만, 사람들은 끝내 예수를 받
아들이지 아니하였다. 예수님은 최후에 십자가 죽으심과 부활의 이
적을 보이셨는데 그 이적을 보고 믿는 사람에게는 구원을 얻게 하
시고, 부활의 이적을 보고서도 믿지 않는 사람은 그대로 심판에 처
하게 하신 것이다.

　"예수께서 권능을 가장 많이 베푸신 고을들이 회개치 아니하므
로 그 때에 책망하시되 화가 있을찐저 고라신아 화가 있을찐저 벳
새다야 너희에게서 행한 모든 권능을 두로와 시돈에서 행하였더면
저희가 벌써 베옷을 입고 재에 앉아 회개하였으리라
　내가 너희에게 이르노니 심판날에 두로와 시돈이 너희보다 견디
기 쉬우리라
　가버나움아 네가 하늘에까지 높아지겠느냐 음부에까지 낮아지리
라 네게서 행한 모든 권능을 소돔에서 행하였더면 그 성이 오늘날
까지 있었으리라
　내가 너희에게 이르노니 심판 날에 소돔 땅이 너보다 견디기 쉬
우리라 하시니라" (마 11:20-24)

죽었던 나사로를 살려놓았어도 그 시대의 유대교가 예수를 믿지 않고 배척하였으니 어떠한 이적으로도 사람들을 회개케 하여 구원에 이르게 할 수 없다는 것이 예수님 사역에서 이미 증명된 것이다.

 "대제사장들이 나사로까지 죽이려고 모의하니 나사로 까닭에 많은 유대인이 가서 예수를 믿음이러라" (요 12:10-11)

 죄인을 구원하심이 예수님이 행하셨던 많은 이적으로 이루어진 것이 아니라 예수께서 마지막에 이루신 십자가의 죽으심과 부활하심으로 말미암아 비로소 예수님 제자들이 변화되었고, 주변의 여러 사람이 회개하고 거듭났으니 오늘의 모든 지도자도 자기가 능력 받아서 이적을 행하려고 하는 사단의 미혹을 벗어나서 자기들이 모두 예수님처럼 십자가 제물이 되어서 성령으로 거듭난 후에 자신이 복음을 위하여 희생의 제물이 되어야 사람들이 비로써 회개하기 시작한다는 사실을 깨닫기 바란다. 그렇게 하는 것이 주님의 제자 된 자들에게 주어진 사명인 것이다.

 "아비나 어미를 나보다 더 사랑하는 자는 내게 합당치 아니하고 아들이나 딸을 나보다 더 사랑하는 자도 내게 합당치 아니하고
  또 자기 십자가를 지고 나를 좇지 않는 자도 내게 합당치 아니하니라
  자기 목숨을 얻는 자는 잃을 것이요 나를 위하여 자기 목숨을 잃는 자는 얻으리라" (마 10:37-39)

 "예수께서 돌이키시며 베드로에게 이르시되 사단아 내 뒤로 물러

가라 너는 나를 넘어지게 하는 자로다 네가 하나님의 일을 생각지 아니하고 도리어 사람의 일을 생각하는도다 하시고

이에 예수께서 제자들에게 이르시되 아무든지 나를 따라 오려거든 자기를 부인하고 자기 십자가를 지고 나를 좇을 것이니라

누구든지 제 목숨을 구원코자 하면 잃을 것이요 누구든지 나를 위하여 제 목숨을 잃으면 찾으리라" (마 16:23-25)

주님의 말씀처럼 예수님 제자들의 최후는 복음을 전하다가 순교하는 일이었고, 그것을 또한 가장 자랑스럽게 생각하였다.

"그러나 내게는 우리 주 예수 그리스도의 십자가 외에 결코 자랑할 것이 없으니 그리스도로 말미암아 세상이 나를 대하여 십자가에 못 박히고 내가 또한 세상을 대하여 그러하니라

할례나 무할례가 아무 것도 아니로되 오직 새로 지으심을 받은 자 뿐이니라 무릇 이 규례를 행하는 자에게와 하나님의 이스라엘에게 평강과 긍휼이 있을찌어다

이 후로는 누구든지 나를 괴롭게 말라 내가 내 몸에 예수의 흔적을 가졌노라 형제들아 우리 주 예수 그리스도의 은혜가 너희 심령에 있을찌어다 아멘" (갈 6:14-18)

"그리스도의 고난이 우리에게 넘친 것 같이 우리의 위로도 그리스도로 말미암아 넘치는도다

우리가 환난 받는 것도 너희의 위로와 구원을 위함이요 혹 위로 받는 것도 너희의 위로를 위함이니 이 위로가 너희 속에 역사하여 우리가 받는 것 같은 고난을 너희도 견디게 하느니라

너희를 위한 우리의 소망이 견고함은 너희가 고난에 참예하는 자가 된 것 같이 위로에도 그러할 줄을 앎이라

형제들아 우리가 아시아에서 당한 환난을 너희가 알지 못하기를 원치 아니하노니 힘에 지나도록 심한 고생을 받아 살 소망까지 끊어지고

우리 마음에 사형 선고를 받은 줄 알았으니 이는 우리로 자기를 의뢰하지 말고 오직 죽은 자를 다시 살리시는 하나님만 의뢰하게 하심이라

그가 이같이 큰 사망에서 우리를 건지셨고 또 건지시리라 또한 이후에라도 건지시기를 그를 의지하여 바라노라" (고후 1:5-10)

"그리스도를 위하여 너희에게 은혜를 주신 것은 다만 그를 믿을 뿐 아니라 또한 그를 위하여 고난도 받게 하심이라

너희에게도 같은 싸움이 있으니 너희가 내 안에서 본 바요 이제도 내 안에서 듣는 바니라" (빌 1:29-30)

"내가 그리스도와 그 부활의 권능과 그 고난에 참예함을 알려하여 그의 죽으심을 본받아

어찌하든지 죽은 자 가운데서 부활에 이르려 하노니

내가 이미 얻었다 함도 아니요 온전히 이루었다 함도 아니라 오직 내가 그리스도 예수께 잡힌바 된 그것을 잡으려고 좇아가노라

형제들아 나는 아직 내가 잡은 줄로 여기지 아니하고 오직 한 일 즉 뒤에 있는 것은 잊어버리고 앞에 있는 것을 잡으려고

푯대를 향하여 그리스도 예수 안에서 하나님이 위에서 부르신 부름의 상을 위하여 좇아가노라" (빌 3:10-14)

"보라 이제 나는 심령에 매임을 받아 예루살렘으로 가는데 저기서 무슨 일을 만날는지 알지 못하노라

오직 성령이 각 성에서 내게 증거하여 결박과 환난이 나를 기다린다 하시나

나의 달려갈 길과 주 예수께 받은 사명 곧 하나님의 은혜의 복음 증거하는 일을 마치려 함에는 나의 생명을 조금도 귀한 것으로 여기지 아니하노라" (행 20:22-24)

사도들은 구원의 복음을 위하여 자기들의 생명을 귀하게 여기지 아니하고 오직 자기들을 통하여 예수님만 존귀하여지는 것으로 만족히 여기면서 복음을 전하였는데, 그로 인하여 듣는 사람들에게 생명력 있는 복음이 전하여졌던 것이다.

"저희가 이 말을 듣고 마음에 찔려 베드로와 다른 사도들에게 물어 가로되 형제들아 우리가 어찌할꼬 하거늘

베드로가 가로되 너희가 회개하여 각각 예수 그리스도의 이름으로 세례를 받고 죄 사함을 얻으라 그리하면 성령을 선물로 받으리니

이 약속은 너희와 너희 자녀와 모든 먼데 사람 곧 주 우리 하나님이 얼마든지 부르시는 자들에게 하신 것이라 하고

또 여러 말로 확증하며 권하여 가로되 너희가 이 패역한 세대에서 구원을 받으라 하니

그 말을 받는 사람들은 세례를 받으매 이 날에 제자의 수가 삼천이나 더하더라

저희가 사도의 가르침을 받아 서로 교제하며 떡을 떼며 기도하기를 전혀 힘쓰니라" (행 2:37-42)

"나의 간절한 기대와 소망을 따라 아무 일에든지 부끄럽지 아니
하고 오직 전과 같이 이제도 온전히 담대하여 살든지 죽든지 내 몸
에서 그리스도가 존귀히 되게 하려 하나니

이는 내게 사는 것이 그리스도니 죽는 것도 유익함이니라

그러나 만일 육신으로 사는 이것이 내 일의 열매일찐대 무엇을
가릴는지 나는 알지 못하노라"(빌 1:20-22)

그런데 오랜 시간이 지나면서 교회의 지도자들에게 이러한 사도
들의 정신은 찾아볼 수가 없고, 성령의 빛도 사라지고 온갖 세상의
거짓이 자리 잡게 되면서 교회는 생명을 잃게 되어 결국 사라지게
된 것이다.

"어리석도다 갈라디아 사람들아 예수 그리스도께서 십자가에 못
박히신 것이 너희 눈앞에 밝히 보이거늘 누가 너희를 꾀더냐

내가 너희에게 다만 이것을 알려 하노니 너희가 성령을 받은 것
은 율법의 행위로냐 듣고 믿음으로냐

너희가 이같이 어리석으냐 성령으로 시작하였다가 이제는 육체로
마치겠느냐"(갈 3:1-3)

교회가 성령으로 거듭난 사람들로 구성이 되었다면 그 교회는 영
원히 존재할 수가 있지만, 거듭나지 못한 육의 사람들로 구성이 되
어있다면 무엇이든지 사람들의 뜻과 힘에 의하여 한시적으로 존속
되다가 세상이 변하면서 이런저런 이유로 모두 사라질 수밖에 없는
것이니 사람의 영이 영원하듯 영적인 교회는 영원하지만 사람의 육
이 유한한 것처럼 영의 생명이 없는 육에 속한 교회는 유한하기 때

문에 반드시 사라지게 되는 것이다.

복음이 "회개하라 천국이 가까웠느니라"라고 하신 말씀에 회개는 거듭남으로 가는 첫 단계요, 거듭난 사람들의 영적 공동체가 온전한 교회이며, 이러한 교회로 계속 이어진다는 것은 사람의 지식이나 방법으로는 할 수가 없고, 오직 성령께서 하셔야만 가능한 것이다.

"이러하므로 내가 하늘과 땅에 있는 각 족속에게
이름을 주신 아버지 앞에 무릎을 꿇고 비노니 그 영광의 풍성을 따라 그의 성령으로 말미암아 너희 속 사람을 능력으로 강건하게 하옵시며
믿음으로 말미암아 그리스도께서 너희 마음에 계시게 하옵시고 너희가 사랑 가운데서 뿌리가 박히고 터가 굳어져서
능히 모든 성도와 함께 지식에 넘치는 그리스도의 사랑을 알아
그 넓이와 길이와 높이와 깊이가 어떠함을 깨달아 하나님의 모든 충만하신 것으로 너희에게 충만하게 하시기를 구하노라
우리 가운데서 역사하시는 능력대로 우리의 온갖 구하는 것이나 생각하는 것에 더 넘치도록 능히 하실 이에게
교회 안에서와 그리스도 예수 안에서 영광이 대대로 영원 무궁하기를 원하노라 아멘" (엡 3:14-21)

교회가 하나님의 말씀을 듣지 아니하고 고침을 받지 못한다면 어찌 생명을 얻고 그 생명을 유지할 수 있겠는가? 젊고 건강했던 사람도 죽을병에 걸렸을 때 고침 받지 못한다면 결국 죽을 수밖에 없는 것처럼 병든 교회도 회복하지 못하게 되면 시한부로 존재하다가 결국은 떠나 없어지고 마는 것이다.

예수님은 우리를 향하여,

"이 백성들의 마음이 완악하여져서 그 귀는 듣기에 둔하고 눈은 감았으니 이는 눈으로 보고 귀로 듣고 마음으로 깨달아 돌이켜 내게 고침을 받을까 두려워함이라 하였느니라" (마 13:15)

"너희 발을 위하여 곧은 길을 만들어 저는 다리로 하여금 어그러지지 않고 고침을 받게 하라
모든 사람으로 더불어 화평함과 거룩함을 좇으라 이것이 없이는 아무도 주를 보지 못하리라
너희는 돌아보아 하나님 은혜에 이르지 못하는 자가 있는가 두려워하고 또 쓴 뿌리가 나서 괴롭게 하고 많은 사람이 이로 말미암아 더러움을 입을까 두려워하고
음행하는 자와 혹 한 그릇 식물을 위하여 장자의 명분을 판 에서와 같이 망령된 자가 있을까 두려워하라" (히 12:13-16)

"에베소 교회의 사자에게 편지하기를 오른손에 일곱별을 붙잡고 일곱 금 촛대 사이에 다니시는 이가 가라사대
내가 네 행위와 수고와 네 인내를 알고 또 악한 자들을 용납지 아니한 것과 자칭 사도라 하되 아닌 자들을 시험하여 그 거짓된 것을 네가 드러낸 것과
또 네가 참고 내 이름을 위하여 견디고 게으르지 아니한 것을 아노라
그러나 너를 책망할 것이 있나니 너의 처음 사랑을 버렸느니라
그러므로 어디서 떨어진 것을 생각하고 회개하여 처음 행위를 가

지라 만일 그리하지 아니하고 회개치 아니하면 내가 네게 임하여 네 촛대를 그 자리에서 옮기리라" (계 2:1-5)

라고 하셨다.

에베소교회는 처음 사랑을 잃어버렸다. 처음에는 예수님이 제일 이었고 예수님밖에 알지 못하였고 항상 예수님 중심으로 살면서 성령 안에서 아주 열심이었는데, 시간이 지나면서 그 사랑이 식었고 사랑의 대상이 예수가 아닌 다른 것으로 바뀌어 가고 있었던 것이다. 예수님에 대한 사랑도 시간이 지나면서 이렇게 식는 것이 교회들의 공통적인 모습이다.

예수님은 교회를 위하여 당신의 생명까지 내어주었는데 교회는 결국 그 사랑을 잃어버린 것이다. 그러니 어떻게 주님과의 관계가 계속 유지될 수 있겠는가 생각하여 보라.

"사데 교회의 사자에게 편지하기를 하나님의 일곱 영과 일곱 별을 가진이가 가라사대 내가 네 행위를 아노니 네가 살았다 하는 이름은 가졌으나 죽은 자로다

너는 일깨워 그 남은바 죽게 된 것을 굳게 하라 내 하나님 앞에 네 행위의 온전한 것을 찾지 못하였노니

그러므로 네가 어떻게 받았으며 어떻게 들었는지 생각하고 지키어 회개하라 만일 일깨지 아니하면 내가 도적같이 이르리니 어느 시에 네게 임할는지 네가 알지 못하리라" (계 3:1-3)

사데교회는 예수님에게 죽은 교회라는 판정을 받았다. 행위에 온전한 것을 찾지 못하였으니 말씀은 들었으나 말씀대로 살지 못했던

교회였던 것이다. 주님의 말씀에 따라 살지 아니하면 생명 없는 세상 사람들과 다를 바가 없다. 주님은 이런 교회를 "실상은 죽은 자"라고 말씀하신 것이다.

> "라오디게아 교회의 사자에게 편지하기를 아멘이시요 충성되고 참된 증인이시요 하나님의 창조의 근본이신 이가 가라사대
>
> 내가 네 행위를 아노니 네가 차지도 아니하고 더웁지도 아니하도다 네가 차든지 더웁든지 하기를 원하노라
>
> 네가 이같이 미지근하여 더웁지도 아니하고 차지도 아니하니 내 입에서 너를 토하여 내치리라
>
> 네가 말하기를 나는 부자라 부요하여 부족한 것이 없다 하나 네 곤고한 것과 가련한 것과 가난한 것과 눈 먼것과 벌거벗은 것을 알지 못하도다
>
> 내가 너를 권하노니 내게서 불로 연단한 금을 사서 부요하게 하고 흰 옷을 사서 입어 벌거벗은 수치를 보이지 않게 하고 안약을 사서 눈에 발라 보게 하라
>
> 무릇 내가 사랑하는 자를 책망하여 징계하노니 그러므로 네가 열심을 내라 회개하라 볼찌어다 내가 문밖에 서서 두드리노니 누구든지 내 음성을 듣고 문을 열면 내가 그에게로 들어가 그로 더불어 먹고 그는 나로 더불어 먹으리라" (계 3:14-20)

라오디게아교회는 세상적 풍요를 누리고 있던 교회이다. 겉모양은 화려하게 단장도 하고 외형적으로는 무엇 하나 부족함이 없는 교회였으나 저들의 영적 상태는 맹인이었고 벌거벗고 있었는데도 그러한 사실조차 전혀 알지 못하였다. 저들은 주님을 찾지도 않았

고 주님을 영접하지도 않았기에 주님이 문밖에서 서서 두드리며 문을 열라고 말씀하셨던 것이다. 부자 교회이니 돈으로 만족하였고 교회의 외형적 모습만 있었지, 주님을 영접하지 않고 사람들이 주인이었던 교회이었다.

시대 시대마다 존재하였던 교회들이 공통적으로 이러한 모습으로 존재하다가 시간이 지나면서 점점 주님과 상관없이 살아갔으며, 사람들의 욕망과 생각대로 세상 문화만 만들어 가며 존재하다가 결국 주님께 버림받고 모두 사라져 버린 것이다.

주님께서 주인이 아닌 교회는 교회가 아니다. 주님을 모시지 않은 신자는 하나님 백성이 아니고, 여전히 세상 사람이다. 이러한 사람은 항상 사단의 지배를 받으며 살아가고 있으니 그들의 삶과 말속에 그대로 나타나 있다.

"그의 열매로 그들을 알찌니 가시나무에서 포도를, 또는 엉겅퀴에서 무화과를 따겠느냐

이와 같이 좋은 나무마다 아름다운 열매를 맺고 못된 나무가 나쁜 열매를 맺나니

좋은 나무가 나쁜 열매를 맺을 수 없고 못된 나무가 아름다운 열매를 맺을 수 없느니라 아름다운 열매를 맺지 아니하는 나무마다 찍혀 불에 던지우느니라" (마 7:16-19)

초대교회는 성령이 충만한 사도들과 그의 제자들에 의하여 세워졌던 교회이다. 그러나 그러한 교회도 시간이 지나면서 점점 주님과는 멀어지고, 세속적이고 사람 중심의 교회가 되어갔으니 이러한 모습은 구약 이스라엘 백성에게서도 반복적으로 나타났던 일이니 교

회가 사단과의 영적인 싸움에서 승리하지 못하면 결국 사단의 거짓된 것에 정복되어서 타락하고 부패한 집단이 되어 세상의 조롱거리가 되고 하나님으로부터 버림받게 되는 것이다.

주님께서 오늘의 교회를 향하여 말씀하신다면 칭찬만 들을 수 있는 교회가 과연 어디에 있을까? 주님의 일꾼 된 사람들은 교회에 대하여 성령께서 하시는 말씀을 들을 수 있는 귀가 열려있어서 항상 그 말씀을 들으면서 교회를 관리하여야 한다. 주님과의 교통이 없으면 절대로 주님의 교회를 세워갈 수도 없고 지켜갈 수가 없으니 성령의 말씀을 듣는 귀가 열려야 주님의 양들을 먹이고 교회를 세워가며 지켜갈 수 있는 것이다.

"귀 있는 자는 성령이 교회들에게 하시는 말씀을 들을찌어다 이기는 그에게는 내가 하나님의 낙원에 있는 생명나무의 과실을 주어 먹게 하리라"(계 2:7)

교회는 언제나 주님 안에 거하면서 주님의 말씀을 듣고 말씀에 따라 주님의 교회를 세워 가야지 세상을 따르고 세상적 방법으로 교회가 세워지게 되면 그 교회는 주님과 아무 상관이 없는 교회가 되어서 버림을 받게 되는 것이다.

"그 날에 많은 사람이 나더러 이르되 주여 주여 우리가 주의 이름으로 선지자 노릇하며 주의 이름으로 귀신을 쫓아 내며 주의 이름으로 많은 권능을 행치 아니하였나이까 하리니
그때에 내가 저희에게 밝히 말하되 내가 너희를 도무지 알지 못하니 불법을 행하는 자들아 내게서 떠나가라 하리라

그러므로 누구든지 나의 이 말을 듣고 행하는 자는 그 집을 반석 위에 지은 지혜로운 사람 같으리니

비가 내리고 창수가 나고 바람이 불어 그 집에 부딪히되 무너지지 아니하나니 이는 주초를 반석 위에 놓은 연고요

나의 이 말을 듣고 행치 아니하는 자는 그 집을 모래 위에 지은 어리석은 사람 같으리니

비가 내리고 창수가 나고 바람이 불어 그 집에 부딪히매 무너져 그 무너짐이 심하니라" (마 7:22-27)

불법이라 함은 주님의 말씀을 떠나서 사람들이 자기들 마음대로 한 것을 말하는데, 이 세상에 있는 교회는 불법으로 해도 외형적으로 크게 성장도 할 수 있으니 거짓된 이단의 교회들이 크게 성장하는 모습을 보면 알 수 있다. 그러니 교회의 외형만 보고 찾아갔다가 만약에 그 교회가 불법의 교회라면 그 교회에 속한 모든 공동체가 함께 망하게 되는 것이니 많은 사람이 모이는 교회라 하여서 올바른 교회라고 생각하고 따라가면 큰일이다.

사단에 미혹된 자들의 눈은 언제나 우리 조상인 아담과 이브의 눈을 가지고 있어서 눈으로 보기에 좋으면 무조건 받아들이고 있으니 오늘날 교회마다 얼마나 아름답고 화려하게 꾸며놓았는지 많은 사람이 거기에 미혹되어 있다.

"여자가 그 나무를 본즉 먹음직도 하고 보암직도 하고 지혜롭게 할만큼 탐스럽기도 한 나무인지라 여자가 그 실과를 따먹고 자기와 함께한 남편에게도 주매 그도 먹은지라" (창 3:6)

"화 있을찐저 외식하는 서기관들과 바리새인들이여 회칠한 무덤 같으니 겉으로는 아름답게 보이나 그 안에는 죽은 사람의 뼈와 모든 더러운 것이 가득하도다

이와 같이 너희도 겉으로는 사람에게 옳게 보이되 안으로는 외식과 불법이 가득하도다" (마 23:27-28)

"그 때에 많은 사람이 시험에 빠져 서로 잡아 주고 서로 미워하겠으며 거짓 선지자가 많이 일어나 많은 사람을 미혹하게 하겠으며

불법이 성하므로 많은 사람의 사랑이 식어지리라" (마 24:10-12)

처음 사랑을 잃어버린
교회에 대한 주님의 경고

....

어두움은 절대로 빛을 이기지 못한다. 그러나 빛이 꺼지면 곧바로 어두움이 자리 잡는다. 사람들의 마음에 성령의 빛이 없다면 그 사람은 이미 어두움에 정복되어 어둠의 지배를 받고 있는 것이다. 오늘날 많은 지도자와 교회들이 어둠에 정복되어 흑암 속에서 갈 길을 찾지 못하고 있으니 동력 잃은 선박처럼 바람에 밀려서 어디론가 떠내려 가고 있는 것이다.

"그러므로 모든 들은 것을 우리가 더욱 간절히 삼갈찌니 혹 흘러 떠내려 갈까 염려하노라
천사들로 하신 말씀이 견고하게 되어 모든 범죄함과 순종치 아니함이 공변된 보응을 받았거든
우리가 이같이 큰 구원을 등한히 여기면 어찌 피하리요 이 구원은 처음에 주로 말씀하신 바요 들은 자들이 우리에게 확증한 바니
하나님도 표적들과 기사들과 여러가지 능력과 및 자기 뜻을 따라 성령의 나눠주신 것으로써 저희와 함께 증거하셨느니라" (히 2:1-4)

"용이 자기가 땅으로 내어쫓긴 것을 보고 남자를 낳은 여자를 핍박하는지라

그 여자가 큰 독수리의 두 날개를 받아 광야 자기 곳으로 날아가 거기서 그 뱀의 낯을 피하여 한 때와 두 때와 반 때를 양육 받으매

여자의 뒤에서 뱀이 그 입으로 물을 강 같이 토하여 여자를 물에 떠내려가게 하려 하되 땅이 여자를 도와 그 입을 벌려 용의 입에서 토한 강물을 삼키니

용이 여자에게 분노하여 돌아가서 그 여자의 남은 자손 곧 하나님의 계명을 지키며 예수의 증거를 가진 자들로 더불어 싸우려고 바다 모래 위에 섰더라" (계 12:13-17)

"때가 아직 낮이매 나를 보내신 이의 일을 우리가 하여야 하리라 밤이 오리니 그때는 아무도 일할 수 없느니라 내가 세상에 있는 동안에는 세상의 빛이로라" (요 9:4-5)

예수님께서 십자가에 못 박혀 죽으셨다가 말씀대로 삼 일 만에 부활하시자 사단은 당시 소경들이며, 세상의 권세를 가진 대제사장을 이용하여 구원의 복음이 세상에 전파되지 못하도록 온갖 방해를 다하였다.

"여자들이 갈 제 파숫군 중 몇이 성에 들어가 모든 된 일을 대제사장들에게 고하니 그들이 장로들과 함께 모여 의논하고 군병들에게 돈을 많이 주며 가로되 너희는 말하기를 그의 제자들이 밤에 와서 우리가 잘 때에 그를 도적질하여 갔다 하라

만일 이 말이 총독에게 들리면 우리가 권하여 너희로 근심되지 않게 하리라 하니

군병들이 돈을 받고 가르친대로 하였으니 이 말이 오늘날까지 유

대인 가운데 두루 퍼지니라" (마 28:11-15)

사도들이 성령 충만하여 복음을 전파하기 시작하자 사단은 이제 사도들을 붙잡아다가 옥에 가두고 매를 치며 심지어 죽이기까지 하며 복음을 전하지 못하도록 온갖 방해를 다하였다.

"사도들이 백성에게 말할 때에 제사장들과 성전 맡은 자와 사두개인들이 이르러

백성을 가르침과 예수를 들어 죽은자 가운데서 부활하는 도 전함을 싫어하여

저희를 잡으매 날이 이미 저문고로 이튿날까지 가두었으나

말씀을 들은 사람 중에 믿는 자가 많으니 남자의 수가 약 오천이나 되었더라

이튿날에 관원과 장로와 서기관들이 예루살렘에 모였는데

대제사장 안나스와 가야바와 요한과 알렉산더와 및 대제사장의 문중이 다 참예하여 사도들을 가운데 세우고 묻되 너희가 무슨 권세와 뉘 이름으로 이 일을 행하였느냐 이에 베드로가 성령이 충만하여 가로되 백성의 관원과 장로들아

만일 병인에게 행한 착한 일에 대하여 이 사람이 어떻게 구원을 얻었느냐고 오늘 우리에게 질문하면

너희와 모든 이스라엘 백성들은 알라 너희가 십자가에 못 박고 하나님이 죽은자 가운데서 살리신 나사렛 예수 그리스도의 이름으로 이 사람이 건강하게 되어 너희 앞에 섰느니라

이 예수는 너희 건축자들의 버린 돌로서 집 모퉁이의 머릿돌이 되었느니라

다른이로서는 구원을 얻을 수 없나니 천하 인간에 구원을 얻을 만한 다른 이름을 우리에게 주신 일이 없음이니라 하였더라

저희가 베드로와 요한이 기탄없이 말함을 보고 그 본래 학문 없는 범인으로 알았다가 이상히 여기며 또 그 전에 예수와 함께 있던 줄도 알고 또 병 나은 사람이 그들과 함께 섰는 것을 보고 힐난할 말이 없는지라

명하여 공회에서 나가라 하고 서로 의논하여 가로되

이 사람들을 어떻게 할꼬 저희로 인하여 유명한 표적 나타난 것이 예루살렘에 사는 모든 사람에게 알려졌으니 우리도 부인할 수 없는지라

이것이 민간에 더 퍼지지 못하게 저희를 위협하여 이 후에는 이 이름으로 아무 사람에게도 말하지 말게 하자 하고

그들을 불러 경계하여 도무지 예수의 이름으로 말하지도 말고 가르치지도 말라 하니 베드로와 요한이 대답하여 가로되 하나님 앞에서 너희 말 듣는 것이 하나님 말씀 듣는 것보다 옳은가 판단하라

우리는 보고 들은 것을 말하지 아니할 수 없다 하니

관원들이 백성을 인하여 저희를 어떻게 벌할 도리를 찾지 못하고 다시 위협하여 놓아 주었으니 이는 모든 사람이 그 된 일을 보고 하나님께 영광을 돌림이러라" (행 4:1-21)

성령으로 충만한 사도들의 복음 전파는 누구도 막을 수 없었고, 더욱 힘있게 전파되므로 이에 사단은 세상의 정권과 거짓 교회 지도자들을 앞세워 사도들을 대적하였으니 오늘날에도 재력 있고 세력을 얻은 거짓된 지도자들과 거짓된 교회가 복음 전파에 큰 훼방꾼이 되고 있다.

"그 때에 헤롯왕이 손을 들어 교회 중 몇 사람을 해하려 하여 요한의 형제 야고보를 칼로 죽이니

유대인들이 이 일을 기뻐하는 것을 보고 베드로도 잡으려 할 쌔 때는 무교절일이라 잡으매 옥에 가두어 군사 넷씩인 네 패에게 맡겨 지키고 유월절 후에 백성 앞에 끌어내고자 하더라

이에 베드로는 옥에 갇혔고 교회는 그를 위하여 간절히 하나님께 빌더라

헤롯이 잡아내려고 하는 그 전날 밤에 베드로가 두 군사 틈에서 두 쇠사슬에 매여 누워 자는데 파숫군들이 문밖에서 옥을 지키더니

홀연히 주의 사자가 곁에 서매 옥중에 광채가 조요하며 또 베드로의 옆구리를 쳐 깨워 가로되 급히 일어나라 하니 쇠사슬이 그 손에서 벗어지더라

천사가 가로되 띠를 띠고 신을 들메라 하거늘 베드로가 그대로 하니 천사가 또 가로되 겉옷을 입고 따라 오라 한 대

베드로가 나와서 따라갈쌔 천사의 하는 것이 참인줄 알지 못하고 환상을 보는가 하니라 이에 첫째와 둘째 파수를 지나 성으로 통한 쇠문에 이르니 문이 절로 열리는지라 나와 한 거리를 지나매 천사가 곧 떠나더라

이에 베드로가 정신이 나서 가로되 내가 이제야 참으로 주께서 그의 천사를 보내어 나를 헤롯의 손과 유대 백성의 모든 기대에서 벗어나게 하신줄 알겠노라 하여

깨닫고 마가라 하는 요한의 어머니 마리아의 집에 가니 여러 사람이 모여 기도하더라" (행 12:1-12)

"베드로와 사도들이 대답하여 가로되 사람보다 하나님을 순종하

는 것이 마땅하니라 너희가 나무에 달아 죽인 예수를 우리 조상의 하나님이 살리시고

이스라엘로 회개케 하사 죄 사함을 얻게 하시려고 그를 오른손으로 높이사 임금과 구주를 삼으셨느니라

우리는 이 일에 증인이요 하나님이 자기를 순종하는 사람들에게 주신 성령도 그러하니라 하더라

저희가 듣고 크게 노하여 사도들을 없이하고자 할쌔

바리새인 가말리엘은 교법사로 모든 백성에게 존경을 받는 자라 공회 중에 일어나 명하여 사도들을 잠간 밖에 나가게 하고

말하되 이스라엘 사람들아 너희가 이 사람들에게 대하여 어떻게 하려는 것을 조심하라

이전에 드다가 일어나 스스로 자랑하매 사람이 약 사백이나 따르더니 그가 죽임을 당하매 좇던 사람이 다 흩어져 없어졌고

그 후 호적할 때에 갈릴리 유다가 일어나 백성을 꾀어 좇게 하다가 그도 망한즉 좇던 사람이 다 흩어졌느니라

이제 내가 너희에게 말하노니 이 사람들을 상관 말고 버려두라 이 사상과 이 소행이 사람에게로서 났으면 무너질 것이요

만일 하나님께로서 났으면 너희가 저희를 무너뜨릴 수 없겠고 도리어 하나님을 대적하는 자가 될까 하노라 하니

저희가 옳게 여겨 사도들을 불러들여 채찍질하며 예수의 이름으로 말하는 것을 금하고 놓으니

사도들은 그 이름을 위하여 능욕 받는 일에 합당한 자로 여기심을 기뻐하면서 공회 앞을 떠나니라

저희가 날마다 성전에 있든지 집에 있든지 예수는 그리스도라 가르치기와 전도하기를 쉬지 아니하니라" (행 5:29-41)

"우리가 기도하는 곳에 가다가 점하는 귀신 들린 여종 하나를 만나니 점으로 그 주인들을 크게 이하게 하는 자라

바울과 우리를 좇아와서 소리질러 가로되 이 사람들은 지극히 높은 하나님의 종으로 구원의 길을 너희에게 전하는 자라 하며

이같이 여러 날을 하는지라 바울이 심히 괴로워하여 돌이켜 그 귀신에게 이르되 예수 그리스도의 이름으로 내가 네게 명하노니 그에게서 나오라 하니

귀신이 즉시 나오니라 종의 주인들은 자기 이익의 소망이 끊어진 것을 보고 바울과 실라를 잡아 가지고 저자로 관원들에게 끌어 갔다가

상관들 앞에 데리고 가서 말하되 이 사람들이 유대인인데 우리 성을 심히 요란케 하여

로마 사람인 우리가 받지도 못하고 행치도 못할 풍속을 전한다 하거늘

무리가 일제히 일어나 송사하니 상관들이 옷을 찢어 벗기고 매로 치라 하여

많이 친 후에 옥에 가두고 간수에게 분부하여 든든히 지키라 하니 그가 이러한 영을 받아 저희를 깊은 옥에 가두고 그 발을 착고에 든든히 채웠더니

밤중쯤 되어 바울과 실라가 기도하고 하나님을 찬미하매 죄수들이 듣더라

이에 홀연히 큰 지진이 나서 옥터가 움직이고 문이 곧 다 열리며 모든 사람의 매인 것이 다 벗어진지라" (행 16:16-26)

사도들의 복음 전파는 예루살렘을 넘어 유대와 사마리아와 온 세

상으로 전파되었으니 성령 충만한 사도들로 인하여 곳곳에 교회가 세워지기 시작하였던 것이다.

"바울이 더베와 루스드라에도 이르매 거기 디모데라 하는 제자가 있으니 그 모친은 믿는 유대 여자요 부친은 헬라인이라

디모데는 루스드라와 이고니온에 있는 형제들에게 칭찬받는 자니

바울이 그를 데리고 떠나고자 할쌔 그 지경에 있는 유대인을 인하여 그를 데려다가 할례를 행하니 이는 그 사람들이 그의 부친은 헬라인인줄 다 앎이러라

여러 성으로 다녀 갈 때에 예루살렘에 있는 사도와 장로들의 작정한 규례를 저희에게 주어 지키게 하니

이에 여러 교회가 믿음이 더 굳어지고 수가 날마다 더하니라

성령이 아시아에서 말씀을 전하지 못하게 하시거늘 브루기아와 갈라디아 땅으로 다녀가 무시아 앞에 이르러 비두니아로 가고자 애쓰되 예수의 영이 허락지 아니하시는지라 무시아를 지나 드로아로 내려갔는데 밤에 환상이 바울에게 보이니 마게도냐 사람 하나가 서서 그에게 청하여 가로되 마게도냐로 건너와서 우리를 도우라 하거늘 바울이 이 환상을 본 후에 우리가 곧 마게도냐로 떠나기를 힘쓰니 이는 하나님이 저 사람들에게 복음을 전하라고 우리를 부르신 줄로 인정함이러라

드로아에서 배로 떠나 사모드라게로 직행하여 이튿날 네압볼리로 가고

거기서 빌립보에 이르니 이는 마게도냐 지경 첫성이요 또 로마의 식민지라 이 성에서 수일을 유하다가

안식일에 우리가 기도처가 있는가 하여 문밖 강 가에 나가 거기

앉아서 모인 여자들에게 말하더니

두아디라성의 자주 장사로서 하나님을 공경하는 루디아라 하는 한 여자가 들었는데 주께서 그 마음을 열어 바울의 말을 청종하게 하신지라

저와 그 집이 다 세례를 받고 우리에게 청하여 가로되 만일 나를 주 믿는 자로 알거든 내 집에 들어와 유하라 하고 강권하여 있게 하니라" (행 16:1-15)

곳곳에 교회가 세워지고 교회가 힘있게 성장하면서 교회 안에는 인적 물적 자원이 풍성하여지게 되니 교회는 물질과 사람들의 여러 사상과 정치, 종교, 문학 등의 지식이 들어와 여러 가지 논쟁에 휘말리고 성령의 역사가 점점 사라지고, 복음의 빛이 흐려지면서 교회는 또다시 어두움의 세력들에 의하여 정복되기 시작한 것이다. 그래서 현대의 교회도 복음의 생명력을 상실하고 다양한 문화가 혼합된 많은 유사종교로 변질되어 어둠에 사로잡히게 된 것이다.

지금 세상에는 하나님께로부터 세워진 교회와 사람으로 인하여 세워진 교회가 공존하고 있는데 사람으로 난 교회는 한 시대에만 존재하다가 결국은 사라질 것이고, 하나님으로부터 난 영적 교회는 영원히 존속될 것이다.

빛과 어두움은 세상 끝날까지 공존하면서 서로 대립하고 있기 때문에 언제나 치열한 전투가 벌어지고 있어서 생명을 얻는 자들과 생명을 잃는 자들로 나뉘어지고 있는 것이다.

복음의 빛을 가진 개인과 교회는 어두움을 물리치고 승리할 수 있으나 이 빛이 꺼진 교회는 이미 생명을 잃고 형태만 가지고 있기

때문에 예수님이 세상에 계실 때 잎만 무성하고 열매가 없던 유대 교처럼 하나님으로부터 버림받을 수밖에 없는 것이다.

"예수께서 예루살렘에 이르러 성전에 들어가사 모든 것을 둘러 보 시고 때가 이미 저물매 열 두 제자를 데리시고 베다니에 나가시다

이튿날 저희가 베다니에서 나왔을 때에 예수께서 시장하신지라

멀리서 잎사귀 있는 한 무화과나무를 보시고 혹 그 나무에 무엇 이 있을까 하여 가셨더니 가서 보신즉 잎사귀 외에 아무 것도 없더 라 이는 무화과의 때가 아님이라

예수께서 나무에게 일러 가라사대 이제부터 영원토록 사람이 네 게서 열매를 따 먹지 못하리라 하시니 제자들이 이를 듣더라

저희가 예루살렘에 들어가니라 예수께서 성전에 들어가사 성전 안에서 매매하는 자들을 내어쫓으시며 돈 바꾸는 자들의 상과 비 둘기 파는 자들의 의자를 둘러 엎으시며 아무나 기구를 가지고 성 전 안으로 지나님을 허치 아니하시고 이에 가르쳐 이르시되 기록 된바 내 집은 만민의 기도하는 집이라 칭함을 받으리라고 하지 아 니하였느냐 너희는 강도의 굴혈을 만들었도다 하시매

대제사장들과 서기관들이 듣고 예수를 어떻게 멸할까 하고 꾀하 니 이는 무리가 다 그의 교훈을 기이히 여기므로 그를 두려워함일 러라

매양 저물매 저희가 성밖으로 나가더라

저희가 아침에 지나갈 때에 무화과나무가 뿌리로부터 마른 것을 보고 베드로가 생각이 나서 여짜오되 랍비여 보소서 저주하신 무 화과나무가 말랐나이다"(막 11:11-21)

제2편

✝

필자의 고백과 체험 그리고 권면

교회를 설립하고
본격적 사역을 시작하다

……………………………

　　　　　나는 안양대학교 교무과장으로 근무하고 있을 때 처음으로 수원에 소망교회를 설립하였다. 언젠가는 학교를 떠나서 목회를 하여야 했기 때문이었다.

　당시 학교는 종합대학 승격의 기준을 확보하기 위한 무리한 시설 확장으로 인하여 많은 부채를 가지게 되었고, 얼마 가지 못하여 결국 부도가 나서 경영진이 바뀌게 되었다. 그 후 1년이 지났을 때 학교에서는 모든 교직원에 대하여 물갈이를 시작했는데 나에게도 이중직은 안 되니 학교를 선택하든지 교회를 선택하든지 한 곳만 선택하라는 것이었다.

　그때 나는 학교의 설립 정신과 무관한 새로운 경영진이 학교를 운영하게 된 것에 대하여 함께하고 싶은 마음이 없었기 때문에 미련 없이 학교를 떠나 목회에 전념하기로 하였다. 그러나 개척한 교회를 삼 년 만에 폐쇄하고 일 년의 공백기를 지나서 현재의 교회로 부임하게 되었다.

　현재 시무하고 있는 교회에서 34년 동안 목회하는 중에도 세 번이나 교회를 떠나려 하였다. 그 이유는 모두 목회에 영적인 만족이 없었고 목회자로서 가져야 할 지적 영적인 능력에 한계를 느끼며 교회다운 교회를 세워가지 못하고 있다고 스스로 판단하였고, 현재의 이러한 교회가 주님이 원하시는 교회가 아니라고 생각하였기 때문이다. 그동안 많은 목회자 세미나도 참석하여 과정들을 이수하였고 참고가 될 만한 서적들을 구입하여 읽어보았으나 어디에서도 내가 얻고자 하였던 성경적이며 영적인 지식은 얻지 못하였고, 아무리 시간이 지나도 내게 영적 변화가 일어나지 않았던 것이다. 그러니 교회도 아무런 변화가 일어나지 않았으니 목회에 보람도 없었고 이러한 목회를 더 이상 하여야 할 이유도 없었던 것이다. 목회자가 거듭나지 못하였는데 성도들이 어떻게 거듭나고 변화될 수가 있었겠는가?

교회는 외형적으로 성장하고 예배당을 크게 건축하는 것이 목표가 아니다. 성도 한 사람 한 사람이 거듭남으로 인하여 영적으로 변화되어 이후 세상을 떠날 때에 구원받는 것이 목표가 되어야 한다.

우리 교회도 외형적으로는 조금씩 성장하여서 150~200명까지 성장하기도 하였으나 누구 하나 영적으로 거듭나지 못하고 옛사람 그대로 살아가고 있었으니 직분을 받아도 변하지 않았고, 때로는 직분자들로 인하여 여러 번 어려움을 겪을 때마다 목회에 갈등과 한계를 느끼면서 저들을 변화시킬 능력이 없으니 내가 교회를 떠나는 것이 하나님 앞에서 옳은 일이라고 판단하였던 것이다. 심지어는 아무 변화도 없는 성도들의 헌금으로 목회자가 생활을 하는 것조차 부끄럽고 떳떳하지 못하여 하나님 앞에 늘 죄송스러웠던 것이다.

원인은 모두 목회자인 나에게 있는 것이고, 성도들에게는 아무 잘못이 없다. 그저 때로는 성도들이 불쌍해서 눈물을 흘리며 기도할 때가 많이 있었다. 내가 주님을 만나서 참된 영적 지식과 능력을 가지고 목회를 하고 있었다면 분명히 그들에게도 내적인 변화가 있었을 텐데 목회자인 내가 언제나 학습된 지식만 가지고 교인들에게 학습만 시키고 있었으니 그들에게 무슨 변화가 일어날 수 있었겠는가?

아무리 어려운 일이라도 영적으로 만족하고 보람된 일이라면 예수님만 바라보며 끝까지 십자가를 지고 주님의 뒤를 따른다는 심정으로 목회를 할 수가 있었을 텐데 그렇지 못하였으니 목회에 아무런 보람이 없었던 것이다. 목회의 보람이 없으니 교회에 대한 열정도 점점 식어지고, 때로는 권태감과 무력감에 괴로워할 때도 많았다.

모든 문제가 목회자인 나 자신에게 있다고 생각하였기 때문에 스스로 교회를 떠나는 것이 목회자의 도리라고 생각하고 교회를 떠나려고 하였던 것이다. 그러나 그 일도 나에게는 허락되지 않았고, 내 마음대로 되지 않았다. 그 사건에 대해서는 다음에 집필할 책에서 상세하게 기록할 것이다.

내가 그 후에 깨닫게 된 것이 교회는 영적 전쟁터라는 사실이다. 모세가 하나님의 명으로 이스라엘 백성들을 애굽에서 이끌고 나와서 하나님의 약속의 땅을 향하여 나아가고 있을 때 이스라엘 공동체는 변화된 공동체가 아니라 애굽에서 살았던 옛사람 그대로였다.

하나님은 이미 애굽에서부터 놀라운 기사와 이적을 보이시면서 저들을 애굽의 바로에게서 이끌어 내셨다. 그러나 이스라엘 공동체도 많은 이적을 경험하였으나 그들이 그 이적으로 인하여 변화된 것은 아무것도 없었으니 그 공동체는 언제나 기쁨과 감사는 없고 좌절과 원망과 불평뿐이었고, 약속의 땅으로 들어갈 기대와 희망은 어디에서도 찾아볼 수 없었다. 절망의 탄식 소리와 차라리 애굽으로 돌아가자는 반역의 소리뿐이었으며, 그때마다 하나님의 징계로 인하여 백성들이 죽어서 매일매일 장사를 지내면서 살아야 했으니 모세의 심정은 어떠했을까? 순간순간이 전쟁이요, 고통이요, 슬픔이요, 다툼이었다. 결코 그들이 천국백성의 아름다운 공동체가 아니었던 것이다.

그때 지도자 모세는 어떤 모습을 보여주었는가? 모세는 백성들을 향하여 분노하여 책망하거나 저주하지 아니하였고, 백성들이 받을 저주를 자기에게 돌리며 하나님의 진노를 가로막아 백성을 살리는 헌신을 보였다. 이것이 목회자이다. 예수님이 사람들에게 임할 저주와 진노의 심판을 가로막지 않으셨다면 그 진노에서 살아남을 사람이 어디 있었겠는가?

"해골이라 하는 곳에 이르러 거기서 예수를 십자가에 못 박고 두 행악자도 그렇게 하니 하나는 우편에, 하나는 좌편에 있더라 이에 예수께서 가라사대 아버지여 저희를 사하여 주옵소서 자기의 하는 것을 알지 못함이니이다 하시더라"(눅 23:33-34)

"백성이 여호와의 들으시기에 악한 말로 원망하매 여호와께서 들으시고 진노하사 여호와의 불로 그들 중에 붙어서 진 끝을 사르게 하시매

백성이 모세에게 부르짖으므로 모세가 여호와께 기도하니 불이 꺼졌더라

그곳 이름을 다베라라 칭하였으니 이는 여호와의 불이 그들 중에 붙은 연고였더라

이스라엘 중에 섞여 사는 무리가 탐욕을 품으매 이스라엘 자손도 다시 울며 가로되 누가 우리에게 고기를 주어 먹게 할꼬

우리가 애굽에 있을 때에는 값 없이 생선과 외와 수박과 부추와

파와 마늘들을 먹은 것이 생각나거늘

　이제는 우리 정력이 쇠약하되 이 만나 외에는 보이는 것이 아무 것도 없도다 하니

　만나는 깟씨와 같고 모양은 진주와 같은 것이라

　백성이 두루 다니며 그것을 거두어 맷돌에 갈기도 하며 절구에 찧기도 하고 가마에 삶기도 하여 과자를 만들었으니 그 맛이 기름 섞은 과자맛 같았더라

　밤에 이슬이 진에 내릴 때에 만나도 같이 내렸더라

　백성의 온 가족들이 각기 장막 문에서 우는 것을 모세가 들으니라 이러므로 여호와의 진노가 심히 크고 모세도 기뻐하지 아니하여

　여호와께 여짜오되 주께서 어찌하여 종을 괴롭게 하시나이까 어찌하여 나로 주의 목전에 은혜를 입게 아니하시고 이 모든 백성을 내게 맡기사 나로 그 짐을 지게 하시나이까" (민 11:1-11)

백성들의 짐을 져야 하는 것이 목회자의 사명이며, 역할인 것이다. 자신을 희생하여서 교인을 살려야 하는 것이 목회자의 사명인 것이다.

모세에 대하여 하나님이 말씀하시기를

"모세가 구스 여자를 취하였더니 그 구스 여자를 취하였으므로 미리암과 아론이 모세를 비방하니라

　그들이 이르되 여호와께서 모세와만 말씀하셨느냐 우리와도 말씀하지 아니하셨느냐 하매 여호와께서 이 말을 들으셨더라

　이 사람 모세는 온유함이 지면의 모든 사람보다 승하더라

여호와께서 갑자기 모세와 아론과 미리암에게 이르시되 너희 삼인은 회막으로 나아오라 하시니 그 삼인이 나아가매

여호와께서 구름 기둥 가운데로서 강림하사 장막 문에 서시고 아론과 미리암을 부르시는지라 그 두 사람이 나아가매

이르시되 내 말을 들으라 너희 중에 선지자가 있으면 나 여호와가 이상으로 나를 그에게 알리기도 하고 꿈으로 그와 말하기도 하거니와

내 종 모세와는 그렇지 아니하니 그는 나의 온 집에 충성됨이라

그와는 내가 대면하여 명백히 말하고 은밀한 말로 아니하며 그는 또 여호와의 형상을 보겠거늘 너희가 어찌하여 내 종 모세 비방하기를 두려워 아니하느냐" (민 12:1-8)

목회자는 성도들에게 인정만 받고 기쁨과 만족만 얻는 것이 결코 아니다. 오히려 그 반대라고 생각하면 옳다. 성도들은 언제나 자기의 기준을 가지고 목회자를 비판하기도 하고 조롱하고 대적하기도 하는 것이다.

예수님은 세상에서 가장 완전하신 목회자이셨지만, 이 세상에서 비난도 받으시고 조롱도 받으셨으며 심지어 십자가에 못 박혀서 희생의 제물이 되셨다. 그러나 주님은 실패하신 것이 아니라 승리하셨고, 당신의 목적을 완성하셨던 것이다. 목회자의 승리와 완성은 예수님처럼 자기 자신을 희생하여 죽을 영혼을 살리는 것뿐이다.

교회는 영적 전쟁터이며 광야이다. 그곳은 새로운 생명들이 태어나서 성장하기도 하지만, 수없이 많은 사람이 죽어 나가는 곳이다. 오늘의 교회가 이스라엘 백성의 광야 교회나 다를 바가 없다고 생각하면 된다.

이 세상의 교회는 결코 천국이 아니고 전쟁터이다. 전쟁에서는 무조건 승리만 생각하여야 한다. 모세는 아무리 어려운 일이 있어도 잘 인내하면서 하나님의 일을 수행하였으니 지도자 한 사람이 바로 서면 하나님이 그를 통하여 일하시는 것이다. 모세는 복회자가 가지고 있어야 할 자질을 모두 구비하고 있었던 사람이다.

"여호와께서 모세에게 이르시되 이 백성이 어느 때까지 나를 멸시하겠느냐 내가 그들 중에 모든 이적을 행한 것도 생각하지 아니하고 어느 때까지 나를 믿지 않겠느냐

내가 전염병으로 그들을 쳐서 멸하고 너로 그들보다 크고 강한 나라를 이루게 하리라 모세가 여호와께 여짜오되 애굽인 중에서 주의 능력으로 이 백성을 인도하여 내셨거늘 그리하시면 그들이 듣고

이 땅 거민에게 고하리이다 주 여호와께서 이 백성 중에 계심을 그들도 들었으니 곧 주 여호와께서 대면하여 보이시며 주의 구름이 그들 위에 섰으며 주께서 낮에는 구름기둥 가운데서, 밤에는 불기둥 가운데서 그들 앞에서 행하시는 것이니이다

이제 주께서 이 백성을 한 사람 같이 죽이시면 주의 명성을 들은 열국이 말하여 이르기를 여호와가 이 백성에게 주기로 맹세한 땅에 인도할 능이 없는 고로 광야에서 죽였다 하리이다

이제 구하옵나니 이미 말씀하신대로 주의 큰 권능을 나타내옵소서 이르시기를

여호와는 노하기를 더디하고 인자가 많아 죄악과 과실을 사하나 형벌 받을 자는 결단코 사하지 아니하고 아비의 죄악을 자식에게 갚아 삼사대까지 이르게 하리라 하셨나이다

구하옵나니 주의 인자의 광대하심을 따라 이 백성의 죄악을 사

하시되 애굽에서부터 지금까지 이 백성을 사하신 것 같이 사하옵
소서

여호와께서 가라사대 내가 **네 말대로 사하노라**" (민 14:11-20)

"이튿날 이스라엘 자손의 온 회중이 모세와 아론을 원망하여 가
로되 너희가 여호와의 백성을 죽였도다 하고

회중이 모여 모세와 아론을 칠 때에 회막을 바라본즉 구름이 회
막을 덮었고 여호와의 영광이 나타났더라

모세와 아론이 회막 앞에 이르매

여호와께서 모세에게 일러 가라사대

**너희는 이 회중에게서 떠나라 내가 순식간에 그들을 멸하려 하
노라 하시매 그 두 사람이 엎드리니라**

이에 모세가 아론에게 이르되 너는 향로를 취하고 단의 불을 그
것에 담고 그 위에 향을 두어가지고 급히 회중에게로 가서 그들을
위하여 속죄하라 여호와께서 진노하셨으므로 염병이 시작되었음
이니라

아론이 모세의 명을 좇아 향로를 가지고 회중에게로 달려 간즉
백성 중에 염병이 시작되었는지라 이에 백성을 위하여 속죄하고

죽은 자와 산 자 사이에 섰을 때에 염병이 그치니라

고라의 일로 죽은 자 외에 염병에 죽은 자가 일만 사천 칠백명이
었더라

염병이 그치매 아론이 회막문 모세에게로 돌아오니라" (민 16:41-50)

과거의 교회나 오늘의 교회 모습은 전혀 다를 바가 없다. 그러니
목회자는 언제나 하나님만 바라보고 하나님의 진노하심에서 죽을

수밖에 없는 백성들을 살려야 한다는 생각만 가지고 하나님 앞에 엎드릴 수 있는 사람이 되어야 한다.

"백성이 호르산에서 진행하여 홍해 길로 좇아 에돔 땅을 둘러 행하려 하였다가 길로 인하여 백성의 마음이 상하니라

백성이 하나님과 모세를 향하여 원망하되 어찌하여 우리를 애굽에서 인도하여 올려서 이 광야에서 죽게 하는고 이곳에는 식물도 없고 물도 없도다 우리 마음이 이 박한 식물을 싫어하노라 하매

여호와께서 불뱀들을 백성 중에 보내어 백성을 물게 하시므로 이스라엘 백성 중에 죽은 자가 많은지라

백성이 모세에게 이르러 가로되 우리가 여호와와 당신을 향하여 원망하므로 범죄하였사오니 여호와께 기도하여 이 뱀들을 우리에게서 떠나게 하소서 모세가 백성을 위하여 기도하매

여호와께서 모세에게 이르시되 불뱀을 만들어 장대 위에 달라 물린 자마다 그것을 보면 살리라

모세가 놋뱀을 만들어 장대 위에 다니 뱀에게 물린 자마다 놋뱀을 쳐다본즉 살더라" (민 21:4-9)

사람이 결코 쉽게 변화되지 않으니 이스라엘 백성들은 광야에서 사십 년 동안 연단을 받은 후에 약속의 땅에 들어갈 수 있었던 사실을 잊지 말아야 한다.

예수님도 이 세상에 오셔서 삼 년 동안 목회를 하시며 친이 목회자의 본을 보이시었는데 제자들이 그대로 보고 배웠으며, 그 후 제자들도 예수님 말씀대로 나를 따르려면 자기 십자가를 지고 나를 좇을 것이라고 하신 주님의 말씀대로 십자가 지고 묵묵히 주님을

따라갔으니 목회자의 최종 목적지는 죄인들을 살리기 위하여 자기 자신이 희생의 제물이 되는 것이다.

예수님이 목회를 하시면서 무슨 대우를 받으셨는가?

사람으로 인하여 언제 무슨 보람과 기쁨을 얻으시고 만족해하실 때가 있으셨는가?

주님은 무지한 백성들, 깨닫지 못하는 그들을 생각하면서 성전을 바라보시며 눈물을 흘리시어야 하였고, 때로는 사람들을 피하기도 하셨고 숨으실 때도 계셨다. 많은 이적을 보이셨으나 사람들에게서 받은 것은 핍박과 비방뿐이었고, 맨 마지막에는 십자가에 못 박혀 돌아가시는 일이었다.

"예수께서 가라사대 진실로 진실로 너희에게 이르노니 아브라함 이 나기 전부터 내가 있느니라 하시니 저희가 돌을 들어 치려 하거 늘 예수께서 숨어 성전에서 나가시니라"(요 8:58-59)

"우리 강한 자가 마땅히 연약한 자의 약점을 담당하고 자기를 기 쁘게 하지 아니할 것이라

우리 각 사람이 이웃을 기쁘게 하되 선을 이루고 덕을 세우도록 할찌니라

그리스도께서 자기를 기쁘게 하지 아니하셨나니 기록된바 주를 비방하는 자들의 비방이 내게 미쳤나이다 함과 같으니라

무엇이든지 전에 기록한 바는 우리의 교훈을 위하여 기록된 것이니 우리로 하여금 인내로 또는 성경의 안위로 소망을 가지게 함이니라

이제 인내와 안위의 하나님이 너희로 그리스도 예수를 본받아 서

로 뜻이 같게 하여 주사

한 마음과 한 입으로 하나님 곧 우리 주 예수 그리스도의 아버지께 영광을 돌리게 하려 하노라" (롬 15:1-6)

그동안 나는 왜 알지 못하고 찾지 못하였던 것일까? 내가 찾고자 하였던 것을 세상에서 찾으려 하였고, 사람들에게서 찾으려 했기 때문에 그 어디에서도 내가 찾고자 하였던 것을 찾을 수 없었던 것이다.

주님의 것은 주님 안에만 있고, 세상에는 그 어디에도 존재하지 않는다. 모든 것이 주님 말씀 안에 있고 성령 안에 있는데, 가장 가까운 곳에 있는 말씀을 벗어나서 언제나 다른 곳에서 찾았던 것이다. 예수님을 찾아가고, 예수님을 만나야 답을 얻을 수 있어서 그 후에야 비로소 목회자의 길을 갈 수 있는 것이다.

성도들도 신앙생활을 하고 있지만, 아직도 예수님을 만나지 못하였고 알지도 못하고 성령이 누구이며 하나님이 누구이신지에 대하여 학습 받은 지식만 있지 실제로는 아무것도 알지 못하고 신앙생활을 하고 있는 것이다. 참된 지식은 학습에서 얻을 수 있는 것이 아니라 내가 실제로 빛 가운데 거하게 되어서 주님 안에서 살아갈 때 얻을 수 있는 것이다.

욥이 고난을 당할 때 이런 고백을 하였다.

"**그가 내 앞으로 지나시나 내가 보지 못하며 그가 내 앞에서 나아가시나 내가 깨닫지 못하느니라** 하나님이 빼앗으시면 누가 막을 수 있으며 무엇을 하시나이까 누가 물을 수 있으랴" (욥 9:11-12)

"그런데 내가 앞으로 가도 그가 아니 계시고 뒤로 가도 보이지 아니하며 그가 왼편에서 일하시나 내가 만날 수 없고 그가 오른편으로 돌이키시나 뵈올 수 없구나 나의 가는 길을 오직 그가 아시나니 그가 나를 단련하신 후에는 내가 정금 같이 나오리라" (욥 23:8-10)

내가 지금까지 살아온 과정을 돌아보면 틀림없이 하나님이 나를 택하시고 부르셔서 함께하고 계신다는 느낌은 있었는데 영적으로는 아무것도 아는 것이 없었고 아무 능력도 없었으니 도무지 무엇을 어떻게 하여야 할지 모르고 있었던 것이다.

나는 너무도 가난한 농부의 장남으로 태어나서 어려서부터 굶주리며 성장하였기에 빨리 안정된 삶을 살아야 한다고 생각해서 한때 나는 신학 공부를 중단하고 공무원 생활을 하려고 계획했다. 군 복무를 마치고 경찰공무원에 합격하였으나 하나님은 그 길을 막으셨으니 경찰이 되려고 한다는 소식을 듣고 신학교 선배가 찾아와서 나를 설득하려고 했다. 그러나 빨리 돈을 벌어야 한다는 나의 확고한 의지를 보고 나에게 공무원이 되는 것보다는 돈을 위해서라면 차라리 사업을 하라고 하면서 사업을 알선하여 주었다. 선배의 사업 제안을 받고 보니 경찰이 되는 것보다는 사업하는 것이 훨씬 나을 것 같아서 공무원의 길을 포기하고 세상 사업을 시작하게 되었으나 일 년 만에 문을 닫아야 했다.

그때 생각한 것이 하나님께서 내가 가려 하는 길을 허락하시지 않으신다고 판단하고 중단하였던 학업을 계속하게 되었고, 졸업 후에 잠깐 수원의 모 교회에서 교육전도사로 일한 후에 교회를 개척하려고 장소까지 임대하였으나 당시 당회장이었던 모 교회 목사님이 내가 수원에서 개척하는 것을 원하지 않는 모습을 보였기에 개척 계획을 접고 대한신학교 학장님을 찾아가서 일자리를 부탁하였다. 며칠 후에 연락이 와서 그때부터 학교에서 근무하게 되었으니 하나님이 예비하신 길이었다.

학교에서 10년 동안 근무하면서 많은 교회 지도자를 양성하는 일에 몸담아 일하다가 그 후 교회로 돌아오게 되었다. 그러나 목회를 하면서 가장 괴로워하였던 문제가 오늘의 교회가 주님이 세우신 교회와는 그 본질과 성격에서 너무나 다를 뿐만 아니라 교회 안에 많은 불법과 오류와 거짓이 뿌리내린 모습을 발견하고, 이 문제에 대한 답을 찾으려고 애를 태우며 노력하였으나 어디서도 찾지 못하였던 것이다. 다른 사람들의 설교를 들어보아도

'저 사람도 나처럼 아직 무엇인가 알 것을 아직 알지 못하고 있어! 그 속에 생명이 없어!'

'저것은 일반적으로 학습만 되어 있는 표면적인 지식이야!'

'저것은 주님의 것이 아니고 사단의 것이 혼합되어 있는 사단의 미끼일 뿐이야!'

'다 똑같아! 아직 모두가 똑같아 아무도 모르고 있어!'

'그 어떤 사람도 올바른 것을 배우지 못한 거야!'

'이것이 오늘날 목회자들의 문제이며 한계야!'

'그런데 모두가 지금 그 한계를 벗어나지 못하고 초보에 머물러 있는 거야!'

라고 생각하며 탄식하면서 세월만 보내었던 것이다.

앞서간 선배들의 모습을 보아도 모두 똑같았고, 동시대의 모든 교회나 목회자를 보아도 마찬가지였다. 그러니 후 시대에도 마찬가지일 것이고, 그러다가 언젠가는 이 세상에 있는 모든 교회가 사라지게 될 것이 뻔하였다. 희망의 빛이 어디에서도 보이지 않기에 더욱

암울하였고, 괴로워하며 탄식했던 것이다.

　구약시대에도 하나님의 백성들이 타락하면 그로 인하여 하나님의 징계가 따랐다. 징계의 아픔으로 인하여 일부의 백성들이 회개하고 하나님 앞에 돌아오게 되지만, 시간이 지난 후에는 또다시 타락하여 그들 공동체 안으로 수많은 세상의 잡것들이 들어와서 그들을 지배하게 되어 하나님께서는 할 수 없이 그들을 징계하시게 되었다. 이러한 일들만 계속 반복되었으니 어느 시대나 마찬가지였다. 교회가 스스로 깨닫고 정화할 능력도 없으니 하나님은 여러 가지 재앙의 채찍으로 세상을 심판하여 새롭게 하셨던 것이다.

　　"무지한 말로 이치를 가리우는 자가 누구니이까 내가 스스로 깨달을 수 없는 일을 말하였고 스스로 알 수 없고 헤아리기 어려운 일을 말하였나이다
　　내가 말하겠사오니 주여 들으시고 내가 주께 묻겠사오니 주여 내게 알게 하옵소서
　　내가 주께 대하여 귀로 듣기만 하였삽더니 이제는 눈으로 주를 뵈옵나이다
　　그러므로 내가 스스로 한하고 티끌과 재 가운데서 회개하나이다" (욥 42:3-6)

　필자가 주님을 만난 후에 비로써 온전한 회개가 이루어졌고, 온전한 지식을 가지게 되어 십자가 구원의 말씀에 붙잡히게 되었다. 그 후로 어두웠던 마음에 빛이 임하게 되어 그동안 그렇게 애쓰며 찾으려 하였던 것을 찾게 되니 이제는 내가 말씀에 붙잡혀서 하루하루 살아가고 있다.

성경 말씀에 눈이 열리기 전에는 언제나 말씀의 핵심을 벗어나서 목표를 벗어난 방향으로만 흘러갔던 것이다. 그러다가 2023년 여름에 주님을 만났다. 말씀에 눈이 열리면서 오늘의 교회 안에 있는 모든 문제의 원인이 어디에 있는가를 성경말씀 안에서 찾게 되었고, 그 원인을 찾게 되니 교회가 나아가야 할 바른길도 말씀에서 찾게 된 것이다. 이제 은퇴를 하여야 할 칠십 중반에 말이다.

모세를 팔십 세에 부르신 하나님의 뜻을 알게 되었다. 그동안 괴로워하며 몸부림치던 문제가 해결되고 나니 이제는 성경 전체의 말씀이 한눈에 들어오고, 나 자신이 언제나 그 말씀 속으로 끌려 들어가서 말씀의 넓은 바다에서 살아가고 있는 느낌이다. 머리가 언제나 맑으며, 세상적 일에서 벗어나서 오직 주의 말씀만 생각하고 말씀의 인도를 받으며 하루하루 원고를 쓰게 된 것이다.

"그가 나를 데리고 전 문에 이르시니 전의 전면이 동을 향하였는데 그 문지방 밑에서 물이 나와서 동으로 흐르다가 전 우편 제단 남편으로 흘러 내리더라

그가 또 나를 데리고 북문으로 나가서 바깥 길로 말미암아 꺾여 동향한 바깥 문에 이르시기로 본즉 물이 그 우편에서 스미어 나오더라

그 사람이 손에 줄을 잡고 동으로 나아가며 일천척을 척량한 후에 나로 그 물을 건너게 하시니 물이 발목에 오르더니

다시 일천척을 척량하고 나로 물을 건너게 하시니 물이 무릎에 오르고 다시 일천척을 척량하고 나로 물을 건너게 하시니 물이 허리에 오르고

다시 일천척을 척량하시니 물이 내가 건너지 못할 강이 된지라 그

물이 창일하여 헤엄할 물이요 사람이 능히 건너지 못할 강이더라

그가 내게 이르시되 인자야 네가 이것을 보았느냐 하시고 나를 인도하여 강 가로 돌아가게 하시기로

내가 돌아간즉 강 좌우편에 나무가 심히 많더라

그가 내게 이르시되 이 물이 동방으로 향하여 흘러 아라바로 내려가서 바다에 이르리니 이 흘러 내리는 물로 그 바다의 물이 소성함을 얻을찌라"(겔 47:1-8)

에스겔 선지자를 통하여 주신 말씀이 이제야 내 가슴속에 파도쳐 밀려 들어오는 느낌이다.

"대저 패역한 자는 여호와의 미워하심을 입거니와 정직한 자에게는 그의 교통하심이 있으며 악인의 집에는 여호와의 저주가 있거니와 의인의 집에는 복이 있느니라"(잠 3:32-33)

"주 예수 그리스도의 은혜와 하나님의 사랑과 성령의 교통하심이 너희 무리와 함께 있을찌어다"(고후 13:13)

"우리가 보고 들은 바를 너희에게도 전함은 너희로 우리와 사귐이 있게 하려 함이니 우리의 사귐은 아버지와 그 아들 예수 그리스도와 함께 함이라"(요일 1:3)

가르치는 선생은 학습된 지식이 아니라 성령과의 교통에서 얻어진 생명력 있는 지식으로 확신이 있고 자신의 삶과 가치관이 변화되어 매사에 기쁨과 감사가 넘치는 성령 충만한 삶을 살아가는 사람

이어야 한다. 그렇지 못한 사람은 아직 선생이 되어서는 절대로 안 된다.

내가 고민하였던 문제가 바로 그것 때문이었다. 지식적으로는 듣고 배워서 표면적인 것은 알고 있는데 주님과의 내면의 교통이 이루어지지 않았던 것이다. 그러니 언제나 머리에 있는 지식을 가지고 표면적 지식만 전달했고, 변화된 삶과 능력은 아무것도 없었으니 가르치는 나 자신도 언제나 어둠 속에서 헤매며 살았는데 어찌 어둠 속에 있는 다른 사람들을 어떻게 빛으로 인도할 수가 있었겠는가? 어둠 속에 있는 사람은 절대로 변화될 수가 없고, 그의 속에 성령의 빛이 임하였을 때에 비로소 그에게 변화가 시작하는 것이다.

"육으로 난 것은 육이요 영으로 난 것은 영이니 내가 네게 거듭 나야 하겠다 하는 말을 놀랍게 여기지 말라" (요 3:6-7)

욥은 주님을 만난 후에 이렇게 고백을 하였다.

"내가 주께 대하여 귀로 듣기만 하였삽더니 이제는 눈으로 주를 뵈옵나이다
그러므로 내가 스스로 한하고 티끌과 재 가운데서 회개하나이다" (욥 42:5-6)

이것이 참된 지식이다. 욥이 하나님에 대하여 듣기만 하였을 때는 자신은 아무 죄가 없는 깨끗한 의인이라고 생각하였는데, 주를 눈으로 뵈옵게 되니 "내가 스스로 한하고 재 가운데 회개하나이다."라는 고백이 절로 나왔던 것이다.

욥도 주님을 만나기 전에는 자신의 죄와 허물은 보이지 않았고 자신의 의로움만 나타내려고 하였다. 그런데 하나님의 영광 가운데 들어가 보니까 자기에게는 부끄러운 모습만 보여서 재 가운데 앉아 회개하게 되었던 것이다. 학습된 지식, 학습된 믿음은 스스로 자신을 의인으로 착각하게 하여 자신의 참모습을 볼 수가 없어서 언제나 자신을 의로운 사람으로 착각하고 외식주의자로 살아가는 것이다.

하나님을 만난 사람은 욥처럼 회개 이외에는 아무것도 할 것이 없다. 하나님 앞에 설 우리에게 회개 이외에 중요한 것은 아무것도 없으니 오직, 회개, 회개뿐이다.

나는 여기서 주님을 만났고,
그 후에 말씀의 눈이 열리게 되었다

....

       우리 교회는 코로나19 펜데믹 기간 대면예배를 드리지 못하고 온라인 예배를 드리게 되었던 시기에 지역주택조합 아파트 재건축공사가 시작되어서 교회를 이전하게 되었다(2020년 6월). 나는 그때부터 우리 교회는 앞으로 온라인 영상예배를 드리는 교회로 전환할 것을 계획하고, 현재 장소의 오피스텔로 이전을 하고 온라인 영상예배를 드리고 있다.

  온라인 예배를 드리게 되면서 보이지 않는 참교회의 모습이 희미하게 머릿속에 떠오르기 시작하였고, 그동안 몸부림쳤던 문제에 대한 답을 찾을 수 있을 것 같은 희망의 빛이 희미하게 보이기 시작하였다.

  교회는 보이는 교회와 보이지 않는 우주적 영적 교회로 분류되어 있다. 그러니 참교회의 모습은 보이지 않는 데서 찾아야 교회에 대한 답을 찾을 수 있는 것이다. 성도들은 지상의 교회를 떠나면 보이지 않는 천상 교회로 합류하게 되는 것이다. 그곳은 이 세상에 있는 다양한 모습의 교회가 아니라 오직 하나의 교회이다.

  교회는 본래 하나의 교회만 존재하였다. 그런데 무지한 인간들이 자기들의 생각대로 이렇게 다양한 모습의 교회를 만들어 놓았는데, 세상의 교회에서는 아무리 보아도 참된 예수님의 교회가 보이지 않는다. 사람들이 세워놓은 세상의 교회는 거짓된 가짜 교회가 많다. 교회는 오직 하나이다. 그러나 세상에서 그 교회의 모습은 보이지 않으며, 찾을 수도 없다. 하나님 말씀에 눈이 열리고 주님과의 교통함이 이루어지게 되면 그 교회의 모습이 보인다. 그리고 난 후에는 교회에 대한 바른 지식을 얻게 되고 참된 신앙을 가지게 된다.

우리가 세상에 사는 동안에는 눈에 보이는 성도의 공동체의 일원으로 살아가고 있지만, 교회의 본질은 보이지 않는 교회에 있으니 반드시 참된 교회의 성격과 본질은 보이지 않는 교회에서 찾아야 한다. 보이지 않는 참된 교회를 알고 신앙생활을 하게 되면 절대로 신앙생활에 실패하지 않는다.

그동안 내가(필자) 몸담아 목회하였던 보이는 교회의 예배당이 사라졌다. 예배당이 사라지게 되니 함께하였던 성도들도 대부분 지역교회로 흩어지고 현재는 소수의 사람이 남아서 온라인으로 예배에 참여하고 있다.

교회의 정의는 육의 사람들로 구성된 가시적 공동체가 아니라 각처에 흩어진 성도들이 영적으로 연합되어 있는 영적 공동체를 교회라 하는 것이다. 그러한 사실을 지식적으로는 알고 있지만, 사람들은 누구든지 보이는 것에만 관심이 있고 보이는 것에 가치를 두고 살뿐 보이지 않는 것을 애써 찾거나 알려고 하지 않으며 영적 가치도 알지 못한다. 그뿐만 아니라 보이는 것에 만족하게 되면 보이지 않는 것은 절대로 찾지 않으며, 보이는 것에 헌신한 자신의 의와 공로를 가지고 자신의 신앙을 평가하며 살아가는 것이 우리의 모습이다.

나에게는 보이던 예배당도, 성도들도 이제 모두 사라졌다. 삼십사 년 동안 몸담았던 곳이다. 그러니 허무하고 허전한 그 심정은 말로 표현할 수 없을 정도로 아프고 괴로운 일이었다. 그동안 이루어 놓았던 눈에 보이던 예배당과 성도들이 모두 시야에서 사라지고 아무것도 없다. 한때는 출석교인 150명 내외로 모여서 예배를 드렸던 때가 있었으나 그때에도 나는 목회에 만족하지 못하고 항상 주님의 교회는 이러한 교회가 아니라는 생각을 하면서 참된 교회를 찾아보려고 애를 태웠으나 어디에서도 내가 찾고자 하였던 교회를 찾지 못했던 것이다. 그렇다면 언젠가 우리가 주님 앞에 서게 될 터인데 주님 앞에 어떻게 설 수 있겠는가? 오늘의 모든 목회자는 이 문제로 인하여 고민하며 자신을 돌아보고 속히 문제를 찾아 바른 목회를 하여야 할 것이다.

에베소교회는 칭찬받을 일도 많이 있었던 교회이다. 그러나 주님으로부터 처음 사랑을 버렸다고 무서운 책망을 받았다. 만약에 회복하지 못한다면 촛대(교회)를 옮기겠다는 엄한 경고를 받았었는데, 나는 주님 앞에 칭찬받을 일은 아무것도 없었고 책망받을 일만 있었으니 목회자인 나에게 이보다 더 큰 문제가 무엇이 있겠는가?

그래서 나는 그동안 하나님 앞에서 언제나 내가 영적 소경으로 아무것도 보지 못하고 알지 못하는 죄인이라며 눈물 흘리면서 회개기도를 해왔지만 영안은 열리지 않았으며 아무 응답도 받지 못했었고, 변화도 되지 못했으니 그때까지 내가 말씀 속에서 주님을 만나지 못했던 것이다. 그러니 도저히 하나님 앞에 설 자신이 없었다.

그러던 어느 날 하나님 앞에 통곡을 하게 되었다.
"주님, 내가 지금까지 무슨 짓을 했는지 모르겠습니다. 제가 소경이었기 때문에 지금까지 생명을 살리는 목회를 하지 못하였습니다.

그동안 많은 사람이 찾아왔으나 저들이 굶주려 있다가 지금은 다 어디로 흩어졌는지 보이지 않습니다. 저는 앞으로 하나님 앞에 서지 못할 것 같습니다. 지옥 갈 것 같아요."

라고 울부짖으며 기도하는데 눈물이 쏟아지기 시작하였다.

한없이 울고 울었다 얼마쯤 지났을까, 괴롭고 무거웠던 마음이 가벼워지며 편하여지기 시작하더니 **어두웠던 마음에 빛이 임하고 눈앞에 구약시대 성전 지성소에 있는 속죄소의 모습이 보인다.** 그리고 난 후에 **"내가 거기서 너와 만나고"** 라는 주님의 음성이 아주 뚜렷하게 들려왔다. 그러더니 구약시대에 존재했던 **성전들이 무너진 모습이** 또 눈앞에 보였다.

"이 성전들이 왜 무너지게 되었지?" 라고 묻는 주님의 음성이 들렸다. 그것은 **"백성들의 죄 때문이었지요.** 당시 백성들이 하나님을 떠나서 우상숭배에 빠져있을 때 하나님께서 선지자들을 보내셔서 저들의 죄를 책망하시며 회개를 촉구하였으나 저들은 끝내 하나님 말씀을 받아들이지 아니하고 더욱더 악하여져 가고 있었기 때문에 하나님은 할 수 없이 그의 백성과 성전을 이방인의 손에 넘기셔서 모두 무너트리신 것이지요."라고 대답하니 그때 내 마음속에 **성전이 무너져야 내가 살 수 있다는 걸** 깨닫게 되었다.

그때 또다시 눈물이 쏟아지기 시작했다. 그래, 이거였어. 속죄소를 내가 붙잡으니 주님이 나를 잡으셨다. 그때 나는 주님과 하나가 된 것이다. 그리고 주님이 내 안에 내가 주님 안에 살고 있는 것이다. 솔로몬이 지었던 최초의 성전이 무너졌고, **그리고 참 성전이신 예수님이 십자가에 못 박혀 피 흘리며 죽으심으로 참 성전이 무너진 것이다.**

예수님께서 십자가에 못 박혀 죽으시기 전에 헤롯에 의하여 건축된 마지막 성전마저 돌 하나도 돌 위에 놓이지 아니하고 다 무너질 것을 예고하셨는데, AD 70년 예수님 말씀대로 로마군에 의하여 성전이 무너지고 흔적도 없이 사라지게 되었다. 그 성전들이 무너진 원인은 단 한 가지, 하나님을 거역하는 하나님 백성들을 살리시기 위한 하나님의 마지막 방편이었던 것이다.

성전이 허물어지고 백성들이 이방인의 포로로 끌려가서 고통의 삶을 살게 된 후에야 백성 중 일부가 뒤늦게서 깨닫고 하나님 앞에 회개하고 돌아오기 시작하였으니 하나님의 심판의 채찍은 죄인을 구원하시기 위한 하나님의 최후의 수단이었던 것이다. 지금도 유대인들은 무너진 성전을 생각하면서 성전 터에 찾아와서 통곡하고 있다. 안타깝게도 그들은 지금까지도 성전의 실체이신 예수께서 나의 죄 때문에 죽으신 사실로 인하여 통곡하지 못하고 구약시대에 존재하였던 성전이 무너진 것만 생각하며 통곡하고 있으니 아직도 그들은 예수님이 하나님의 아들 메시아이심을 깨닫지 못하고 있는 것이다.

그러나 언젠가 그들의 통곡이 성전의 실체이신 예수님을 자기들의 손으로 못 박아 죽였다는 사실을 깨닫고 십자가의 주님 앞에서 통곡하게 되는 날 영적 이스라엘이 회복되게 되고, 세상 끝까지 복음이 전파된 후에 내가 다시 오리라 약속하신 주님께서 재림하시게 될 것이다. 나의 죄 때문에 이 땅에 오셔서 죽으신 주님의 십자가 사랑을 깨닫고 주님 앞에서 통곡하는 사람만 주님을 만나게 될 것이다.

십자가에 못 박하시기 위하여 골고다 언덕길을 걸어가시는 주님을 바라보며 눈물을 흘리던 여인들을 향하여 "**나를 위하여 울지 말고 너희와 너희 자녀를 위하여 울라**"고 하신 주님의 말씀을 듣고 우리는 주님의 십자가 앞에서 나 자신을 위한 통곡의 회개 기도가 이루어져야 한다. 그때에 영의 눈이 열리게 되어 나의 구원의 주 예수님이 보이기 시작하고, 성경의 모든 말씀을 깨달아 알기 시작하는 것이다.

"또 백성과 및 그를 위하여 가슴을 치며 슬피 우는 여자의 큰 무
리가 따라 오는지라 예수께서 돌이켜 그들을 향하여 가라사대 예
루살렘의 딸들아 나를 위하여 울지 말고 너희와 너희 자녀를 위하
여 울라" (눅 23:27-28)

**무너진 성전, 나를 위하여 피 흘리며 죽으신 예수님. 여기가 성경
말씀의 핵심이고 정점이며, 죄인이 하나님을 만날 수 있는 유일한
장소이다.**

이곳 외에는 하나님과 예수님, 성령님을 만날 수 있는 장소가 없
다. 그러니 아직도 시장 바닥에서 예수님 찾으려고 헤매지 말고 골
방에서 회개하다가 십자가에 피 흘려 죽으신 주님을 만나기 바란다.

필자가 주님을 만난 장소는 현재 임대하여 사용하고 있는 오피스
텔이다. 지금은 매일 매일 혼자서 눈물 흘려 기도하며 찬송하고 원
고를 작성하고 있는데, 평생을 기록하여도 다 기록하지 못할 것 같
다. 내가 언제나 주님과 단둘이 있으니 나도 항상 기쁘고 주님도 너
무 기뻐하시는 것 같다.

주님이 십자가에 못 박히실 때 무척이나 외롭고 힘들게 골고다 길
을 걸어가셨는데, 지금도 주님은 그때처럼 외로워하시며 백성들을
보고 탄식하고 계신다.

예수님은 십자가 위에서 "다 이루었다."라는 말씀을 하셨다.

"예수께서 신 포도주를 받으신 후 가라사대 다 이루었다 하시고

머리를 숙이시고 영혼이 돌아가시니라"(요 19:30)

우리의 구원이 이때 이루어진 것이다. 이 진리를 깨닫고 아직 회개하지 못한 사람은 십자가 앞에서 통곡하다가 눈이 열려야 진리의 말씀이 보이고 사랑의 주님을 만나게 되는 것이다.

죄인을 구원하는 일이 결코 쉽지 않았으니 누구든지 자신의 구원을 시장 바닥에서 구입할 수 있는 싸구려 물건처럼 생각하지 말기 바란다.

십자가 위에서 주님은 하나님 앞에 이렇게 울부짖으셨다.

"제 구시 즈음에 예수께서 크게 소리질러 가라사대 엘리 엘리 라마 사박다니 하시니 이는 곧 나의 하나님, 나의 하나님, 어찌하여 나를 버리셨나이까 하는 뜻이라"(마27:46)

주님이 울으셨던 그 자리에서 이제는 내가 통곡하여야 한다.
주님이 죽으신 그 자리에서 이제는 내가 죽어야 한다.
주님이 그의 백성들을 위하여 기도하신 그곳에서 이제는 내가 주님의 양들을 위하여 울어야 하고, 이제는 나를 희생하여 주님의 구원의 복음을 전하여야 한다.

"예수께서 돌이켜 그들을 향하여 가라사대 예루살렘의 딸들아 나를 위하여 울지 말고 너희와 너희 자녀를 위하여 울라 보라 날이 이르면 사람이 말하기를 수태 못하는 이와 해산하지 못한 배와 먹이지 못한 젖이 복이 있다 하리라

그때에 사람이 산들을 대하여 우리 위에 무너지라 하며 작은 산

들을 대하여 우리를 덮으라 하리라" (눅 23:28-29)

"이제 하늘과 땅은 그 동일한 말씀으로 불사르기 위하여 간수 하신 바 되어 경건치 아니한 사람들의 심판과 멸망의 날까지 보존하여 두신 것이니라

사랑하는 자들아 주께는 하루가 천년 같고 천년이 하루 같은 이 한 가지를 잊지 말라 주의 약속은 어떤이의 더디다고 생각하는 것 같이 더딘 것이 아니라

오직 너희를 대하여 오래 참으사 아무도 멸망치 않고 다 회개하기에 이르기를 원하시느니라" (벧후 3:7-9)

예수님의 십자가 죽음을 보고서 비웃고 외면하는 자들에게는 어디에도 구원의 길이 없지만 아무리 흉악한 죄인이라도 예수님 죽음 앞에 회개하고 돌아오는 사람은 하나님이 모두 용서하시고 기쁘게 받으시어 영생을 얻게 하시는 것이다.

"달린 행악자 중 하나는 비방하여 가로되 네가 그리스도가 아니냐 너와 우리를 구원하라 하되

하나는 그 사람을 꾸짖어 가로되 네가 동일한 정죄를 받고서도 하나님을 두려워 아니하느냐

우리는 우리의 행한 일에 상당한 보응을 받는 것이니 이에 당연하거니와 이 사람의 행한 것은 옳지 않은 것이 없느니라 하고

가로되 예수여 당신의 나라에 임하실 때에 나를 생각하소서 하니

예수께서 이르시되 내가 진실로 네게 이르노니 오늘 네가 나와 함께 낙원에 있으리라 하시니라" (눅 23:39-43)

"십자가의 도가 멸망하는 자들에게는 미련한 것이요 구원을 얻는 우리에게는 하나님의 능력이라" (고전 1:18)

"그러나 내게는 우리 주 예수 그리스도의 십자가 외에 결코 자랑할 것이 없으니 그리스도로 말미암아 세상이 나를 대하여 십자가에 못 박히고 내가 또한 세상을 대하여 그러하니라" (갈 6:14)

필자도 몸담았던 가시적 교회가 무너지고 사라져서 아무것도 눈에 보이지 않으니까 비로써 진정한 통곡의 회개 기도가 절로 나왔던 것이다.

통곡하며 회개하게 되니 비로소 속죄소와 무너진 성전이 보였고, 나를 위하여 십자가에 못 박혀 죽으신 주님이 보였으며, 성전이 무너져야 내가 살 수 있다는 음성이 들렸다. 그때 바로 깨닫고 처음에는 성전이 무너져야 내가 살 수 있다는 제목으로 책을 쓰겠다는 결심하고 원고를 쓰기 시작하였던 것이다.

눈에 보이는 우리의 공로들이 눈앞을 가로막고 있으면 내 공로만 보이지 예수님의 십자가 희생의 공로가 보이지 않는다. 그래서 사람들이 이제까지 진정한 회개를 하지 못하였고, 주님도 만나지 못한 것이다. 마지막 심판 때는 눈에 보이는 공로들은 모두 불타서 파괴되고 사라질 것이니 그때 우리의 유일한 소망은 나의 구원의 주 예수 그리스도 외에는 아무것도 없음을 알게 될 것이다. 그러므로 우리의 눈에는 언제나 예수님의 공로만 보여야 한다.

예수님 공로 이외에 아무것도 자랑하지 말고 다 버려라. 눈에 보이는 성전의 건물을 보지 말고 내가 영원히 머무르게 될 참 성전이신 예수님을 바라보고 즐거워하라. 예수님의 공로가 보이지 않는 사람은 아직도 주님의 사랑 안에 거하지 못하고 있는 사람이다.

눈에 보이는 세상의 것은 아무것도 자랑거리가 되어서는 안 된다.

세상에 있는 것들은 주님의 사랑과 희생에 비하면 부끄럽기 한이 없고 모두 쓰레기 같은 것들인데도 지금까지 우리는 그런 것들만 자랑했고, 주님의 희생에 대해서는 한 번도 뜨겁게 눈물 흘리며 감사를 못 하고 살아온 것이다.

속죄소는 대제사장이 하나님을 만나는 유일한 장소로 하나님이 지정하신 곳이다.

그러나 대제사장도 희생제물의 피가 없이는 속죄소 앞에 나아갈 수가 없었으니 만약에 피 없이 들어가면 죽음을 면할 수가 없는 곳이었다. 그러니 피가 없이는 아무도 하나님 앞에 나아갈 수 없으니 죄인에게 가장 귀한 것은 희생제물로 피 흘리신 예수 그리스도의 피뿐이다. 속죄소에 금은보화나 우리의 세상적 공로를 가지고 갈 수 있는 것이 아니다. 그러니 예수 그리스도의 피보다 귀한 것은 세상에 아무것도 없으니 언제나 예수님 십자가 희생만 생각하고 그 피만 귀하게 여기고 예수의 피 외에 눈에 보이는 세상 것에 대하여서는 아무것도 자랑하지 말아야 한다.

세상의 공로나 자랑은 오히려 우리들의 천국길을 가로막는 가장 큰 장애물이다. 웬 은혜를 받았다고 간증을 하며 다니는 사람들을 보면 벌써 버렸어야 할 세상의 썩어질 것만 가지고 그렇게 자랑을 하고 있는지 그들에게 예수님의 희생의 공로에 대한 자랑의 모습은 전혀 찾아볼 수 없다. 그들이 하나님 앞에 은혜를 받았다고 말은 하지만 그것은 하나님의 구원의 은혜가 아니고 세상 것에 대한 자랑뿐이니 세상의 것이 모두 사라지는 날 그들은 분명히 하나님을 부정하고 원망하는 자들로 변할지 모른다는 생각이 앞선다.

욥이 모든 것을 다 잃고 온몸이 헐어서 진물이 나고 가려워서 기왓조각을 가지고 몸을 긁고 있을 때 욥의 부인이 욥에게 한 말이 차라리 하나님을 원망하고 죽으라고 하지 않았던가? 이것이 사단이 준 거짓 믿음인데 사람들은 아직도 깨닫지 못하고 거짓 믿음을 가지고 그 믿음으로 복 받았다고 자랑하고 있으니 부끄럽고 창피하고 거짓되며 유치하기 그지없다. 그것이 고작 우리의 신앙이란 말인가? 어리석고 답답한 자들아, 그러한 것 가지고 당신들이 주님 앞에 설 수 있겠는가 생각하여 보라. 그것이 곧 사단이 가져다준 거짓의 씨앗인 것이다.

욥을 시험하고 병들게 하였던 사단이 처음에 하나님 앞에서 이렇게 말하였다.

"여호와께서 사단에게 이르시되 네가 내 종 욥을 유의하여 보았느냐 그와 같이 순전하고 정직하여 하나님을 경외하며 악에서 떠난 자가 세상에 없느니라

사단이 여호와께 대답하여 가로되 욥이 어찌 까닭 없이 하나님을 경외하리이까

주께서 그와 그 집과 그 모든 소유물을 산울로 두르심이 아니니이까 주께서 그 손으로 하는바를 복되게 하사 그 소유물로 땅에 널리게 하셨음이니이다

이제 주의 손을 펴서 그의 모든 소유물을 치소서 그리하시면 정녕 대면하여 주를 욕하리이다

여호와께서 사단에게 이르시되 내가 그의 소유물을 다 네 손에 붙이노라 오직 그의 몸에는 네 손을 대지 말지니라 사단이 곧 여호와 앞에서 물러가니라" (욥 1:8-12)

최근에 어떤 교회의 장로가 세상 것을 다 잃고 자살하였다는 소식도 들려오니 참으로 안타깝다. 오늘날 대부분 교인들의 믿음이 구원에 이르는 믿음이 아니라 세상 것이나 찾았던 거짓된 믿음 같이 여겨져서 목회자인 내 자신이 더욱 부끄럽고 큰 죄책감을 느끼면서 하나님 앞에 회개한다. 거짓된 것만 가르치고서 생활비 받아먹은 죄가 마음에 찔리지 않는가? 그렇기에 이전에도 목회를 하고 싶지 않았던 것이다.

세상 것 자랑하는 간증 제발 좀 하지 말라. 세상 것에 대한 간증은 이미 다 버렸어야 할 쓰레기이다. 세상의 것 자랑하며 간증하는 사람은 모두 거짓에 미혹되어 있는 사람이고, 그들의 자랑으로 인하여 또 다른 사람이 미혹을 받게 하고 있으니 그런 사람들이 지금 사단의 앞잡이로 활동하는 것이라는 사실을 깨닫고 회개하고 속히 주님을 만나기 바란다.

목사들이 지금까지 이러한 쓰레기들만 가지고 그것이 하나님의 은혜요 축복이라고 가르쳤고, 좀 잘살고 사업이 잘되어서 부자가 된 사람들은 그것을 가지고 자랑하며 여기저기 다니며 간증을 하고 있으니 사단은 언제나 세상적으로 부자된 사람, 명성 있는 사람, 인기 있고 많은 세력을 얻은 사람을 이용하여 자기의 앞잡이로 이용하고 있는 것이다. 사단은 언제든지 하나님 말씀에 무지하고 구속의 은총을 깨닫지 못한 제직들을 통하여 교회에 거짓의 씨앗, 미혹의 씨앗만 가득하게 뿌려놓은 것이다.

아직도 버릴 것을 버리지 못하고 눈먼 소경들이 이러한 것으로 복음의 빛을 흐리게 하여 예수님의 공로를 가로막아 보이지 않게 하여 십자가 공로를 헛되게 하고 있으니 그들이 모두 사단의 앞잡이들이다. 그러니 속히 통곡하는 회개가 있어야 할 것이다. 그렇지 못하면 그들은 결코 주님 앞에 서지 못할 것이다.

구속의 은총을 깨달은 하나님의 백성들에게는 예수님의 십자가 공로 이외에는 아무것도 자랑할 것이 없다.

"그러나 내게는 우리 주 예수 그리스도의 십자가 외에 결코 자랑할 것이 없으니 그리스도로 말미암아 세상이 나를 대하여 십자가에 못 박히고 내가 또한 세상을 대하여 그러하니라" (갈 6:14)

"거기서 내가 너와 만나고 속죄소 위 곧 증거궤 위에 있는 두 그룹 사이에서 내가 이스라엘 자손을 위하여 네게 명할 모든 일을 네게 이르리라" (출 25:22)

구약성경 말씀의 핵심은 성전의 속죄소이며, 신·구약성경의 핵심은 유월절 희생 양으로 오셔서 십자가에 못 박혀 죽으신 예수 그리스도이시다.

하나님은 구약시대에는 속죄소를 통하여 그가 세우신 대제사장을 만나셨는데 이는 마지막에 하나님의 아들 예수 그리스도께서 친히 우리의 영원하신 대제사장으로 오셔서 하나님과 죄인 사이의 중보자가 되신 것으로, 이제는 누구든지 예수님 피의 공로로 인하여 하나님을 만날 수 있게 된 것이다.

하나님은 죄인을 찾아 만나시기 위하여 말씀을 보내셨으며, 마지막에 예수님을 보내신 것이다.

"오직 둘째 장막은 대제사장이 홀로 일년 일차씩 들어가되 피 없이는 아니하나니 이 피는 자기와 백성의 허물을 위하여 드리는 것이라

성령이 이로써 보이신 것은 첫장막이 서 있을 동안에 성소에 들어가는 길이 아직 나타나지 아니한 것이라

이 장막은 현재까지의 비유니 이에 의지하여 드리는 예물과 제사가 섬기는 자로 그 양심상으로 온전케 할 수 없나니

이런 것은 먹고 마시는 것과 여러가지 씻는 것과 함께 육체의 예법만 되어 개혁할 때까지 맡겨 둔 것이니라

그리스도께서 장래 좋은 일의 대제사장으로 오사 손으로 짓지 아니한 곧 이 창조에 속하지 아니한 더 크고 온전한 장막으로 말미암아

염소와 송아지의 피로 아니하고 오직 자기 피로 영원한 속죄를 이루사 단번에 성소에 들어 가셨느니라

염소와 황소의 피와 및 암송아지의 재로 부정한 자에게 뿌려 그 육체를 정결케 하여 거룩케 하거든

하물며 영원하신 성령으로 말미암아 흠 없는 자기를 하나님께 드린 그리스도의 피가 어찌 너희 양심으로 죽은 행실에서 깨끗하게 하고 살아계신 하나님을 섬기게 못하겠느뇨" (히 9:7-14)

필자가 속죄소를 바라보며 통회자복 하고 눈물을 쏟아내는 순간에 그동안 몸부림치며 애태웠던 문제들이 한순간에 모두 해결이 되었으며, 눈앞에 말씀들이 보이기 시작하였다. 그 모든 말씀이 예수님 한 분에게 연결이 되어 하나로 움직이며 관계된 말씀들이 나타나서 그 말씀을 계속 따라가니 말씀의 강가에 이르게 되는 경험을 하게 되고 주의 말씀이 반석에서 생수가 터져 나오듯이 쏟아져 나오

는데, 이제서야 눈이 열리고 귀가 열리고 입이 열리게 된 것이다.

"여호와께서 권능으로 내게 임하시고 그 신으로 나를 데리고 가
서 골짜기 가운데 두셨는데 거기 뼈가 가득하너라

나를 그 뼈 사방으로 지나게 하시기로 본즉 그 골짜기 지면에 뼈
가 심히 많고 아주 말랐더라

그가 내게 이르시되 인자야 이 뼈들이 능히 살겠느냐 하시기로
내가 대답하되 주 여호와여 주께서 아시나이다

또 내게 이르시되 너는 이 모든 뼈에게 대언하여 이르기를 너희
마른 뼈들아 여호와의 말씀을 들을찌어다

주 여호와께서 이 뼈들에게 말씀하시기를 내가 생기로 너희에게
들어가게 하리니 너희가 살리라

너희 위에 힘줄을 두고 살을 입히고 가죽으로 덮고 너희 속에 생
기를 두리니 너희가 살리라 또 나를 여호와인줄 알리라 하셨다 하라

이에 내가 명을 좇아 대언하니 대언할 때에 소리가 나고 움직이더
니 이 뼈, 저 뼈가 들어 맞아서 뼈들이 서로 연락하더라

내가 또 보니 그 뼈에 힘줄이 생기고 살이 오르며 그 위에 가죽
이 덮이나 그 속에 생기는 없더라

또 내게 이르시되 인자야 너는 생기를 향하여 대언하라 생기에게
대언하여 이르기를 주 여호와의 말씀에 생기야 사방에서부터 와서
이 사망을 당한 자에게 불어서 살게 하라 하셨다 하라

이에 내가 그 명대로 대언하였더니 생기가 그들에게 들어가매 그
들이 곧 살아 일어나서 서는데 극히 큰 군대더라

또 내게 이르시되 인자야 이 뼈들은 이스라엘 온 족속이라 그들
이 이르기를 우리의 뼈들이 말랐고 우리의 소망이 없어졌으니 우리

는 다 멸절되었다 하느니라

그러므로 너는 대언하여 그들에게 이르기를 주 여호와의 말씀에 내 백성들아 내가 너희 무덤을 열고 너희로 거기서 나오게 하고 이스라엘 땅으로 들어가게 하리라

내 백성들아 내가 너희 무덤을 열고 너희로 거기서 나오게 한즉 너희가 나를 여호와인줄 알리라

내가 또 내 신을 너희 속에 두어 너희로 살게 하고 내가 또 너희를 너희 고토에 거하게 하리니 나 여호와가 이 일을 말하고 이룬 줄을 너희가 알리라 나 여호와의 말이니라 하셨다 하라

여호와의 말씀이 또 내게 임하여 가라사대

인자야 너는 막대기 하나를 취하여 그 위에 유다와 그 짝 이스라엘 자손이라 쓰고 또 다른 막대기 하나를 취하여 그 위에 에브라임의 막대기 곧 요셉과 그 짝 이스라엘 온 족속이라 쓰고

그 막대기들을 서로 연합하여 하나가 되게 하라 네 손에서 둘이 하나가 되리라

네 민족이 네게 말하여 이르기를 이것이 무슨 뜻인지 우리에게 고하지 아니하겠느냐 하거든

너는 곧 이르기를 주 여호와의 말씀에 내가 에브라임의 손에 있는바 요셉과 그 짝 이스라엘 지파들의 막대기를 취하여 유다의 막대기에 붙여서 한 막대기가 되게 한즉 내 손에서 하나가 되리라 하셨다 하고

너는 그 글 쓴 막대기들을 무리의 목전에서 손에 잡고

그들에게 이르기를 주 여호와의 말씀에 내가 이스라엘 자손을 그 간바 열국에서 취하며 그 사면에서 모아서 그 고토로 돌아가게 하고

그 땅 이스라엘 모든 산에서 그들로 한 나라를 이루어서 한 임금

이 모두 다스리게 하리니 그들이 다시는 두 민족이 되지 아니하며 두 나라로 나누이지 아니할찌라

그들이 그 우상들과 가증한 물건과 그 모든 죄악으로 스스로 더럽히지 아니하리라 내가 그들을 그 범죄한 모든 처소에서 구원하여 정결케 한즉 그들은 내 백성이 되고 나는 그들의 하나님이 되리라

내 종 다윗이 그들의 왕이 되리니 그들에게 다 한 목자가 있을 것이라 그들이 내 규례를 준행하고 내 율례를 지켜 행하며

내가 내 종 야곱에게 준 땅 곧 그 열조가 거하던 땅에 그들이 거하되 그들과 그 자자 손손이 영원히 거기 거할 것이요

내 종 다윗이 영원히 그 왕이 되리라 내가 그들과 화평의 언약을 세워서 영원한 언약이 되게 하고 또 그들을 견고하고 번성케 하며 내 성소를 그 가운데 세워서 영원히 이르게 하리니

내 처소가 그들의 가운데 있을 것이며 나는 그들의 하나님이 되고 그들은 내 백성이 되리라

내 성소가 영원토록 그들의 가운데 있으리니 열국이 나를 이스라엘을 거룩케 하는 여호와인줄 알리라 하셨다 하라" (겔 37:1-28)

아무리 많은 사람이 모여있어도 그곳에 예수의 생명이 없으면 골짜기의 마른 뼈들에 불과한 것이다. 주님을 만나고 성령이 임하여야 다시 살아날 수가 있는 것이다.

성경의 말씀은 어느 부분을 보든지 그 말씀이 모두 예수 그리스도와 연결이 되어서 모든 말씀이 신선한 만나 같이 내게 임하여 그 말씀을 받으니 내 영혼이 소성하고 기쁨과 감사가 넘치며 종일토록 울고 웃으면서 찬송하게 되었다. 말씀의 원고가 손가락을 통해서 컴퓨터에 기록되는데 평소에는 생각하지도 못하고 알지도 못했던

신·구약성경의 말씀이 끝없이 연결되어 솟아나는 가운데 이 원고를 기록하게 된 것이다.

이러한 경험은 지금까지 없었고, 은퇴할 시기가 되어서 이제야 성령님께 붙잡힌 것이다. 늦은 시간 잠자리에 누워도 언제나 머리가 맑고 주의 말씀이 나를 지배하고 있으니 잠자리에 누워도 잠을 이루지 못할 때가 많아 때로는 겨우 2~3시간 자는 시간에도 꿈속에서 말씀이 계속 이어지며 잠자리에서 일어나면 어제 기록하다 중단한 말씀에 이어 다음에 기록될 말씀이 계속하여 흘러나오는데, 마침 반석에서 터져 나온 생수처럼 흘러나오는 것이다.

일찍이 이러한 경험을 하였더라면 제대로 된 목회를 하였을 텐데 이제야 눈이 열린 것이다. 나는 소경된 목사로서 하나님 앞에 몸부림치며 내가 이룬 것이 없으니 이제라도 나의 눈을 열어주시면 그동안 나 자신이 소경으로 아무것도 보지 못하고 알지 못하여 내가 그동안 무슨 일을 했는지 모르겠다고 하나님 앞에 통곡하며 회개한 것처럼 지금도 나와 같이 영적인 소경이 되어 답답하고 괴로워 몸부림치며 목회를 하고 있는 동역자들과 후진들을 위하여 도움이 될만한 작은 책이라도 남기고 하나님 앞에 갈 수 있도록 하여 달라는 종의 애절한 회개의 기도를 하나님이 기쁘게 받으시고 응답하신 것이라 확신하고 있다.

"또 내가 네게 이르노니 너는 베드로라 내가 이 반석 위에 내 교회를 세우리니 음부의 권세가 이기지 못하리라" (마 16:18)

주님이 세우신 교회는 우주적인 교회이며 영적인 교회이다. 이것이 교회의 본질이며, 교회의 성격이다. 마침 이스라엘 백성들이 약속의 땅에 정착하기 위해서는 가나안 족속들을 물리치고 완전히 정복하여야 그 땅을 차지하고 그곳에 정착할 수 있었던 것처럼 교회는 공중의 권세 잡은 사단의 권세를 결박하고 물리쳐야 비로소 주님의 교회가 세워질 수 있는 것이다.

그런데 현대 교회는 이러한 교회의 본질을 알지도 못하고 있고, 알고 있어도 학습된 지식만 있어서 아무 영적 능력이 없으니 교회로 들어온 사단이 활개 치며 잔치하는 모습이다.

"그러나 내가 하나님의 성령을 힘입어 귀신을 쫓아내는 것이면 하나님의 나라가 이미 너희에게 임하였느니라 사람이 먼저 강한 자를 결박하지 않고야 어떻게 그 강한 자의 집에 들어가 그 세간을 늑탈하겠느냐 결박한 후에야 그 집을 늑탈하리라" (마 12:28-29)

지금도 이 많은 글을 기록하는 데 책상 위에는 성경책만 있다 무슨 참고서가 필요하겠는가? 모든 것이 성경 안에 다 있으니 그 말씀을 평생 말하여도 다 못할 것 같다. 그렇다. 이제라도 누구든지 자신의 무지와 무능을 깨닫고 하나님을 찾고 주님을 만나기 위하여 회개하기 바란다.

필자가 목회 초기부터 항상 영적 소경인 것을 고백하며 기도하며 부르짖은 이유가 바로 여기에 있었던 것이다. 그런데 하나님은 이제야 말씀의 눈을 열어주신 것이다. 나는 너무 기뻐 눈물을 흘리며 '하나님, 진작에 내 눈을 열어주셨으면 목회에 실패하지 않았을 텐데 왜 이제야 눈을 열어주셨나요?' 하고 물으니 하나님께서 이렇게 말씀하시는 것 같다. '내가 네 눈을 일찍 열어주었어도 세상의 것들이 네 앞을 가로막고 있어서 너는 나를 보지 못했을 거야. 그리고 네가 일찍 눈을 떠서 큰 교회를 이루었으면 너도 다른 사람들처럼 그 보이는 것들 때문에 나를 찾지도 아니하고 나를 보지 못하게 되어 결국 너와 내가 상관없는 사이가 되었을 거야. 그런데 네가 이제는 보이는 교회를 세우려 하지 않고 보이지 않는 참교회를 생각하며 깨달은 진리를 책으로 남기겠다고 하니 이제야 네 눈이 열려서 보이게 된 거야.'라고 하시는 것 같다.

주님께서 나의 뒤에서
따라오고 계시었다

어젯밤에 꿈을 꾸었다. 내 앞이 환하게 밝아지더니 그 빛 가운데에 내가 찾던 분의 모습이 희미하게 보이는 듯하여 그분을 만나기 위하여 앞만 보고 달려가는데 아무리 달려가도 거리가 좁혀지지 않아서 그분을 따라잡을 수가 없었다.

얼마나 달렸을까, 숨이 차고 발걸음이 무거워져서 도저히 더 달려가지 못하고 멈추어 설 듯이 힘없이 천천히 걸어가고 있을 때 누군가가 내 뒤에서 어깨를 툭 치면서 '누구를 만나려고 그렇게 달려가는 것이냐?'라고 하시는데 그 음성이 내가 찾는 주님임을 직감할 수 있었다. 음성은 분명하게 들었으나 주님의 모습은 보이지 않았다.

나는 그때 '주–님!' 하면서 아무런 말도 하지 못하고 한동안 흐느껴 울다가 잠에서 깨었다.

꿈이었다. 꿈이라도 좋았다. 꿈속에서라도 주님을 만났고, 그분이 내가 찾았던 주님이라고 생각하니 얼마나 좋았던지 마음에 기쁨이 넘쳤다. 우리가 소망하는 주님을 만나려고 주님만 바라보고 달려가다가 언젠가 주님을 만나게 되었을 때 얼마나 기쁘겠는가? 마음에 상상해 보라.

주님께서는 지금까지 나의 앞 어디엔가 먼 곳에 계셨던 것이 아니라 나와 동행하시면서 나의 뒤에서 바짝 따라오셨던 것이다. 마치

걸음걸이를 시작한 아이의 부모가 아이와 함께 집을 나서서 길을 걷는데 아이가 먼저 넘어질 듯 아주 불안한 모습으로 아장아장 달려갈 때 그 부모는 아이의 모습에 넘어질까 걱정하면서도 한편으로는 매일 새롭게 성장하는 아이의 모습에 미소 지으며 따라가듯 말이다. 주님께서 지금까지 그렇게 나를 따라오셨던 것이다.

아니, 그러면 내가 이제까지 어린아이였다는 말인가? 그러나 이제라도 그분께 붙잡혔으니 다행이라 생각하며 감사하다가도 한편으로는 부끄럽고 죄송하여 또다시 눈물이 나오고 저절로 머리가 숙여진다. 이제라도 그분께 붙잡혔으니 말이지 붙잡히지 못하였다면 세상에 사는 동안 아무것도 이루지 못하고 살다가 죽어서 주님 앞에 갔더라면 큰일 날 뻔했다.

틀림없이 주님께서 이렇게 말씀하셨을 것이다.

"그 주인이 대답하여 가로되 악하고 게으른 종아 나는 심지 않은 데서 거두고 헤치지 않은데서 모으는 줄로 네가 알았느냐

그러면 네가 마땅히 내 돈을 취리하는 자들에게나 두었다가 나로 돌아와서 내 본전과 변리를 받게 할 것이니라 하고

그에게서 그 한 달란트를 빼앗아 열 달란트 가진 자에게 주어라

무릇 있는 자는 받아 풍족하게 되고 없는 자는 그 있는 것까지 빼앗기리라

이 무익한 종을 바깥 어두운데로 내어쫓으라 거기서 슬피 울며 이를 갊이 있으리라 하니라" (마 25:26-30)

나는 백퍼센트 여기에 해당되었을 것이다. 끔찍하다. 그런데 얼마나 다행인가? 이제 남은 시간 정신 차리고 받은 한 달란트에 한, 두

달란트를 더 만들어 놓을 각오로 열심을 다하여 살아가려 한다.

"그 주인이 이르되 잘 하였도다, 착하고 충성된 종아 네가 작은 일에 충성하였으매 내가 많은 것으로 네게 맡기리니 네 주인의 즐거움에 참예할찌어다 하고"(마 25:21)

그렇게 되면 나는 영원한 부자가 되는 것이다. 이 세상에 있는 부자들은 불쌍한 부자들이다. 그들에게 앞으로 엄청난 고통의 그날이 다가오고 있는데 그대들은 아무것도 모르고 먹고 마시고 취하여 즐기면서 매일 매일 살아가고 있다. 아무리 누가 말해줘도 비웃으며 끝내 받아드리지 않는다. 그러나 언젠가 슬피 울며 괴로워할 때가 있을 것이다.

"이에 그 거지가 죽어 천사들에게 받들려 아브라함의 품에 들어가고 부자도 죽어 장사되매

저가 음부에서 고통 중에 눈을 들어 멀리 아브라함과 그의 품에 있는 나사로를 보고 불러 가로되 아버지 아브라함이여 나를 긍휼히 여기사 나사로를 보내어 그 손가락 끝에 물을 찍어 내 혀를 서늘하게 하소서 내가 이 불꽃 가운데서 고민하나이다

아브라함이 가로되 얘 너는 살았을 때에 네 좋은 것을 받았고 나사로는 고난을 받았으니 이것을 기억하라 이제 저는 여기서 위로를 받고 너는 고민을 받느니라

이뿐 아니라 너희와 우리 사이에 큰 구렁이 끼어 있어 여기서 너희에게 건너가고자 하되 할 수 없고 거기서 우리에게 건너 올 수도 없게 하였느니라

가로되 그러면 구하노니 아버지여 나사로를 내 아버지의 집에 보내소서

내 형제 다섯이 있으니 저희에게 증거하게 하여 저희로 이 고통 받는 곳에 오지 않게 하소서

아브라함이 가로되 저희에게 모세와 선지자들이 있으니 그들에게 들을찌니라

가로되 그렇지 아니하니이다 아버지 아브라함이여 만일 죽은 자에게서 저희에게 가는 자가 있으면 회개하리이다

가로되 모세와 선지자들에게 듣지 아니하면 비록 죽은 자 가운데서 살아나는 자가 있을찌라도 권함을 받지 아니하리라 하였다 하시니라" (눅 16:22-31)

영생을 얻을 수 있는 기회는 우리가 이 세상에 살고 있을 때뿐이다. 이 세상에서 영생의 기회를 잃으면 다시는 그 기회가 오지 않는다. 세상의 일은 칠전팔기의 기회도 있지만 사람이 죽으면 그것으로 이 세상의 삶은 끝이 나고 영원의 삶이 시작되는데, 준비된 사람은 영원한 쉼이 주어지고 준비하지 못한 사람은 영원한 고통이 시작되는 것이다.

"그가 큰 음성으로 가로되 하나님을 두려워하며 그에게 영광을 돌리라 이는 그의 심판하실 시간이 이르렀음이니 하늘과 땅과 바다와 물들의 근원을 만드신 이를 경배하라 하더라

또 다른 천사 곧 둘째가 그 뒤를 따라 말하되 무너졌도다 무너졌도다 큰 성 바벨론이여 모든 나라를 그 음행으로 인하여 진노의 포도주로 먹이던 자로다 하더라

또 다른 천사 곧 세째가 그 뒤를 따라 큰 음성으로 가로되 만일 누구든지 짐승과 그의 우상에게 경배하고 이마에나 손에 표를 받으면

그도 하나님의 진노의 포도주를 마시리니 그 진노의 잔에 섞인 것이 없이 부은 포도주라 거룩한 천사들 앞과 어린 양 앞에서 불과 유황으로 고난을 받으리니

그 고난의 연기가 세세토록 올라가리로다 짐승과 그의 우상에게 경배하고 그 이름의 표를 받는 자는 누구든지 밤낮 쉼을 얻지 못하리라 하더라

성도들의 인내가 여기 있나니 저희는 하나님의 계명과 예수 믿음을 지키는 자니라

또 내가 들으니 하늘에서 음성이 나서 가로되 기록하라 자금 이후로 주 안에서 죽는 자들은 복이 있도다 하시매 성령이 가라사대 그러하다 저희 수고를 그치고 쉬리니 이는 저희의 행한 일이 따름이라 하시더라" (계 14:7-13)

이 세상 삶의 시간이 왜 그렇게 빠르게 지나가는지 요즘은 더욱 실감 하며 살고 있다. 성경말씀에 세월이 유수 같다 하였고 날아가는 화살 같다 하였으며 인생은 이슬 같다 하였고 풀의 꽃과 같이 지나간다고 하였는데, 칠십 중반에 와서 보니 이 말씀을 이제는 실감이 난다.

"부한 형제는 자기의 낮아짐을 자랑할찌니 이는 풀의 꽃과 같이 지나감이라 해가 돋고 뜨거운 바람이 불어 풀을 말리우면 꽃이 떨어져 그 모양의 아름다움이 없어지나니 부한 자도 그 행하는 일에

이와 같이 쇠잔하리라" (약 1:10-11)

"좁은 문으로 들어가라 멸망으로 인도하는 문은 크고 그 길이 넓어 그리로 들어가는 자가 많고 생명으로 인도하는 문은 좁고 길이 협착하여 찾는 이가 적음이니라" (마 7:13-14)

"혹이 여짜오되 주여 구원을 얻는 자가 적으니이까 저희에게 이르시되 좁은 문으로 들어가기를 힘쓰라 내가 너희에게 이르노니 들어가기를 구하여도 못하는 자가 많으리라" (눅 13:23-24)

나는 영적 소경이었으며, 벙어리였다

....

"목사님은 왜 지금까지 저에게 교회에 다니라는 말씀을 한 번도 하지 않으셨어요?"

이 질문은 시골 우리 농장 옆에 사시는 한 아주머니가 나에게 어느 날 툭 내 던진 말이었다. 나는 그분 소유의 땅을 매입하여 지금까지 소유하고 있으며, 이십여 년 넘게 농장에 다니며 그분을 만나는 기회가 여러 번 있었지만 한 번도 그분에게 예수 믿으라는 말을 하지 않았던 것이다.

그분의 말이 화살처럼 내 마음에 깊이 꽂혔다. 소경이 보지 못하고 있었으니 그동안 어떤 사람에게도 자신 있게 예수 믿어야 살 수 있다는 말을 하지 못했던 것이다. 지금도 목회자들이나 성도들이 자신 있게 전도를 하지 못하는 이유가 모두 마찬가지일 것이다. 주님과의 사귐이 없고 일반적으로 학습된 지식이나 믿음은 아무 생명력이 없기에 누구에게도 자신 있게 예수 믿어야 구원받는다고 말을 할 수 없는 것이다.

나는 그분이 이런 질문을 하게 된 의도가 무엇인지 알 듯하였다. 얼마 전 그분의 남편께서 뇌출혈로 인하여 오랫동안 병석에 누워 지내다가 세상을 떠났는데 그동안 얼마나 많은 생각을 해보았을까.

혹시 예수를 믿었더라면 이런 일이 일어나지 않았을까?

남편이 예수 믿고 돌아가셨으면 천국이 있으면 천국에 갈 수 있었을까?

내게 무슨 잘못이 있어서 이런 일이 생기게 된 것일까?

왜 목사님은 나에게 교회에 다니라는 말을 한 번도 안 하였을까?

나는 그분이 무슨 소리를 듣기 원하는지 알 듯하여 말문을 열었다. "신앙생활을 하는 사람 중에도 병이 들어 고생하다가 죽기도 하고 사고로 인하여 죽기도 하며, 이런저런 많은 어려운 일들을 겪기도 합니다."라고 말한 뒤에 우리 교회 성도 중에 어려움을 당했던 사람들의 이야기를 한참 동안 해 주었는데 그 말에 공감하는지 "목사님이 오늘 처음으로 오랫동안 말씀을 하시네요." 하며 응답하였다.

오늘날 신앙생활을 하여도 교인들은 십자가 구원의 진리를 깨닫지도 못하고 변화되지도 않는다. 아무리 오랫동안 신앙생활을 하여도 성경 말씀에 눈을 뜨지 못하고 진정한 회개도 이루지 못하고 거듭남의 모습도 보이지 않는다.

오랫동안 교회 다니다 교회를 떠나서 교회와 목사에 대하여 욕하는 사람들도 많이 있다. 사실 목사들 가운데도 욕먹고 비난받을 짓을 하는 사람들이 있으니 욕하는 사람 나무랄 수도 없는 것이다. 그러니 누구에게 예수 믿으라는 말을 쉽게 할 수 있겠는가? 또한 사람들이 신앙생활을 하여도 영생과 구원을 위한 목적으로 신앙생활을 하는 것이 아니고, 모두가 이 세상에 속한 것에 소망을 두고 있기 때문에 성도들이 참신앙을 가지고 변화된 삶을 살기가 결코 쉽지 않으니 그들에게 구원의 복음을 전하고 그들을 가르쳐서 변화시킬 자신이 없으면 전도하기가 망설여지는 것이다.

그런데 문제는 교회의 지도자들도 회개하고 거듭나서 성령 충만한 천국의 사람으로 살아가는 사람들이 보이지 않으니 그들도 표면적으로 학습된 지식만 가지고 있기 때문이다. 그러한 지도자 밑에서는 절대로 성도들이 영적 사람으로 변화될 수 없으니 사람들이 교회까지 나왔다가도 구원의 진리를 접하지 못하고 아무것도 깨닫지 못한 채 교회만 다니다가 세상을 떠나는 사람이 대부분이니 그들이 죽어서 과연 구원을 받았을까 하는 의구심이 들 때도 많다. 죽어서 천국에 가지 못한다면 세상에서의 믿음 생활이 무슨 소용이 있으랴.

"그리스도께서 만일 다시 살지 못하셨으면 우리의 전파하는 것도 헛것이요 또 너희 믿음도 헛것이며

또 우리가 하나님의 거짓 증인으로 발견되리니 우리가 하나님이 그리스도를 다시 살리셨다고 증거하였음이라 만일 죽은 자가 다시 사는 것이 없으면 하나님이 그리스도를 다시 살리시지 아니하셨으리라

만일 죽은 자가 다시 사는 것이 없으면 그리스도도 다시 사신 것이 없었을 터이요

그리스도께서 다시 사신 것이 없으면 너희의 믿음도 헛되고 너희가 여전히 죄 가운데 있을 것이요

또한 그리스도 안에서 잠자는 자도 망하였으리니

만일 그리스도 안에서 우리의 바라는 것이 다만 이생 뿐이면 모든 사람 가운데 우리가 더욱 불쌍한 자라" (고전 15:14-19)

헛되이 믿는 사람들은 믿지 않는 사람들보다 더욱 불쌍한 사람이 된다.

"화 있을찐저 외식하는 서기관들과 바리새인들이여 너희는 교인 하나를 얻기 위하여 바다와 육지를 두루 다니다가 생기면 너희보다 배나 더 지옥 자식이 되게 하는도다"(마 23:15)

예수님 말씀처럼 목회자인 내가 볼 때도 교회 지도자 중에 어떤 사람들은 이 바리새인 서기관 같이 보이는데 어떻게 다른 사람들에게 자신 있게 예수를 믿어야 천국에 갈 수 있다고 말할 수 있었겠는가?

교회 지도자들이 범죄자가 되어서 뉴스에 보도되는 모습을 보면 목사인 내가 사람들 앞에 죄인이 되어 머리 숙여진다.

"내 백성을 유혹하는 선지자는 이에 물면 평강을 외치나 그 입에 무엇을 채워 주지 아니하는 자에게는 전쟁을 준비하는도다

이런 선지자에 대하여 여호와께서 가라사대 그러므로 너희가 밤을 만나리니 이상을 보지 못할 것이요 흑암을 만나리니 점치지 못하리라 하셨나니

이 선지자 위에는 해가 져서 낮이 캄캄할 것이라"(미 3:5-6)

"저희 중에 남의 집에 가만히 들어가 어리석은 여자를 유인하는 자들이 있으니 그 여자는 죄를 중히 지고 여러가지 욕심에 끌린바 되어

항상 배우나 마침내 진리의 지식에 이를 수 없느니라

얀네와 얌브레가 모세를 대적한 것 같이 저희도 진리를 대적하니 이 사람들은 그 마음이 부패한 자요 믿음에 관하여는 버리운 자들이라"(딤후 3:6-8)

말씀 속에서 예수님을 만나지 못하였고, 당신이 예수님의 제자로 살지 못하고 있다면 차라리 예수를 말하지도 가르치지도 말아야 할 것이다. 나는 항상 이렇게 생각하며 그것이 차라리 옳은 일이라고 생각하였기에 그동안 전도를 할 수 없었던 것이다.

"하나님 앞에서는 율법을 듣는 자가 의인이 아니요 오직 율법을 행하는 자라야 의롭다 하심을 얻으리니

(율법 없는 이방인이 본성으로 율법의 일을 행할 때는 이 사람은 율법이 없어도 자기가 자기에게 율법이 되나니

이런 이들은 그 양심이 증거가 되어 그 생각들이 서로 혹은 송사하며 혹은 변명하여 그 마음에 새긴 율법의 행위를 나타내느니라)

곧 내 복음에 이른 바와 같이 하나님이 예수 그리스도로 말미암아 사람들의 은밀한 것을 심판하시는 그날이라

유대인이라 칭하는 네가 율법을 의지하며 하나님을 자랑하며

율법의 교훈을 받아 하나님의 뜻을 알고 지극히 선한 것을 좋게 여기며 네가 율법에 있는 지식과 진리의 규모를 가진 자로서 소경의 길을 인도하는 자요

어두움에 있는 자의 빛이요 어리석은 자의 훈도요 어린 아이의 선생이라고 스스로 믿으니

그러면 다른 사람을 가르치는 네가 네 자신을 가르치지 아니하느냐 도적질 말라 반포하는 네가 도적질 하느냐

간음하지 말라 말하는 네가 간음하느냐 우상을 가증히 여기는 네가 신사 물건을 도적질 하느냐

율법을 자랑하는 네가 율법을 범함으로 하나님을 욕되게 하느냐

기록된 바와 같이 하나님의 이름이 너희로 인하여 이방인 중에

서 모독을 받는도다

네가 율법을 행한즉 할례가 유익하나 만일 율법을 범한즉 네 할례가 무할례가 되었느니라

그런즉 무할례자가 율법의 제도를 지키면 그 무할례를 할례와 같이 여길것이 아니냐 또한 본래 무할례자가 율법을 온전히 지키면 의문과 할례를 가지고 율법을 범하는 너를 판단치 아니하겠느냐

대저 표면적 유대인이 유대인이 아니요 표면적 육신의 할례가 할례가 아니라

오직 이면적 유대인이 유대인이며 할례는 마음에 할찌니 신령에 있고 의문에 있지 아니한 것이라 그 칭찬이 사람에게서가 아니요 다만 하나님에게서니라" (롬 2:13-29)

나는 주님 앞에서 언제나 '주님, 제가 소경이요 위선자입니다.'라고 말했는데 주님이 그거 하나 인정하시고 나를 지금까지 꼭 붙잡고 계셨다가 이제 눈을 열어 보게 하시고, 이제는 할 말을 할 수 있게 하셨다는 확신을 가지고 있다.

나는 이 책이 그동안 내가 소경이었고 벙어리이었기에 말하지 못하고 가르쳐 줄 수 없었던 예수님과 하나님의 사랑 그리고 성령님의 역사와 구원과 천국 가는 길에 대한 지식과 우리가 무엇에 소망을 두고 어떻게 살아가야 할 것인가에 대하여 가르쳐 주고 깨닫게 하는 참된 교과서로 사용되어 오고 가는 많은 사람에게 캄캄한 바다를 항해하는 항해사를 위하여 길을 알리고 위치를 알리는 등대의 빛과 같은 역할을 하게 될 것을 확신한다.

평생을 하나님 말씀을 배우고 연구하였어도 말씀의 핵심을 찾지 못하여 성도들에게 무엇을 가르쳐야 하며, 어떻게 영적 교회를 세워

야 할지를 몰랐던 것은 이 세상에는 잘못된 가르침과 거짓된 자료들만 가득하여 너무나 혼란스러워 무엇이 진리이고 무엇이 교회이며, 어떻게 교회를 세워야 할 것인지 캄캄하여 알 수가 없었기 때문이다.

너무나 방대한 성경 말씀의 핵심이 무엇인지 눈에 들어오지 않았고 손에 잡히지 않았기에 목회자인 나도 갈등하면서 수없이 흔들렸고 허공에 사라질 소리만 외쳤으니 그 소리에 누가 귀를 기울이고 예수를 믿어 거듭나고 구원을 얻을 수 있었겠는가?

그러나 이 책의 내용은 성경에 대하여, 교회에 대하여, 기독교 구원 진리의 핵심이 무엇이고 복음이 무엇인가에 대하여, 회개와 구원에 대하여 누구든지 쉽게 이해할 수 있도록 성경 말씀에서 발견하여 본문 그대로 기록하였으니 이 책을 읽는 모든 이들에게 희미하게 빛이 비쳐오기 시작할 것이다.

오늘의 교회를 혼란스럽게 하는 여러 문제에 대한 원인이 무엇이며, 그 문제에 대한 답이 무엇인가에 대하여 기록된 말씀 그대로 기록하여 읽는 사람들은 누구든지 참과 거짓을 분별하고 구원에 이르게 하는 지혜를 얻게 하여 확신 있는 믿음의 생활을 할 수 있도록 하였다. 이 책 안에서 주님을 만나고 주님 안에서 성령의 인도함을 받아서 살아갈 수 있게 할 목적으로 기록하였으니 독자 여러분들도 성령의 도우심을 구하면서 끝까지 이 책을 읽어주기 바란다.

성경 말씀 속에서 예수님을 만난 사람이
교회의 지도자가 되어야 한다

성경을 가르치는 지도자에게 있어서 가장 중요한 것은 성경 말씀과 예수님에 대하여 분명하게 깨닫고, 말씀 안에서 주님과의 교통함이 이루어지고 실제로 변화가 되어서 하나님의 말씀대로 살아가는 사람이어야 한다.

그리고 하나님의 말씀은 **하나님께서 죄인들을 구원하시려는 단 하나의 목적을 위하여 주신 말씀**이기 때문에 교회의 지도자들은 그 하나의 목적에 역점을 두고 가르치고 전하여 성도들이 **그 하나만 생각하며 신앙생활을 하도록 하여야 한다. 그 하나가 핵심이요, 참된 길이요, 진리요, 생명이며, 능력이고 구원이다.** 이 핵심에서 벗어나게 되면 하나님의 목적과는 전혀 다른 방향으로 빠져서 아주 캄캄한 어두움 속에서 길을 잃어버리게 되는데, 사단은 이렇게 길을 잃고 헤매는 사람들을 항상 공격하는 것이다.

말씀 안에서 먼저 예수님을 만나고 바르게 살아가는 사람이 다른 사람들을 예수님 앞에 인도할 수 있고 예수님과 구원에 대하여 정확한 복음을 제시할 수가 있다. 왜 목사들이 사람들을 예배당까지만 데려오고 더 중요한 예수님 만나게 하는 교육을 하지 못하는지, 그것은 마치 집을 짓는 사람이 기초 공사만 해놓고 건축을 완공하였다고 하는 것과 똑같은 것이니 이런 정신 나간 사람들이 어디 있느냐 말이다.

필자가 평생 목회를 하고서도 내가 지금까지 무슨 짓을 하였는지 모르겠다고 하나님 앞에 회개한 것은 가시적인 예배당이 사라졌기 때문이 아니다. 영적인 하나님의 일을 시작만 해놓고서 성경에서 교회에 대한 설계도가 보이지 않고, 영적 자본이 없어서 더 이상 아무것도 하지 못했기 때문에 회개하며 울부짖었던 것이다.

가시적인 예배당은 완성된듯한데 실제로 중요한 영적 교회는 기초공사도 하지 못하고 공사를 중단해 버렸던 것이다. 아무리 훌륭한 건축 계획이 있어도 자본이 떨어지면 중단하게 되는 것이니 급히 어디서라도 자본을 조달하여야 하는데 하나님의 영적 교회 건축을 위한 자본은 세상 어디에서도 조달할 수가 없다. 오직 주님으로부터만 공급받아야 공사를 계속 진행하여 완공할 수가 있는데, 주님과의 교통함이 없으면 주님의 것을 아무것도 받을 수가 없는 것이다.

가시적 교회만 이루어 놓고 더 이상 무엇을 어떻게 하여야 할지 모르기 때문에 사람마다 자기의 생각대로 어떤 사람은 인권운동, 사회운동, 세상 교육활동, 심지어 정치판에 끼어들어 세상 정치를 하고 있는 사람들이 있으니 모두가 영적인 자본이 없는 정신 나간 맹인들이다.

예수님은 성전을 지어놓고 다 이루었다고 하신 것이 아니라 당신께서 십자가에 못 박혀 죽으시는 희생의 제물이 되신 후에 다 이루었다고 하셨으니 우리의 구원은 예배당에서 이루어지는 것도 아니고, 세상 나라에서 이루어지는 것도 아니라 십자가의 주님 앞에서 나의 죄 때문에 죽으신 희생의 진리를 깨닫고 온전한 회개를 이루어 주님과 하나가 될 때 이루어지는 것이다.

예수님의 제자들도 예수님과 하나가 되어 성령으로 충만하여지고 난 후에 복음을 증거하고 가르치게 되었으니 오늘날 복음의 일꾼 된 사람들도 모두 예수님의 제자들처럼 예수님에 대하여 모든 것을 알고 깨닫게 되는 그 지식에 이르기까지 성장하여야 복음을 전하고 가르칠 수 있는 자격이 있는 것이다. 이러한 사람이 주님으로부터 천국 열쇠를 부여받은 사람이고, 내 양을 치라는 사명을 위임받은 사람이다.

죄인들이 예수님 앞에 나아와서 회개하고 거듭나게 하여 성령 충만한 삶을 살아가도록 가르치는 것이 주님의 일꾼 된 사람들에게 주어진 유일한 사명이다. 그 일을 완성하지 못하면 교회가 하는 모든 일이 헛되고 헛되어 모래 위에 지은 집과 같아서 환난 날에 모두 무너지게 되어 주님 앞에 서는 날 무서운 책망만 받게 될 것이다.

교인들이 변하지 않는다는 말은 목사들이 하나같이 하는 말이다. 목사가 성령으로 거듭나서 변화되지 못했는데 어찌 교인들이 변할 수 있겠으며, 목사들이 천국백성이 되지 못하였는데 어찌 교인들이 천국 백성이 될 수가 있겠는가? 변화된 지도자 밑에서만 교인들도 변화되고, 거듭난 지도자 아래에서만 교인들이 거듭나게 되는 것이고, 천국의 가치관을 가지고 살아가는 사람이 천국을 말할 수가 있는 것이다.

성경 말씀은 영적 교회의 설계도면과 건축을 위한 자료이며, 자본이고 능력이다. 건축하는 사람은 먼저 설계도면을 정확하게 이해하고, 그 설계에 따라서 차례대로 한 치의 오차도 없이 하나씩 하나씩 지어나가야 한다. 가장 중요한 부분은 터를 닦고 기초 공사를 하는 것인데 기초가 제대로 되어있지 않으면 건물을 아무리 크고 아름답게 지었다 할지라도 어느 한순간에 모두 무너지고 마는 것이다.

오늘의 교회는 모든 것이 부실하고 설계도면과는 전혀 다른 이상한 건물을 짓다가 중단해 버린 건물과 같다. 건축 재료도 모두 정품이 아닌 불량품이고 모양도 잘못되었고, 외형이나 내부의 모든 모습이 성경 말씀과는 아주 다른 이상한 건물이 되어버렸으니 모두 헐어버리고 처음부터 다시 시작하지 않으면 안 된다. 허물어져 가는 옛집, 더 이상 사람들이 살 수 없는 집은 미련 없이 헐어내고 다시 건축하여야 한다. 그렇지 않으면 그 건물이 무너지는 날에 그 안에 있는 사람들이 모두 압사당하게 되는 것이다. 지금도 이렇게 무너지는 교회들로 인하여 얼마나 많은 사람이 죽어 나가는지, 집단적으로 죽어 나가고 있다.

세상의 건물도 설계대로 건축되지 않으면 준공검사를 통과할 수가 없는데 하물며 하나님의 교회가 하나님이 주신 설계도와 상관없이 사람의 생각대로 지어졌다면 하나님이 그것을 어찌 받으시겠는가?

그러나 더욱 두려운 것은 하나님께서 아무리 그의 종들을 통하여 말씀을 보내셔도 잘못된 사람들이 그 말씀을 끝내 받아들이지 않았다는 사실이다.

"그러므로 의인 아벨의 피로부터 성전과 제단 사이에서 너희가 죽인 바라갸의 아들 사가랴의 피까지 땅 위에서 흘린 의로운 피가 다 너희에게 돌아가리라

내가 진실로 너희에게 이르노니 이것이 다 이 세대에게 돌아가리라

예루살렘아 예루살렘아 선지자들을 죽이고 네게 파송된 자들을 돌로 치는 자여 암탉이 그 새끼를 날개 아래 모음 같이 내가 네 자녀를 모으려 한 일이 몇 번이냐 그러나 너희가 원치 아니하였도다

보라 너희 집이 황폐하여 버린바 되리라" (마 23:35-38)

"내가 또 주의 목소리를 들은즉 이르시되 내가 누구를 보내며 누가 우리를 위하여 갈꼬 그 때에 내가 가로되 내가 여기 있나이다 나를 보내소서

여호와께서 가라사대 가서 이 백성에게 이르기를 너희가 듣기는 들어도 깨닫지 못할 것이요 보기는 보아도 알지 못하리라 하여

이 백성의 마음으로 둔하게 하며 그 귀가 막히고 눈이 감기게 하라 염려컨대 그들이 눈으로 보고 귀로 듣고 마음으로 깨닫고 다시 돌아와서 고침을 받을까 하노라

내가 가로되 주여 어느 때까지니이까 대답하시되 성읍들은 황폐하여 거민이 없으며 가옥들에는 사람이 없고 이 토지가 전폐하게 되며 사람들이 여호와께 멀리 옮기워서 이 땅 가운데 폐한 곳이 많을 때까지니라" (사 6:8-12)

그동안 우리가
잘못 가르쳤습니다

....

'그동안 우리가 잘못 가르쳤습니다.'

이 주제는 대한예수교장로회 총회 대신 측 교단과 백석 측 교단이 통합을 한 후에 처음으로 평창의 모 리조트에서 목회자 영성대회가 있었는데, 그때 개강예배 설교를 하신 한국중앙교회 원로이신 최○○ 목사님의 설교 제목이다(2014년으로 기억). 아마도 그때 참석하였던 사람들은 기억하고 있을 것이다.

그분은 많은 사람의 존경을 받는 원로 스승이며 교회도 크게 성장시켰고, 부흥강사로도 명성 있으신 분이시다. 그런데 그분의 입에서 '그동안 우리가 잘못 가르쳤습니다.'라는 주제로 설교를 할 때 나는 그분의 설교 제목과 내용에 놀라지 않을 수가 없었다. 아니 이제 와서 잘못 가르쳤다면 그동안 그분을 통해서 배우고 신앙생활하던 교인들이며, 부흥회를 통하여 뿌려놓은 잘못된 씨앗들이 많은 사람 속에서 자라서 열매를 맺고 있는데 이를 어찌해야 한단 말인가?

내가 놀란 이유는 이때의 기억 때문이었다. 영성대회가 있었던 그 시점으로부터 7년 전 태국 치앙마이에서 대신교단 동남아 선교사 대회가 있었는데, 그때 최○○ 목사님과 안양대 신학대학원장으로 있었던 김○○ 목사님과 많은 선교사와 우리 노회에서 몇 분의 목사들이 함께 참여하였다. 필자인 나도 설교를 하게 되었는데 나는 그때 내가 하였던 설교가 지금도 머릿속에 생생하다(2007년도 김O산 선교사 태국 주재 시).

성경 본문 말씀은 "가르침을 받는 자는 말씀을 가르치는 자와 모든 좋은 것을 함께 하라 스스로 속이지 말라 하나님은 만홀히 여김을 받지 아니하시나니 사람이 무엇으로 심든지 그대로 거두리라 자기의 육체를 위하여 심는 자는 육체로부터 썩어진 것을 거두고 성령을 위하여 심는 자는 성령으로부터 영생을 거두리라(갈 6:6-8)"이었고, 설교 제목은 '무엇으로 심든지 그대로 거두리라.'이었다.

그때도 나는 우리 한국 교회 안에 있는 그릇된 신앙에 대하여 늘 마음 아파하고 있었기 때문에 '선교사들도 우리와 똑같이 듣고 배우고 본 대로 교회를 세워갈 수밖에 텐데.' 하는 노파심에서 설교를 하였다. 그 내용은 '선교사 여러분들은 지금 복음의 황무지와 같은 이곳에 와서 처음으로 복음의 씨를 뿌리고 있기 때문에 여러분들이 뿌린 씨앗은 대대로 여러분들이 뿌린 그대로 싹이 나서 자라게 될 것이므로 올바른 말씀과 참된 신앙의 씨를 뿌려야 한다'고 하면서 우리 한국 교회는 지금 성경적 말씀의 교회가 아니다. 그동안 부흥사들이 외형적 교회를 부흥하게 한 공은 있지만, 그들이 뿌린 잘못된 신앙의 씨가 지금 교회에서 잘못된 열매를 맺고 있다고 하면서 한국 교회의 실상에 대하여 비유를 가지고 말했다. 한국 교회는 여름 성경학교 때 교사들이 아이를 교회로 데려오기 위해서 꽹과리와 북을 치면서 교회 주변을 한 바퀴 돌곤 했다. 그러면 많은 아이가 따라와서 교회는 아이들로 가득하게 되어 언제나 성경학교를 성황리에 마치곤 했는데, 성경학교만 끝나면 성경학교 때에 참여하였던 아이들은 모두 교회에서 사라지고 보이지 않았다(1970~1990년

대는 실제로 그랬었다). 성경학교 때에 아이들을 데려오려고 밖에 나가서 꽹과리 치던 선생들이 아이들이 많이 따라오니까 마음이 변해서 '얘들아, 우리 교회로 가지 말고 여기 공원이 예배당보다 시원하고 좋으니 우리끼리 여기서 재미있는 놀이를 하며 놀다가 저녁때 집으로 가자.' 하면서 교회로 데리고 들어오지 않고 교회 밖에서 놀다가 돌려보낸 것처럼 마치 오늘의 한국 교회가 성도들을 예배당까지는 데리고 와서 등록은 시켰으나 천국을 가르치지 않고 천국에 갈 준비를 시키는 것이 아니라 모두가 자기 사업체를 만들어서 자기 사업을 하고 있는 것과 다를 바가 없다고 아주 강한 어조로 설교를 했다. 준비하였던 성경 본문과 설교 원고는 다른 말씀이었는데, 설교 시간이 다가오는데 그 말씀이 내 마음에 은혜가 되지 않아서 원고도 없는 즉석 설교를 하였던 것이다.

예배를 마치고 식사를 하러 가는데 안양대학교 김○○ 목사님이 나를 바라보면서 의외란 듯이 "아이구, 목사님!" 하며 깜짝 놀라는 표정이었는데, 그 자리에 최○○ 목사님이 앉아계셨기에 김○○ 목사님이 그러한 반응을 보이지 않았나 생각된다. 김○○ 목사님의 표정이 지금도 얼굴에 선하다. 그때 선교대회에 참석하셨던 분들이 모두 생존하여 계신다.

교회 안에 잘못된 가르침이 너무나 많다. 하나님 말씀의 진의를 알지 못하는 사람들이 여러 가지 세상적 목적을 위하여 자기들 마음대로 그럴듯한 말로 꾸며서 사람들에게 전하여졌는데, 듣는 사람들은 무슨 말이든지 목사의 입을 통하여 전달이 되면 보암직하고 먹음직하고 지혜롭게 할 만큼 탐스럽게 보이고 들리기 때문에 대부분 그대로 받아들였던 것이다.

"뱀이 여자에게 이르되 너희가 결코 죽지 아니하리라 너희가 그것을 먹는 날에는 너희 눈이 밝아 하나님과 같이 되어 선악을 알줄을 하나님이 아심이니라 여자가 그 나무를 본즉 먹음직도 하고 보암직도 하고 지혜롭게 할만큼 탐스럽기도 한 나무인지라 여자가 그 실과를 따먹고 자기와 함께한 남편에게도 주매 그도 먹은지라"(창 3:4-6)

예배당 건축을 하는 교회는 아주 유명한 부흥사를 초청하여 일년에도 두, 세 차례 부흥회를 하곤 하였는데 부흥회의 목적은 교회 재정을 충당하기 위함이었다. 설교의 내용도 모두가 세상적 물질의 축복에 연관시켜서 하는 설교였으니 성도들은 은혜를 받았다고 생각하고 앞으로 크게 복을 받을 것 같은 기대를 하면서 형편에 지나칠 정도의 많은 헌금을 하게 되었고, 그 헌금은 건축 재정에는 큰 도움이 되었다.

한국 교회는 거의 모든 교회가 이렇게 하여 예배당을 건축하였고, 좋은 자리에 예배당만 잘 지어놓으면 교인들이 스스로 찾아와서 짧은 기간 내에도 교회가 크게 부흥하였으니 목사들은 누구나 예배당 하나 잘 짓고 목회하는 것이 평생의 소원이며, 기도의 제목이 되었다. 이렇게 하여 성장한 교회들은 계속 성장하여 다음에는 더 큰 예배당을 건축하였고, 다음에는 비전센터, 기도원 수양관 선교센터 등 국·내외 여러 곳으로 교회를 확장하여 가게 되었다.

교회마다 이러한 과정으로 성장하였기에 성경적인 정상적 교회로 성장하지 못하고, 눈에 보기에 그럴듯한 외형적 자태만 갖추어 사람들이 건물과 여러 가지 큰 규모를 보고 스스로 찾아오는 교회로 발전에 발전을 거듭하게 된 것이다. 그러니 영적 기반은 전혀 갖추지 못한 채 외형적으로만 급성장하였고, 여러 가지 교육은 하고 있으나 모두가 학습 과정일 뿐이고 주님을 만나서 주님 안에서 살아가는 변화된 모습은 어디서도 찾아볼 수가 없는 것이다.

사울(바울)도 주님을 만나기 전에는
아무것도 깨닫지 못했다

"사울이 주의 제자들을 대하여 여전히 위협과 살기가 등등하여 대제사장에게 가서

다메섹 여러 회당에 갈 공문을 청하니 이는 만일 그 도를 좇는 사람을 만나면 무론남녀하고 결박하여 예루살렘으로 잡아 오려 함이라

사울이 행하여 다메섹에 가까이 가더니 홀연히 하늘로서 빛이 저를 둘러 비추는지라 땅에 엎드려져 들으매 소리 있어 가라사대 사울아 사울아 네가 어찌하여 나를 핍박하느냐 하시거늘

대답하되 주여 뉘시오니이까 가라사대 나는 네가 핍박하는 예수라" (행 9:1-5)

사울은 유대교의 열정적이며 인정받는 지도자이었다. 그는 유대교를 위하여 자신이 하는 일이 곧 하나님의 일이라고 생각하고, 자신은 누구보다 하나님의 충성된 의의 일꾼이라 착각하고 있었다. 사울은 예수님이 세상을 떠나시고 예수님 제자들로 인하여 복음이 전파되기 시작할 때 교회를 박해하는 일에도 언제나 선봉장이 되었으며, 스데반 집사가 돌에 맞아 죽을 때는 증인으로 그 현장에 있기도 하였다.

"스데반이 성령이 충만하여 하늘을 우러러 주목하여 하나님의 영광과 및 예수께서 하나님 우편에 서신 것을 보고

말하되 보라 하늘이 열리고 인자가 하나님 우편에 서신 것을 보노라 한 대

저희가 큰 소리를 지르며 귀를 막고 일심으로 그에게 달려들어

성 밖에 내치고 돌로 칠쌔 증인들이 옷을 벗어 사울이라 하는 청년의 발앞에 두니라 저희가 돌로 스데반을 치니 스데반이 부르짖어 가로되 주 예수여 내 영혼을 받으시옵소서 하고

무릎을 꿇고 크게 불러 가로되 주여 이 죄를 저들에게 돌리지 마옵소서 이 말을 하고 자니라" (행 7:55-60)

그런데 사울이 예수님의 만나서 변화된 후에 비로소 자신과 유대교가 잘못되었다는 사실을 깨닫게 되었고, 유대교를 향하여 자신이 만난 예수를 전하였으나 유대교는 사울이 미혹되었다고 생각하고 오히려 사울을 죽이려고 혈안이 되어있었다.

"주께서 가라사대 가라 이 사람은 내 이름을 이방인과 임금들과 이스라엘 자손들 앞에 전하기 위하여 택한 나의 그릇이라" (행 9:15)

"여러 날이 지나매 유대인들이 사울 죽이기를 공모하더니

그 계교가 사울에게 알려지니라 저희가 그를 죽이려고 밤낮으로 성문까지 지키거늘 그의 제자들이 밤에 광주리에 사울을 담아 성에서 달아 내리니라" (행 9:23-25)

"그날 밤에 주께서 바울 곁에 서서 이르시되 담대하라 네가 예루 살렘에서 나의 일을 증거한 것 같이 로마에서도 증거하여야 하리라 하시니라

날이 새매 유대인들이 당을 지어 맹세하되 바울을 죽이기 전에 는 먹지도 아니하고 마시지도 아니하겠다 하고

이같이 동맹한 자가 사십 여명이더라

대제사장들과 장로들에게 가서 말하되 우리가 바울을 죽이기 전 에는 아무 것도 먹지 않기로 굳게 맹세하였으니

이제 너희는 그의 사실을 더 자세히 알아볼 양으로 공회와 함께 천부장에게 청하여 바울을 너희에게로 데리고 내려오게 하라 우 리는 그가 가까이 오기 전에 죽이기로 준비하였노라 하더니" (행 23:11-15)

사울이 주님을 만나서 변화가 되었을 때에 유대교는 사울을 죽이 려고 작정하고 그를 죽일 기회를 노렸으니 이렇게 한 사람이 변화되 면 사단의 나라에서는 비상이 걸리는 것이다. 그러나 사울은 저들 을 조금도 두려워하지 않고 오직 자신을 통하여 예수 그리스도의 복음이 전파되는 것으로 만족하였고, 자신은 복음을 위하여 생명 을 바칠 각오로 언제나 주님께 충성하였다.

"형제들아 나의 당한 일이 도리어 복음의 진보가 된 줄을 너희가 알기를 원하노라

이러므로 나의 매임이 그리스도 안에서 온 시위대 안과 기타 모 든 사람에게 나타났으니 형제 중 다수가 나의 매임을 인하여 주 안 에서 신뢰하므로 겁 없이 하나님의 말씀을 더욱 담대히 말하게 되

었느니라

어떤이들은 투기와 분쟁으로, 어떤이들은 착한 뜻으로 그리스도를 전파하나니 이들은 내가 복음을 변명하기 위하여 세우심을 받은줄 알고 사랑으로 하나 저들은 나의 매임에 괴로움을 더하게 할줄로 생각하여 순전치 못하게 다툼으로 그리스도를 전파하느니라 그러면 무엇이뇨 외모로 하나 참으로 하나 무슨 방도로 하든지 전파되는 것은 그리스도니 이로써 내가 기뻐하고 또한 기뻐하리라

이것이 너희 간구와 예수 그리스도의 성령의 도우심으로 내 구원에 이르게 할줄 아는고로 나의 간절한 기대와 소망을 따라 아무일에든지 부끄럽지 아니하고 오직 전과 같이 이제도 온전히 담대하여 살든지 죽든지 내 몸에서 그리스도가 존귀히 되게 하려 하나니 이는 내게 사는 것이 그리스도니 죽는 것도 유익함이니라

그러나 만일 육신으로 사는 이것이 내 일의 열매일찐대 무엇을 가릴는지 나는 알지 못하노라 내가 그 두 사이에 끼였으니 떠나서 그리스도와 함께 있을 욕망을 가진 이것이 더욱 좋으나 그러나 내가 육신에 거하는 것이 너희를 위하여 더 유익하리라" (빌 1:12-24)

사울 한 사람이 변하니 그 한 사람이 얼마나 많은 일을 하였는지 우리는 성경을 통하여 잘 알 수 있다. 신약성경 27권 중에 바울이 기록한 서신이 데살로니가전서, 데살로니가후서, 로마서, 고린도전서, 고린도후서, 갈라디아서, 옥중 서신으로 에베소서, 빌립보서, 골로새서, 빌레몬서와 목회 서신으로 디모데전서, 디모데후서, 디도서로 13권을 바울이 기록하였다. 한 사람이 주님께 붙잡혀서 쓰임 받으면 일당백, 천의 일도 할 수 있으니 주님은 언제든지 많은 사람을 통하여 일하시지 아니하고 언제나 소수의 사람을 통하여 하나님 나

라의 일을 이루어 가고 계시다.

바울이 자신의 삶 끝자락에 남긴 말은 참으로 주님의 일꾼 된 모든 주의 종들의 마음에 새겨야 할 가장 아름답고 멋진 말이다.

"그러므로 나의 사랑하고 사모하는 형제들, 나의 기쁨이요 면류관인 사랑하는 자들아 이와 같이 주 안에 서라

내가 유오디아를 권하고 순두게를 권하노니 주 안에서 같은 마음을 품으라

또 참으로 나와 멍에를 같이 한 자 네게 구하노니 복음에 나와 함께 힘쓰던 저 부녀들을 돕고 또한 글레멘드와 그 외에 나의 동역자들을 도우라 그 이름들이 생명책에 있느니라

주 안에서 항상 기뻐하라 내가 다시 말하노니 기뻐하라

너희 관용을 모든 사람에게 알게 하라 주께서 가까우시니라

아무것도 염려하지 말고 오직 모든 일에 기도와 간구로, 너희 구할 것을 감사함으로 하나님께 아뢰라

그리하면 모든 지각에 뛰어난 하나님의 평강이 그리스도 예수 안에서 너희 마음과 생각을 지키시리라" (빌 4:1-7)

"형제들아 우리가 잠시 너희를 떠난 것은 얼굴이요 마음은 아니니 너희 얼굴 보기를 열정으로 더욱 힘썼노라

그러므로 나 바울은 한번 두번 너희에게 가고자 하였으나 사단이 우리를 막았도다

우리의 소망이나 기쁨이나 자랑의 면류관이 무엇이냐 그의 강림하실 때 우리 주 예수 앞에 너희가 아니냐 너희는 우리의 영광이요 기쁨이니라" (살전 2:17-20)

"관제와 같이 벌써 내가 부음이 되고 나의 떠날 기약이 가까웠도다

내가 선한 싸움을 싸우고 나의 달려갈 길을 마치고 믿음을 지켰으니

이제 후로는 나를 위하여 의의 면류관이 예비되었으므로 주 곧 의로우신 재판장이 그 날에 내게 주실 것이니 내게만 아니라 주의 나타나심을 사모하는 모든 자에게니라" (딤후 4:6-8)

하나님의 일꾼은 누구나 인생 후반이 중요하다. 전반에는 알지 못하여서 실수도 하고 실패를 하였다 할지라도 후반에 가서는 역전의 승리를 하여야 한다. 그런데 어떤 사람들은 전반전에는 잘 싸우는 듯하였는데 후반에 가서는 완전히 실패하고 넘어지는 사람들을 보게 된다.

후반의 승리가 진정한 승리이다. 전반전의 승리로 인하여 안일에 빠져 살거나 전반전 실패로 인하여 자포자기하지 말고 마지막 순간까지 최선을 다한다면 반드시 역전의 승리 기회가 올 것이다.

그리스도인들의 믿음은 곧 최후 승리를 이루게 하는 힘이다. 역전패 당하느냐 역전승을 하느냐가 중요하다. 역전패를 당한 자에게는 아무도 박수를 보내지 않지만, 역전승을 한 선수들에게는 많은 사람의 박수갈채가 쏟아지며 길이 기억되는 영광의 감격과 기쁨과 상급이 주어지는 것이다.

"그 때에 많은 사람이 시험에 빠져 서로 잡아 주고 서로 미워하겠으며 거짓 선지자가 많이 일어나 많은 사람을 미혹하게 하겠으며 불법이 성하므로 많은 사람의 사랑이 식어지리라 그러나 끝까지 견

디는 자는 구원을 얻으리라" (마 24:10-13)

"주께서 너희를 우리 주 예수 그리스도의 날에 책망할 것이 없는 자로 끝까지 견고케 하시리라 너희를 불러 그의 아들 예수 그리스도 우리 주로 더불어 교제케 하시는 하나님은 미쁘시도다" (고전 1:8-9)

"우리가 시작할 때에 확실한 것을 끝까지 견고히 잡으면 그리스도와 함께 참예한 자가 되리라" (히 3:14)

"다만 너희에게 있는 것을 내가 올 때까지 굳게 잡으라
이기는 자와 끝까지 내 일을 지키는 그에게 만국을 다스리는 권세를 주리니
그가 철장을 가지고 저희를 다스려 질그릇 깨뜨리는 것과 같이 하리라 나도 내 아버지께 받은 것이 그러하니라 내가 또 그에게 새벽 별을 주리라" (계 2:25-28)

제 3 편

✝

복음의 일꾼 된 자들

찾으라 그러면
찾을 것이요

....

      사람들에게는 누구나 살아가는 목적이 있다. 그래서 배우고 노력하며 인내하고 투자하는 것이다. 그러나 그 목적이 이루어지기 전까지는 많은 어려움이 따르게 되므로 그때마다 이것을 꼭 하여야 하나, 왜 하여야 하나, 이 길밖에 다른 길이 없는 것인가 하며 많은 갈등과 혼란에 빠져 힘든 삶을 살아야 할 때가 있다.

  크고 귀한 목표일수록 그것은 더욱 얻기가 힘이 들고 많은 시간과 노력이 있어야 하니 무엇이든 저절로 이루어지는 것은 아무것도 없다. 하물며 보이지도 않고 이 세상의 것도 아니고 사람들이 알지도 못하고 아무도 원하지도 않으며, 그것을 얻으려고 애타게 찾지도 않고 노력하고 투자하지도 않는 하늘나라의 영생이 어찌 그리 쉽게 이해되고 모든 사람이 얻을 수가 있겠는가?

  구원과 천국 영생이 누구에게나 저절로 쉽게 주어지리라 착각하지 말라. 그것은 아주 대단한 착각이며, 커다란 오류이고 사단의 거짓 속임이다. 세상에 속한 것도 귀한 것일수록 그것을 소유하기가 쉽지 않거늘 어찌 천국의 보화를 모든 사람이 아무 때 어디에서나 쉽게 얻을 수가 있겠는가? 그런데 대부분의 교인이 너무 쉽게 생각하고 있는 것이다. 이것이 믿음 생활의 가장 큰 실패의 원인이다.

  어려운 일일수록 죽을 각오를 하여야 성취할 수 있다. 예수님이 우리의 구원을 이루시기 위하여 십자가 위에서 죽으신 것을 생각하여 보라. 인간의 창조는 하나님에게 어렵지 않았다. 그러나 죄로 인하여 죽은 인간의 구원은 주님에게도 너무 고통스럽고 힘들어서 피하고 싶어 하셨던 일이다.

"베드로와 세베대의 두 아들을 데리고 가실째 고민하고 슬퍼하사 이에 말씀하시되

내 마음이 심히 고민하여 죽게 되었으니 너희는 여기 머물러 나와 함께 깨어 있으라 하시고 조금 나아가사 얼굴을 땅에 대시고 엎드려 기도하여 가라사대 내 아버지여

만일 할만하시거든 이 잔을 내게서 지나가게 하옵소서 그러나 나의 원대로 마옵시고 아버지의 원대로 하옵소서 하시고" (마 26:37-39)

예수님도 이렇게 힘들게 이루신 구원을 사람들은 어찌 그리 쉽게 여기는 것인가?

성경에는 많은 말씀이 기록되어 있다. 그 많은 말씀을 주신 목적이 분명하다. 그런데 왜 가장 쉬운 한 구절 한 단어의 말씀만 가지고 입으로 주를 시인하기만 하면 구원을 받는다고 말하고 있는 것인가? 사람들은 너무 쉽게 생각하기 때문에 그 가치도 제대로 알지 못하고 싫증이 나면 언제든지 미련 없이 버리기도 하는 것이다.

요즘 교인들이 너무나 쉽게 신앙을 버리고 교회를 떠나고 있는데 그 이유가 무엇이겠는가? 그동안 자기가 가지고 있는 신앙에 대하여 그 가치도 모르고 확신도 없고 목표도 없이 교회라는 공동체 안에서 거짓된 기독교 문화생활만 하고 있었기 때문이다. 자기가 가지

고 있는 금괴를 싫증이 난다고 내다 버릴 사람이 있겠는가? 만약 그렇게 하는 사람이 있다면 그 사람이 그것의 가치를 알지 못하는 사람이거나 아니면 정신이 잘못된 사람일 것이다.

"천국은 마치 밭에 감추인 보화와 같으니 사람이 이를 발견한 후
숨겨 두고 기뻐하여 돌아가서 자기의 소유를 다 팔아 그 밭을 샀느
니라" (마 13:44)

이런 사람은 천국을 얻기 위하여 이 세상의 모든 것을 포기한 사람으로 옛사람으로 살아가는 것이 아니라 완전히 변화된 새 사람으로 살아가고 있는 사람이다. 이러한 사람은 말이 다르고 행동이 다르며 삶에 대한 목적이 다르고 가치관이 다르다. 그런데 이 가치관은 세상의 지식이나 지혜로 얻어지는 것이 아니라 주님을 만난 사람이 성령의 역사로 거듭난 후에 얻게 되는 것이다.

"그런즉 누구든지 그리스도 안에 있으면 새로운 피조물이라 이전
것은 지나갔으니 보라 새것이 되었도다" (고후 5:17)

오늘의 기독교인들이 이렇게 변화가 되어 있는가 하면 대부분 그렇지 못한 것이 사실이다. 여전히 믿지 않을 때처럼 어둠 속에서 더듬거리고 있고 밝은 빛 가운데서 확신 있는 모습으로 살아가는 것이 아니라 아직도 옛사람으로 살아가고 있으며, 아직 성경도 주님도 천국도 알지 못하고 있는 것이다.

성령충만 하였던 초대교회의 성도들이 어떠한 사람으로 어떻게 살아갔는가 살펴보자.

"믿는 사람이 다 함께 있어 모든 물건을 서로 통용하고

또 재산과 소유를 팔아 각 사람의 필요를 따라 나눠 주고

날마다 마음을 같이 하여 성전에 모이기를 힘쓰고 집에서 떡을 떼며

기쁨과 순전한 마음으로 음식을 먹고 하나님을 찬미하며 또 온 백성에게 칭송을 받으니 주께서 구원받는 사람을 날마다 더하게 하시니라" (행 2:44-47)

"하나님의 사랑하심을 받은 형제들아 너희를 택하심을 아노라

이는 우리 복음이, 말로만 너희에게 이른 것이 아니라 오직 능력과 성령과 큰 확신으로 된 것이니 우리가 너희 가운데서 너희를 위하여 어떠한 사람이 된 것은 너희 아는 바와 같으니라

또 너희는 많은 환난 가운데서 성령의 기쁨으로 도를 받아 우리와 주를 본받은 자가 되었으니 그러므로 너희가 마게도냐와 아가야 모든 믿는 자의 본이 되었는지라

주의 말씀이 너희에게로부터 마게도냐와 아가야에만 들릴 뿐 아니라 하나님을 향하는 너희 믿음의 소문이 각처에 퍼진고로 우리는 아무 말도 할 것이 없노라" (살전 1:4-8)

아주 귀하고 값진 것을 소유한 사람은 그의 변화된 모습이 삶과 표정 속에 빛이 되어 밝히 나타나는 것이다.

이러한 이야기가 있다. 미국 서부개척 시대에 몬태나주에 살던 몇 사람이 금광을 찾아 서부로 떠났다. 천신만고 끝에 금이 묻혀있는 곳을 발견하고 음식과 장비를 마련하기 위해서 고향으로 돌아올 때 그 비밀을 철저히 지키기로 약속하고 모든 장비와 음식을 준비하여 금맥을 찾은 곳으로 돌아가려는데 마을 사람들이 모두 따라오는

것이었다. 아무도 비밀을 누설한 사람들이 없었는데 그들이 어떻게 알고 그들을 따라갔던 것일까? 그것은 바로 금맥을 발견했던 사람들의 얼굴에 그들이 금맥을 찾았다는 사실이 기쁨과 희망의 빛으로 나타나 있었던 것이다.

신앙인들이 천국 보화를 발견하고 천국의 기쁨을 소유하고 살아간다면 다른 사람들에게 예수 믿으라는 말을 하지 않아도 사람들은 벌써 알아보고 따라오게 될 것이다. 그런데 그 빛이 교인들의 얼굴에 전혀 보이지 않는 것이다. 내 속에 생명의 빛이 없는데 어찌 세상의 빛이 될 수 있겠는가?

"우리가 이 보배를 질그릇에 가졌으니 이는 능력의 심히 큰 것이 하나님께 있고 우리에게 있지 아니함을 알게 하려 함이라

우리가 사방으로 우겨쌈을 당하여도 싸이지 아니하며 답답한 일을 당하여도 낙심하지 아니하며

핍박을 받아도 버린바 되지 아니하며 거꾸러뜨림을 당하여도 망하지 아니하고

우리가 항상 예수 죽인 것을 몸에 짊어짐은 예수의 생명도 우리 몸에 나타나게 하려 함이라

우리 산 자가 항상 예수를 위하여 죽음에 넘기움은 예수의 생명이 또한 우리 죽을 육체에 나타나게 하려 함이니라

그런즉 사망은 우리 안에서 역사하고 생명은 너희 안에서 하느니라" (고후 4:7-12)

"그러나 무엇이든지 내게 유익하던 것을 내가 그리스도를 위하여 다 해로 여길뿐더러

또한 모든 것을 해로 여김은 내 주 그리스도 예수를 아는 지식이 가장 고상함을 인함이라 내가 그를 위하여 모든 것을 잃어버리고 배설물로 여김은 그리스도를 얻고

그 안에서 발견되려 함이니 내가 가진 의는 율법에서 난 것이 아니요 오직 그리스도를 믿음으로 말미암은 것이니 곧 믿음으로 하나님께로서 난 의라" (빌 3:7-9)

"그러므로 염려하여 이르기를 무엇을 먹을까 무엇을 마실까 무엇을 입을까 하지 말라 이는 다 이방인들이 구하는 것이라 너희 천부께서 이 모든 것이 너희에게 있어야 할 줄을 아시느니라

너희는 먼저 그의 나라와 그의 의를 구하라 그리하면 이 모든 것을 너희에게 더하시리라

그러므로 내일 일을 위하여 염려하지 말라 내일 일은 내일 염려할 것이요 한 날 괴로움은 그날에 족하니라" (마 6:31-34)

천국을 소유한 사람들에게는 말이 다르고 삶의 목적이 다르고 표정도 다르며, 삶의 질이 완전히 다르게 변하는 것이다. 그들은 아무리 힘이 들고 어려워도 그것이 전혀 문제가 되지 않고 반드시 그 목표만을 향하여 나아가게 되어 마침내 목표를 이루게 되는 것이다.

두 부류의
지도자

··················

교회에는 두 부류의 지도자들이 있다.

첫째는 천국 문을 닫고 자기도 들어가지 않고, 다른 사람도 들어 가지 못하게 하는 소경된 자들이다. 이들은 주님의 말씀과 통제권 밖에 있는 사람들이다.

"화 있을찐저 외식하는 서기관들과 바리새인들이여 너희는 천국 문을 사람들 앞에서 닫고 너희도 들어가지 않고 들어가려 하는 자 도 들어가지 못하게 하는도다"(마 23:13)

둘째는 하늘 문을 여는 열쇠를 가진 자들이다. 이 열쇠를 받은 자 는 주님으로부터 주님의 교회를 위임받은 주님의 참된 제자들이다.

"내가 천국 열쇠를 네게 주리니 네가 땅에서 무엇이든지 매면 하 늘에서도 매일 것이요 네가 땅에서 무엇이든지 풀면 하늘에서도 풀 리리라 하시고"(마 16:19)

주님으로부터 천국의 열쇠를 받은 사람이 하나님의 백성들을 천 국에 들어갈 수 있도록 올바르게 가르치고 인도할 자격과 능력이 있고, 말씀에 소경된 자들은 성경도, 주님도 알지 못하는 사람이기에 주님의 일을 할 자격이 없는 자들인데 스스로 주님의 일꾼이라고 나타난 사람으로서 실상은 주님과 아무 상관이 없고 주의 이름을 이용하여 자기 사업을 하는 사람들이다.

> "형제들아 내가 너희를 권하노니 너희 교훈을 거슬려 분쟁을 일으키고 거치게 하는 자들을 살피고 저희에게서 떠나라
> 이같은 자들은 우리 주 그리스도를 섬기지 아니하고 다만 자기의 배만 섬기나니 공교하고 아첨하는 말로 순진한 자들의 마음을 미혹하느니라" (롬 16:17-18)

예수님의 제자들도 삼 년 동안이나 예수님과 함께 먹고 마시고 배웠으며, 주님이 행하셨던 모든 기사와 이적을 체험하였으나 마지막 순간까지 예수님이 누구인지 아무것도 알지 못하였다. 표면적으로는 모든 것을 다 보고 배웠어도 내면의 주님을 알지 못하였으니 이것이 학습으로 얻은 지식의 한계인 것이다.

오늘의 교회 지도자들도 말씀의 깊은 것을 알지 못하고 거듭나지 못한 가운데 유대교의 선생이었던 니고데모처럼 일부 학습된 지식만 가지고 사람들을 가르치는 선생 노릇만 하고 있을 뿐 더 중요한 부분에 대하여서는 아무것도 알지 못하고 있는 자들이 대부분이다.

예수님의 제자들이 언제부터 주님에 대하여 확실히 알게 되었느냐 하면 예수께서 십자가에 못 박혀 죽으셨다가 말씀대로 삼 일 만에 부활하셔서 제자들에게 여러 차례 나타나시고 주님이 주시는 떡을 받아먹은 후에 영의 눈이 열리게 되어 비로소 주님을 알아보게 되었으니 이 과정이 가장 중요한 과정인 것이다. 그런데 오늘날 우리

가 언제 이러한 과정이 경험하였는가?

"가라사대 미련하고 선지자들의 말한 모든 것을 마음에 더디 믿
는 자들이여 그리스도가 이런 고난을 받고 자기의 영광에 들어가
야 할 것이 아니냐 하시고

이에 모세와 및 모든 선지자의 글로 시작하여 모든 성경에 쓴바
자기에 관한 것을 자세히 설명하시니라

저희의 가는 촌에 가까이 가매 예수는 더 가려 하는 것 같이 하
시니 저희가 강권하여 가로되 우리와 함께 유하사이다 때가 저물
어가고 날이 이미 기울었나이다 하니

이에 저희와 함께 유하러 들어 가시니라 저희와 함께 음식 잡수
실 때에 떡을 가지사 축사하시고 떼어 저희에게 주시매 저희 눈이
밝아져 그인줄 알아 보더니 예수는 저희에게 보이지 아니하시는지
라" (눅 24:25-31)

"예수께서 가라사대 와서 조반을 먹으라 하시니 제자들이 주신
줄 아는 고로 당신이 누구냐 감히 묻는 자가 없더라 예수께서 가셔
서 떡을 가져다가 저희에게 주시고 생선도 그와 같이 하시니라 이
것은 예수께서 죽은자 가운데서 살아나신 후에 세 번째로 제자들
에게 나타나신 것이라" (요 21:12-14)

우리가 신앙생활은 하고 있지만, 아직도 알 것을 알지 못하고 학
습된 지식만 가지고 학습된 지식 안에서 예수를 알고 신앙생활을
하고 있는 것이다. 우리들이 가지고 있는 지식을 학습된 지식과 예
수님과 교통하는 영적 경험에서 얻어진 지식으로 구분하여 말할 수

가 있는데, 학습된 것은 온전한 지식이 아니고 온전한 지식으로 가는 입문의 과정이며, 완성된 것이 아니다. 그럼에도 불구하고 대부분의 교회 지도자들이나 교인들이 학습된 지식만 가지고 신앙생활을 하고 있으니 그것이 실패의 가장 큰 원인이다.

"열 두 제자 중에 하나인 디두모라 하는 도마는 예수 오셨을 때에 함께 있지 아니한지라 다른 제자들이 그에게 이르되 우리가 주를 보았노라 하니

도마가 가로되 내가 그 손의 못자국을 보며 내 손가락을 그 못자국에 넣으며 내 손을 그 옆구리에 넣어 보지 않고는 믿지 아니하겠노라 하니라

여드레를 지나서 제자들이 다시 집안에 있을 때에 도마도 함께 있고 문들이 닫혔는데 예수께서 오사 가운데 서서 가라사대 너희에게 평강이 있을찌어다 하시고 도마에게 이르시되 네 손가락을 이리 내밀어 내 손을 보고 네 손을 내밀어 내 옆구리에 넣어보라 그리하고 믿음 없는 자가 되지 말고 믿는 자가 되라

도마가 대답하여 가로되 나의 주시며 나의 하나님 이시니이다"
(요 20:24-28)

도마가 주님께서 부활하셨다는 소식을 다른 동료들에게서 직접 들었으나 그때 도마의 반응은 '나는 믿지 아니하겠노라.'이었다 도마처럼 듣기만 한 사람은 믿음의 확신을 가지지 못한다. 그러나 도마가 부활의 주님을 만났을 때는 나의 주시며 '나의 하나님이시니이다.'라고 고백을 하게 되었던 것처럼 다른 사람들에게 들어서 아는 지식은 생명력이 없지만, 자기의 눈으로 보아서 얻은 지식은 생명력

있는 확실한 지식이 되는 것이다.

"너희가 내 안에 거하고 내 말이 너희 안에 거하면 무엇이든지 원하는대로 구하라
  그리하면 이루리라 너희가 과실을 많이 맺으면 내 아버지께서 영광을 받으실 것이요 너희가 내 제자가 되리라 아버지께서 나를 사랑하신 것 같이 나도 너희를 사랑하였으니 나의 사랑 안에 거하라"
(요 15:7-9)

주님과의 영적 교통이 이루어지는 사귐의 과정에서 얻은 지식과 믿음이 구원에 이르는 온전한 지식과 믿음이 되는 것이다.
경험에서 얻어진 지식과 믿음은 생명력 있는 능력으로 나타나는데 학습에서 얻어진 믿음은 지식으로만 알고 있을 뿐 삶에는 아무 능력이 없는 것이다.

'내가 대통령을 알고 있다.'라는 말에는 두 가지가 있다. 첫째는 국민으로서 대통령이 누구인지 알고 있다는 말로, 모든 사람이 알고 있는 일반적 지식이다. 둘째는 대통령과 친분이 있어서 실제로 대통령과 만남이 이루어지는 관계에 있는 사람이 '나는 대통령을 알고 있다'고 하는 말에는 그 성격과 내용이 전혀 다른 것이다.

우리가 예수님을 알고 있다고 하지만 예수님과의 교통함이 이루어지지 않는 사람에 대하여서 예수님은 '나는 너를 도무지 알지 못한다.'라고 하신다.

"저희가 사러 간 동안에 신랑이 오므로 예비하였던 자들은 함께 혼인 잔치에 들어가고 문은 닫힌지라

그 후에 남은 처녀들이 와서 가로되 주여 주여 우리에게 열어 주소서 대답하여 가로되 진실로 너희에게 이르노니 내가 너희를 알지 못하노라 하였느니라" (마 25:10-12)

믿음은 주님과의 만남의 체험에서 얻게 된 참지식에서 가지게 된 믿음이 온전한 믿음이다. 학습적으로 가진 지식은 하나님에 대하여 듣기만 하여서 머리로만 알고 있는 지식으로 참된 믿음을 가질 수가 없는 것이다.

"그러나 주께서 허락하시면 내가 너희에게 속히 나아가서 교만한 자의 말을 알아 볼 것이 아니라 오직 그 능력을 알아보겠노니 하나님의 나라는 말에 있지 아니하고 오직 능력에 있음이라" (고전 4:19-20)

"대저 패역한 자는 여호와의 미워하심을 입거니와 정직한 자에게는 그의 교통하심이 있으며" (잠 3:32)

"내가 사망의 음침한 골짜기로 다닐찌라도 해를 두려워하지 않을 것은 주께서 나와 함께 하심이라 주의 지팡이와 막대기가 나를 안위하시나이다" (시 23:4)

"여호와여 주는 나의 방패시요 나의 영광이시요 나의 머리를 드시는 자니이다

내가 나의 목소리로 여호와께 부르짖으니 그 성산에서 응답하시

는도다(셀라)

내가 누워 자고 깨었으니 여호와께서 나를 붙드심이로다 천만인이 나를 둘러치려 하여도 나는 두려워 아니하리이다" (시 3:3-6)

"여호와는 나의 빛이요 나의 구원이시니 내가 누구를 두려워하리요 여호와는 내 생명의 능력이시니 내가 누구를 무서워하리요
나의 대적, 나의 원수된 행악자가 내 살을 먹으려고 내게로 왔다가 실족하여 넘어졌도다 군대가 나를 대적하여 진 칠찌라도 내 마음이 두렵지 아니하며 전쟁이 일어나 나를 치려 할찌라도 내가 오히려 안연하리로다" (시 27:1-3)

이러한 고백은 주님과의 교통하심이 있는 사람들의 고백인 것이다.

내가 하나님과 예수님을 지식적으로 알고 있다고 하여 구원을 받았다고 생각하는가? 주님께서는 주님과 내가 전혀 사귐이 없었기 때문에 나는 너를 알지 못한다고 하신다. 중요한 것은 내가 주님을 알고 있을 뿐아니라 주님께서도 나를 알고 인정하고 있어야 한다는 것이다.
내가 주님을 알고 있는데 주님께서 나를 알지 못한다고 하시면 내가 주님을 아는 지식은 학습된 지식으로 아무 소용이 없는 죽은 지식이 되는 것이다. 이러한 사람은 무엇이든지 자기중심적이고 인위적이며 일방적이다.

"그 날에 많은 사람이 나더러 이르되 주여 주여 우리가 주의 이름으로 선지자 노릇하며 주의 이름으로 귀신을 쫓아내며 주의 이

름으로 많은 권능을 행치 아니하였나이까 하리니 그때에 내가 저희에게 밝히 말하되 내가 너희를 도무지 알지 못하니 불법을 행하는 자들아 내게서 떠나가라 하리라" (마 7:22-23)

그날에 많은 사람이라고 하신 것을 보면 다수의 사람이 주님과 상관없이 주님의 이름만 가지고 거짓교회를 세워갔던 것이다. 내가 너희를 도무지 알지 못한다고 하신 것은 이들이 주님과의 사귐이 전혀 없었으며 인정받지도 못했고, 주님의 명도 따르지 않으면서 주님의 이름만 도용하여 스스로 자기 자기 사업을 하였던 사람들이기 때문이다. 이러한 사람들은 자기들의 이기적 욕망을 이루려고 주님의 이름을 도용한 사악한 사기꾼들이었으니 주님으로부터 무서운 진노의 심판의 날이 다가오고 있는 것이다. 지금 교회 안에는 이러한 사람들이 너무 많이 있으니 그들이 모두 하나님의 일을 망친 사람들이다.

교회의 지도자는 반드시 성령으로 거듭나서 성령의 교통하심이 이루어지므로 그의 삶이 변화되고, 변화된 삶 속에서 복음의 능력이 나타나고, 죄인 구원을 위하여 자신을 희생하여 어두운 세상을 밝히는 세상의 빛으로 살아가는 사람이 진정한 주님의 일꾼이 되는 것이다.

"만일 우리가 하나님과 사귐이 있다 하고 어두운 가운데 행하면 거짓말을 하고 진리를 행치 아니함이거니와 저가 빛 가운데 계신것 같이 우리도 빛 가운데 행하면 우리가 서로 사귐이 있고 그 아들 예수의 피가 우리를 모든 죄에서 깨끗하게 하실 것이요" (요일 1:6-7)

"저런 사람들은 거짓 사도요 궤휼의 역군이니 자기를 그리스도의 사도로 가장하는 자들이니라 이것이 이상한 일이 아니라 사단도 자기를 광명의 천사로 가장하나니 그러므로 사단의 일군들도 자기를 의의 일군으로 가장하는 것이 또한 큰 일이 아니라 저희의 결국은 그 행위대로 되리라" (고후 11:13-15)

예수님을 찾아왔던 니고데모에게 주님은 이렇게 말씀하셨다.

"바리새인 중에 니고데모라 하는 사람이 있으니 유대인의 관원이라 그가 밤에 예수께 와서 가로되 랍비여 우리가 당신은 하나님께로서 오신 선생인줄 아나이다 하나님이 함께 하시지 아니하시면 당신의 행하시는 이 표적을 아무라도 할 수 없음이니이다
예수께서 대답하여 가라사대 진실로 진실로 네게 이르노니 사람이 거듭나지 아니하면 하나님 나라를 볼수 없느니라
니고데모가 가로되 사람이 늙으면 어떻게 날 수 있삽나이까 두번째 모태에 들어갔다가 날 수 있삽나이까
예수께서 대답하시되 진실로 진실로 네게 이르노니 사람이 물과 성령으로 나지 아니하면 하나님 나라에 들어갈 수 없느니라 육으로 난 것은 육이요 성령으로 난 것은 영이니 내가 네게 거듭나야 하겠다 하는 말을 기이히 여기지 말라 바람이 임의로 불매 네가 그 소리를 들어도 어디서 오며 어디로 가는지 알지 못하나니 성령으로 난 사람은 다 이러하니라
니고데모가 대답하여 가로되 어찌 이러한 일이 있을 수 있나이까 예수께서 가라사대 너는 이스라엘의 선생으로서 이러한 일을 알지 못하느냐" (요 3:1-10)

니고데모는 당시의 유대교의 칭송받는 선생이었지만 그 자신도

거듭나지 못했던 스승들에게 배웠기 때문에 거듭남에 대하여서는 아무것도 알지 못하였다. 율법에 관한 학습된 지식만 가지고 율법 선생 노릇을 하고 있었던 것이니 대부분의 지도자가 이렇게 학습된 지식만 가지고 사람들을 가르치고 있었기에 주님에 대하여서는 아무것도 알지 못하였던 것이다.

그들이 참된 지식 안에서 하나님과의 교통이 이루어졌더라면 주님을 단번에 알아보고 영접하였을 것이다. 주님과의 실제적 교통이 이루어지는 사람이 이후에 주님의 영접을 받게 되는 것이다.

> "네가 만일 네 입으로 예수를 주로 시인하며 또 하나님께서 그를 죽은 자 가운데서 살리신 것을 네 마음에 믿으면 구원을 얻으리니 사람이 마음으로 믿어 의에 이르고 입으로 시인하여 구원에 이르느니라" (롬 10:9-10)

이 말씀만 가지고 사람들은 구원을 말하면서 마치 입으로 주님을 시인하기만 하면 모두 구원을 받았다고 가르치고 있으니 이것이 학습된 지식만 가지고 말하는 사람이며, 얼마나 한심한지 말하기조차 부끄럽다.

성경 다른 곳의 말씀을 보라.

> "나더러 주여 주여 하는 자마다 천국에 다 들어갈 것이 아니요 다만 하늘에 계신 내 아버지의 뜻대로 행하는 자라야 들어가리라" (마 7:21)

> "예수께서 대답하여 가라사대 진실로 진실로 네게 이르노니 사람

이 거듭나지 아니하면 하나님 나라를 볼수 없느니라

니고데모가 가로되 사람이 늙으면 어떻게 날 수 있삽나이까 두번째 모태에 들어갔다가 날 수 있삽나이까

예수께서 대답하시되 진실로 진실로 네게 이르노니 사람이 물과 성령으로 나지 아니하면 하나님 나라에 들어갈 수 없느니라"(요 3:3-5)

"가라사대 진실로 너희에게 이르노니 너희가 돌이켜 어린아이들과 같이 되지 아니하면 결단코 천국에 들어가지 못하리라"(마 18:3)

"어떤 사람이 주께 와서 가로되 선생님이여 내가 무슨 선한 일을 하여야 영생을 얻으리이까

예수께서 가라사대 어찌하여 선한 일을 내게 묻느냐 선한이는 오직 한 분이시니라 네가 생명에 들어 가려면 계명들을 지키라

가로되 어느 계명이오니이까 예수께서 가라사대 살인하지 말라, 간음하지 말라, 도적질하지 말라, 거짓증거하지 말라, 네 부모를 공경하라, 네 이웃을 네 몸과 같이 사랑하라 하신 것이니라

그 청년이 가로되 이 모든 것을 내가 지키었사오니 아직도 무엇이 부족하니이까

예수께서 가라사대 네가 온전하고자 할찐대 가서 네 소유를 팔아 가난한 자들을 주라 그리하면 하늘에서 보화가 네게 있으리라 그리고 와서 나를 좇으라 하시니

그 청년이 재물이 많으므로 이 말씀을 듣고 근심하며 가니라

예수께서 제자들에게 이르시되 내가 진실로 너희에게 이르노니 부자는 천국에 들어가기가 어려우니라 다시 너희에게 말하노니 약대가 바늘귀로 들어가는 것이 부자가 하나님의 나라에 들어가는

것보다 쉬우니라 하신대

제자들이 듣고 심히 놀라 가로되 그런즉 누가 구원을 얻을 수 있으리이까

예수께서 저희를 보시며 가라사대 사람으로는 할 수 없으되 하나님으로서는 다 할 수 있느니라" (마 19:16-26)

성경 말씀의 어느 한 부분만 가지고 단정하여 말하지 말라. 학습을 시켜도 제대로 알고 가르쳐야 하는데 모두 소경들이기 때문에 성경에 기록된 말씀도 다 알지도 못할 뿐만 아니라 어느 한 곳의 표면만 가지고 자기 생각대로 사람의 말로 변질시켜서 말하고 있으니 듣는 자들에게 치명적 거짓이 되는 것이다.

이러한 거짓을 믿고 자기가 구원받은 줄 알고 마음 놓고 살다가 죽은 후에 지옥에 떨어지게 되었다면 그것이 과연 누구의 책임인가? 그래서 야고보 사도는 누구나 선생이 되지 말라 하신 것이다.

"내 형제들아 너희는 선생 된 우리가 더 큰 심판 받을 줄을 알고 많이 선생이 되지 말라" (약 3:1)

성경 말씀을 자세히 보면 절대로 구원이 쉽게 얻어질 수 없다는 사실을 알 수 있다. 한때는 많은 사람이 예수님을 찾아왔다가 예수님의 표면적인 모습만 보고, 실제로 얻을 것을 얻지 못하고 모두가 세상으로 돌아가고 말았으니 말씀의 표면만 가지고 말하며 믿는 사람들은 결코 구원에 이를 수 없을 것이다.

"제자들이 예수께 나아와 가로되 어찌하여 저희에게 비유로 말

씀하시나이까

대답하여 가라사대 천국의 비밀을 아는 것이 너희에게는 허락되었으나 저희에게는 아니되었나니

무릇 있는 자는 받아 넉넉하게 되되 무릇 없는 자는 그 있는 것도 빼앗기리라

그러므로 내가 저희에게 비유로 말하기는 저희가 보아도 보지 못하며 들어도 듣지 못하며 깨닫지 못함이니라

이사야의 예언이 저희에게 이루었으니 일렀으되 너희가 듣기는 들어도 깨닫지 못할 것이요 보기는 보아도 알지 못하리라

이 백성들의 마음이 완악하여져서 그 귀는 듣기에 둔하고 눈은 감았으니 이는 눈으로 보고 귀로 듣고 마음으로 깨달아 돌이켜 내게 고침을 받을까 두려워함이라 하였느니라 그러나 너희 눈은 봄으로, 너희 귀는 들음으로 복이 있도다"(마 13:10-16)

"말씀을 마치시고 시몬에게 이르시되 깊은데로 가서 그물을 내려 고기를 잡으라

시몬이 대답하여 가로되 선생이여 우리들이 밤이 맞도록(마츠도록) 수고를 하였으되 얻은 것이 없지마는 말씀에 의지하여 내가 그물을 내리리이다 하고

그리한즉 고기를 에운 것이 심히 많아 그물이 찢어지는지라"(눅 5:4-6)

이 새벽에 있었던 기적의 사건을 통하여 주님은 제자들에게 무엇을 깨닫게 하시려 하신 것인가? 앞으로 제자들이 주님의 일을 할 때 자기들의 얕은 지식이나 경험을 가지고 일하지 말고, 오직 성령의

깊은 은혜를 체험하고 말씀의 성령 안에서 일하여야 한다는 사실을 깨닫게 하시기 위하여 그날 새벽 고기잡이의 실패와 성공의 경험을 통하여 실제의 교육을 하셨던 것이다.

우리가 세상에서 듣고 배워서 내가 소유한 것은 모두 학습만 된 표면적인 것이요, 주님과의 교통하심 속에서 깨닫게 된 심오한 진리의 말씀이 우리를 살리는 생명의 말씀이다.

"너희가 거듭난 것이 썩어질 씨로 된 것이 아니요 썩지 아니할 씨로 된 것이니 하나님의 살아 있고 항상 있는 말씀으로 되었느니라" (벧전 1:23)

"혹이 여짜오되 주여 구원을 얻는 자가 적으니이까 저희에게 이르시되

좁은 문으로 들어가기를 힘쓰라 내가 너희에게 이르노니 들어가기를 구하여도 못하는 자가 많으리라

집 주인이 일어나 문을 한번 닫은 후에 너희가 밖에 서서 문을 두드리며 주여 열어 주소서 하면 저가 대답하여 가로되 나는 너희가 어디로서 온 자인지 알지 못하노라 하리니

그 때에 너희가 말하되 우리는 주 앞에서 먹고 마셨으며 주는 또한 우리 길거리에서 가르치셨나이다 하나

저가 너희에게 일러 가로되 나는 너희가 어디로서 왔는지 알지 못하노라 행악하는 모든 자들아 나를 떠나 가라 하리라

너희가 아브라함과 이삭과 야곱과 모든 선지자는 하나님 나라에 있고 오직 너희는 밖에 쫓겨난 것을 볼 때에 거기서 슬피 울며 이를 갊이 있으리라" (눅 13:23-28)

증인의 삶을
살아간 제자들

....

증인에게 가장 중요한 것은 자기가 직접 보고 듣고 함께 하였던 사실이 근거가 되어야 한다. 보지 못한 사람이 다른 사람에게 들은 것을 가지고는 자기가 증인이라고 말할 수 없는 것이다.

제자들은 예수님의 증인으로서 갖추어야 할 모든 자격과 지식을 다 갖춘 사람들이다. 예수님 제자들이 주님을 알고 난 이후에는 거듭나고 성령으로 충만한 영의 사람이 되었고, 무지하고 그렇게도 나약하였던 사람들이 주님을 십자가에 못 박아 죽이고 제자들마저 죽이려고 혈안이 되어 날뛰는 유대인들 앞에서 담대하게 십자가 구원의 복음을 증거하는 제자가 되었으니 아는 것과 모르는 것은 하늘과 땅 차이다.

"베드로가 열 한 사도와 같이 서서 소리를 높여 가로되 유대인들과 예루살렘에 사는 모든 사람들아 이 일을 너희로 알게 할 것이니 내 말에 귀를 기울이라

때가 제 삼시니 너희 생각과 같이 이 사람들이 취한 것이 아니라이는 곧 선지자 요엘로 말씀하신 것이니 일렀으되

하나님이 가라사대 말세에 내가 내 영으로 모든 육체에게 부어주리니 너희의 자녀들은 예언할 것이요 너희의 젊은이들은 환상을

보고 너희의 늙은이들은 꿈을 꾸리라

그 때에 내가 내 영으로 내 남종과 여종들에게 부어주리니 저희가 예언할 것이요

또 내가 위로 하늘에서는 기사와 아래로 땅에서는 징조를 베풀리니 곧 피와 불과 연기로다

주의 크고 영화로운 날이 이르기 전에 해가 변하여 어두워지고 달이 변하여 피가 되리라

누구든지 주의 이름을 부르는 자는 구원을 얻으리라 하였느니라

이스라엘 사람들아 이 말을 들으라 너희도 아는바에 하나님께서 나사렛 예수로 큰 권능과 기사와 표적을 너희 가운데서 베푸사 너희 앞에서 그를 증거하셨느니라

그가 하나님의 정하신 뜻과 미리 아신대로 내어 준바 되었거늘 너희가 법 없는 자들의 손을 빌어 못 박아 죽였으나

하나님께서 사망의 고통을 풀어 살리셨으니 이는 그가 사망에게 매여 있을 수 없었음이라

다윗이 저를 가리켜 가로되 내가 항상 내 앞에 계신 주를 뵈웠음이어 나로 요동치 않게 하기 위하여 그가 내 우편에 계시도다

이러므로 내 마음이 기뻐하였고 내 입술도 즐거워하였으며 육체는 희망에 거하리니 이는 내 영혼을 음부에 버리지 아니하시며 주의 거룩한 자로 썩음을 당치 않게 하실 것임이로다

주께서 생명의 길로 내게 보이셨으니 주의 앞에서 나로 기쁨이 충만하게 하시리로다 하였으니

형제들아 내가 조상 다윗에 대하여 담대히 말할 수 있노니 다윗이 죽어 장사되어 그 묘가 오늘까지 우리 중에 있도다

그는 선지자라 하나님이 이미 맹세하사 그 자손 중에서 한 사람

을 그 위에 앉게 하리라 하심을 알고

미리 보는 고로 그리스도의 부활하심을 말하되 저가 음부에 버림이 되지 않고 육신이 썩음을 당하지 아니하시리라 하더니

이 예수를 하나님이 살리신지라 우리가 다 이 일에 증인이로다

하나님이 오른손으로 예수를 높이시매 그가 약속하신 성령을 아버지께 받아서 너희 보고 듣는 이것을 부어 주셨느니라

다윗은 하늘에 올라가지 못하였으나 친히 말하여 가로되 주께서 내 주에게 말씀하시기를

내가 네 원수로 네 발등상 되게 하기까지 너는 내 우편에 앉았으라 하셨도다 하였으니

그런즉 이스라엘 온 집이 정녕 알찌니 너희가 십자가에 못 박은 이 예수를 하나님이 주와 그리스도가 되게 하셨느니라 하니라

저희가 이 말을 듣고 마음에 찔려 베드로와 다른 사도들에게 물어 가로되 형제들아 우리가 어찌할꼬 하거늘

베드로가 가로되 너희가 회개하여 각각 예수 그리스도의 이름으로 세례를 받고 죄 사함을 얻으라 그리하면 성령을 선물로 받으리니

이 약속은 너희와 너희 자녀와 모든 먼데 사람 곧 주 우리 하나님이 얼마든지 부르시는 자들에게 하신 것이라 하고

또 여러 말로 확증하며 권하여 가로되 너희가 이 패역한 세대에서 구원을 받으라 하니

그 말을 받는 사람들은 세례를 받으매 이 날에 제자의 수가 삼천이나 더하더라

저희가 사도의 가르침을 받아 서로 교제하며 떡을 떼며 기도하기를 전혀 힘쓰니라

사람마다 두려워하는데 사도들로 인하여 기사와 표적이 많이 나

타나니

믿는 사람이 다 함께 있어 모든 물건을 서로 통용하고

또 재산과 소유를 팔아 각 사람의 필요를 따라 나눠 주고

날마다 마음을 같이 하여 성전에 모이기를 힘쓰고 집에서 떡을 떼며 기쁨과 순전한 마음으로 음식을 먹고

하나님을 찬미하며 또 온 백성에게 칭송을 받으니 주께서 구원받는 사람을 날마다 더하게 하시니라" (행 2:14-47)

"이튿날에 관원과 장로와 서기관들이 예루살렘에 모였는데

대제사장 안나스와 가야바와 요한과 알렉산더와 및 대제사장의 문중이 다 참예하여 사도들을 가운데 세우고 묻되 너희가 무슨 권세와 뉘 이름으로 이 일을 행하였느냐 이에 베드로가 성령이 충만하여 가로되 백성의 관원과 장로들아

만일 병인에게 행한 착한 일에 대하여 이 사람이 어떻게 구원을 얻었느냐고 오늘 우리에게 질문하면

너희와 모든 이스라엘 백성들은 알라 너희가 십자가에 못 박고 하나님이 죽은자 가운데서 살리신 나사렛 예수 그리스도의 이름으로 이 사람이 건강하게 되어 너희 앞에 섰느니라

이 예수는 너희 건축자들의 버린 돌로서 집 모퉁이의 머릿돌이 되었느니라

다른이로서는 구원을 얻을 수 없나니 천하 인간에 구원을 얻을 만한 다른 이름을 우리에게 주신 일이 없음이니라 하였더라

저희가 베드로와 요한이 기탄없이 말함을 보고 그 본래 학문 없는 범인으로 알았다가 이상히 여기며 또 그 전에 예수와 함께 있던 줄도 알고

또 병 나은 사람이 그들과 함께 섰는 것을 보고 힐난할 말이 없는지라

명하여 공회에서 나가라 하고 서로 의논하여 가로되

이 사람들을 어떻게 할꼬 저희로 인하여 유명한 표적 나타난 것이 예루살렘에 사는 모든 사람에게 알려졌으니 우리도 부인할 수 없는지라

이것이 민간에 더 퍼지지 못하게 저희를 위협하여 이 후에는 이 이름으로 아무 사람에게도 말하지 말게 하자 하고

그들을 불러 경계하여 도무지 예수의 이름으로 말하지도 말고 가르치지도 말라 하니 베드로와 요한이 대답하여 가로되 하나님 앞에서 너희 말 듣는 것이 하나님 말씀 듣는 것보다 옳은가 판단하라

우리는 보고 들은 것을 말하지 아니할 수 없다 하니

관원들이 백성을 인하여 저희를 어떻게 벌할 도리를 찾지 못하고 다시 위협하여 놓아 주었으니 이는 모든 사람이 그 된 일을 보고 하나님께 영광을 돌림이러라"(행 4:5-21)

"저희를 끌어다가 공회 앞에 세우니 대제사장이 물어

가로되 우리가 이 이름으로 사람을 가르치지 말라고 엄금하였으되 너희가 너희 교를 예루살렘에 가득하게 하니 이 사람의 피를 우리에게로 돌리고자 함이로다

베드로와 사도들이 대답하여 가로되 사람보다 하나님을 순종하는 것이 마땅하니라

너희가 나무에 달아 죽인 예수를 우리 조상의 하나님이 살리시고

이스라엘로 회개케 하사 죄 사함을 얻게 하시려고 그를 오른손으로 높이사 임금과 구주를 삼으셨느니라"(행 5:27-31)

"그 때에 헤롯왕이 손을 들어 교회 중 몇 사람을 해하려 하여

요한의 형제 야고보를 칼로 죽이니

유대인들이 이 일을 기뻐하는 것을 보고 베드로도 잡으려 할새 때는 무교절일이라

잡으매 옥에 가두어 군사 넷씩인 네 패에게 맡겨 지키고 유월절 후에 백성 앞에 끌어 내고자 하더라

이에 베드로는 옥에 갇혔고 교회는 그를 위하여 간절히 하나님께 빌더라

헤롯이 잡아 내려고 하는 그 전날 밤에 베드로가 두 군사 틈에서 두 쇠사슬에 매여 누워 자는데 파숫군들이 문 밖에서 옥을 지키더니

홀연히 주의 사자가 곁에 서매 옥중에 광채가 조요하며 또 베드로의 옆구리를 쳐 깨워 가로되 급히 일어나라 하니 쇠사슬이 그 손에서 벗어지더라

천사가 가로되 띠를 띠고 신을 들메라 하거늘 베드로가 그대로 하니 천사가 또 가로되 겉옷을 입고 따라 오라 한 대

베드로가 나와서 따라갈새 천사의 하는 것이 참인줄 알지 못하고 환상을 보는가 하니라

이에 첫째와 둘째 파수를 지나 성으로 통한 쇠문에 이르니 문이 절로 열리는지라 나와 한 거리를 지나매 천사가 곧 떠나더라

이에 베드로가 정신이 나서 가로되 내가 이제야 참으로 주께서 그의 천사를 보내어 나를 헤롯의 손과 유대 백성의 모든 기대에서 벗어나게 하신줄 알겠노라 하여

깨닫고 마가라 하는 요한의 어머니 마리아의 집에 가니 여러 사람이 모여 기도하더라 베드로가 대문을 두드린대 로데라 하는 계집

아이가 영접하러 나왔다가

베드로의 음성인줄 알고 기뻐하여 문을 미처 열지 못하고 달려 들어가 말하되 베드로가 대문 밖에 섰더라 하니

저희가 말하되 네가 미쳤다 하나 계집 아이는 힘써 말하되 참말이라 하니 저희가 말하되 그러면 그의 천사라 하더라

베드로가 문 두드리기를 그치지 아니하니 저희가 문을 열어 베드로를 보고 놀라는지라

베드로가 저희에게 손짓하여 종용하게 하고 주께서 자기를 이끌어 옥에서 나오게 하던 일을 말하고 또 야고보와 형제들에게 이 말을 전하라 하고 떠나 다른 곳으로 가니라"(행 12:1-17)

"이 후에 바울이 아덴을 떠나 고린도에 이르러

아굴라라 하는 본도에서 난 유대인 하나를 만나니 글라우디오가 모든 유대인을 명하여 로마에서 떠나라 한고로 그가 그 아내 브리스길라와 함께 이달리야로부터 새로 온지라 바울이 그들에게 가매

업이 같으므로 함께 거하여 일을 하니 그 업은 장막을 만드는 것이더라

안식일마다 바울이 회당에서 강론하고 유대인과 헬라인을 권면하니라

실라와 디모데가 마게도냐로서 내려오매 바울이 하나님의 말씀에 붙잡혀 유대인들에게 예수는 그리스도라 밝히 증거하니

저희가 대적하여 훼방하거늘 바울이 옷을 떨어 가로되 너희 피가 너희 머리로 돌아갈 것이요 나는 깨끗하니라 이 후에는 이방인에게로 가리라 하고

거기서 옮겨 하나님을 공경하는 디도 유스도라 하는 사람의 집에

들어가니 그 집이 회당 옆이라

또 회당장 그리스보가 온 집으로 더불어 주를 믿으며 수다한 고린도 사람도 듣고 믿어 세례를 받더라

밤에 주께서 환상 가운데 바울에게 말씀하시되 두려워하지 말며 잠잠하지 말고 말하라

내가 너와 함께 있으매 아무 사람도 너를 대적하여 해롭게 할 자가 없을 것이니 이는 이 성중에 내 백성이 많음이라 하시더라

일년 육개월을 유하며 그들 가운데서 하나님의 말씀을 가르치니라" (행 18:1-11)

"알렉산드리아에서 난 아볼로라 하는 유대인이 에베소에 이르니 이 사람은 학문이 많고 성경에 능한 자라

그가 일찍 주의 도를 배워 열심으로 예수에 관한 것을 자세히 말하며 가르치나 요한의 세례만 알 따름이라

그가 회당에서 담대히 말하기를 시작하거늘 브리스길라와 아굴라가 듣고 데려다가 하나님의 도를 더 자세히 풀어 이르더라

아볼로가 아가야로 건너가고자 하니 형제들이 저를 장려하며 제자들에게 편지하여 영접하라 하였더니 저가 가매 은혜로 말미암아 믿은 자들에게 많은 유익을 주니

이는 성경으로써 예수는 그리스도라고 증거하여 공중 앞에서 유력하게 유대인의 말을 이김일러라" (행 18:24-28)

"내가 선한 싸움을 싸우고 나의 달려갈 길을 마치고 믿음을 지켰으니

이제 후로는 나를 위하여 의의 면류관이 예비되었으므로 주 곧

의로우신 재판장이 그 날에 내게 주실 것이니 내게만 아니라 주의 나타나심을 사모하는 모든 자에게니라" (딤후 4:7-8)

"나의 간절한 기대와 소망을 따라 아무 일에든지 부끄럽지 아니하고 오직 전과 같이 이제도 온전히 담대하여 살든지 죽든지 내 몸에서 그리스도가 존귀히 되게 하려 하나니" (빌 1:20)

제자들이 변화되고 성령 충만함을 받은 후에는 자신을 위하여 살지 아니하고, 오직 복음을 위하여 살다가 최후를 맞았으니 생명 바쳐 주님 뒤를 따라가는 충성스러운 제자들이 되었던 것이다.

네가 지금은 따라올 수 없으나
후에는 따라오리라

"소자들아 내가 아직 잠시 너희와 함께 있겠노라 너희가 나를 찾을터이나 그러나 일찍 내가 유대인들에게 너희는 나의 가는 곳에 올 수 없다고 말한 것과 같이 지금 너희에게도 이르노라

새 계명을 너희에게 주노니 서로 사랑하라 내가 너희를 사랑한 것 같이 너희도 서로 사랑하라

너희가 서로 사랑하면 이로써 모든 사람이 너희가 내 제자인줄 알리라

시몬 베드로가 가로되 주여 어디로 가시나이까 예수께서 대답하시되 나의 가는 곳에 네가 지금은 따라 올 수 없으나 후에는 따라오리라"(요 13:33-36)

예수님과 제자들의 작별 시간이 점점 다가오고 있었다. 그러나 이때까지도 제자들은 주님이 어디로 가시는지, 왜 죽으시며 또 사흘만에 다시 살아나신다는 말씀이 무엇인지 주님에 대하여 아무것도 알 수 없었고, 자기들은 제자로서 무엇을 어떻게 하여야 할지도 몰랐다.

더욱 놀라운 것은 베드로가 "주여 내가 지금은 어찌하여 따를 수 없나이까 주를 위하여 내 목숨을 버리겠나이다"라고 말하였을 때

주님이 하시는 말씀은 "네가 나를 위하여 네 목숨을 버리겠느냐 내가 진실로 진실로 네게 이르노니 닭 울기 전에 네가 세 번 나를 부인하리라"라고 말씀을 하신다. 그런데 결국 베드로는 주님이 말씀하신 대로 가장 중요한 시간에 주님을 알지 못한다고, 나는 주님과 아무 상관이 없다고 세 번씩이나 부인하였던 것이다.

"베드로가 바깥 뜰에 앉았더니 한 비자가 나아와 가로되 너도 갈릴리 사람 예수와 함께 있었도다 하거늘

베드로가 모든 사람 앞에서 부인하여 가로되 나는 네 말하는 것이 무엇인지 알지 못하겠노라 하며

앞문까지 나아가니 다른 비자가 저를 보고 거기 있는 사람들에게 말하되 이 사람은 나사렛 예수와 함께 있었도다 하매

베드로가 맹세하고 또 부인하여 가로되 내가 그 사람을 알지 못하노라 하더라

조금 후에 곁에 섰던 사람들이 나아와 베드로에게 이르되 너도 진실로 그 당이라 네 말소리가 너를 표명한다 하거늘

저가 저주하며 맹세하여 가로되 내가 그 사람을 알지 못하노라 하니 닭이 곧 울더라" (마 26:69-74)

놀라운 일이다. 베드로도 그때까지 실패하고 있었으니 베드로가 이때까지 주님을 위하여 할 수 있는 일이 아무것도 없었던 것이다.

그뿐이 아니다. 주님이 힘들게 십자가를 지고 가실 때도 주님을 대신하여 십자가를 지고 주님을 따라가지 못하고 멀찍이 주님을 따라가고 있었으니 주님의 십자가를 대신 지고 가는 한 사람은 예수님의 제자가 아닌 구레네 사람 시몬이었다.

"저희가 예수를 끌고 갈 때에 시몬이라는 구레네 사람이 시골로 서 오는 것을 잡아 그에게 십자가를 지워 예수를 좇게 하더라

또 백성과 및 그를 위하여 가슴을 치며 슬피 우는 여자의 큰 무리가 따라 오는지라 예수께서 돌이켜 그들을 향하여 가라사대 예루살렘의 딸들아 나를 위하여 울지 말고 너희와 너희 자녀를 위하여 울라

보라 날이 이르면 사람이 말하기를 수태 못하는 이와 해산하지 못한 배와 먹이지 못한 젖이 복이 있다 하리라

그때에 사람이 산들을 대하여 우리 위에 무너지라 하며 작은 산들을 대하여 우리를 덮으라 하리라"(눅 23:26-30)

제자로 부름받아서 삼 년 동안이나 주님과 함께하며 교육을 받았던 제자들은 그 누구도 주님을 대신하여 십자가를 지고 가지 못하였으니 주님이 걸어가신 그 길이 얼마나 외롭고 힘드셨을까?

어려운 일이 있을 때 평소에 가까이했던 사람들이 적극적으로 나서서 어려움을 함께 나누면 큰 위로와 힘이 될 수도 있는데, 당시 주님 곁에는 그렇게 할 사람이 아무도 없었으니 주님 홀로 땀 흘리고 피 흘리며 힘들게 걸어가신 것이다. 십자가의 길, 죄인들을 구원하시기 위하여 가시는 길이 이렇게도 외롭고 힘들고 어려웠던 길이다.

주님 가신길 (복음성가)

1. 주님 가신길 십자가의 길 외롭고도 무거웠던 길
골고다의 거친 언덕길 지치신 주님의 모습
후 오 나의 주님 용서하소서 죄인 위해 고난 받으셨네
렴 이 세상에 생명 주시길 그렇게도 원하셨던 길

2. 머리에는 가시면류관 허리에는 굵은 창자국
손과 발목 다 찔리신 지치신 주님의 모습

3. 마르는 눈물 타는 목마름 피로 찌든 십자가 위에
하늘 향해 호소하시는 버림받은 주님의 영혼

4. 우리의 생명 주께 드리네 나의 자랑 십자가일세
나의 생애 주님 가지사 주님 영광 나타내소서

온갖 수치를 당하시며 주님 홀로 외롭게 땀과 피와 눈물을 흘리시며 무거운 십자가를 지고 한 발자국, 한 발자국 힘들게 걸어가고 있을 때, 믿고 사랑하였던 제자들의 모습은 보이지 않았지만 주님은 제자들로 인하여 실망하시거나 원망하지 않으시고 끝까지 저들을 인정하시고 사랑하셨으니 이것이 주님의 변함없는 사랑이시다.

"유월절 전에 예수께서 자기가 세상을 떠나 아버지께로 돌아가실 때가 이른 줄 아시고 세상에 있는 자기 사람들을 사랑하시되 끝까

지 사랑 하시니라" (요 13:1)

주님은 아무리 우리가 연약하여 넘어지고 심지어 주님을 부인할지라도 결코 실망하거나 버리지 않으시고 끝까지 돌보시며 인정하시고 사랑하신다. 그 사랑이 우리를 구원하신 것이다. 내가 예수님을 잊고 멀리하였을 때도 하나님은 언제나 가까이하셨으며, 내가 실족하여 넘어졌을 때도 하나님은 다가오셔서 일으켜 주셨던 것이다.

주님 따라가는 길이 얼마나 어려운 길인가를 주님이 잘 아시기 때문에 우리가 지쳐서 힘들어하거나 넘어졌을 때에도 주님은 기다리시며 우리가 다시 일어날 수 있도록 도우셨던 것이다.

"자기가 시험을 받아 고난을 당하셨은 즉 시험받는 자들을 능히 도우시느니라" (히 2:18)

"이와 같이 성령도 우리 연약함을 도우시나니 우리가 마땅히 빌 바를 알지 못하나 오직 성령이 말할 수 없는 탄식으로 우리를 위하여 친히 간구하시느니라" (롬 8:26)

주님께서 이렇게 기다리며 도우셨기에 제자들이 마침내 일어서서 당당하게 자기의 십자가를 지고 주님을 따라가는 멋진 제자들이 될 수 있었던 것이다.

"그리스도의 고난이 우리에게 넘친 것 같이 우리의 위로도 그리스도로 말미암아 넘치는도다 우리가 환난 받는 것도 너희의 위로와 구원을 위함이요 혹 위로 받는 것도 너희의 위로를 위함이니 이 위로가 너희 속에 역사하여 우리가 받는 것 같은 고난을 너희도 견디게 하느니라

너희를 위한 우리의 소망이 견고함은 너희가 고난에 참예하는 자가 된 것 같이 위로에도 그러할 줄을 앎이라

형제들아 우리가 아시아에서 당한 환난을 너희가 알지 못하기를 원치 아니하노니 힘에 지나도록 심한 고생을 받아 살 소망까지 끊어지고

우리 마음에 사형 선고를 받은 줄 알았으니 이는 우리로 자기를 의뢰하지 말고 오직 죽은 자를 다시 살리시는 하나님만 의뢰하게 하심이라"(고후 1:5-9)

"내가 그리스도와 그 부활의 권능과 그 고난에 참예 함을 알려 하여 그의 죽으심을 본받아

어찌하든지 죽은 자 가운데서 부활에 이르려 하노니

내가 이미 얻었다 함도 아니요 온전히 이루었다 함도 아니라 오직 내가 그리스도 예수께 잡힌바 된 그것을 잡으려고 좇아가노라

형제들아 나는 아직 내가 잡은 줄로 여기지 아니하고 오직 한 일즉 뒤에 있는 것은 잊어버리고 앞에 있는 것을 잡으려고

푯대를 향하여 그리스도 예수 안에서 하나님이 위에서 부르신 부름의 상을 위하여 좇아가노라

그러므로 누구든지 우리 온전히 이룬 자들은 이렇게 생각할찌니 만일 무슨 일에 너희가 달리 생각하면 하나님이 이것도 너희에게 나타내시리라

오직 우리가 어디까지 이르렀든지 그대로 행할 것이라"(빌 3:10-16)

"내가 이제 너희를 위하여 받는 괴로움을 기뻐하고 그리스도의 남은 고난을 그의 몸된 교회를 위하여 내 육체에 채우노라

내가 교회 일군 된 것은 하나님이 너희를 위하여 내게 주신 경륜을 따라 하나님의 말씀을 이루려 함이니라" (골 1:24-25)

"그러므로 네가 우리 주의 증거와 또는 주를 위하여 갇힌 자 된 나를 부끄러워 말고 오직 하나님의 능력을 좇아 복음과 함께 고난을 받으라

하나님이 우리를 구원하사 거룩하신 부르심으로 부르심은 우리의 행위대로 하심이 아니요 오직 자기 뜻과 영원한 때 전부터 그리스도 예수 안에서 우리에게 주신 은혜대로 하심이라

이제는 우리 구주 그리스도 예수의 나타나심으로 말미암아 나타났으니 저는 사망을 폐하시고 복음으로써 생명과 썩지 아니할 것을 드러내신지라 내가 이 복음을 위하여 반포자와 사도와 교사로 세우심을 입었노라

이를 인하여 내가 또 이 고난을 받되 부끄러워하지 아니함은 나의 의뢰한 자를 내가 알고 또한 나의 의탁한 것을 그날까지 저가 능히 지키실 줄을 확신함이라" (딤후 1:8-12)

"내가 진실로 진실로 네게 이르노니 젊어서는 네가 스스로 띠 띠고 원하는 곳으로 다녔거니와 늙어서는 네 팔을 벌리리니 남이 네게 띠 띠우고 원치 아니하는 곳으로 데려가리라" (요 21:18)

"관제와 같이 벌써 내가 부음이 되고 나의 떠날 기약이 가까웠도다, 내가 선한 싸움을 싸우고 나의 달려갈 길을 마치고 믿음을 지켰으니 이제 후로는 나를 위하여 의의 면류관이 예비되었으므로 주 곧 의로우신 재판장이 그 날에 내게 주실 것이니

내게만 아니라 주의 나타나심을 사모하는 모든 자에게니라" (딤후
4:6-8)

서쪽 하늘 붉은 노을

1. 서쪽하늘 붉은 노을 언덕위에 비치누나 연약하신 두 어
   깨에 십자가를 생각하니
   머리에 쓴 가시관과 몸에 걸친 붉은옷에 피흘리며 걸어
   가신 영문밖의 길이라네

2. 한발자국 두발자국 걸어가는 자국마다 땀과 눈물 붉은
   피가 가득하게 고였구나
   간악하다 유대인들 포악하다 로마병정 걸음마다 자국
   마다 갖은 곤욕 보셨도다

3. 눈물없이 못 가는길 피없이는 못 가는길 영문밖의 좁은
   길이 골고다의 길이라네
   영생의 복 얻으려 이 길만을 걸어야 해 배고파도 올라가
   고 죽더라도 올라가세

4. 아픈다리 싸매주고 저는다리 고쳐주고 보지못한 눈을
   열어 영생 길을 보여주니
   온갖 고통 다하여도 제십자가 바로지고 골고다의 높은
   고개 나도가게 하옵소서

아멘

주님의 사람은 세상의 것은 아무것도 바라보지 말고 오직 주님만 바라보고 자기의 십자가를 지고 주님의 뒤를 따라가는 사람이 되고 주님만이 내가 사는 삶의 전부가 되어야 한다. 그렇게 살 수 있는 사람은 참으로 복 된 사람이다.

"예수께서 가라사대 나는 부활이요 생명이니 나를 믿는 자는 죽어도 살겠고 무릇 살아서 나를 믿는 자는 영원히 죽지 아니하리니 이것을 네가 믿느냐"(요 11:25-26)

"우리 중에 누구든지 자기를 위하여 사는 자가 없고 자기를 위하여 죽는 자도 없도다 우리가 살아도 주를 위하여 살고 죽어도 주를 위하여 죽나니

그러므로 사나 죽으나 우리가 주의 것이로라 이를 위하여 그리스도께서 죽었다가 다시 살으셨으니 곧 죽은 자와 산 자의 주가 되려 하심이니라"(롬 14:7-9)

* 나를 위하여 십자가에 못 박혀 죽으시고 그 은혜로 우리가 의롭다 하심을 얻었으니 고난받으신 주님을 생각하면 주님 따라가는 길이 제아무리 힘들어도 감사할 뿐이고,

"그러므로 우리가 믿음으로 의롭다 하심을 얻었은즉 우리 주 예수 그리스도로 말미암아 하나님으로 더불어 화평을 누리자

또한 그로 말미암아 우리가 믿음으로 서 있는 이 은혜에 들어감을 얻었으며 하나님의 영광을 바라고 즐거워하느니라

다만 이뿐 아니라 우리가 환난 중에도 즐거워하나니 이는 환난은

인내를,

　인내는 연단을, 연단은 소망을 이루는 줄 앎이로다

　소망이 부끄럽게 아니함은 우리에게 주신 성령으로 말미암아 하나님의 사랑이 우리 마음에 부은바 됨이니

　우리가 아직 연약할 때에 기약대로 그리스도께서 경건치 않은 자를 위하여 죽으셨도다" (롬 5:1-6)

*사망 권세를 이기시고 부활하신 주님을 바라보면 우리의 원수인 사단과 죽음의 권세가 결코 두렵지 아니하며,

　"여호와여 나의 대적이 어찌 그리 많은지요 일어나 나를 치는 자가 많소이다

　많은 사람이 있어 나를 가리켜 말하기를 저는 하나님께 도움을 얻지 못한다 하나이다(셀라)

　여호와여 주는 나의 방패시요 나의 영광이시요 나의 머리를 드시는 자니이다

　내가 나의 목소리로 여호와께 부르짖으니 그 성산에서 응답하시는도다(셀라)

　내가 누워 자고 깨었으니 여호와께서 나를 붙드심이로다

　천만인이 나를 둘러치려 하여도 나는 두려워 아니하리이다" (시 3:1-6)

　"하나님이여 나를 긍휼히 여기소서 사람이 나를 삼키려고 종일 치며 압제하나이다

　나의 원수가 종일 나를 삼키려 하며 나를 교만히 치는 자 많사오니

　내가 두려워하는 날에는 주를 의지하리이다

내가 하나님을 의지하고 그 말씀을 찬송하올찌라 내가 하나님을 의지하였은즉 두려워 아니하리니 혈육 있는 사람이 내게 어찌하리이까"(시 56:1-4)

*승천하여 영광의 보좌에 앉아계신 주님을 바라보고 이후에 우리에게 주어질 영광을 생각하면 어떠한 고난이라도 감사히 여기며 살아갈 수가 있고,

"성령이 친히 우리 영으로 더불어 우리가 하나님의 자녀인 것을 증거하시나니
자녀이면 또한 후사 곧 하나님의 후사요 그리스도와 함께한 후사니 우리가 그와 함께 영광을 받기 위하여 고난도 함께 받아야 될 것이니라
생각건대 현재의 고난은 장차 우리에게 나타날 영광과 족히 비교할 수 없도다"(롬 8:16-18)

그저 모든 것이 감사, 감사, 감사뿐이니, 이렇게 사는 사람에게 십자가는 결코 고난의 십자가가 아니라 특별한 사람에게만 허락된 영광과 승리의 십자가라는 사실을 깨닫게 되니 이것이 우리 기독교의 핵심 진리인 것이다.
이렇게 귀한 복음을 전하지 않고 율법의 무거운 짐을 지우거나 값싼 쓰레기로 변질시켜 세상 헛된 욕망에 눈멀게 하는 거짓된 소경들아 장차 다가올 주님의 그 무서운 진노를 어떻게 피할 수 있겠는가?

"그리스도께서 우리로 자유케 하려고 자유를 주셨으니 그러므로

굳세게 서서 다시는 종의 멍에를 메지 말라

보라 나 바울은 너희에게 말하노니 너희가 만일 할례를 받으면 그리스도께서 너희에게 아무 유익이 없으리라

내가 할례를 받는 각 사람에게 다시 증거하노니 그는 율법 전체를 행할 의무를 가진 자라

율법 안에서 의롭다 함을 얻으려 하는 너희는 그리스도에게서 끊어지고 은혜에서 떨어진 자로다 우리가 성령으로 믿음을 좇아 의의 소망을 기다리노니

그리스도 예수 안에서는 할례나 무할례가 효력이 없되 사랑으로써 역사하는 믿음 뿐이니라

너희가 달음질을 잘하더니 누가 너희를 막아 진리를 순종치 않게 하더냐

그 권면이 너희를 부르신 이에게서 난 것이 아니라

적은 누룩이 온 덩이에 퍼지느니라

나는 너희가 아무 다른 마음도 품지 아니할 줄을 주 안에서 확신하노라

그러나 너희를 요동케 하는 자는 누구든지 심판을 받으리라" (갈 5:1-10)

"또 내가 보니 죽은 자들이 무론 대소하고 그 보좌 앞에 섰는데 책들이 펴있고 또 다른 책이 펴졌으니 곧 생명책이라 죽은 자들이 자기 행위를 따라 책들에 기록된 대로 심판을 받으니

바다가 그 가운데서 죽은 자들을 내어주고 또 사망과 음부도 그 가운데서 죽은 자들을 내어주매 각 사람이 자기의 행위대로 심판을 받고

사망과 음부도 불 못에 던지우니 이것은 둘째 사망 곧 불 못이라

누구든지 생명책에 기록되지 못한 자는 불 못에 던지우더라"(계 20:12-15)

"내가 복음을 부끄러워하지 아니하노니 이 복음은 모든 믿는 자에게 구원을 주시는 하나님의 능력이 됨이라 첫째는 유대인에게요 또한 헬라인에게로다

복음에는 하나님의 의가 나타나서 믿음으로 믿음에 이르게 하나니 기록된 바 오직 의인은 믿음으로 말미암아 살리라 함과 같으니라

하나님의 진노가 불의로 진리를 막는 사람들의 모든 경건치 않음과 불의에 대하여 하늘로 좇아 나타나나니"(롬 1:16-18)

"우리는 진리를 거스려 아무것도 할 수 없고 오직 진리를 위할 뿐이니

우리가 약할 때에 너희의 강한 것을 기뻐하고 또 이것을 위하여 구하니

곧 너희의 온전하게 되는 것이라"(고후 13:8-9)

"누구든지 다른 교훈을 하며 바른말 곧 우리 주 예수 그리스도의 말씀과 경건에 관한 교훈에 착념치 아니하면

저는 교만하여 아무것도 알지 못하고 변론과 언쟁을 좋아하는 자니 이로써 투기와 분쟁과 훼방과 악한 생각이 나며

마음이 부패하여지고 진리를 잃어버려 경건을 이익의 재료로 생각하는 자들의 다툼이 일어나느니라

그러나 지족하는 마음이 있으면 경건이 큰 이익이 되느니라

우리가 세상에 아무것도 가지고 온 것이 없으매 또한 아무것도 가지고 가지 못하리니 우리가 먹을 것과 입을 것이 있은즉 족한 줄로 알 것이니라

부하려 하는 자들은 시험과 올무와 여러 가지 어리석고 해로운 정욕에 떨어지나니 곧 사람으로 침륜과 멸망에 빠지게 하는 것이라

돈을 사랑함이 일만 악의 뿌리가 되나니 이것을 사모하는 자들이 미혹을 받아 믿음에서 떠나 많은 근심으로써 자기를 찔렀도다

오직 너 하나님의 사람아 이것들을 피하고 의와 경건과 믿음과 사랑과 인내와 온유를 좇으며

믿음의 선한 싸움을 싸우라 영생을 취하라 이를 위하여 네가 부르심을 입었고 많은 증인 앞에서 선한 증거를 증거하였도다" (딤전 6:3-12)

"네가 이것을 알라 말세에 고통하는 때가 이르리니

사람들은 자기를 사랑하며 돈을 사랑하며 자긍하며 교만하며 훼방하며 부모를 거역하며 감사치 아니하며 거룩하지 아니하며

무정하며 원통함을 풀지 아니하며 참소하며 절제하지 못하며 사나우며 선한 것을 좋아 아니하며

배반하여 팔며 조급하며 자고하며 쾌락을 사랑하기를 하나님 사랑하는 것보다 더하며 경건의 모양은 있으나 경건의 능력은 부인하는 자니 이같은 자들에게서 네가 돌아서라 저희 중에 남의 집에 가만히 들어가 어리석은 여자를 유인하는 자들이 있으니 그 여자는 죄를 중히 지고 여러가지 욕심에 끌린바 되어

항상 배우나 마침내 진리의 지식에 이를 수 없느니라

얀네와 얌브레가 모세를 대적한 것 같이 저희도 진리를 대적하니

이 사람들은 그 마음이 부패한 자요 믿음에 관하여는 버리운 자들이라"(딤후 3:1-8)

"내가 내 파수하는 곳에 서며 성루에 서리라 그가 내게 무엇이라 말씀하실는지 기다리고 바라보며 나의 질문에 대하여 어떻게 대답하실는지 보리라 그리하였더니

여호와께서 내게 대답하여 가라사대 너는 이 묵시를 기록하여 판에 명백히 새기되 달려 가면서도 읽을 수 있게 하라

이 묵시는 정한 때가 있나니 그 종말이 속히 이르겠고 결코 거짓되지 아니하리라 비록 더딜찌라도 기다리라 지체되지 않고 정녕 응하리라

보라 그의 마음은 교만하며 그의 속에서 정직하지 못하니라 그러나 의인은 그 믿음으로 말미암아 살리라"(합 2:1-4)

여호와의 말씀이 이렇게 명백하게 기록되었거늘 알지 못하는 것은 모두가 소경인 까닭이며 무지의 탓이요, 육의 욕망에 미혹되어 있기 때문이다.

베드로가 실패하니
주님이 말씀하셨다

....

"말씀을 마치시고 시몬에게 이르시되 깊은 데로 가서 그물을 내려 고기를 잡으라

시몬이 대답하여 가로되 선생이여 우리들이 밤이 맞도록 수고를 하였으되 얻은 것이 없지마는 말씀에 의지하여 내가 그물을 내리리이다 하고

그리한즉 고기를 에운 것이 심히 많아 그물이 찢어지는지라

이에 다른 배에 있는 동무를 손짓하여 와서 도와달라 하니 저희가 와서 두 배에 채우매 잠기게 되었더라" (눅 5:4-7)

"예수께서 이르시되 얘들아 너희에게 고기가 있느냐 대답하되 없나이다

가라사대 그물을 배 오른편에 던지라 그리하면 얻으리라 하신대 이에 던졌더니 고기가 많아 그물을 들 수 없더라

예수의 사랑하시는 그 제자가 베드로에게 이르되 주시라 하니 시몬 베드로가 벗고 있다가 주라 하는 말을 듣고 겉옷을 두른 후에 바다로 뛰어 내리더라" (요 21:5-7)

베드로는 갈릴리 호수에서 고기잡이를 생업으로 하였던 전문 어

부 출신이다. 그런데 왜 그 날밤에 한 마리의 고기도 잡지 못하였을까? 밤새도록 한 마리의 고기도 잡지 못한 철저한 실패 뒤에 주님의 음성이 들려온다.

'깊은 데로 가서 그물을 내려 고기를 잡으라.'

'얘들아, 너희에게 고기가 있느냐 대답하되 없나이다 가라사대 그물을 배 오른편에 던지라 그리하면 얻으리라.'

베드로가 주님의 말씀을 듣고 자신의 생각과 판단을 다 내려놓고 주님의 말씀에 순종하였을 때 그 결과는 지금까지 경험해 보지 못한, 한 번 던진 그물에 두 배에 채울 만큼 많은 고기가 잡혔던 것이다. 주님의 말씀 속에는 언제나 기적, 기적, 기적이 따랐는데 이러한 일을 통하여 제자들이 주님에 대한 지식과 믿음이 조금씩 싹트기 시작하였던 것이다.

베드로의 실패에서 얻은 지식은 내가 아무리 많은 경험과 지식이 있어도 나의 것은 아무것도 아님을 깨닫게 하여 겸손하게 하며 주님의 말씀에 귀를 기울이게 한다.

우리가 항상 주님의 말씀을 배우나 진리에 이르지 못하는 이유는 무엇일까? 예수님의 제자들도 주님의 말씀을 듣고 주님이 행하시는 이적을 보면서 주님을 따라다니고 있었지만, 베드로를 비롯한 모든 제자가 주님 따라가는 일에 실패를 거듭할 수밖에 없었으니 이것이 육의 몸으로 영의 주님을 따라가는 우리의 한계요, 학습된 지식과 학습된 믿음의 한계이다.

이 실패를 통해서 우리는 내 것을 모두 내려놓고 주님만 바라보고 나아가야 한다. 주님의 일, 영적인 일은 내 것으로 할 수 있는 일이 아니라 주님의 말씀으로만 할 수 있는 것이다.

베드로가 때로는 주님에 대한 올바른 고백을 함으로써 주님으로부터 인정도 받고, 칭찬도 받았던 사람이다. 그러나 그 후에 베드로가 주님으로부터 무슨 말씀을 들었는가?

"예수께서 가이사랴 빌립보 지방에 이르러 제자들에게 물어 가라사대 사람들이 인자를 누구라 하느냐
가로되 더러는 세례 요한, 더러는 엘리야, 어떤이는 예레미야나 선지자 중의 하나라 하나이다
가라사대 너희는 나를 누구라 하느냐
시몬 베드로가 대답하여 가로되 주는 그리스도시요 살아계신 하나님의 아들이시니이다
예수께서 대답하여 가라사대 바요나 시몬아 네가 복이 있도다 이를 네게 알게 한 이는 혈육이 아니요 하늘에 계신 내 아버지시니라
또 내가 네게 이르노니 너는 베드로라 내가 이 반석 위에 내 교회를 세우리니 음부의 권세가 이기지 못하리라" (마 16:13-18)

이때만 보면 베드로의 지식과 믿음이 완벽해 보이고 학습적으로는 만점이었다. 그러나 베드로는 사단의 앞잡이가 되어서 사단의 말을 주님 앞에 전하기도 하였다.

"베드로가 예수를 붙들고 간하여 가로되 주여 그리 마옵소서 이 일이 결코 주에게 미치지 아니하리이다
예수께서 돌이키시며 베드로에게 이르시되 사단아 내 뒤로 물러가라 너는 나를 넘어지게 하는 자로다 네가 하나님의 일을 생각지 아니하고 도리어 사람의 일을 생각하는도다 하시고" (마 16:22-23)

"베드로가 대답하여 가로되 다 주를 버릴찌라도 나는 언제든지 버리지 않겠나이다

예수께서 가라사대 내가 진실로 네게 이르노니 오늘밤 닭 울기 전에 네가 세번 나를 부인하리라

베드로가 가로되 내가 주와 함께 죽을찌언정 주를 부인하지 않겠나이다 하고 모든 제자도 이와 같이 말하니라" (마 26:33-35)

베드로의 고백만 들어보면 얼마나 훌륭한가? 아무것도 나무랄 것이 없는 완벽한 고백이었고 완벽한 사람으로 보인다. 제자로서의 모든 준비가 완벽하게 되어있는 듯하다.

그러나 실제는 그러하지 못하고 처참하였다.

"베드로가 바깥 뜰에 앉았더니 한 비자가 나아와 가로되 너도 갈릴리 사람 예수와 함께 있었도다 하거늘

베드로가 모든 사람 앞에서 부인하여 가로되 나는 네 말하는 것이 무엇인지 알지 못하겠노라 하며

앞문까지 나아가니 다른 비자가 저를 보고 거기 있는 사람들에게 말하되 이 사람은 나사렛 예수와 함께 있었도다 하매

베드로가 맹세하고 또 부인하여 가로되 내가 그 사람을 알지 못하노라 하더라

조금 후에 곁에 섰던 사람들이 나아와 베드로에게 이르되 너도 진실로 그 당이라 네 말소리가 너를 표명한다 하거늘

저가 저주하며 맹세하여 가로되 내가 그 사람을 알지 못하노라 하니 닭이 곧 울더라 이에 베드로가 예수의 말씀에 닭 울기 전에 네가 세 번 나를 부인하리라 하심이 생각나서 밖에 나가서 심히 통

곡하니라" (마 26:69-75)

베드로의 실패한 모습이 나의 모습이다. 나는 잘할 수 있다고 언제나 호언장담하며 살아왔고, 언제나 자신만만하여 믿음이 아주 좋은 사람처럼 보였다. 말로 자신 있게 고백을 하였다고 해서 주님이 그대로 받으시고 인정하시는 것이 절대로 아니다.

내가 어떠한 사람이라는 것을 나 자신은 알지 못하나 주님은 다 알고 계신다. 본래의 내 모습은 칭찬으로, 거짓된 믿음으로, 위선으로, 공로로, 자랑으로 철저하게 포장이 되어있어서 자기 자신도 자기의 진짜 모습을 알지 못하는 것이다. 우리가 주님 앞에서 회개하고 믿음의 사람이 되고 주님의 일꾼이 되었다고 하지만, 여러 가지로 위장되어 있고 나의 거짓된 옛사람은 깊이 숨겨져 있을 뿐이다.

베드로가 닭 우는 소리를 듣고 예수님의 말씀이 생각이 나서 '나'라는 존재가 이렇게 형편없고 보잘것없는 사람이라는 사실을 깨닫고 주님 앞에서 철저하게 회개한 후에 부활의 주님을 만났을 때 비로소 주님과 하나가 될 수 있었던 것이다.

베드로가 그 이전에는 자신이 어떤 사람인지 자기도 알지 못하여 주님 앞에서 언제나 자신이 넘쳐있었던 것이다. 그러한 자신과 열정도 나를 철저하게 위장하는 포장지가 되어서 나를 숨기고 있었던 것이다.

그러한 것으로 위장된 것은 주님을 따라가는데 아무런 도움이 되지 않았고, 오히려 실패하고 망신만 당하게 되며 자신을 부끄럽게 하고 넘어지게 하였으니 이러한 실패의 경험은 우리에게도 반드시 필요한 과정이기도 하다.

베드로가 자신의 실패를 통하여 깨달은 진리는 아주 값진 것이었으니 결코 무익하고 헛된 것이 아니라 반드시 경험하고 깨달은 후에 모두 벗어버려야 할 쓰레기들이었던 것이다. 사람은 누구든지 자신이 실패하고 넘어진 경험이 없이는 자신의 참모습을 알지 못하는데, 그것은 철저하게 포장되어 있기 때문이다.

우리가 주님을 따라가는 일이 결코 나의 의지나 열정만 가지고 되는 것이 아니다. 베드로가 주님을 모른다고 세 번째로 부인하게 된 직후 닭 우는 소리가 베드로의 귀에 들렸고, 주님의 말씀이 생각나서 밖으로 나가서 통곡하였다. 여기에서 숨겨졌던 거짓된 자신의 모습을 발견했고, 주님의 말씀을 깨닫게 되었으니 가장 중요한 순간이었다.

사람마다 철저히 자신을 위선으로 포장하고 있어서 아직도 회개하지 못하고 있으니 십자가의 주님 앞에서 철저하게 깨어지지 않은 사람은 온전한 회개를 이루지 못한 사람이다.

"화 있을찐저 외식하는 서기관들과 바리새인들이여 잔과 대접의 겉은 깨끗이 하되 그 안에는 탐욕과 방탕으로 가득하게 하는도다

소경된 바리새인아 너는 먼저 안을 깨끗이 하라 그리하면 겉도 깨끗하리라

화 있을찐저 외식하는 서기관들과 바리새인들이여 회칠한 무덤 같으니 겉으로는 아름답게 보이나 그 안에는 죽은 사람의 뼈와 모든 더러운 것이 가득하도다

이와 같이 너희도 겉으로는 사람에게 옳게 보이되 안으로는 외식

과 불법이 가득하도다" (마 23:25-28)

주님 앞에서 우리는 보잘것없는 자신을 발견하고 통곡하여야 한다. 나의 자신감이 주님의 말씀을 듣지 못하게 하였고, 언제나 호언장담하며 살았던 삶이 나의 보잘것없고 거짓된 내 모습을 감싸고 있어서 가련한 나의 참모습을 알지 못하게 하였던 것이다. 사람들이 얼마나 철저하게 위장되어 있는지 그 위장의 겉옷을 벗어버릴 때 나의 참모습이 보이고 주님이 보이는 것이다.

거짓된 믿음, 지식, 명성, 재물, 공로, 경험, 성취, 이러한 것들로 철저하게 위장되어 있는 것이 오늘날 목사들의 모습이고 교회 중직자들의 모습이다. 이러한 사람들은 아직 주님을 만나지 못한 사람이며, 주님의 말씀을 듣지 못하는 사람들이며, 회개하지 못하면 앞으로도 주님을 만나지 못할 사람들이다. 주님 앞에서 이러한 것들로 위장하고 있으니 지금까지 주님과 하나 되지 못한 것이다.

주님 앞에서 우리의 자신만만한 말과 행동보다는 언제나 자신의 부족함을 깨닫고 머리 숙이고 겸손한 마음으로 주님의 말씀을 듣고 묵묵히 주님을 따라갈 수 있는 자세가 반드시 필요한 것이다.

그런데 왜 우리는 내가 무엇이든지 할 수 있는 대단한 사람이라고 주장하였던 것인가? 믿음이 있으니 다 할 수 있다고 했는데, 그것은 믿음이 아니고 망상이었던 것이다. 믿음을 올바르게 알지 못하면 그 잘못된 믿음으로 오히려 크게 고통을 당하고 하나님의 영광을 가리게 되니 그것이 사단이 가져다준 거짓 믿음인 것이다.

주님은 이렇게 자신만만하여 앞장서려는 그런 사람을 택하여 쓰시는 것이 아니라 언제나 자신의 부족함을 깨닫고 겸손하여 주님만 의지하는 사람을 그의 일꾼으로 사용하셨다.

"시몬 베드로가 이를 보고 예수의 무릎 아래 엎드려 가로되 주여
나를 떠나소서 나는 죄인이로소이다 하니" (눅 5:8)

처절한 실패를 경험하고 거짓된 믿음을 버리고, 자신의 거짓됨과
나약함과 무능을 깨닫고 통회자복 하며 나의 것은 무엇이든지 내던
져버리고 겸손하게 주님만 의지하고 따라갈 때 주님이 나를 붙잡아
사용하시는 것이다.

사람이 실패하여야 예수님이 일하시고 내 모습이 사라져야 주님
이 보이는 것이다. 그동안 '나'라는 존재가 주님과 나 사이를 가로막
고 있어서 주님이 보이지 않았던 것이고, 말씀이 들리지 않았던 것
이다.

"배에 오르시매 제자들이 좇았더니
바다에 큰 놀이 일어나 물결이 배에 덮이게 되었으되 예수는 주
무시는지라
그 제자들이 나아와 깨우며 가로되 주여 구원하소서 우리가 죽
겠나이다
예수께서 이르시되 어찌하여 무서워하느냐 믿음이 적은 자들아 하
시고 곧 일어나사 바람과 바다를 꾸짖으신대 아주 잔잔하게 되거늘
그 사람들이 기이히 여겨 가로되 이 어떠한 사람이기에 바람과
바다도 순종하는고 하더라" (마 8:23-27)

"무리를 보내신 후에 기도하러 따로 산에 올라가시다 저물매 거

기 혼자 계시더니

배가 이미 육지에서 수리나 떠나서 바람이 거슬리므로 물결을 인하여 고난을 당하더라 밤 사경에 예수께서 바다 위로 걸어서 제자들에게 오시니

제자들이 그 바다 위로 걸어 오심을 보고 놀라 유령이라 하며 무서워하여 소리지르거늘 예수께서 즉시 일러 가라사대 안심하라 내니 두려워 말라

베드로가 대답하여 가로되 주여 만일 주시어든 나를 명하사 물위로 오라 하소서 한 대 오라 하시니 베드로가 배에서 내려 물 위로 걸어서 예수께로 가되 바람을 보고 무서워 빠져 가는지라 소리질러 가로되 주여 나를 구원하소서 하니

예수께서 즉시 손을 내밀어 저를 붙잡으시며 가라사대 믿음이 적은 자여 왜 의심하였느냐 하시고

배에 함께 오르매 바람이 그치는지라

배에 있는 사람들이 예수께 절하며 가로되 진실로 하나님의 아들이로소이다 하더라" (마 14:23-33)

"베드로가 대답하여 가로되 주여 만일 주시어든 나를 명하사 물위로 오라 하소서"

이때 베드로의 믿음이 얼마나 훌륭해 보이는가? 그러나 베드로의 믿음은 결코 바다 위로 걸어갈 수 있는 믿음이 아니었다. 우리가 이렇게 실패할 수밖에 없는 것은 아직 온전한 믿음을 가지지 못하였는데도 내가 믿음으로 무엇이든 다 할 수 있다고 생각하고 있었는데, 그것이 거짓된 믿음이었던 것이다. 자기가 믿음이 좋은 사람이라 착각하지 말라 그것은 믿음이 아니다.

"예수께서 대답하여 가라사대 믿음이 없고 패역한 세대여 내가 얼마나 너희와 함께 있으며 얼마나 너희를 참으리요 그를 이리로 데려오라 하시다

이에 예수께서 꾸짖으시니 귀신이 나가고 아이가 그때부터 나으니라

이때에 제자들이 종용히 예수께 나아와 가로되 우리는 어찌하여 쫓아내지 못하였나이까 가라사대 너희 믿음이 적은 연고니라 진실로 너희에게 이르노니 너희가 만일 믿음이 한 겨자씨만큼만 있으면 이 산을 명하여 여기서 저기로 옮기라 하여도 옮길 것이요 또 너희가 못할 것이 없으리라" (마 17:17-20)

우리가 믿음이 있다고 말은 하고 있으나 실상 우리가 가진 믿음은 온전한 믿음이 아니다. 그것은 검증되지 않은 믿으면 된다고 지식으로만 학습된 쓰레기 같은 것이다. 참된 믿음은 우리 자신에게서 나온 것이 아니고 오직 예수님과의 교통함이 이루어진 사람들이 주님에 대하여 온전한 지식을 가지게 되었을 때 가지게 된 믿음이다.

내 속에서 나온 것은 무엇이든 다 버리고 오직 주님의 것으로 채워지게 되었을 때 참된 믿음과 복음의 능력이 나타나게 되는 것이다. 우리를 망하게 하는 것은 모두가 내 속에서 나온 것들이고, 나를 살리는 것은 모두 주님으로부터 주어진 것들이다.

"그리스도께서 약하심으로 십자가에 못 박히셨으나 오직 하나님의 능력으로 살으셨으니 우리도 저의 안에서 약하나 너희를 향하여 하나님의 능력으로 저와 함께 살리라 너희가 믿음에 있는가, 너희 자신을 시험하고 너희 자신을 확증하라 예수 그리스도께서 너

희 안에 계신 줄을 너희가 스스로 알지 못하느냐 그렇지 않으면 너
희가 버리운 자니라" (고후 13:4-5)

"그러므로 땅에 있는 지체를 죽이라 곧 음란과 부정과 사욕과 악
한 정욕과 탐심이니 탐심은 우상 숭배니라 이것들을 인하여 하나님
의 진노가 임하느니라

너희도 전에 그 가운데 살 때에는 그 가운데서 행하였으나 이제
는 너희가 이 모든 것을 벗어버리라

곧 분과 악의와 훼방과 너희 입의 부끄러운 말이라 너희가 서로 거
짓말을 말라 옛 사람과 그 행위를 벗어버리고 새 사람을 입었으니

이는 자기를 창조하신 자의 형상을 좇아 지식에까지 새롭게 하심
을 받는 자니라" (골 3:5-10)

모세야 모세야,
모세를 부르시는 하나님

....

"모세가 그 장인 미디안 제사장 이드로의 양무리를 치더니 그 무리를 광야 서편으로 인도하여 하나님의 산 호렙에 이르매

여호와의 사자가 떨기나무 불꽃 가운데서 그에게 나타나시니라 그가 보니 떨기나무에 불이 붙었으나 사라지지 아니하는지라

이에 가로되 내가 돌이켜 가서 이 큰 광경을 보리라 떨기나무가 어찌하여 타지 아니하는고 하는 동시에

여호와께서 그가 보려고 돌이켜 오는 것을 보신지라 하나님이 떨기나무 가운데서 그를 불러 가라사대 모세야 모세야 하시매 그가 가로되 내가 여기 있나이다

하나님이 가라사대 이리로 가까이 하지 말라 너의 선 곳은 거룩한 땅이니 네 발에서 신을 벗으라

또 이르시되 나는 네 조상의 하나님이니 아브라함의 하나님, 이삭의 하나님, 야곱의 하나님이니라 모세가 하나님 뵈옵기를 두려워하여 얼굴을 가리우매

여호와께서 가라사대 내가 애굽에 있는 내 백성의 고통을 정녕히 보고 그들이 그 간역자로 인하여 부르짖음을 듣고 그 우고를 알고

내가 내려와서 그들을 애굽인의 손에서 건져내고 그들을 그 땅에서 인도하여 아름답고 광대한 땅, 젖과 꿀이 흐르는 땅 곧 가나안

족속, 헷 족속, 아모리 족속, 브리스 족속, 히위 족속, 여부스 족속의 지방에 이르려 하노라" (출 3:1-8)

"이제 내가 너를 바로에게 보내어 너로 내 백성 이스라엘 자손을 애굽에서 인도하여 내게 하리라 모세가 하나님께 고하되 내가 누구관대 바로에게 가며 이스라엘 자손을 애굽에서 인도하여 내리이까"

모세의 나이가 팔십이 되어 이미 늙었으니 이스라엘 백성들을 애굽에서 인도하여 이끌어 가야 하는 지도자로서는 모든 면에서 적당치 않은 때에 하나님이 찾아오셔서 이렇게 말씀을 하셨던 것이다.

모세는 자신이 지난날의 실패도 경험하였고, 이미 나이도 많아서 하나님의 명을 수행할 수 있는 적격자가 아니라는 사실을 스스로 잘 알고 있었다. 그런데 하나님이 모세에게 애굽의 바로와 그의 백성에게 가라는 것이다.

그때 모세의 반응을 보면 **"내가 누구관대 바로에게 갑니까?"**라고 반문한다. 모세의 심중에는 자기는 살인자로서 숨어 살고 있는 사람이고, 이미 늙어서 이제는 아무것도 할 수 없는 나이가 되었고, 이뿐만 아니라 바로나 그의 백성들은 절대로 자기 말을 들을 사람들이 아니라는 사실을 잘 알고 있었기에 하나님 앞에서 '나는 못 가요. 안 돼요. 저는 절대 적임자가 아니에요, 보낼만한 자를 보내세요.'라고 하였던 것이다.

모세는 이미 자기 민족에 대한 꿈과 희망을 오래전에 포기하고 모든 것을 잊고 살아가고 있을 때이었다. 이제는 자신감도 상실했고, 젊음과 용기도 없고, 자기 민족을 위하여 일하고 싶은 마음도 사라졌고, 자신이 할 수 있는 일이 아무것도 없다고 생각하고 있었던 것이다.

그런데 그때에 하나님이 모세를 찾아오셔서 바로에게 보내신 것이다. 하나님의 생각과 사람의 생각은 언제나 다르다. 그런데 사람들은 자기의 생각을 하나님의 뜻인 것처럼 말할 때가 많이 있으니 절대로 그렇지 않다.

"여호와의 말씀에 내 생각은 너희 생각과 다르며 내 길은 너희 길과 달라서 하늘이 땅보다 높음같이 내 길은 너희 길보다 높으며 내 생각은 너희 생각보다 높으니라"(사 55:8-9)

사람의 지식과 젊음, 육신의 힘과 세상적인 배경들은 하나님의 일에 오히려 많은 장애가 되며, 그러한 것들이 성령을 의지하지 않고 무엇이든 자기 마음대로 하려고 하기 때문에 이러한 사람들은 하나님의 일에 부적격자가 되는 것이다.

하나님의 일을 망쳐놓은 사람들이 누구인가? 모두가 하나같이 하나님이 부르시기도 전에 스스로 나가서 자기 생각대로 교회를 세워 나가고 있는 사람들이다. 그들이 오늘날 하나님의 교회를 자기 생각대로 엉망으로 만들어 놓은 것이다. 그럼에도 불구하고 그들은 교회가 외형적으로 크게 성장하고 예배당만 웅장하게 지어놓으면 하나님의 뜻을 운운하면서 하나님이 함께하시므로 오늘날 이렇게 할 수 있었다고 말한다.

세상 교회는 사람의 생각과 사람의 방법으로 이루어진 교회들도 많이 있으니 이러한 것들이 모두 잘못된 것이라고 생각하면 틀림이 없다. '나는 아무것도 할 수 없으니 주님이 하십시오.' 하고 내 것을 완전히 포기하고 내 생각과 자신감도 모두 내려놓고 오로지 주님의 말씀만 듣고 주님을 따를 수 있을 때 하나님의 일을 할 수 있는 적기가 되는 것이다. 내가 실패해야 주님이 일하시고, 내가 가지고 있는 모든 것을 버려야 주님의 것을 가지고 주의 일을 할 수 있는 것이다.

바리새인 서기관들은 모두 잘난 척하는 사람들뿐이었다. 그들은 스스로 자기들은 모든 것을 다 지키는 완벽한 의인이라고 생각하고 있었다. 그래서 그들은 주님도 거부하고 주님의 말씀을 비난하면서 주님의 것은 아무것도 받아들이지 않았던 것이다.

바울은 예수님을 만난 후에 **"나는 죄인 중의 괴수니라."**라고 고백하였다.

예수님 만나기 전에는 완벽한 의인이요, 유대교 지도자 중에서도 모범 된 사람으로 흠이 없고 자랑할 것만 있었던 사람이 예수님을 만난 후에는 그 많은 자랑거리가 모두 배설물같이 보여서 다 버리고 나는 죄인 중의 괴수라고 고백하였던 것이다.

주님이 보이고 주님을 아는 사람들은 자기 자랑하지 않고 주님 자랑밖에는 아무것도 없으니 주님 공로에 비하면 내 것은 모두 더럽고 추하고 악하고 냄새나는 모두 버려야 할 쓰레기일 뿐이다.

"우리 주의 은혜가 그리스도 예수 안에 있는 믿음과 사랑과 함께 넘치도록 풍성하였도다 미쁘다 모든 사람이 받을만한 이 말이여 그리스도 예수께서 죄인을 구원하시려고 세상에 임하셨다 하였도다 죄인 중에 내가 괴수니라 그러나 내가 긍휼을 입은 까닭은 예수 그리스도께서 내게 먼저 일절 오래 참으심을 보이사 후에 주를 믿

어 영생 얻는 자들에게 본이 되게 하려 하심이니라" (딤전 1:14-16)

내가 작아지고 내가 깨어져야 말씀이 보이고 주님이 보이고 주님을 따라갈 수가 있는 사람이 될 수 있다.

눈물로 훈계하였던
참된 스승

....

"내가 떠난 후에 흉악한 이리가 너희에게 들어와서 그 양떼를 아끼지 아니하며

또한 너희 중에서도 제자들을 끌어 자기를 좇게 하려고 어그러진 말을 하는 사람들이 일어날 줄을 내가 아노니

그러므로 너희가 일깨어 내가 삼년이나 밤낮 쉬지 않고 눈물로 각 사람을 훈계하던 것을 기억하라

지금 내가 너희를 주와 및 그 은혜의 말씀께 부탁하노니 그 말씀이 너희를 능히 든든히 세우사 거룩케 하심을 입은 모든 자 가운데 기업이 있게 하시리라

내가 아무의 은이나 금이나 의복을 탐하지 아니하였고

너희 아는 바에 이 손으로 나와 내 동행들의 쓰는 것을 당하여

범사에 너희에게 모본을 보였노니 곧 이같이 수고하여 약한 사람들을 돕고 또 주 예수의 친히 말씀하신바 주는 것이 받는 것보다 복이 있다 하심을 기억하여야 할찌니라" (행 20:29-35)

바울 사도는 사랑하는 제자를 향하여 눈물로 훈계하며 참된 지도자의 모범을 보였다. 앞으로 교회에 침투하여 교회를 어지럽게 할 거짓된 종자들이 많이 나타날 것을 생각하니 눈물밖에 나오지 않

았던 것이다.

예레미야 선지자도 눈물의 선지라라는 별호가 있으며 주님도 교회를 보시면서 우셨고, 사도들도 눈물로 사역을 하였다. 왜 그러셨는가? 교회가 거짓에 미혹되어 사단의 소굴이 될 것을 바라보셨기 때문이다.

"이 선지자들은 내가 보내지 아니하였어도 달음질하며 내가 그들에게 이르지 아니하였어도 예언하였은 즉

그들이 만일 나의 회의에 참예하였더면 내 백성에게 내 말을 들려서 그들로 악한 길과 악한 행위에서 돌이키게 하였으리라

나 여호와가 말하노라 나는 가까운데 하나님이요 먼데 하나님은 아니냐

나 여호와가 말하노라 사람이 내게 보이지 아니하려고 누가 자기를 은밀한 곳에 숨길 수 있겠느냐 나 여호와가 말하노라 나는 천지에 충만하지 아니하냐

내 이름으로 거짓을 예언하는 선지자들의 말에 내가 몽사를 얻었다 몽사를 얻었다 함을 내가 들었노라

거짓을 예언하는 선지자들이 언제까지 이 마음을 품겠느냐 그들은 그 마음의 간교한 것을 예언하느니라

그들이 서로 몽사를 말하니 그 생각인즉 그들의 열조가 바알로 인하여 내 이름을 잊어버린 것 같이 내 백성으로 내 이름을 잊게 하려 함이로다

나 여호와가 말하노라 몽사를 얻은 선지자는 몽사를 말할 것이요 내 말을 받은 자는 성실함으로 내 말을 말할 것이라 겨와 밀을 어찌 비교하겠느냐

나 여호와가 말하노라, 내 말이 불같지 아니하냐 반석을 쳐서 부스러뜨리는 방망이 같지 아니하냐

나 여호와가 말하노라, 그러므로 보라 서로 내 말을 도적질하는 선지자들을 내가 치리라

나 여호와가 말하노라, 보라 그들이 혀를 놀려 그가 말씀하셨다 하는 선지자들을 내가 치리라"(렘 23:21-31)

지금도 가짜들이 곳곳에서 예수의 이름을 이용하여 날뛰고 있는데 그들이 무슨 짓거리를 하고 있는지 완전히 마귀의 종 무당들이 굿판을 벌여놓은 모습이다. 마귀는 더 이상 무당을 이용하여 사람들을 미혹하려 하지 않고 무지한 목사들, 거듭나지 못한 거짓된 지도자들을 앞세워 교회로 침투하여 교회를 활동 무대로 삼고 있는데, 소경들은 아무것도 보지 못하고 마귀의 역사를 마치 성령의 역사로 착각을 하여 마귀에게 교회를 송두리째 넘겨주었으니 이를 어쩌랴.

이렇게 된 원인이 모두 말씀에 무지하고 바른 신학이 정립되지 않은 지도자들 탓인데 마치 출애굽 초기에 아론이 백성들의 성화를 못 이겨 금송아지 우상을 만들어 놓고 이것이 우리를 인도할 신이라 하면서 그 앞에서 먹고 마시고 취하여 춤추고 기뻐하며 뛰노는 모습과 너무 닮아있다(출 32장).

성경 말씀에 눈이 열려야 교회를 살릴 수가 있는데 모두가 말씀에 소경들뿐이니 어떻게 교회를 살릴 수가 있겠느냐 말이다.

"네가 평안할 때에 내가 네게 말하였으나 네 말이 나는 듣지 아니하리라 하였나니 네가 어려서부터 내 목소리를 청종치 아니함이

네 습관이라

네 목자들은 다 바람에 삼키울 것이요 너를 사랑하는 자들은 사로잡혀 가리니 그때에 네가 반드시 네 모든 악을 인하여 수치와 욕을 당하리라"(렘 22:21-22)

이스라엘 백성들이 망하기 직전의 모습과 오늘날 교회의 모습이 어찌 그리 똑같은지, 닮아도 너무 닮았으니 그때나 지금이나 사람들 모두가 탐욕에 미혹되어 살아가고 있기 때문이다.

"슬프다 이 성이여 본래는 거민이 많더니 이제는 어찌 그리 적막히 앉았는고 본래는 열국 중에 크던 자가 이제는 과부 같고 본래는 열방 중에 공주 되었던 자가 이제는 조공드리는 자가 되었도다. 밤새도록 애곡하니 눈물이 뺨에 흐름이여 사랑하던 자 중에 위로하는 자가 없고 친구도 다 배반하여 원수가 되었도다"(애 1:1-2)

"그는 육체에 계실 때에 자기를 죽음에서 능히 구원하실 이에게 심한 통곡과 눈물로 간구와 소원을 올렸고 그의 경외하심을 인하여 들으심을 얻었느니라"(히 5:7)

"내가 큰 환난과 애통한 마음이 있어 많은 눈물로 너희에게 썼노니 이는 너희로 근심하게 하려 한 것이 아니요 오직 내가 너희를 향하여 넘치는 사랑이 있음을 너희로 알게 하려 함이라"(고후 2:4)

"너희 목자들아 외쳐 애곡하라, 너희 양떼의 인도자들아 재에 굴라, 이는 너희 도륙을 당할 날과 흩음을 당할 기한이 찼음인즉 너

희가 귀한 그릇의 떨어짐 같이 될 것이라 목자들은 도망할 수 없겠고 양떼의 인도자들은 도피할 수 없으리로다

목자들의 부르짖음과 양떼의 인도자들의 애곡하는 소리여 나 여호와가 그들의 초장으로 황폐케 함이로다

평안한 목장들이 적막하니 이는 여호와의 진노의 연고로다

그가 사자 같이 그 소혈에서 나오셨도다 그 잔멸하는 자의 진노와 그 극렬한 분으로 인하여 그들의 땅이 황량하였도다 형벌을 피할 수 있겠느냐?" (렘 25:34-38)

"돈을 사랑함이 일만 악의 뿌리가 되나니 이것을 사모하는 자들이 미혹을 받아 믿음에서 떠나 많은 근심으로써 자기를 찔렀도다

오직 너 하나님의 사람아 이것들을 피하고 의와 경건과 믿음과 사랑과 인내와 온유를 좇으며

믿음의 선한 싸움을 싸우라 영생을 취하라 이를 위하여 네가 부르심을 입었고 많은 증인 앞에서 선한 증거를 증거하였도다

만물을 살게 하신 하나님 앞과 본디오 빌라도를 향하여 선한 증거로 증거하신 그리스도 예수 앞에서 내가 너를 명하노니

우리 주 예수 그리스도 나타나실 때까지 점도 없고 책망받을 것도 없이 이 명령을 지키라" (딤전 6:10-14)

"예수께서 이 열 둘을 내어 보내시며 명하여 가라사대 이방인의 길로도 가지 말고 사마리아인의 고을에도 들어가지 말고

차라리 이스라엘 집의 잃어버린 양에게로 가라

가면서 전파하여 말하되 천국이 가까왔다 하고

병든 자를 고치며 죽은 자를 살리며 문둥이를 깨끗하게 하며 귀

신을 쫓아내되 너희가 거저 받았으니 거저 주어라

　너희 전대에 금이나 은이나 동이나 가지지 말고

　여행을 위하여 주머니나 두 벌 옷이나 신이나 지팡이를 가지지 말라 이는 일군이 저 먹을 것 받는 것이 마땅함이니라

　아무 성이나 촌에 들어가든지 그중에 합당한 자를 찾아내어 너희 떠나기까지 거기서 머물라" (마 10:5-11)

'거저 주라'고 하시면서도 '금이나 은이나 동이나 가지지 말고 여행을 위하여 주머니나 두 벌 옷이나 신이나 지팡이를 가지지 말라 일군이 저 먹을 것 받는 것이 마땅함이니라'고 하신다. 제자들에게 돈을 가지지 말라고 하시면서 먹을 것 걱정은 하지 않아도 된다고 말씀하셨는데, 이것은 주님의 일을 하는 자에게는 먹을 것이 예비되어 있다는 말씀이다.

"그러므로 내가 너희에게 이르노니 목숨을 위하여 무엇을 먹을까 무엇을 마실까 몸을 위하여 무엇을 입을까 염려하지 말라 목숨이 음식보다 중하지 아니하며 몸이 의복보다 중하지 아니하냐 공중의 새를 보라 심지도 않고 거두지도 않고 창고에 모아 들이지도 아니하되 너희 천부께서 기르시나니 너희는 이것들보다 귀하지 아니하냐" (마 6:25-26)

"우리가 구원을 얻은 후에 안즉 그 섬은 멜리데라 하더라

　토인들이 우리에게 특별한 동정을 하여 비가 오고 날이 차매 불을 피워 우리를 다 영접하더라

　바울이 한뭇 나무를 거두어 불에 넣으니 뜨거움을 인하여 독사

가 나와 그 손을 물고 있는지라

토인들이 이 짐승이 그 손에 달림을 보고 서로 말하되 진실로 이 사람은 살인한 자로다 바다에서는 구원을 얻었으나 공의가 살지 못하게 하심이로다 하더니

바울이 그 짐승을 불에 떨어버리매 조금도 상함이 없더라

그가 붓든지 혹 갑자기 엎드러져 죽을 줄로 저희가 기다렸더니 오래 기다려도 그에게 아무 이상이 없음을 보고 돌려 생각하여 말하되 신이라 하더라

이 섬에 제일 높은 사람 보블리오라 하는 이가 그 근처에 토지가 있는지라 그가 우리를 영접하여 사흘이나 친절히 유숙하게 하더니

보블리오의 부친이 열병과 이질에 걸려 누웠거늘 바울이 들어가서 기도하고 그에게 안수하여 낫게 하매

이러므로 섬 가운데 다른 병든 사람들이 와서 고침을 받고 후한 예로 우리를 대접하고 떠날 때에 우리 쓸 것을 배에 올리더라"(행 28:1-10)

바울이 죄수의 신분이 되어 로마로 압송되어 가는 길에 배가 풍랑을 만나서 그 배에 실었던 모든 양식까지 다 버리고 겨우 목숨만 살아 나와서 먹을 것이 하나도 없이 멜리데 섬에 머물게 되었다. 하나님은 바울을 통하여 그 섬에 가장 높은 사람 보블리오 부친의 열병을 고쳐주게 하시니 그 섬에 있는 많은 병자도 와서 고침을 받게 되니 그 사례로 그 섬의 사람들이 배에 탔던 모든 사람이 먹을 충분한 양식을 배에 실어주었다. 주님의 신실한 종 바울로 인하여 그 배에 탔던 모든 사람도 죽음을 면하고 살 수 있게 되었던 것이다.

하나님은 그의 종들이 신실하게 순종하고 헌신하면 그들에게 필

요한 것은 누구를 통해서 주시든지 반드시 채워주시는 것이다. 그러니 하나님의 일꾼들은 자기의 먹을 것에 대하여 염려할 필요가 없고, 먹을 것에 대한 욕심을 부려서도 안 되고 오직 하나님의 일에만 충실하면 부족함이 없이 살 수가 있다.

"내 아들아 그러므로 네가 그리스도 예수 안에 있는 은혜 속에서 강하고

또 네가 많은 증인 앞에서 내게 들은 바를 충성된 사람들에게 부탁하라 저희가 또 다른 사람들을 가르칠수 있으리라

네가 그리스도 예수의 좋은 군사로 나와 함께 고난을 받을찌니 군사로 다니는 자는 자기 생활에 얽매이는 자가 하나도 없나니 이는 군사로 모집한 자를 기쁘게 하려 함이라

경기하는 자가 법대로 경기하지 아니하면 면류관을 얻지 못할 것이며

수고하는 농부가 곡식을 먼저 받는 것이 마땅하니라

내 말하는 것을 생각하라 주께서 범사에 네게 총명을 주시리라"

(딤후 2:1-7)

그런데 많은 사람이 가장 중요한 하나님 말씀 전하는 일은 제대로 하지도 못하면서 물질에 미혹되어 자기 이득만 생각하고 있다.

주의 종들에게 경계 1호가 물질에 대한 탐욕이다.

"제자들이 떡 가져오기를 잊었으매 배에 떡 한 개 밖에 저희에게 없더라

예수께서 경계하여 가라사대 삼가 바리새인들의 누룩과 헤롯의 누룩을 주의하라 하신대 제자들이 서로 의논하기를 이는 우리에게 떡이 없음이로다 하거늘

예수께서 아시고 이르시되 너희가 어찌 떡이 없음으로 의논하느냐 아직도 알지 못하며 깨닫지 못하느냐 너희 마음이 둔하냐 너희가 눈이 있어도 보지 못하며 귀가 있어도 듣지 못하느냐 또 기억지 못하느냐

내가 떡 다섯 개를 오천명에게 떼어 줄 때에 조각 몇 바구니를 거두었더냐 가로되 열 둘이니이다

또 일곱 개를 사천 명에게 떼어 줄 때에 조각 몇 광주리를 거두었더냐 가로되 일곱이니이다 가라사대 아직도 깨닫지 못하느냐 하시니라" (막 8:14-21)

가나안 여정길의 이스라엘 백성들 앞에는 애굽 같이 넉넉한 강물도 없었고, 골짜기 계곡의 물도 없었으므로 백성들은 낙담하며 원망하였다. 이곳에서 죽는 것보다는 차라리 애굽으로 돌아가서 먹고 싶은 것이라도 배불리 먹고 살다가 애굽에서 죽기를 원했던 것이다.

눈에 보이는 것, 그것이 나를 살게 하는 것이 아니다. 눈에 보이는 것들은 오히려 하나님을 찾지 못하게 하는 것이고 나를 죽음으로 끌고 가는 것이다. 사람을 살리는 것은 사람의 눈에 보이지 않으며, 하나님이 하늘에서 내려주시는 것이다.

먹을 양식과 물이 보이지 않을 때, 이스라엘 백성들은 물 때문에 탄식하며 울부짖기 시작하였다. 그 탄식이 모세의 기도로 이어지면서 모세의 부르짖음에 하나님께서 반석을 터트려 생수를 주셨는데 그 생수는 이 세상 어디에서도 얻을 수 없는 최고의 물이었다. 아무

것도 보이지 않고 인생의 막장이라 생각할 그때가 하나님이 우리를 살리시기 위하여 숨겨두신 최고의 것을 얻을 수 있는 절호의 기회가 되는 것이다. 사람들은 땅에서 나는 양식만 알고 있었지만, 이스라엘 백성들이 사십 년 동안 광야에서 먹고 살 수 있었던 양식은 모두 하늘에서 주신 양식이었다.

"내가 오늘날 명하는 모든 명령을 너희는 지켜 행하라 그리하면 너희가 살고 번성하고 여호와께서 너희의 열조에게 맹세하신 땅에 들어가서 그것을 얻으리라

네 하나님 여호와께서 이 사십년 동안에 너로 광야의 길을 걷게 하신 것을 기억하라 이는 너를 낮추시며 너를 시험하사 네 마음이 어떠한지 그 명령을 지키는지 아니 지키는지 알려하심이라

너를 낮추시며 너로 주리게 하시며 또 너도 알지 못하며 네 열조도 알지 못하던 만나를 네게 먹이신 것은 사람이 떡으로만 사는 것이 아니요 여호와의 입에서 나오는 모든 말씀으로 사는 줄을 너로 알게 하려 하심이니라" (신 8:1-3)

"나 만군의 여호와가 말하노라 조금 있으면 내가 하늘과 땅과 바다와 육지를 진동시킬 것이요 또한 만국을 진동시킬 것이며

만국의 보배가 이르리니 내가 영광으로 이 전에 충만케 하리라 만군의 여호와의 말이니라

은도 내 것이요 금도 내 것이니라 만군의 여호와의 말이니라

이 전의 나중 영광이 이전 영광보다 크리라 만군의 여호와의 말이니라 내가 이곳에 평강을 주리라 만군의 여호와의 말이니라" (학 2:6-9)

"너희는 여호와의 선하심을 맛보아 알찌어다 그에게 피하는 자는 복이 있도다

너희 성도들아 여호와를 경외하라 저를 경외하는 자에게는 부족함이 없도다

젊은 사자는 궁핍하여 주릴찌라도 여호와를 찾는 자는 모든 좋은 것에 부족함이 없으리로다" (시 34:8-10)

"저희에게 이르시되 내가 너희를 전대와 주머니와 신도 없이 보내었을 때에 부족한 것이 있더냐 가로되 없었나이다

이르시되 이제는 전대 있는 자는 가질 것이요 주머니도 그리하고 검 없는 자는 겉옷을 팔아 살찌어다

내가 너희에게 말하노니 기록된바 저는 불법자의 동류로 여김을 받았다 한 말이 내게 이루어져야 하리니 내게 관한 일이 이루어 감이니라

저희가 여짜오되 주여 보소서 여기 검 둘이 있나이다 대답하시되 족하다 하시니라" (눅 22:35-38)

"우리가 먹을 것과 입을 것이 있은즉 족한 줄로 알 것이니라" (딤전 6:8)

"저가 사모하는 영혼을 만족케 하시며 주린 영혼에게 좋은 것으로 채워주심이로다" (시 107:9)

"공중의 새를 보라 심지도 않고 거두지도 않고 창고에 모아 들이지도 아니하되 너희 천부께서 기르시나니 너희는 이것들보다 귀하

지 아니하냐"(마 6:26)

"주께서 밭고랑에 물을 넉넉히 대사 그 이랑을 평평하게 하시며
또 단 비로 부드럽게 하시고 그 싹에 복 주시나이다
주의 은택으로 년사에 관 씌우시니 주의 길에는 기름이 떨어지며
들의 초장에도 떨어지니 작은 산들이 기쁨으로 띠를 띠었나이다
초장에는 양떼가 입혔고 골짜기에는 곡식이 덮였으매 저희가 다
즐거이 외치고
또 노래하나이다"(시 65:10-13)

"너희 목마른 자들아 물로 나아오라 돈 없는 자도 오라 너희는
와서 사 먹되 돈 없이, 값없이 와서 포도주와 젖을 사라
너희가 어찌하여 양식 아닌 것을 위하여 은을 달아 주며 배부르
게 못 할 것을 위하여 수고하느냐 나를 청종하라 그리하면 너희가
좋은 것을 먹을 것이며 너희 마음이 기름진 것으로 즐거움을 얻으
리라
너희는 귀를 기울이고 내게 나아와 들으라 그리하면 너희 영혼이
살리라 내가 너희에게 영원한 언약을 세우리니 곧 다윗에게 허락한
확실한 은혜니라"(사 55:1-3)

우리는 모두 하나님 섭리에 순응하며 살아가야 한다. 내 삶의 주
인은 내가 아니고, 하나님이시다. '나'라는 존재는 하나님에 의하여
우리가 수행하여야 할 사명을 위하여 잠시 세상에 보내심을 받은
자이다. 언젠가 주인께서 다시 부르시면 세상의 일을 정리하고 떠나
야 한다. 그렇기에 우리는 이 세상에 살아갈 때 항상 나그네 의식을

가지고 살아가야 한다.

　나그네는 무엇보다도 짐이 무거우면 괴롭다. 꼭 필요한 것만 소유하고 가볍게 살아야 한다. 내가 주인이 되어서 무엇이나 가지고 싶은 것을 모두 소유하고 주인 노릇 하며 살려고 하지 말고, 세상의 짐은 모두 내려놓고 가장 가볍고 편하게 살면서 주인께서 명하신 일에만 충성하며 살다가 주인이 부르시면 주인의 집으로 다시 돌아가는 것이다. 주인의 집에 가면 영원히 살 수 있는 모든 좋은 것이 예비되어 있으니 우리는 오직 그 나라에만 소망을 두고 살아야 하는 것이다.

거듭나서 성령으로 충만한 사람이
선생이 되어야 한다

....

지도자나 교인 중에는 성령으로 거듭난 영에 속한 사람이 있고 아직 거듭나지 못한 육의 사람이 있다. 거듭나지 못한 사람은 아무리 많은 지식과 경험이 있고, 열심을 가지고 있다 하여도 선생이 되면 절대로 안 된다. 그 이유는 거듭난 사람이 가지고 있는 지식만이 다른 사람을 살릴 수 있는 참지식과 능력이 되기 때문이다.

"예수께서 대답하여 가라사대 진실로 진실로 네게 이르노니 사람이 거듭나지 아니하면 하나님 나라를 볼수 없느니라

니고데모가 가로되 사람이 늙으면 어떻게 날 수 있삽나이까 두 번째 모태에 들어갔다가 날 수 있삽나이까

예수께서 대답하시되 진실로 진실로 네게 이르노니 사람이 물과 성령으로 나지 아니하면 하나님 나라에 들어갈 수 없느니라" (요 3:3-5)

"육으로 난 것은 육이요 성령으로 난 것은 영이니 내가 네게 거듭나야 하겠다 하는 말을 기이히 여기지 말라

바람이 임의로 불매 네가 그 소리를 들어도 어디서 오며 어디로 가는지 알지 못하나니 성령으로 난 사람은 다 이러하니라

니고데모가 대답하여 가로되 어찌 이러한 일이 있을 수 있나이까 예수께서 가라사대 너는 이스라엘의 선생으로서 이러한 일을 알지 못하느냐" (요 3:6-10)

영적 소경은 하나님 나라에 대하여 아무것도 알지 못하며, 하나님의 나라에 관한 지식이 없으니 하나님의 일에 대하여서도 세상에 속한 방식으로 생각하며 운영하게 된다. 사람들의 의견을 모아서 하나님의 일인 것처럼 말을 하는데, 영에 속한 일과 육에 속한 일은 뚜렷한 구분이 되어야 한다.

거듭난 사람은 복음의 일꾼이 되고, 거듭나지 못한 사람은 세상적인 방향을 추구하며 세상에 속한 것들을 교회 안으로 끌어들여 오늘의 교회가 혼합주의에 빠져있으니 교회가 세상에 존재하는 목적이 무엇인지 분명하게 알아야 한다.

오늘의 교회 지도자들이나 교인들을 보아도 거듭나지 않은 사람들이 너무 많이 있기 때문에 오늘날 교회의 모습이 이렇게 아주 다양한 것이다.

사람이 거듭나는 것은 어떻게 거듭나게 되는 것일까? 세례를 받았다고 거듭나는 것이 아니고, 직분 받아서 거듭나는 것도 아니다. 자신이 원한다고 해서 거듭나는 것도 아니고 어떤 교육과정을 거쳐서 거듭나는 것도 아니다.

예수님의 제자들을 보면 주님으로부터 제자로 부르심을 받고 삼년 동안 주님과 함께 지내면서 교육을 받았고 많은 기사와 이적을 경험하였으며, 주님의 십자가 고난의 시간을 지나서 부활의 주님을 만났을 때 거듭났다고 보아야 할 것이다. 그리고 오순절에 임한 성령으로 충만함을 받았을 때 비로소 복음의 일꾼으로 활동하기 시작했으니 거듭난 시점은 확실하게 알 수는 없지만, 부활의 주님을 만난 이후라고 보아야 할 것이다.

"내가 네게 거듭나야 하겠다 하는 말을 기이히 여기지 말라 바람이 임의로 불매 네가 그 소리를 들어도 어디서 오며 어디로 가는지 알지 못하나니 성령으로 난 사람은 다 이러하니라" (요 3:7-8)

이렇게 거듭난 후에야 실패 없는 주님의 제자로서의 쓰임 받을 수 있는 것이다. 거듭난 제자들의 모습을 보면 이전의 연약한 사람이 아니고 완전히 영적으로 변화된 새사람이었다.

"오직 성령이 너희에게 임하시면 너희가 권능을 받고 예루살렘과 온 유대와 사마리아와 땅 끝까지 이르러 내 증인이 되리라 하시니라" (행 1:8)

"사도들은 그 이름을 위하여 능욕 받는 일에 합당한 자로 여기심을 기뻐하면서 공회 앞을 떠나니라, 저희가 날마다 성전에 있든지 집에 있든지 예수는 그리스도라 가르치기와 전도하기를 쉬지 아니하니라" (행 5:41-42)

"사울은 힘을 더 얻어 예수를 그리스도라 증명하여 다메섹에 사는 유대인들을 굴복시키니라" (행 9:22)
"이는 성경으로써 예수는 그리스도라고 증거하여 공중 앞에서 유력하게 유대인의 말을 이김일러라" (행 18:28)

그런데 오늘의 교회 지도자들은 모든 교육과정이 허술하기 짝이 없고 모두가 세상적이고 인본주의적이다. 오늘날 목사들의 DNA는 아무것도 주님의 것과 일치하는 것이 없다. 총회의 교육과정과 고시를 거치고 목사 후보생으로 노회의 지도를 받은 후에 목사고시를 거쳐서 목사로 안수받은 사람들이다.

초대교회는 집사를 세우는 데도 그 자격이 첫째가 성령충만한 사람이었고, 둘째는 칭찬받는 사람들 가운데 선별된 사람을 안수하여 집사로 세웠다. 그러나 오늘날에는 목사가 되는 자격에도 성령충만과는 아무 상관이 없고 그러한 과목조차 없으니 성령에 의한 목회가 아니라 약간의 지식과 경험만 가지고 자신이 학습받은 대로 자기의 생각과 열정만 가지고 교회의 지도자 노릇을 하고 있는 것이다. 목회자에게 있어서 가장 중요한 필수과목들은 하나도 없으니 모두 자격 미달이다. 그렇기 때문에 오늘날 교회에 이렇게 오류가 가득하며 불법이 성행하고 사람들로부터 비난이 쏟아지고 있는 것이다.

성령 충만한 사도들은 예수님을 죽인 기세등등한 유대교 지도자들 앞에서도 당당하게 예수를 증거하면서 저들을 이겼는데, 오늘날에는 아무런 영적 지식이나 능력도 없어서 사단과의 영적 전쟁을 하기 위한 무장도 되지 못하였고, 약간의 지식이나 전달하는 성경 학습교사 노릇만 하고 있다고 보는 것이 옳을 것이다.

현대 교회는 진리와 능력과 생명력을 모두 상실하고 나아갈 방향을 잃어버렸고, 그 가치관이나 정체성도 없으며, 동력이 고장 난 선박처럼 표류하고 있는 것이다. 무분별한 교단 설립과 총회 신학교의 난립으로 자격을 갖춘 지도자를 배출하지 못하였고, 총회마다 경쟁적으로 많은 목사를 배출하고 많은 교회와 회원들을 연합하여 무엇이든 숫자로 승부하려 하고 있으니 교단 안에는 이미 세상에서 많은 문제를 일으킨 사람들도 포함되어 있어서 영적 전쟁에서는 완전히 패전한 것이다.

이스라엘 군대가 아이성 전투에서 패배한 원인은 아간, 한 사람 때문이었으니 하나님의 거룩한 총회에 부정한 사람이 섞여있다면 벌써 그 총회는 영적 전쟁에서는 사단의 군대에 완전히 패할 수밖에 없는 것이다. 교회나 개인도 거룩함을 유지하지 못하면 벌써 어둠의 세력에 정복된 것이니 교회나 개인의 성결이 곧 영적인 능력인 것이다.

이제는 교회 안에서 영적 싸움, 영적 전쟁과 같은 말도 하지 않으니 영적인 일에 무지하거나 무관심하며 무능하다는 증거요, 영적 전쟁은 애써 피하고 거짓과 불법과 가증한 모든 세력과도 평화, 유화, 작전으로 손잡으려 하고 있으니 눈먼 지도자들은 영적 주도권을 모두 사단에게 빼앗겨 버린 것이다.

총회의 지도자들은 세상 어떤 기관의 지도자들보다도 더 엄격한 심사를 거쳐서 소수의 후보생만 선발하고 뛰어난 교수들이 교육을 시켜서 배출하여야 하는데, 총회의 교육과정은 부끄럽고 허술하기 짝이 없다. 그러니 어찌 훌륭한 영적 지도자가 나오겠는가? 생각하여 보라.

총회나 교회는 언제나 숫자 중심의 성장을 목표로 하여 세력 확장에만 몰두하였는데 그로 인하여 오늘의 부실하고 허술한 교회가 세워졌으니 그것이 교회가 실패한 가장 큰 원인이 된 것이다. 물량주의 성취는 반드시 부실하고 변질되어 허물어질 수밖에 없다.

성경 말씀을 보면 하나님은 언제나 소수의 사람만 철저히 교육시켜서 당신의 뜻을 전하셨고, 그들에 의하여 인간 구원의 역사를 이어 가셨다. 이스라엘의 군중을 애굽에서 이끌어내시는 데도 모세와 아론 두 사람만 보내셔서 그 많은 사람을 끌어내셨으니 두 사람이면 족하였던 것이다.

하나님이 그 많은 사람을 끌어내시기 위하여 다수의 사람을 지도자로 보내셨다면 결코 그들을 이끌고 나오지 못했을 것이다, 실패의 원인은 사람의 수가 부족해서가 아니라 자격 미달의 다수의 사람이 스스로 하나님의 일꾼이 되겠다고 나가서 교육도 제대로 받지 못하고 지도자 노릇을 하고 있기 때문이다. 하나님이 부르시지 않으셨고, 보내시지도 않았는데 스스로 하나님의 일꾼이 되어서 마음대로 교회를 설립하고 교회를 담임하고 있는 것이다.

"여호와께서 내게 이르시되 선지자들이 내 이름으로 거짓 예언을 하도다 나는 그들을 보내지 아니하였고 그들에게 명하거나 이르지 아니하였거늘 그들이 거짓 계시와 복술과 허탄한 것과 자기 마음의 속임으로 너희에게 예언하도다

그러므로 내가 보내지 아니하였어도 내 이름으로 예언하여 이르기를 칼과 기근이 이 땅에 이르지 아니하리라 하는 선지자들에 대하여 나 여호와가 이같이 이르노라 그 선지자들은 칼과 기근에 멸망할 것이요

그들의 예언을 받은 백성은 기근과 칼로 인하여 예루살렘 거리에 던짐을 입을 것인즉 그들을 장사할 자가 없을 것이요 그 아내와 그 아들과 그 딸도 그렇게 되리니 이는 내가 그들의 악을 그 위에 부음이니라" (렘 14:14-16)

이스라엘 백성들이 가나안땅 정복을 앞두고 열두 지파에서 족장 한 사람씩 그 땅에 보내어서 탐지하고 돌아와서 보고하게 하였을

때 무슨 일이 일어났었는가?

"모세가 가나안 땅을 탐지하러 그들을 보내며 이르되 너희는 남방 길로 행하여 산지로 올라가서 그 땅의 어떠함을 탐지하라 곧 그 땅 거민의 강약과 다소와 그들의 거하는 땅의 호불호와 거하는 성읍이 진영인지 산성인지와 토지의 후박과 수목의 유무니라 담대하라 또 그 땅 실과를 가져오라 하니 그 때는 포도가 처음 익을 즈음이었더라 이에 그들이 올라가서 땅을 탐지하되 신 광야에서부터 하맛 어귀 르홉에 이르렀고 또 남방으로 올라가서 헤브론에 이르렀으니 헤브론은 애굽 소안보다 칠년 전에 세운 곳이라 그곳에 아낙 자손 아히만과 세새와 달매가 있었더라 또 에스골 골짜기에 이르러 거기서 포도 한 송이 달린 가지를 베어 둘이 막대기에 꿰어 메고 또 석류와 무화과를 취하니라 이스라엘 자손이 거기서 포도송이를 벤 고로 그곳을 에스골 골짜기라 칭하였더라 사십 일 동안에 땅을 탐지하기를 마치고 돌아와 바란 광야 가데스에 이르러 모세와 아론과 이스라엘 자손의 온 회중에게 나아와 그들에게 회보하고 그 땅 실과를 보이고 모세에게 보고하여 가로되 당신이 우리를 보낸 땅에 간즉 과연 젖과 꿀이 그 땅에 흐르고 이것은 그 땅의 실과니이다 그러나 그 땅 거민은 강하고 성읍은 견고하고 심히 클뿐 아니라 거기서 아낙 자손을 보았으며 아말렉인은 남방 땅에 거하고 헷인과 여부스인과 아모리인은 산지에 거하고 가나안인은 해변과 요단 가에 거하더이다 갈렙이 모세 앞에서 백성을 안돈시켜 가로되 우리가 곧 올라가서 그 땅을 취하자 능히 이기리라 하나 그와 함께 올라갔던 사람들은 가로되 우리는 능히 올라가서 그 백성을 치지 못하리라 그들은 우리보다 강하니라 하고 이스라엘 자손 앞에서 그 탐지한 땅을 악평하여 가로되 우리가 두루 다니며 탐지한 땅은 그 거민을 삼키는 땅이요 거기서 본 모든 백성은 신장이 장대한 자들이며 거기서 또 네피림 후손 아낙 자손 대장부들을 보았나니 우리는 스스로 보기에도 메뚜기 같으니 그들의 보기에도 그와 같았을 것이니라" (민 13:17-33)

"온 회중이 소리를 높여 부르짖으며 밤새도록 백성이 곡하였더라

이스라엘 자손이 다 모세와 아론을 원망하며 온 회중이 그들에게 이르되 우리가 애굽 땅에서 죽었거나 이 광야에서 죽었더면 좋았을 것을

어찌하여 여호와가 우리를 그 땅으로 인도하여 칼에 망하게 하려 하는고 우리 처자가 사로잡히리니 애굽으로 돌아가는 것이 낫지 아니하랴

이에 서로 말하되 우리가 한 장관을 세우고 애굽으로 돌아가자 하매

모세와 아론이 이스라엘 자손의 온 회중 앞에서 엎드린지라

그 땅을 탐지한 자 중 눈의 아들 여호수아와 여분네의 아들 갈렙이 그 옷을 찢고

이스라엘 자손의 온 회중에게 일러 가로되 우리가 두루 다니며 탐지한 땅은 심히 아름다운 땅이라

여호와께서 우리를 기뻐하시면 우리를 그 땅으로 인도하여 들이시고 그 땅을 우리에게 주시리라 이는 과연 젖과 꿀이 흐르는 땅이니라

오직 여호와를 거역하지 말라 또 그 땅 백성을 두려워하지 말라 그들은 우리 밥이라 그들의 보호자는 그들에게서 떠났고 여호와는 우리와 함께 하시느니라 그들을 두려워 말라 하나

온 회중이 그들을 돌로 치려하는 동시에 여호와의 영광이 회막에서 이스라엘 모든 자손에게 나타나시니라

여호와께서 모세에게 이르시되 이 백성이 어느 때까지 나를 멸시하겠느냐 내가 그들 중에 모든 이적을 행한 것도 생각하지 아니하고 어느 때까지 나를 믿지 않겠느냐

내가 전염병으로 그들을 쳐서 멸하고 너로 그들보다 크고 강한 나라를 이루게 하리라 모세가 여호와께 여짜오되 애굽인 중에서 주의 능력으로 이 백성을 인도하여 내셨거늘 그리하시면 그들이 듣고

이 땅 거민에게 고하리이다 주 여호와께서 이 백성 중에 계심을 그들도 들었으니 곧 주 여호와께서 대면하여 보이시며 주의 구름이 그들 위에 섰으며 주께서 낮에는 구름기둥 가운데서, 밤에는 불기둥 가운데서 그들 앞에서 행하시는 것이니이다

이제 주께서 이 백성을 한 사람 같이 죽이시면 주의 명성을 들은 열국이 말하여 이르기를 여호와가 이 백성에게 주기로 맹세한 땅에 인도할 능이 없는 고로 광야에서 죽였다 하리이다

이제 구하옵나니 이미 말씀하신대로 주의 큰 권능을 나타내옵소서 이르시기를

여호와는 노하기를 더디하고 인자가 많아 죄악과 과실을 사하나 형벌 받을 자는 결단코 사하지 아니하고 아비의 죄악을 자식에게 갚아 삼사대까지 이르게 하리라 하셨나이다

구하옵나니 주의 인자의 광대하심을 따라 이 백성의 죄악을 사하시되 애굽에서부터 지금까지 이 백성을 사하신 것 같이 사하옵소서

여호와께서 가라사대 내가 네 말대로 사하노라 그러나 진실로 나의 사는 것과 여호와의 영광이 온 세계에 충만할 것으로 맹세하노니

나의 영광과 애굽과 광야에서 행한 나의 이적을 보고도 이같이 열번이나 나를 시험하고 내 목소리를 청종치 아니한 그 사람들은

내가 그 조상들에게 맹세한 땅을 결단코 보지 못할 것이요 또 나를 멸시하는 사람은 하나라도 그것을 보지 못하리라

오직 내 종 갈렙은 그 마음이 그들과 달라서 나를 온전히 좇았은즉 그의 갔던 땅으로 내가 그를 인도하여 들이리니 그 자손이 그 땅을 차지하리라"(민 14:1-24)

열두 명의 족장 중에서 하나님의 일꾼 될 자격이 있는 사람은 여호수아와 갈렙, 두 사람뿐이었다. 그러나 민주주의 사회에서는 언제나 다수의 의견을 따른다. 그 결과는 처절한 실패로 이어졌으니 하나님은 다수의 사람을 통하여 일하시는 것이 아니라 언제나 하나님 편에 서있는 소수의 사람을 세우셔서 일하시는 것이다.

믿음의 눈이 열리고 하나님의 편에 서있는 사람들이 많으면 얼마나 좋겠는가마는 현실은 하나님의 편에 서있는 사람은 아주 극소수이며, 대부분은 영적 맹인들이다. 하나님은 단 한 사람이라도 하나님 편에 서있는 사람을 세우셔서 일하셨으니 하나님의 일은 사람에 의하여 이루어지는 것이 아니라 하나님이 하시기 때문이다.

하나님이 하시면 성공인데 하나님의 일이 사람들에게 맡겨지기만 하면 모두가 자기 생각대로 하기 때문에 하나님의 일이 많은 훼방을 받고 있는 것이다. 그러므로 교회는 믿음의 눈이 열리지 않은 사람은 절대로 교회의 일꾼이 되어서는 안 되는 것이다.

"우리가 하나님과 함께 일하는 자로서 너희를 권하노니 하나님의 은혜를 헛되이 받지 말라

가라사대 내가 은혜 베풀 때에 너를 듣고 구원의 날에 너를 도왔다 하셨으니 보라 지금은 은혜 받을만한 때요 보라 지금은 구원의 날이로다

우리가 이 직책이 훼방을 받지 않게 하려고 무엇에든지 아무에게도 거리끼지 않게 하고 오직 모든 일에 하나님의 일군으로 자천하여 많이 견디는 것과 환난과 궁핍과 곤난과 매 맞음과 갇힘과 요란한 것과 수고로움과 자지 못함과 먹지 못함과

깨끗함과 지식과 오래 참음과 자비함과 성령의 감화와 거짓이 없는 사랑과

진리의 말씀과 하나님의 능력 안에 있어 의의 병기로 좌우하고

영광과 욕됨으로 말미암으며 악한 이름과 아름다운 이름으로 말미암으며 속이는 자 같으나 참되고

무명한 자 같으나 유명한 자요 죽은 자 같으나 보라 우리가 살고 징계를 받는 자 같으나 죽임을 당하지 아니하고 근심하는 자 같으나 항상 기뻐하고 가난한 자 같으나 많은 사람을 부요하게 하고 아무 것도 없는 자 같으나 모든 것을 가진 자로다"(고후 6:1-10)

"여룹바알이라 하는 기드온과 그를 좇은 모든 백성이 일찌기 일어나서 하롯샘 곁에 진 쳤고 미디안의 진은 그들의 북편이요 모레산 앞 골짜기에 있었더라

여호와께서 기드온에게 이르시되 너를 좇은 백성이 너무 많은즉 내가 그들의 손에 미디안 사람을 붙이지 아니하리니 이는 이스라엘이 나를 거스려 자긍하기를 내 손이 나를 구원하였다 할까 함이니라

이제 너는 백성의 귀에 고하여 이르기를 누구든지 두려워서 떠는 자여든 길르앗산에서 떠나 돌아가라 하라 하시니 이에 돌아간 백성

이 이만 이천명이요 남은 자가 일만명이었더라

여호와께서 또 기드온에게 이르시되 백성이 아직도 많으니 그들을 인도하여 물가로 내려가라 거기서 내가 너를 위하여 그들을 시험하리라 무릇 내가 누구를 가리켜 이르기를 이가 너와 함께 가리라 하면 그는 너와 함께 갈 것이요 내가 누구를 가리켜 이르기를 이는 너와 함께 가지 말 것이니라 하면 그는 가지 말 것이니라 하신지라

이에 백성을 인도하여 물가에 내려가매 여호와께서 기드온에게 이르시되 무릇 개의 핥는것 같이 그 혀로 물을 핥는 자는 너는 따로 세우고 또 무릇 무릎을 꿇고 마시는 자도 그같이 하라 하시더니

손으로 움켜 입에 대고 핥는 자의 수는 삼백명이요 그 외의 백성은 다 무릎을 꿇고 물을 마신지라

여호와께서 기드온에게 이르시되 내가 이 물을 핥아 먹은 삼백 명으로 너희를 구원하며 미디안 사람을 네 손에 붙이리니 남은 백성은 각각 그 처소로 돌아갈 것이니라 하시니" (삿 7:1-7)

기드온이 이스라엘 백성의 사사로 있을 때 미디안과 전쟁을 하게 되었는데, 하나님은 이스라엘의 군대 삼만 이천 명 중에 겨우 삼백 명만 남기고 모두 집으로 돌려보내시고 삼백 명을 통해서 미디안 대군을 물리치셨다.

예수님도 겨우 열두 명의 제자만 세우셨는데도 그중에 한 사람은 배신자가 되고 말았으니 오늘날 이렇게 많은 사람 중에 어찌 배신자가 없겠는가? 더군다나 오늘의 사람들은 예수님이 직접 부르신 자들도 아니고, 제대로 된 선생님에게 교육받은 사람들도 아니고, 모두 자기들이 원하고 사람들이 모아서 사람들에게 가르침을 받고 나

온 사람들인데 그들이 어찌 완전무장을 한 예수 그리스도의 군사들이라 말할 수 있겠는가?

아무리 많은 군사가 있어도 훈련이 되지 않고 제대로 된 무기가 없으면 전쟁터에서 몰사할 수밖에 없는 것이다. 그러나 소수의 사람이라도 잘 훈련되고 훌륭한 무기로 무장하였으면 어떠한 적도 두려워하지 않고 적을 물리치고 승리할 수 있는 것이다. 전쟁은 사람이 숫자에 의하여 승패가 결정되는 것이 아니고, 거기에 있는 사람들이 어떻게 훈련된 사람들이며 어떤 무기로 무장이 되어 있느냐에 의하여 결정되는 것이다.

하나님은 언제나 소수의 정예부대를 통하여 일하시니 하나님의 일을 사람의 생각대로 하려 한 것이 실패의 가장 큰 원인이다.

예수님은 어린아이가 가지고 있었던 오병이어를 가지시고 오천 명을 배불리 먹이시고 남은 것이 열두 광주리에 가득하게 하셨다. 가진 것이 없어서 못 하는 것이 아니라 무엇이든 내가 하려고 하였기 때문에 하지 못하는 것이다.

"너희가 눈이 있어도 보지 못하며 귀가 있어도 듣지 못하느냐 또 기억지 못하느냐 내가 떡 다섯 개를 오천명에게 떼어 줄 때에 조각 몇 바구니를 거두었더냐

가로되 열 둘이니이다 또 일곱 개를 사천 명에게 떼어 줄 때에 조각 몇 광주리를 거두었더냐 가로되 일곱이니이다 가라사대 아직도 깨닫지 못하느냐 하시니라" (막 8:18-21)

교회의 일에도 영에 속한 일이 있고, 육에 속한 일이 있다.

영에 속한 일은 목사가 하여야 하고, 육에 속한 일은 제직들이 하여야 한다.

"그 때에 제자가 더 많아졌는데 헬라파 유대인들이 자기의 과부들이 그 매일 구제에 빠지므로 히브리파 사람을 원망한대

열 두 사도가 모든 제자를 불러 이르되 우리가 하나님의 말씀을 제쳐 놓고 공궤를 일삼는 것이 마땅치 아니하니

형제들아 너희 가운데서 성령과 지혜가 충만하여 칭찬 듣는 사람 일곱을 택하라 우리가 이 일을 저희에게 맡기고

우리는 기도하는 것과 말씀 전하는 것을 전무 하리라 하니" (행 6:1-4)

"이튿날에 모세가 백성을 재판하느라고 앉았고 백성은 아침부터 저녁까지 모세의 곁에 섰는지라

모세의 장인이 모세가 백성에게 행하는 모든 일을 보고 가로되 그대가 이 백성에게 행하는 이 일이 어찜이뇨 어찌하여 그대는 홀로 앉았고 백성은 아침부터 저녁까지 그대의 곁에 섰느뇨

모세가 그 장인에게 대답하되 백성이 하나님께 물으려고 내게로 옴이라

그들이 일이 있으면 내게로 오나니 내가 그 양편을 판단하여 하나님의 율례와 법도를 알게 하나이다

모세의 장인이 그에게 이르되 그대의 하는 것이 선하지 못하도다

그대와 그대와 함께 한 이 백성이 필연 기력이 쇠하리니 이 일이 그대에게 너무 중함이라 그대가 혼자 할 수 없으리라

이제 내 말을 들으라 내가 그대에게 방침을 가르치리니 하나님이

그대와 함께 계실찌로다 그대는 백성을 위하여 하나님 앞에 있어서 소송을 하나님께 베풀며

그들에게 율례와 법도를 가르쳐서 마땅히 갈 길과 할 일을 그들에게 보이고

그대는 또 온 백성 가운데서 재덕이 겸전한 자 곧 하나님을 두려워하며 진실무망하며 불의한 이를 미워하는 자를 빼서 백성 위에 세워 천부장과 백부장과 오십부장과 십부장을 삼아 그들로 때를 따라 백성을 재판하게 하라

무릇 큰 일이면 그대에게 베풀 것이고 무릇 작은 일이면 그들이 스스로 재판할 것이니 그리하면 그들이 그대와 함께 담당할 것인즉 일이 그대에게 쉬우리라" (출 18:13-22)

복음에 분명한 소리를
내어야 한다

....

"만일 나팔이 분명치 못한 소리를 내면 누가 전쟁을 예비하리요 이와 같이 너희도 혀로서 알아듣기 쉬운 말을 하지 아니하면 그 말하는 것을 어찌 알리요 이는 허공에다 말하는 것이라" (고전 14:8-9)

복음을 전하는 사람들이 무엇이 복음인지 알지 못하고, 자기의 생각대로 듣는 사람들이 미혹받을 세상의 것이나 말하면서 그것이 복음이라고 전하고 있으니 이러한 사람이 모두 영적 소경들이다.

"그 때에 세례 요한이 이르러 유대 광야에서 전파하여 가로되 회개하라 천국이 가까왔느니라 하였으니 저는 선지자 이사야로 말씀하신 자라 일렀으되 광야에 외치는 자의 소리가 있어 가로되 너희는 주의 길을 예비하라 그의 첩경을 평탄케 하라 하였느니라" (마 3:1-3)

세례요한이 전한 복음의 내용은 이렇게 명쾌하고 분명하였다. 이 것이 복음이며, 이것이 주님의 종들이 전하여야 할 복음이다.

예수님의 복음도 동일하다.
"이때부터 예수께서 비로소 전파하여 가라사대 회개하라 천국이

가까왔느니라 하시더라"(마 4:17)

예수님의 제자들도 그랬다.

"제자들이 나가서 회개하라 전파하고"(막 6:12)

"알지 못하던 시대에는 하나님이 허물치 아니하셨거니와 이제는 어디든지 사람을 다 명하사 회개하라 하셨으니

이는 정하신 사람으로 하여금 천하를 공의로 심판할 날을 작정하시고 이에 저를 죽은 자 가운데서 다시 살리신 것으로 모든 사람에게 믿을만한 증거를 주셨음이니라 하니라"(행 17:30-31)

복음을 주신 목적이 이렇게 명백하게 나타나 있거늘 소경이기 때문에 보이지도 않고, 귀를 막고 있기에 들리지 않으니 사람마다 제 생각대로 세상 이야기나 하고 있다. 그 말을 듣고 누가 회개하고 구원을 얻을 수 있겠는가?

"그러므로 회개하라 그리지 아니하면 내가 네게 속히 임하여 내 입의 검으로 그들과 싸우리라"(계 2:16)

세례요한이나 예수님 그리고 예수님의 제자들이 전한 복음은 모두가 동일한데 오늘날에는 왜 이렇게 생명을 살리기 위한 복음은 모두 사라지고 곳곳에 적그리스도의 거짓된 소리만 가득하게 되었는가?

사람들은 십자가 구원의 복음과 회개의 복음을 절대로 좋아하지 않으며, 원하지도 않는다. 그 이유는 그들이 아직 어둠에 있기 때문이며, 복음과 구원에 대하여 아무것도 알지 못하기 때문이다. 그러

나 구원의 복음을 깨닫게 되면 회개하라는 소리가 곧 나를 살리기 위한 가장 복된 생명의 소리로 들릴 것이니 구원의 복음을 분명하게 가르치고 전하여야 한다.

"그런즉 이스라엘 온 집이 정녕 알찌니 너희가 십자가에 못 박은 이 예수를 하나님이 주와 그리스도가 되게 하셨느니라 하니라
저희가 이 말을 듣고 마음에 찔려 베드로와 다른 사도들에게 물어 가로되 형제들아 우리가 어찌할꼬 하거늘
베드로가 가로되 너희가 회개하여 각각 예수 그리스도의 이름으로 세례를 받고 죄 사함을 얻으라 그리하면 성령을 선물로 받으리니 이 약속은 너희와 너희 자녀와 모든 먼데 사람 곧 주 우리 하나님이 얼마든지 부르시는 자들에게 하신 것이라 하고
또 여러 말로 확증하며 권하여 가로되 너희가 이 패역한 세대에서 구원을 받으라 하니 그 말을 받는 사람들은 세례를 받으매 이 날에 제자의 수가 삼천이나 더하더라" (행 2:36-41)

"이스라엘로 회개케 하사 죄 사함을 얻게 하시려고 그를 오른손으로 높이사 임금과 구주를 삼으셨느니라" (행 5:31)

"혹 네가 하나님의 인자하심이 너를 인도하여 회개케 하심을 알지 못하여 그의 인자하심과 용납하심과 길이 참으심의 풍성함을 멸시하느뇨
다만 네 고집과 회개치 아니한 마음을 따라 진노의 날 곧 하나님의 의로우신 판단이 나타나는 그 날에 임할 진노를 네게 쌓는도다
하나님께서 각 사람에게 그 행한대로 보응 하시되

참고 선을 행하여 영광과 존귀와 썩지 아니함을 구하는 자에게
는 영생으로 하시고

오직 당을 지어 진리를 좇지 아니하고 불의를 좇는 자에게는 노
와 분으로 하시리라"(롬 2:4-8)

"내가 지금 기뻐함은 너희로 근심하게 한 까닭이 아니요 도리어
너희가 근심함으로 회개함에 이른 까닭이라 너희가 하나님의 뜻대
로 근심하게 된 것은 우리에게서 아무 해도 받지 않게 하려 함이라

하나님의 뜻대로 하는 근심은 후회할 것이 없는 구원에 이르게
하는 회개를 이루는 것이요 세상 근심은 사망을 이루는 것이니라"
(고후 7:9-10)

"사랑하는 자들아 주께는 하루가 천년 같고 천년이 하루 같은 이
한 가지를 잊지 말라 주의 약속은 어떤이의 더디다고 생각하는 것
같이 더딘 것이 아니라 오직 너희를 대하여 오래 참으사 아무도 멸
망치 않고 다 회개하기에 이르기를 원하시느니라

그러나 주의 날이 도적 같이 오리니 그날에는 하늘이 큰 소리로
떠나가고 체질이 뜨거운 불에 풀어지고 땅과 그중에 있는 모든 일
이 드러나리로다

이 모든 것이 이렇게 풀어지리니 너희가 어떠한 사람이 되어야
마땅하뇨 거룩한 행실과 경건함으로 하나님의 날이 임하기를 바라
보고 간절히 사모하라 그날에 하늘이 불에 타서 풀어지고 체질이
뜨거운 불에 녹아지려니와 우리는 그의 약속대로 의의 거하는바
새 하늘과 새 땅을 바라보도다"(벧후 3:8-13)

사람들이 이렇게 귀중한 복음을 알지 못하기 때문에 회개하라는 복음의 소리에 관심이 없거나 외면을 하고 세상의 썩어질 것이나 찾고 있는데 눈먼 소경 지도자들이 사람들을 불러 모으기 위하여 세상적인 화려한 기독교 문화만 만들어서 사람들이 모이기만 하면 사람의 기호에 맞춰진 세상의 것으로 사람들의 말을 전한다. 이러한 것들이 오히려 사람들로 하여금 회개의 기회를 잃게 하고, 천국에 소망을 갖지 못하게 하고 있으니 그것이 곧 하늘 문을 닫는 소경들의 짓이 아니면 무엇이겠는가?

"사데 교회의 사자에게 편지하기를 하나님의 일곱 영과 일곱 별을 가진이가 가라사대 내가 네 행위를 아노니 네가 살았다 하는 이름은 가졌으나 죽은 자로다 너는 일깨워 그 남은바 죽게 된 것을 굳게 하라

내 하나님 앞에 네 행위의 온전한 것을 찾지 못하였노니 그러므로 네가 어떻게 받았으며 어떻게 들었는지 생각하고 지키어 회개하라 만일 일깨지 아니하면 내가 도적같이 이르리니 어느 시에 네게 임할는지 네가 알지 못하리라" (계 3:1-3)

"무릇 내가 사랑하는 자를 책망하여 징계하노니 그러므로 네가 열심을 내라 회개하라 볼찌어다 내가 문밖에 서서 두드리노니 누구든지 내 음성을 듣고 문을 열면 내가 그에게로 들어가 그로 더불어 먹고 그는 나로 더불어 먹으리라

이기는 그에게는 내가 내 보좌에 함께 앉게 하여주기를 내가 이기고 아버지 보좌에 함께 앉은 것과 같이하리라 귀 있는 자는 성령이 교회들에게 하시는 말씀을 들을찌어다" (계 3:19-22)

주님의 제자들은 사람들에게 회개하라는 복음을 최우선으로 전하였다. 회개의 복음은 복음의 시작이요, 복음의 내용이며 복음의 완성이다. 회개가 없으면 아무도 하나님 앞에 나아갈 수 없고, 하나님과 아무 상관이 없어 오히려 무서운 진노만 있을 뿐이다. 회개 없는 구원이 없고, 회개 없는 죄 사함도 없으며, 회개 없는 영생이 없으니 죄인들에게 회개보다 더 중요한 것은 아무것도 없다.

성경에 분명하게 반복적으로 말씀하시는데도 여기서 벗어나서 엉뚱한 소리만 하는지, 그것은 교회의 지도자들도 복음을 알지 못하며 자신들도 거듭나지 못하여 일부 학습된 지식만 가지고 선생 노릇을 하고 있기 때문이다. 모든 가르침의 목적은 회개하여 거듭남에 두어야 할 것이다. 거듭나지 아니하면 아무도 하나님 나라에 들어갈 수 없기 때문이다.

"예수께서 대답하시되 진실로 진실로 네게 이르노니 사람이 물과 성령으로 나지 아니하면 하나님 나라에 들어갈 수 없느니라" (요 3:5)

거듭난다는 것은 육의 사람이 물과 성령으로 인하여 영의 사람으로 다시 태어나는 것을 말한다.

"귀 있는 자는 성령이 교회들에게 하시는 말씀을 들을찌어다 이기는 그에게는 내가 하나님의 낙원에 있는 생명나무의 과실을 주어 먹게 하리라" (계 2:7)

"예수께서 가라사대 내가 심판하러 이 세상에 왔으니 보지 못하는 자들은 보게 하고 보는 자들은 소경 되게 하려 함이라 하시니 바리새인 중에 예수와 함께 있던 자들이 이 말씀을 듣고 가로되 우리도 소경인가 예수께서 가라사대 너희가 소경 되었더면 죄가 없으려니와 본다고 하니 너희 죄가 그저 있느니라" (요 9:39-41)

목표가 잘못되었다면 자신이 원하는 목표가 성취되었다 할지라도 그것이 구원과 아무 상관이 없다. 오히려 무서운 진노의 심판이 다가오고 있으니 심판의 그날을 대비하는 것이야말로 최고의 지혜요 최고의 복된 삶이며, 우리 신앙의 목표이다.

"하늘의 별들이 무화과나무가 대풍에 흔들려 선 과실이 떨어지는 것 같이 땅에 떨어지며 하늘은 종이 축이 말리는 것 같이 떠나가고 각 산과 섬이 제 자리에서 옮기우매 땅의 임금들과 왕족들과 장군들과 부자들과 강한 자들과 각 종과 자주자가 굴과 산 바위틈에 숨어 산과 바위에게 이르되 우리 위에 떨어져 보좌에 앉으신 이의 낯에서와 어린 양의 진노에서 우리를 가리우라 그들의 진노의 큰 날이 이르렀으니 누가 능히 서리요 하더라" (계 6:13-17)

참된 가르침이 없으면 그 교회는 죽은 교회이다. 죽은 자는 주님이 하시는 말씀을 듣지 못하고 기록된 말씀도 보지 못하기 때문에 주님과는 아무 상관 없는 자기들의 세상을 만들어 가고 있을 뿐이다.

복음은 사망의 저주 아래에 있는 사람들에게
"내가 진실로 진실로 너희에게 이르노니 내 말을 듣고 또 나 보내신 이를 믿는 자는 영생을 얻었고 심판에 이르지 아니하나니 사망에서 생명으로 옮겼느니라" (요 5:24)

라는 분명한 말씀에 초점이 맞춰져야 하는 것이다.

자신이 저주 아래에 있었고, 죽었다가 살아났는데 이보다 더 기쁘고 감사한 일이 어디에 있는가? 사랑하는 사람이 죽었다가 다시 살아났다고 생각하여 보라. 이것은 세상에서 가장 놀라운 기적이요, 모두가 기뻐할 소식이다. 이 사실을 깨닫고 나면 감사가 절로 나오고, 기쁨을 감추지 못하여 무엇이든지 주께 드리고 싶은 억제할 수 없는 마음이 있어 이것이라도 바치겠다는 마음으로 주님께 예물을 드리게 되는데 그 예물이 어찌 무거운 짐이 되겠는가? 생명이라도 드리고 싶어지지 않겠는가? 이러한 마음에서 드리는 예물이 하나님이 기쁘게 받으실 향기로운 제물인 것이다. 그러니 헌금만 앞세우며 강조하지 말고, 예수님의 구원의 은총을 성도들이 확실히 깨닫도록 가르쳐서 그들이 거듭나서 새사람이 되도록 하여야 한다.

성도들에게는 헌금이 아주 무거운 짐이 되고 장애물이 되어서 사람들이 쉽게 복음에 다가오지 못하게 하는 거침돌이 되고 있으니 교회는 구원에 장애가 되는 것은 무엇이든 치워야 할 것이다. 그렇게 하면 사람들이 구원의 진리를 깨닫게 되었을 때 아무리 어려운 사람이라도 하나님의 은혜에 감사하여 기쁨으로 헌신하게 되는 것이다.

구약시대의 백성들은 율법 아래에서 율법의 의무를 다하여야 한다는 종교적 신념으로 최선을 다하면서 살았으나 완전히 실패하고 말았으니 자기들의 의로써 의롭다 함을 얻으려고 하였기 때문이다. 신약시대의 사람들은 모두 은혜 아래에서 살고 있으니 이제 율법의 무거운 짐을 벗어버리고 주님이 주신 은혜 안에서 자유를 얻게 하여야 한다.

"형제들아 내 마음에 원하는 바와 하나님께 구하는 바는 이스라엘을 위함이니 곧 저희로 구원을 얻게 함이라

내가 증거하노니 저희가 하나님께 열심이 있으나 지식을 좇은 것이 아니라 하나님의 의를 모르고 자기 의를 세우려고 힘써 하나님의 의를 복종치 아니하였느니라

그리스도는 모든 믿는 자에게 의를 이루기 위하여 율법의 마침이 되시니라"(롬 10:1-4)

"사람이 의롭게 되는 것은 율법의 행위에서 난 것이 아니요 오직 예수 그리스도를 믿음으로 말미암는 줄 아는고로 우리도 그리스도 예수를 믿나니 이는 우리가 율법의 행위에서 아니고 그리스도를 믿음으로서 의롭다 함을 얻으려 함이라 율법의 행위로서는 의롭다 함을 얻을 육체가 없느니라"(갈 2:16)

"수고하고 무거운 짐진 자들아 다 내게로 오라 내가 너희를 쉬게 하리라 나는 마음이 온유하고 겸손하니 나의 멍에를 메고 내게 배우라 그러면 너희 마음이 쉼을 얻으리니 이는 내 멍에는 쉽고 내 짐은 가벼움이라 하시니라"(마 11:28-30)

"너희 목마른 자들아 물로 나아오라 돈 없는 자도 오라 너희는 와서 사 먹되 돈 없이, 값 없이 와서 포도주와 젖을 사라 너희가 어찌하여 양식 아닌 것을 위하여 은을 달아 주며 배부르게 못할 것을 위하여 수고하느냐

나를 청종하라 그리하면 너희가 좋은 것을 먹을 것이며 너희 마음이 기름진 것으로 즐거움을 얻으리라"(사 55:1-2)

하나님은 예수님을 보내셔서 우리가 질 수 없었던 율법의 짐을 지게 하셨고, 우리 스스로 의롭게 될 수 없었으나 예수 안에 있는 의로 우리를 의롭다 함을 얻게 하여 하나님 앞에 나아갈 수 있게 하셨다. 이제부터 예수 안에 사는 사람들은 율법의 무거운 짐을 벗어버리고 구원의 기쁨과 감사가 넘치는 가운데 무엇이든지 자원하여 할 수 있게 된 것이다.

천국 구원이 우리의 의무나 행위로 얻어지는 것이 아니라 예수님으로 말미암아 주어진 것이니 얼마나 기쁘고 감사한 일인가? 이 기쁨을 가진 사람들이 하나님과 이웃을 사랑하게 되고 기쁘게 할 수 있는 것이다. 그런데 공갈 협박을 하고 거짓말을 하면서 억지로 하게 하고 있으니 그것이 어떤 이들에게는 무거운 짐이 되어 하나님이 거저 주신 구원의 은총을 알지도 못하고 누리지 못하게 하며, 천국에 가기를 원하여도 천국에 갈 수 없도록 천국 문을 닫아버린 것이다.

공갈 협박하는 지도자들은 모두 사단에 미혹되어 사단의 하수인 노릇을 하는 사람들이므로 그러한 사람들에게서는 스스로 속히 벗어나기를 바란다. 사단에 걸려든 사람들은 자기의 잘못된 것조차 깨닫지 못하고 오히려 진리를 거부하고 핍박하며, 의인들을 잡아 죽이는 일에 앞잡이 노릇을 하였다.

타락하고 미혹된 세상에서는 언제나 비진리가 진리를 억압하고 박해하며 죽였으니 아벨이 가인에게 죽임을 당했고, 이삭은 이스마엘에게 괴롭힘을 당했으며, 야곱이 에서에게 살해 위협을 받고 도망하였다. 또한 요셉이 그의 형들에게 미움을 받아 버림을 받았고, 다윗이 사울을 피하여 도망다녀야 했으며, 엘리야 선지자도 아합과 이세벨에게 살해 위협을 받았다. 구약의 많은 하나님의 종이 세상에서 모진 고문을 받기도 하고 죽음을 당하였던 것이다.

예수님은 유대인들에게 죽임을 당했고, 스데반 집사가 순교하였고, 예수님의 제자들 대부분이 복음을 전하다가 순교하였으며, 일부는 옥에 갇히고 매를 맞고 모진 박해를 받았다. 백발의 노인 사도 요한은 밧모섬에 유배되어 갔으나 그곳에서 주님의 음성을 듣고 주옥같은 요한계시록을 기록하였다.

"또 어떤 이들은 희롱과 채찍질 뿐 아니라 결박과 옥에 갇히는 시험도 받았으며 돌로 치는 것과 톱으로 켜는 것과 시험과 칼에 죽는 것을 당하고 양과 염소의 가죽을 입고 유리하여 궁핍과 환난과 학대를 받았으니(이런 사람은 세상이 감당치 못하도다) 저희가 광야와 산중과 암혈과 토굴에 유리하였느니라" (히 11:36-38)

오직 성령의
가르치신 것으로 하니

....

"기록된바 하나님이 자기를 사랑하는 자들을 위하여 예비하신 모든 것은 눈으로 보지 못하고 귀로도 듣지 못하고 사람의 마음으로도 생각지 못하였다 함과 같으니라

오직 하나님이 성령으로 이것을 우리에게 보이셨으니 성령은 모든 것 곧 하나님의 깊은 것이라도 통달하시느니라

사람의 사정을 사람의 속에 있는 영 외에는 누가 알리요 이와 같이 하나님의 사정도 하나님의 영 외에는 아무도 알지 못하느니라

우리가 세상의 영을 받지 아니하고 오직 하나님께로 온 영을 받았으니 이는 우리로 하여금 하나님께서 우리에게 은혜로 주신 것들을 알게 하려 하심이라

우리가 이것을 말하거니와 사람의 지혜의 가르친 말로 아니하고 오직 성령의 가르치신 것으로 하니 신령한 일은 신령한 것으로 분별하느니라" (고전 2:9-13)

하나님의 일, 영혼 구원하는 일은 사람의 지혜와 지식으로 할 수 없다. 하나님의 일은 영에 속한 일이기 때문에 사람에게서 난 것은 오히려 자기를 교만하게 하고 거짓되고 위선자가 되게 하며, 하나님의 일을 방해하는 결과만 가져오게 한다.

"내 말과 내 전도함이 지혜의 권하는 말로 하지 아니하고 다만 성령의 나타남과 능력으로 하여 너희 믿음이 사람의 지혜에 있지 아니하고 다만 하나님의 능력에 있게 하려 하였노라" (고전 2:4-5)

영적인 일은 성령의 능력으로만 할 수 있는 영역이다. 그런데 우리가 그동안 무엇으로 목회를 하여 왔는가? 내 말과 내 지혜와 지식, 내 경험과 물질을 가지고 하지 않았는가? 그러니 영의 일은 아무것도 이루지 못한 것이며, 나의 지식과 방법과 힘으로 내가 바라던 대로 이루었다 할지라도 그것이 성령으로 이룬 것이 아니면 언젠가는 반드시 무너지게 될 것이다. 무너지지 않았다 할지라도 하나님과는 아무 상관이 없는 일이요, 그들의 집단은 하나님을 대적하는 집단으로 전락하게 되는 것이다.

예수님의 제자들은 오순절 성령 강림 이후에 성령 충만함을 받고 성령이 말하게 하심을 따라서 그때부터 복음의 증거자가 되었으니 우리는 예수님과 예수님 제사들의 사역을 보고 배우며 본받고 닮아가야 할 것이다.

"오직 성령이 너희에게 임하시면 너희가 권능을 받고 예루살렘과 온 유대와 사마리아와 땅 끝까지 이르러 내 증인이 되리라 하시니라" (행 1:8)

"오순절 날이 이미 이르매 저희가 다 같이 한곳에 모였더니 홀연히 하늘로부터 급하고 강한 바람 같은 소리가 있어 저희 앉은 온 집에 가득하며 불의 혀 같이 갈라지는 것이 저희에게 보여 각 사람 위에 임하여 있더니 저희가 다 성령의 충만함을 받고 성령이 말하

게 하심을 따라 다른 방언으로 말하기를 시작하니라"(행 2:1-4)

"오직 우리가 어디까지 이르렀든지 그대로 행할 것이라 형제들아 너희는 함께 나를 본받으라 또 우리로 본을 삼은 것 같이 그대로 행하는 자들을 보이라 내가 여러 번 너희에게 말하였거니와 이제도 눈물을 흘리며 말하노니 여러 사람들이 그리스도 십자가의 원수로 행하느니라"(빌 3:16-18)

"형제들아 우리 주 예수 그리스도의 이름으로 너희를 명하노니 규모 없이 행하고 우리에게 받은 유전대로 행하지 아니하는 모든 형제에게서 떠나라

어떻게 우리를 본받아야 할 것을 너희가 스스로 아나니 우리가 너희 가운데서 규모 없이 행하지 아니하며

누구에게서든지 양식을 값없이 먹지 않고 오직 수고하고 애써 주 야로 일함은 너희 아무에게도 누를 끼치지 아니하려 함이니

우리에게 권리가 없는 것이 아니요 오직 스스로 너희에게 본을 주어 우리를 본받게 하려 함이니라

우리가 너희와 함께 있을 때에도 너희에게 명하기를 누구든지 일 하기 싫어하거든 먹지도 말게 하라 하였더니

우리가 들은즉 너희 가운데 규모 없이 행하여 도무지 일하지 아 니하고 일만 만드는 자들이 있다 하니"(살후 3:6-11)

"오직 너는 바른 교훈에 합한 것을 말하여

늙은 남자로는 절제하며 경건하며 근신하며 믿음과 사랑과 인내 함에 온전케 하고

늙은 여자로는 이와 같이 행실이 거룩하며 참소치 말며 많은 술의 종이 되지 말며 선한 것을 가르치는 자들이 되고

저들로 젊은 여자들을 교훈하되 그 남편과 자녀를 사랑하며

근신하며 순전하며 집안 일을 하며 선하며 자기 남편에게 복종하게 하라 이는 하나님의 말씀이 훼방을 받지 않게 하려 함이니라

너는 이와 같이 젊은 남자들을 권면하여 근신하게 하되

범사에 네 자신으로 선한 일의 본을 보여 교훈의 부패치 아니함과 경건함과

책망할 것이 없는 바른 말을 하게 하라 이는 대적하는 자로 하여금 부끄러워 우리를 악하다 할 것이 없게 하려 함이라"(딛 2:1-8)

"형제들아 주의 이름으로 말한 선지자들로 고난과 오래 참음의 본을 삼으라

보라 인내하는 자를 우리가 복되다 하나니 너희가 욥의 인내를 들었고 주께서 주신 결말을 보았거니와 주는 가장 자비하시고 긍휼히 여기는 자시니라

내 형제들아 무엇보다도 맹세하지 말찌니 하늘로나 땅으로나 아무 다른 것으로도 맹세하지 말고 오직 너희의 그렇다 하는 것은 그렇다 하고 아니라 하는 것은 아니라 하여 죄 정함을 면하라"(약 5:10-12)

"이를 위하여 너희가 부르심을 입었으니 그리스도도 너희를 위하여 고난을 받으사 너희에게 본을 끼쳐 그 자취를 따라오게 하려 하셨느니라"(벧전 2:21)

"오직 하나님이 성령으로 이것을 우리에게 보이셨으니 성령은 모든 것 곧 하나님의 깊은 것이라도 통달하시느니라" (고전 2:10)

"스데반이 은혜와 권능이 충만하여 큰 기사와 표적을 민간에 행하니

리버디노 구레네인, 알렉산드리아인, 길리기아와 아시아에서 온 사람들의 회당이라는 각 회당에서 어떤자들이 일어나 스데반으로 더불어 변론할쌔

스데반이 지혜와 성령으로 말함을 저희가 능히 당치 못하여" (행 6:8-10)

"이튿날에 관원과 장로와 서기관들이 예루살렘에 모였는데

대제사장 안나스와 가야바와 요한과 알렉산더와 및 대제사장의 문중이 다 참예하여 사도들을 가운데 세우고 묻되 너희가 무슨 권세와 뉘 이름으로 이 일을 행하였느냐 이에 베드로가 성령이 충만하여 가로되 백성의 관원과 장로들아

만일 병인에게 행한 착한 일에 대하여 이 사람이 어떻게 구원을 얻었느냐고 오늘 우리에게 질문하면

너희와 모든 이스라엘 백성들은 알라 너희가 십자가에 못 박고 하나님이 죽은자 가운데서 살리신 나사렛 예수 그리스도의 이름으로 이 사람이 건강하게 되어 너희 앞에 섰느니라

이 예수는 너희 건축자들의 버린 돌로서 집 모퉁이의 머릿돌이 되었느니라

다른이로서는 구원을 얻을 수 없나니 천하 인간에 구원을 얻을 만한 다른 이름을 우리에게 주신 일이 없음이니라 하였더라

저희가 베드로와 요한이 기탄없이 말함을 보고 그 본래 학문 없는 범인으로 알았다가 이상히 여기며 또 그 전에 예수와 함께 있던 줄도 알고

또 병 나은 사람이 그들과 함께 섰는 것을 보고 힐난할 말이 없는지라"(행 4:5-14)

사람들이 그동안 엄청난 오류와 착각에 빠져서 하나님의 일을 다 망쳐놓고 하나님의 일을 자기들의 사업장으로 삼았다. 그들에게 하나님의 무서운 심판이 있을 것이니 이러한 일을 한 교회 지도자들은 회개할 일 이외에 아무것도 없다 할 것이다.

하나님께서 부르시지도 않고 세우시지도 않았으며 보내시지도 않았는데 소경들이 스스로 나서서 하나님의 일을 다 망쳐놓고서도 아직도 무엇이 잘못되었는지 깨닫지 못하고 엉뚱한 궤변만 늘어놓고 있으니 이를 어찌하면 좋겠는가? 일부 지각 있는 사람들에게서 개혁을 부르짖는 소리가 들려 오지만 개혁도 사람이 할 수 없는 일이다. 잘못된 사실을 모두가 깨닫고 마음을 찢어 회개할 때 성령의 새롭게 하심을 입어야 가능한 일인데 사람마다 잘못된 것조차 깨닫지도 못하고 성령의 도우심을 구하지도 않으니 어찌 개혁을 기대할 수가 있겠는가?

교회가 잘못된 것은 예수님도 이를 고치지 않으시고 심판 때까지 미루어 놓으신 것이니 잘못된 자는 잘못된 대로, 올바른 자는 올바른 대로 계속 진행되고 있을 뿐이다.

"하나님의 진노가 불의로 진리를 막는 사람들의 모든 경건치 않음과 불의에 대하여 하늘로 좇아 나타나나니"(롬 1:18)

"누구든지 헛된 말로 너희를 속이지 못하게 하라 이를 인하여 하나님의 진노가 불순종의 아들들에게 임하나니

그러므로 저희와 함께 참예하는 자 되지 말라

너희가 전에는 어두움이더니 이제는 주 안에서 빛이라 빛의 자녀들처럼 행하라

빛의 열매는 모든 착함과 의로움과 진실함에 있느니라

주께 기쁘시게 할 것이 무엇인가 시험하여 보라

너희는 열매 없는 어두움의 일에 참예하지 말고 도리어 책망하라" (엡 5:6-11)

"나 여호와가 말하노라 그러므로 보라 서로 내 말을 도적질하는 선지자들을 내가 치리라 나 여호와가 말하노라 보라 그들이 혀를 놀려 그가 말씀하셨다 하는 선지자들을 내가 치리라

나 여호와가 말하노라 보라 거짓 몽사를 예언하여 이르며 거짓과 헛된 자만으로 내 백성을 미혹하게 하는 자를 내가 치리라 내가 그들을 보내지 아니하였으며 명하지 아니하였나니 그들이 이 백성에게 아무 유익이 없느니라 여호와의 말이니라" (렘 23:30-32)

"또 내게 말하되 이 책의 예언의 말씀을 인봉하지 말라 때가 가까우니라

불의를 하는 자는 그대로 불의를 하고 더러운 자는 그대로 더럽고 의로운 자는 그대로 의를 행하고 거룩한 자는 그대로 거룩되게 하라

보라 내가 속히 오리니 내가 줄 상이 내게 있어 각 사람에게 그의 일한대로 갚아 주리라 나는 알파와 오메가요 처음과 나중이요

시작과 끝이라

그 두루마기를 빠는 자들은 복이 있으니 이는 저희가 생명 나무에 나아가며 문들을 통하여 성에 들어갈 권세를 얻으려 함이로다

개들과 술객들과 행음자들과 살인자들과 우상 숭배자들과 및 거짓말을 좋아하며 지어내는 자마다 성밖에 있으리라

나 예수는 교회들을 위하여 내 사자를 보내어 이것들을 너희에게 증거하게 하였노라 나는 다윗의 뿌리요 자손이니 곧 광명한 새벽별이라 하시더라" (계 22:10-16)

교회의 본질과 성격은 눈에 보이는 가시적 교회에 있지 않고 보이지 않는 영적인 교회에 있으니 세상에 있는 교회들은 보이는 가시적 교회를 세우는 일에 목적을 두지 말고 보이지 않는 영적 교회를 세워가는 일에 목적을 두어야 할 것이다.

"너희는 사도들과 선지자들의 터 위에 세우심을 입은 자라 그리스도 예수께서 친히 모퉁이 돌이 되셨느니라

그의 안에서 건물마다 서로 연결하여 주 안에서 성전이 되어가고

너희도 성령 안에서 하나님의 거하실 처소가 되기 위하여 예수 안에서 함께 지어져 가느니라" (엡 2:20-22)

이 말씀이 교회에 대한 정의이다.

"그러나 내가 하나님의 성령을 힘입어 귀신을 쫓아내는 것이면 하나님의 나라가 이미 너희에게 임하였느니라 사람이 먼저 강한 자를 결박하지 않고야 어떻게 그 강한 자의 집에 들어가 그 세간을 늑탈하겠느냐 결박한 후에야 그 집을 늑탈하리라" (마 12:28-29)

"예수께서 물으시되 너희가 무엇을 저희와 변론하느냐

무리 중에 하나가 대답하되 선생님 벙어리 귀신 들린 내 아들을 선생님께 데려 왔나이다

귀신이 어디서든지 저를 잡으면 거꾸러져 거품을 흘리며 이를 갈며 그리고 파리하여 가는지라 내가 선생의 제자들에게 내어쫓아 달라 하였으나 저희가 능히 하지 못하더이다

대답하여 가라사대 믿음이 없는 세대여 내가 얼마나 너희와 함께 있으며 얼마나 너희를 참으리요 그를 내게로 데려오라 하시매

이에 데리고 오니 귀신이 예수를 보고 곧 그 아이로 심히 경련을 일으키게 하는지라 저가 땅에 엎드러져 굴며 거품을 흘리더라

예수께서 그 아비에게 물으시되 언제부터 이렇게 되었느냐 하시니 가로되 어릴 때부터니이다

귀신이 저를 죽이려고 불과 물에 자주 던졌나이다 그러나 무엇을 하실 수 있거든 우리를 불쌍히 여기사 도와 주옵소서

예수께서 이르시되 할 수 있거든이 무슨 말이냐 믿는 자에게는 능치 못할 일이 없느니라 하시니

곧 그 아이의 아비가 소리를 질러 가로되 내가 믿나이다 나의 믿음 없는 것을 도와 주소서 하더라

예수께서 무리의 달려 모이는 것을 보시고 그 더러운 귀신을 꾸짖어 가라사대 벙어리 되고 귀먹은 귀신아 내가 네게 명하노니 그 아이에게서 나오고 다시 들어가지 말라 하시매

귀신이 소리지르며 아이로 심히 경련을 일으키게 하고 나가니 그 아이가 죽은것 같이 되어 많은 사람이 말하기를 죽었다 하나

예수께서 그 손을 잡아 일으키시니 이에 일어서니라

집에 들어가시매 제자들이 종용히 묻자오되 우리는 어찌하여 능

히 그 귀신을 쫓아 내지 못하였나이까

이르시되 기도 외에 다른 것으로는 이런 유가 나갈 수 없느니라 하시니라" (막 9:16-29)

성령의 능력에 의하지 않고는 귀신을 쫓아낼 수가 없다. 귀신은 목사를 보고 나가는 것이 아니라 오직 성령에 의해서 쫓겨 나가는데, 오히려 마귀를 불러들이는 무지하고 무능한 지도자들이 많아서 마귀가 틈을 타고 들어와서 왕 노릇하는 거짓 교회들이 얼마나 많은지 통탄할 일이다.

세상에는 교회로 위장된 사탄의 교회들이 많으니 예수님이 가라지 비유를 말씀하신 것도 이 사실을 말씀하시는 것이다.

"예수께서 그들 앞에 또 비유를 베풀어 가라사대 천국은 좋은 씨를 제 밭에 뿌린 사람과 같으니

사람들이 잘 때에 그 원수가 와서 곡식 가운데 가라지를 덧뿌리고 갔더니

싹이 나고 결실할 때에 가라지도 보이거늘

집 주인의 종들이 와서 말하되 주여 밭에 좋은 씨를 심지 아니하였나이까 그러면 가라지가 어디서 생겼나이까

주인이 가로되 원수가 이렇게 하였구나 종들이 말하되 그러면 우리가 가서 이것을 뽑기를 원하시나이까

주인이 가로되 가만 두어라 가라지를 뽑다가 곡식까지 뽑을까 염려하노라

둘 다 추수 때까지 함께 자라게 두어라 추수 때에 내가 추숫군들에게 말하기를 가라지는 먼저 거두어 불사르게 단으로 묶고 곡식

은 모아 내 곳간에 넣으라 하리라" (마 13:24-30)

영적 소경들은 곡식과 가라지도 분별하지 못하기 때문에 소경이 가라지 뽑으려 하다가 곡식까지 뽑을까 염려하셔서 차라리 심판 때까지 그대로 놔두라 하신 것이다.

"내 백성은 나를 알지 못하는 우준한 자요 지각이 없는 미련한 자식이라 악을 행하기에는 지각이 있으나 선을 행하기에는 무지하도다

내가 땅을 본즉 혼돈하고 공허하며 하늘들을 우러른즉 거기 빛이 없으며

내가 산들을 본즉 다 진동하며 작은 산들도 요동하며

내가 본즉 사람이 없으며 공중의 새가 다 날아갔으며

내가 본즉 좋은 땅이 황무지가 되었으며 그 모든 성읍이 여호와의 앞 그 맹렬한 진노 앞에 무너졌으니

이는 여호와의 말씀에 이 온 땅이 황폐할 것이나 내가 진멸하지는 아니할 것이며 이로 인하여 땅이 슬퍼할 것이며 위의 하늘이 흑암할 것이라

내가 이미 말하였으며 작정하였고 후회하지 아니하였은즉 또한 돌이키지 아니하리라 하셨음이로다" (렘 4:22-28)

세상이 어떻게 될 것인가에 대하여 이미 말씀 속에 자세하게 기록되어 있다. 하나님이 작정하시고 돌이키지 않으시리라 하시며 하나님에 의하여 세상이 황폐할 것이 작정이 되어있는데 이 세상이 황폐되지 않게 해달라는 기도가 무슨 소용이 있겠는가?

기름 준비 못 하였으면
아무도 주를 보지 못하리라

....

"그때에 천국은 마치 등을 들고 신랑을 맞으러 나간 열 처녀와 같다 하리니

그중에 다섯은 미련하고 다섯은 슬기 있는지라

미련한 자들은 등을 가지되 기름을 가지지 아니하고

슬기 있는 자들은 그릇에 기름을 담아 등과 함께 가져갔더니

신랑이 더디 오므로 다 졸며 잘째

밤중에 소리가 나되 보라 신랑이로다 맞으러 나오라 하매

이에 그 처녀들이 다 일어나 등을 준비할째

미련한 자들이 슬기 있는 자들에게 이르되 우리 등불이 꺼져가니 너희 기름을 좀 나눠 달라 하거늘

슬기 있는 자들이 대답하여 가로되 우리와 너희의 쓰기에 다 부족할까 하노니 차라리 파는 자들에게 가서 너희 쓸 것을 사라 하니

저희가 사러 간 동안에 신랑이 오므로 예비하였던 자들은 함께 혼인 잔치에 들어가고 문은 닫힌지라

그 후에 남은 처녀들이 와서 가로되 주여 주여 우리에게 열어 주소서

대답하여 가로되 진실로 너희에게 이르노니 내가 너희를 알지 못하노라 하였느니라 그런즉 깨어 있으라 너희는 그날과 그 시를 알

지 못하느니라" (마 25:1-13)

현대 교회가 정말 주님을 기다리며 주님 맞을 준비를 하고 있는 교회란 말인가? 아무리 살펴보아도 예수님 재림 설교조차 들어볼 수가 없으니 주님 재림에 대해서는 관심도 없고 모두 영적으로 잠 들어 있는 모습이다. 그러니 누가 어떻게 주님 맞을 준비를 하고 주 님을 맞이할 수가 있을까?

교회의 지도자는 모든 성도가 거듭나고 성령충만한 삶을 살아가 면서 기쁨으로 주님을 기다리며 살아가도록 하는 일에 목표를 두어 야 하는데, 그러한 모습은 어디에서도 찾아볼 수 없으니 준비된 기 름도 없고 등불은 이미 꺼져버린 지 아주 오래된 모습이다.

"저가 큰 나팔 소리와 함께 천사들을 보내리니 저희가 그 택하신 자들을 하늘 이 끝에서 저 끝까지 사방에서 모으리라

무화과나무의 비유를 배우라 그 가지가 연하여지고 잎사귀를 내 면 여름이 가까운 줄을 아나니

이와 같이 너희도 이 모든 일을 보거든 인자가 가까이 곧 문앞에 이른줄 알라

내가 진실로 너희에게 말하노니 이 세대가 지나가기 전에 이 일이 다 이루리라

천지는 없어지겠으나 내 말은 없어지지 아니하리라

그러나 그 날과 그 때는 아무도 모르나니 하늘의 천사들도, 아들 도 모르고 오직 아버지만 아시느니라

노아의 때와 같이 인자의 임함도 그러하리라" (마 24:31-37)

구약시대를 살았던 성도들도 메시아가 오시리라는 지식과 신앙은 가지고 있었지만, 메시아를 맞이할 준비는커녕 오신 메시아도 알아보지 못하였다. 예수님께서 삼 년 동안이나 가르치고 이적을 행하시며 당신을 증거하셨지만, 끝내 예수님을 알아보지 못하고 배척하였으니 그 원인이 어디에 있었던 것인가? 사람마다 진리의 빛이 꺼지고 어둠의 지배를 받고 있었기 때문이다.

"태초에 말씀이 계시니라 이 말씀이 하나님과 함께 계셨으니 이 말씀은 곧 하나님이시니라

그가 태초에 하나님과 함께 계셨고

만물이 그로 말미암아 지은바 되었으니 지은 것이 하나도 그가 없이는 된 것이 없느니라

그 안에 생명이 있었으니 이 생명은 사람들의 빛이라

빛이 어두움에 비취되 어두움이 깨닫지 못하더라

하나님께로서 보내심을 받은 사람이 났으니 이름은 요한이라

저가 증거하러 왔으니 곧 빛에 대하여 증거하고 모든 사람으로 자기를 인하여 믿게 하려 함이라

그는 이 빛이 아니요 이 빛에 대하여 증거하러 온 자라

참 빛 곧 세상에 와서 각 사람에게 비취는 빛이 있었나니

그가 세상에 계셨으며 세상은 그로 말미암아 지은바 되었으되 세상이 그를 알지 못하였고 자기 땅에 오매 자기 백성이 영접지 아니하였으나

영접하는 자 곧 그 이름을 믿는 자들에게는 하나님의 자녀가 되는 권세를 주셨으니 이는 혈통으로나 육정으로나 사람의 뜻으로 나지 아니하고 오직 하나님께로서 난 자들이니라" (요 1:1-13)

예수님의 초림 때 그의 백성들이 예수님을 맞이하지 못했던 것처럼 예수님 재림 때에도 주님을 맞이하지 못하는 교회가 대부분일 것이다.

신부의 친구들이 밤늦게까지 신랑을 기다리다가 등불이 꺼져가므로 그때서야 깨닫고 기름을 사러 나간 시간에 공교롭게도 신랑이 왔다. 문은 닫혔는데 뒤늦게서 문을 열어 달라고 외쳐보았으나 나는 너희를 알지 못한다는 신랑의 음성만 들려왔으니 마지막 때에도 다수의 교인이 천국에 들어가지 못하게 될 것을 말씀한 것이다.

기름 준비하지 못한 미련한 다섯 처녀는 성령의 인도함 없이 자기 생각대로 신앙생활을 했던 거듭나지 못한 사람들이다. 성령으로 거듭난 사람들은 항상 성령이 함께 계셔서 성령의 새롭게 하심을 따라 신앙생활을 하였는데, 미련한 다섯 처녀는 그러하지 못하였던 것이다.

우리가 한때 성령으로 충만하였다 할지라도 성령의 교통이 끊어지고 육신의 삶을 따라 살다 보면 성령의 감동도 기쁨도 모두 사라지고 진리의 빛이 흐려지다가 결국은 빛이 꺼져버리게 되어 옛사람으로 돌아가는 것이다.

"내가 이르노니 너희는 성령을 좇아 행하라 그리하면 육체의 욕심을 이루지 아니하리라 육체의 소욕은 성령을 거스리고 성령의 소욕은 육체를 거스리나니 이 둘이 서로 대적함으로 너희의 원하는 것을 하지 못하게 하려 함이니라" (갈 5:16-16)

무엇이든 사람의 욕심이 문제이다. 사람의 욕심은 성령을 거스르게 하고 성령을 떠나 살게 하므로 많은 사람이 성령으로 시작하였다가 육체로 마치고 있는 것이다.

"항상 기뻐하라 쉬지 말고 기도하라 범사에 감사하라 이는 그리스도 예수 안에서 너희를 향하신 하나님의 뜻이니라 성령을 소멸치 말며 예언을 멸시치 말고 범사에 헤아려 좋은 것을 취하고 악은 모든 모양이라도 버리라"(살전 5:16-22)

기름이 떨어졌다는 것은 성령의 교통이 끊어졌다는 말이다. 우리는 항상 성령과 교통하며 성령의 인도와 도움을 받아서 살아가야 한다.

"우리를 구원하시되 우리의 행한바 의로운 행위로 말미암지 아니하고 오직 그의 긍휼하심을 좇아 중생의 씻음과 성령의 새롭게 하심으로 하셨나니
성령을 우리 구주 예수 그리스도로 말미암아 우리에게 풍성히 부어 주사 우리로 저의 은혜를 힘입어 의롭다 하심을 얻어 영생의 소망을 따라 후사가 되게 하려 하심이라"(딛 3:5-7)

성령의 교통은 없고 학습된 지식만 있는 교회는 그 불빛이 이미 꺼져있고 형식만 있는 교회이다. 이러한 교회도 표면적으로는 말씀도 있고 예배도 있으며 믿음이 있는 것 같아서 모두 동일한 교회로 보이지만, 성령이 없는 교회요 성령의 역사가 없이 학습된 지식과 형식적 행위로 사람들이 모여서 교회의 형태만 유지하고 있을 뿐 생명의 빛이 없는 어둠에 속한 교회인 것이다.

성령의 교통이 없는 사람은 아무도 주님을 맞이할 수가 없다. 성령의 교통하심이 이루어지는 사람은 내면에 기쁨과 감사가 충만하여 삶이 변하고 말소리가 변하고 소망이 넘친다. 사람들의 표정과 삶에 그대로 나타나는 것이다.

"이스라엘 자손이 모세의 얼굴의 광채를 보는 고로 모세가 여호와께 말씀하러 들어가기까지 다시 수건으로 자기 얼굴을 가리웠더라"(출 34:35)

"공회 중에 앉은 사람들이 다 스데반을 주목하여 보니 그 얼굴이 천사의 얼굴과 같더라"(행 6:15)

"예수께서 하나님의 아들이심을 믿는 자가 아니면 세상을 이기는 자가 누구뇨 이는 물과 피로 임하신 자니 곧 예수 그리스도시라 물로만 아니요
물과 피로 임하셨고 증거하는 이는 성령이시니 성령은 진리니라 증거 하는 이가 셋이니 성령과 물과 피라 또한 이 셋이 합하여 하나이니라"(요일 5:5-8)

"오직 성령이 너희에게 임하시면 너희가 권능을 받고 예루살렘과 온 유대와 사마리아와 땅 끝까지 이르러 내 증인이 되리라 하시니라"(행 1:8)

성령도 받지 못하고 성령을 알지도 못하고 학습된 말씀만 있는 사람은 절대로 세상의 빛이 될 수 없고, 복음의 증인도 될 수가 없다.

말씀에 붙잡혀서 말씀을 깨닫게 되면 이미 성령을 체험하고 있다고 말할 수가 있는데, 말씀의 핵심 내용도 제대로 알지 못하고 회개도 이루어지지 않았는데 성령을 받겠다고 날뛰다가 성령이 아닌 사단의 영을 받은 사람들도 많이 있으니 무엇보다도 회개하여 자신을 깨끗게 함을 얻는 것이 가장 중요한 것이다.

교회는 반드시 성령이 임하셔야 교회의 사명을 수행할 수 있다. 성령이 없는 교회나 개인들은 아직 회개를 이루지 못하였고 거듭남의 체험을 하지 못한 것이니 누구든지 자신을 먼저 깨끗게 하게 하면 성령이 임하시는 것이다.

"큰 집에는 금과 은의 그릇이 있을뿐 아니요 나무와 질그릇도 있어 귀히 쓰는 것도 있고 천히 쓰는 것도 있나니 그러므로 누구든지 이런 것에서 자기를 깨끗하게 하면 귀히 쓰는 그릇이 되어 거룩하고 주인의 쓰심에 합당하며 모든 선한 일에 예비함이 되리라" (딤후 2:20-21)

"그가 우리를 대신하여 자신을 주심은 모든 불법에서 우리를 구속하시고 우리를 깨끗하게 하사 선한 일에 열심하는 친 백성이 되게 하려 하심이니라" (딛 2:14)

"주를 향하여 이 소망을 가진 자마다 그의 깨끗하심과 같이 자기를 깨끗하게 하느니라" (요일 3:3)

"내가 아버지께 구하겠으니 그가 또 다른 보혜사를 너희에게 주사 영원토록 너희와 함께 있게 하시리니 저는 진리의 영이라 세상은 능히 저를 받지 못하나니 이는 저를 보지도 못하고 알지도 못함이라 그러나 너희는 저를 아나니 저는 너희와 함께 거하심이요 또 너희 속에 계시겠음이라" (요 14:16-17)

"그러하나 내가 너희에게 실상을 말하노니 내가 떠나가는 것이 너희에게 유익이라 내가 떠나가지 아니하면 보혜사가 너희에게로 오시지 아니할 것이요 가면 내가 그를 너희에게로 보내리니 그가 와서 죄에 대하여, 의에 대하여, 심판에 대하여 세상을 책망하시리라" (요 16:7-8)

교회는 세상의 것이 아닌 예수님이 주신 생명 양식으로만 가득하여야 한다. 가나의 혼인집처럼 사람이 준비했던 포도주는 다 떨어지고 주님이 주신 새 포도주가 나와야 하는 것이다. 그런데 주님이 주신 것은 어디에도 보이지 않고 아무 영양가도 없는 사람의 것만 계속 퍼다 주고 있으니 사람들은 더 좋은 것이 있다는 사실조차 알지 못하고 여전히 옛것만 받아먹기 때문에 아무 변화 없이 살아가고 있는 것이다.

땅의 것은 사람들을 죽이는 것이요, 하늘의 것이 죽은 영혼을 살리는 생명 양식이다. 그러므로 교회는 땅의 것이 아닌 하늘의 것을 찾으며 하늘의 양식을 공급받아서 살아야 하는 곳이다.

"예수께서 대답하여 가라사대 이 물을 먹는 자마다 다시 목마르려니와 내가 주는 물을 먹는 자는 영원히 목마르지 아니하리니 나의 주는 물은 그 속에서 영생하도록 솟아나는 샘물이 되리라" (요 4:13-14)

"하나님의 떡은 하늘에서 내려 세상에게 생명을 주는 것이니라 저희가 가로되 주여 이 떡을 항상 우리에게 주소서 예수께서 가라 사대 내가 곧 생명의 떡이니 내게 오는 자는 결코 주리지 아니할 터이요 나를 믿는 자는 영원히 목마르지 아니하리라" (요 6:33-35)

"내가 곧 생명의 떡이로라 너희 조상들은 광야에서 만나를 먹었어도 죽었거니와 이는 하늘로서 내려오는 떡이니 사람으로 하여금 먹고 죽지 아니하게 하는 것이니라

나는 하늘로서 내려온 산 떡이니 사람이 이 떡을 먹으면 영생하리라 나의 줄 떡은 곧 세상의 생명을 위한 내 살이로라 하시니라" (요 6:48-51)

"너희 목마른 자들아 물로 나아오라 돈 없는 자도 오라 너희는 와서 사 먹되 돈 없이, 값 없이 와서 포도주와 젖을 사라 너희가 어찌하여 양식 아닌 것을 위하여 은을 달아 주며 배부르게 못할 것을 위하여 수고하느냐

나를 청종하라 그리하면 너희가 좋은 것을 먹을 것이며 너희 마음이 기름진 것으로 즐거움을 얻으리라 너희는 귀를 기울이고 내게 나아와 들으라 그리하면 너희 영혼이 살리라 내가 너희에게 영원한 언약을 세우리니 곧 다윗에게 허락한 확실한 은혜니라" (사 55:1-3)

교회의 지도자들에 대하여
말한다

....

"그가 혹은 사도로, 혹은 선지자로, 혹은 복음 전하는 자로, 혹은 목사와 교사로 주셨으니 이는 성도를 온전케 하며 봉사의 일을 하게 하며 그리스도의 몸을 세우려 하심이라

우리가 다 하나님의 아들을 믿는 것과 아는 일에 하나가 되어 온전한 사람을 이루어 그리스도의 장성한 분량이 충만한 데까지 이르리니" (엡 4:11-13)

"이제는 우리 구주 그리스도 예수의 나타나심으로 말미암아 나타났으니 저는 사망을 폐하시고 복음으로써 생명과 썩지 아니할 것을 드러내신지라

내가 이 복음을 위하여 반포자와 사도와 교사로 세우심을 입었노라

이를 인하여 내가 또 이 고난을 받되 부끄러워하지 아니함은 나의 의뢰한 자를 내가 알고 또한 나의 의탁한 것을 그날까지 저가 능히 지키실 줄을 확신함이라" (딤후 1:10-12)

하나님의 일은 세상의 직업과 다르다. 세상의 직업은 자신이 선택을 하고 자격을 얻어서 일할 수 있지만, 하나님의 일은 하나님의 소

명이 있어야 한다. 그런데 하나님의 소명에 대한 검증도 사람은 알
수가 없고, 하나님만 알고 계신다.

예수님의 제자들이나 바울 사도 같은 경우는 예수님께서 직접 부
르셨다. 본인의 뜻이나 자격과는 아무 상관 없이 예수님의 일방적
부르심이 있었다. 당시 제자들을 보면 어느 날 주님이 찾아오셔서
그들을 부르시며 "나를 따라오너라."라고 하셨는데, 그 누구도 거부
하지 않았고 어떤 조건이나 약정도 없이 따랐다.

"갈릴리 해변에 다니시다가 두 형제 곧 베드로라 하는 시몬과 그
형제 안드레가 바다에 그물 던지는 것을 보시니 저희는 어부라
말씀하시되 나를 따라 오너라 내가 너희로 사람을 낚는 어부가
되게 하리라 하시니 저희가 곧 그물을 버려 두고 예수를 좇으니라
거기서 더 가시다가 다른 두 형제 곧 세베대의 아들 야고보와 그
형제 요한이 그 부친 세베대와 한가지로 배에서 그물 깁는 것을 보
시고 부르시니 저희가 곧 배와 부친을 버려두고 예수를 좇으니라"
(마 4:18-22)

"예수께서 거기서 떠나 지나가시다가 마태라 하는 사람이 세관에
앉은 것을 보시고 이르시되 나를 좇으라 하시니 일어나 좇으니라"
(마 9:9)

"한 서기관이 나아와 예수께 말씀하되 선생님이여 어디로 가시든
지 저는 좇으리이다 예수께서 이르시되 여우도 굴이 있고 공중의
새도 거처가 있으되 오직 인자는 머리 둘 곳이 없다 하시더라
제자 중에 또 하나가 가로되 주여 나로 먼저 가서 내 부친을 장

사하게 허락하옵소서 예수께서 가라사대 죽은 자들로 저희 죽은 자를 장사하게 하고 너는 나를 좇으라 하시니라" (마 8:19-22)

"하나님과 그리스도 예수와 택하심을 받은 천사들 앞에서 내가 엄히 명하노니 너는 편견이 없이 이것들을 지켜 아무 일도 편벽되이 하지 말며 아무에게나 경솔히 안수하지 말고 다른 사람의 죄에 간섭지 말고 네 자신을 지켜 정결케 하라" (딤전 5:21-22)

예수님은 열두 사람만 제자로 부르셔서 가르치셨다. 그런데도 그 중의 한 사람은 예수님의 사람이 아니고 사단의 사람이 되고 말았다. 가장 완벽하신 선생님 아래에서 교육받은 제자 중에도 한 사람이 사단에게 돌아가 사단의 앞잡이가 되었는데, 현대 교회의 허술한 교육과정과 거듭나지 못한 스승들을 통하여 지식이나 이수 받은 사람들이 어찌 모두 예수 그리스도의 참된 일꾼으로 쓰임을 받을 수 있겠는가?

소경 지도자들에 의하여 유대교의 지도자가 되었던 사울은 주님으로부터 부르심을 받고 그의 눈이 밝아졌을 때 비로소 주님을 알게 되고 주님의 일꾼이 될 수 있었다. 사울이 주님을 만나기 전에는 주님의 백성들을 잡아 죽이는 일에 앞장서서 주님을 대적하는 사람이었으니 성경 말씀에 무지하고 성령으로 거듭나지 못한 사람이 소유한 지식과 열심은 오히려 하나님의 일을 방해하고 악을 행하는 무서운 도구로 사용되기도 한다.

우리는 언제나 내가 하나님의 일꾼이 된다는 일이 얼마나 두렵고 어려운 일인가를 먼저 깨달아 알고, 주님이 말씀하신 대로 "이에 예수께서 제자들에게 이르시되 아무든지 나를 따라 오려거든 자기를 부인하고 자기 십자가를 지고 나를 좇을 것이니라 누구든지 제 목숨을 구원코자 하면 잃을 것이요 누구든지 나를 위하여 제 목숨을 잃으면 찾으리라(마16:24-25)"는 말씀 속에서 내가 정말 주님을 위하여 죽을 각오가 되어 있는가를 통하여 스스로 자신의 소명을 검증하여 보아야 할 것이다.

"무릇 내게 오는 자가 자기 부모와 처자와 형제와 자매와 및 자기 목숨까지 미워하지 아니하면 능히 나의 제자가 되지 못하고 누구든지 자기 십자가를 지고 나를 좇지 않는 자도 능히 나의 제자가 되지 못하리라"(눅 14:26-27)

이러한 각오를 가지고 주님을 따르지 아니하고 자신의 영광이나 땅의 일을 생각하고 스스로 나서서 주님의 일꾼이 되려고 하였던 많은 사람이 마지막에 사단의 일꾼으로 전락하였으니 그 수가 참으로 엄청나다.

"형제들아 너희는 함께 나를 본받으라 또 우리로 본을 삼은 것 같이 그대로 행하는 자들을 보이라
내가 여러 번 너희에게 말하였거니와 이제도 눈물을 흘리며 말하노니 여러 사람들이 그리스도 십자가의 원수로 행하느니라
저희의 마침은 멸망이요 저희의 신은 배요 그 영광은 저희의 부끄러움에 있고 땅의 일을 생각하는 자라"(빌 3:17-19)

"거짓 선지자들을 삼가라 양의 옷을 입고 너희에게 나아오나 속에는 노략질하는 이리라

그의 열매로 그들을 알찌니 가시나무에서 포도를, 또는 엉겅퀴에서 무화과를 따겠느냐 이와 같이 좋은 나무마다 아름다운 열매를 맺고 못된 나무가 나쁜 열매를 맺나니 좋은 나무가 나쁜 열매를 맺을 수 없고 못된 나무가 아름다운 열매를 맺을 수 없느니라

아름다운 열매를 맺지 아니하는 나무마다 찍혀 불에 던지우느니라

이러므로 그의 열매로 그들을 알리라

나더러 주여 주여 하는 자마다 천국에 다 들어갈 것이 아니요 다만 하늘에 계신 내 아버지의 뜻대로 행하는 자라야 들어가리라

그 날에 많은 사람이 나더러 이르되 주여 주여 우리가 주의 이름으로 선지자 노릇하며 주의 이름으로 귀신을 쫓아 내며 주의 이름으로 많은 권능을 행치 아니하였나이까 하리니

그때에 내가 저희에게 밝히 말하되 내가 너희를 도무지 알지 못하니 불법을 행하는 자들아 내게서 떠나가라 하리라" (마 7:15-23)

에덴 동산에서 출현하였던 뱀(사단)은 지금도 하나님의 교회 안으로 침투하여 하나님의 자녀들을 미혹하여 넘어지게 하고 있으니 거짓 선지자가 세운 학교에서는 모두 거짓 선지자만 배출되기 마련이다.

영적인 분야는 신학교의 교과목에도 없고, 각 사람이 졸업 후에 목회를 하면서 스스로 깨닫고 체험을 통하여 얻을 수밖에 없으나 그것이 결코 쉽지 않다. 대부분의 목회자가 영적인 부분에 대하여는 알려고 하지도 않고 쉽게 받아들이지도 않으니 마치 바리새인 서기관같이 자기가 알고 있는 부분만 인정하고 그 이외의 것은 모두 부정하며 거부하는 모습과 동일하다.

목회자들은 무엇보다도 영적인 경지에 이르기 위하여 노력하여야 한다. 영적 경지는 하나님의 말씀 안에서 주님을 만나고 주님 안에

서 살게 되면 말씀의 눈이 열리게 되고 성령으로 거듭나서 하나님이 말씀을 주신 목적을 바로 이해하고 말씀을 따라서 살아가게 되는 것이다.

목회자는 자신이 먼저 예수님을 만나고 거듭나서 말씀과 예수 그리스도에 대하여 눈을 뜨고 예수님 안에 살아가면서 성도들을 예수님에게로 인도하여야 한다. 만약에 교인들이 거듭나지 못하고 예수님을 만나지 못한다면 언젠가 예수를 떠날 수밖에 없으니 오늘날 교회를 떠나는 사람들이 바로 그들이 아니겠는가?

예수님이 지상에서 활동하실 때에도 초기에는 많은 사람이 찾아왔지만 결국 그들은 예수님을 알아보지 못하고 모두 떠나갔다. 끝까지 예수님 곁에 남아서 예수님의 죽으심과 부활하심을 목격한 사람들만 주님에 대하여 눈을 뜨게 되어 그 후 목숨 바쳐 예수님을 전하는 증인으로 살게 되었던 것이다. 그렇기에 십자가의 죽음과 부활의 신앙을 경험하고 영적으로 거듭나서 성령의 충만함을 받고 성령에 의하여 사는 사람이 아니면 절대로 교회의 지도자가 되어서는 안 된다.

"그리스도 안에서 일만 스승이 있으되 아비는 많지 아니하니 그리스도 예수 안에서 복음으로써 내가 너희를 낳았음이라

그러므로 내가 너희에게 권하노니 너희는 나를 본받는 자 되라 이를 인하여 내가 주 안에서 내 사랑하고 신실한 아들 디모데를 너희에게 보내었노니

저가 너희로 하여금 그리스도 예수 안에서 나의 행사 곧 내가 각처 각 교회에서 가르치는 것을 생각나게 하리라" (고전 4:15-17)

"내가 그리스도를 본받는 자 된 것 같이 너희는 나를 본받는 자 되라 너희가 모든 일에 나를 기억하고 또 내가 너희에게 전하여 준 대로 그 유전을 너희가 지키므로 너희를 칭찬하노라" (고전 11:1-2)

예수님이나 사도들도 결코 많은 제자를 삼지 아니하였음을 생각하여 보라. 그들이 능력이 없어서가 아니고 사람들이 없어서도 아니다. 오직 소수의 사람만 확실하게 교육시켜서 세상에 보내기 위함이었으니 하나님께서는 결코 다수의 사람을 통하여 일하시지 않으셨다는 사실을 깨달아야 할 것이다. 만약에 제대로 교육되지 않은 사람들을 전쟁터로 보내었다면 저들의 영혼과 육을 모두 죽이는 결과를 초래하게 될 것이다.

아무리 많은 지식이 있고 열심이 있어도 거듭나지 못하고 더러운 사람은 하나님은 절대로 그들을 세우셔서 일하시지 않으신다. 더러운 사람은 사단이 사로잡아 사용하는데 그들에 의하여 오늘의 교회가 이렇게 엉망이 되어버린 것이다.

가나안 땅에 보냄 받은 열두 명의 정탐꾼 중에서도 하나님께 쓰임 받은 일꾼은 여호수아와 갈렙, 두 사람뿐이었다. 이 두 사람은 하나님에 대한 믿음의 눈으로 세상을 보았고, 나머지 열 명은 모두 자기들의 생각과 이성으로 보고 판단하여 하나님이 하시는 일을 부정하고 하나님의 약속의 땅에 대하여 악평을 하며 그 땅의 정복은 절대 불가능하다고 스스로 결론을 내렸다. 이러한 사람들의 판단이 하나님의 일에 얼마나 방해가 되는지 알아야 할 것이다.

그렇기 때문에 하나님께 속하지 않고 믿음의 눈을 뜨지 못한 사람은 절대로 교회의 지도자가 되어서는 아니 되고, 거듭나서 믿음의 눈이 열리고 성령으로 충만한 사람이 지도자가 되어야 한다. 표면적으로는 모두가 하나님께 속한 사람 같이 보일지라도 내면적으로는 완전히 다르다.

"내 형제들아 너희는 선생 된 우리가 더 큰 심판 받을 줄을 알고 많이 선생이 되지 말라

우리가 다 실수가 많으니 만일 말에 실수가 없는 자면 곧 온전한 사람이라 능히 온 몸도 굴레 씌우리라

우리가 말을 순종케 하려고 그 입에 재갈 먹여 온 몸을 어거하며

또 배를 보라 그렇게 크고 광풍에 밀려가는 것들을 지극히 작은 키로 사공의 뜻대로 운전하나니

이와 같이 혀도 작은 지체로되 큰 것을 자랑하도다 보라 어떻게 작은 불이 어떻게 많은 나무를 태우는가

혀는 곧 불이요 불의의 세계라 혀는 우리 지체 중에서 온 몸을 더럽히고 생의 바퀴를 불사르나니 그 사르는 것이 지옥불에서 나느니라" (약 3:1-6)

"모든 백성이 들을 때에 예수께서 그 제자들에게 이르시되 긴 옷을 입고 다니는 것을 원하며 시장에서 문안받는 것과 회당의 상좌와 잔치의 상석을 좋아하는 서기관들을 삼가라 저희는 과부의 가산을 삼키며 외식으로 길게 기도하니 그 받는 판결이 더욱 중하리라 하시니라" (눅 20:45-47)

"종말로 나의 형제들아 주 안에서 기뻐하라 너희에게 같은 말을 쓰는 것이 내게는 수고로움이 없고 너희에게는 안전하니라 개들을 삼가고 행악하는 자들을 삼가고 손할례당을 삼가라" (빌 3:1-2)

"사랑하는 자들아 영을 다 믿지 말고 오직 영들이 하나님께 속하였나 시험하라 많은 거짓 선지자가 세상에 나왔음이니라

하나님의 영은 이것으로 알찌니 곧 예수 그리스도께서 육체로 오신 것을 시인하는 영마다 하나님께 속한 것이요

예수를 시인하지 아니하는 영마다 하나님께 속한 것이 아니니 이것이 곧 적그리스도의 영이니라 오리라 한 말을 너희가 들었거니와 이제 벌써 세상에 있느니라

자녀들아 너희는 하나님께 속하였고 또 저희를 이기었나니 이는 너희 안에 계신 이가 세상에 있는 이보다 크심이라

저희는 세상에 속한고로 세상에 속한 말을 하매 세상이 저희 말을 듣느니라

우리는 하나님께 속하였으니 하나님을 아는 자는 우리의 말을 듣고 하나님께 속하지 아니한 자는 우리의 말을 듣지 아니하나니 진리의 영과 미혹의 영을 이로써 아느니라" (요일 4:1-6)

"미혹하는 자가 많이 세상에 나왔나니 이는 예수 그리스도께서 육체로 임하심을 부인하는 자라 이것이 미혹하는 자요 적그리스도니" (요이 1:7)

"이 백성이 입술로는 나를 존경하되 마음은 내게서 멀도다

사람의 계명으로 교훈을 삼아 가르치니 나를 헛되이 경배하는도다 하였느니라 하시고 무리를 불러 이르시되 듣고 깨달으라

입에 들어가는 것이 사람을 더럽게 하는 것이 아니라 입에서 나오는 그것이 사람을 더럽게 하는 것이니라

이에 제자들이 나아와 가로되 바리새인들이 이 말씀을 듣고 걸

림이 된줄 아시나이까 예수께서 대답하여 가라사대 심은 것마다 내 천부께서 심으시지 않은 것은 뽑힐 것이니 그냥 두어라 저희는 소경이 되어 소경을 인도하는 자로다 만일 소경이 소경을 인도하면 둘이 다 구덩이에 빠지리라 하신대

베드로가 대답하여 가로되 이 비유를 우리에게 설명하여 주옵소서

예수께서 가라사대 너희도 아직까지 깨달음이 없느냐

입으로 들어가는 모든 것은 배로 들어가서 뒤로 내어 버려지는 줄을 알지 못하느냐 입에서 나오는 것들은 마음에서 나오나니 이것이야말로 사람을 더럽게 하느니라" (마 15:8-18)

하나님 말씀을 보면 하나님의 일을 한다는 자체가 얼마나 두려운 일이고 어려운 일이며, 결코 아무 사람이나 하나님의 일꾼이 되어서는 안 된다는 사실을 깨닫게 되는 것이다.

깨끗한 그릇이 되어야
쓰임 받는다

....

"큰 집에는 금과 은의 그릇이 있을뿐 아니요 나무와 질그릇도 있어 귀히 쓰는 것도 있고 천히 쓰는 것도 있나니 그러므로 누구든지 이런 것에서 자기를 깨끗하게 하면 귀히 쓰는 그릇이 되어 거룩하고 주인의 쓰심에 합당하며 모든 선한 일에 예비함이 되리라" (딤후 2:20-21)

어떤 그릇이든지 깨끗하여야 쓰임을 받는다. 쓰임 받는 그릇의 가장 중요한 것은 무엇으로 어떻게 만들어 졌느냐가 아니며, 그릇은 크든지 작든지 그 용도에 따라 쓰이게 되지만, 거룩하신 하나님의 일에 쓰임 받기 위하여서는 반드시 거룩(깨끗)하여야 한다.

깨끗하기 위해서는 예수님의 피로 씻음 받고 성령으로 거듭나야 하는 것이다.

"도적이나 탐람하는 자나 술 취하는 자나 후욕하는 자나 토색하는 자들은 하나님의 나라를 유업으로 받지 못하리라 너희 중에 이와 같은 자들이 있더니 주 예수 그리스도의 이름과 우리 하나님의 성령 안에서 씻음과 거룩함과 의롭다 하심을 얻었느니라" (고전 6:10-11)

"그런즉 사랑하는 자들아 이 약속을 가진 우리가 하나님을 두려워하는 가운데서 거룩함을 온전히 이루어 육과 영의 온갖 더러운 것에서 자신을 깨끗케 하자"(고후 7:1)

"너희는 유혹의 욕심을 따라 썩어져 가는 구습을 좇는 옛사람을 벗어 버리고 오직 심령으로 새롭게 되어 하나님을 따라 의와 진리의 거룩함으로 지으심을 받은 새 사람을 입으라"(엡 4:22-24)

"너희 마음을 굳게 하시고 우리 주 예수께서 그의 모든 성도와 함께 강림하실 때에 하나님 우리 아버지 앞에서 거룩함에 흠이 없게 하시기를 원하노라"(살전 3:13)

"하나님을 가까이 하라 그리하면 너희를 가까이 하시리라 죄인들아 손을 깨끗이 하라 두 마음을 품은 자들아 마음을 성결케 하라"(약 4:8)

"아론과 그 아들들이 그 두멍에서 수족을 씻되 그들이 회막에 들어갈 때에 물로 씻어 죽기를 면할 것이요
단에 가까이 가서 그 직분을 행하여 화제를 여호와 앞에 사를 때에도 그리 할찌니라 이와 같이 <u>그들이 그 수족을 씻어 죽기를 면할찌니 이는 그와 그 자손이 대대로 영원히 지킬 규례니라</u>"(출 30:19-21)

더러운 그릇에 음식을 담아낼 사람은 아무도 없다. 하물며 하나님께서 그 거룩하신 일에 더러운 그릇을 사용하시겠는가?
자신이 더러우면서 하나님 종이라고 말하지 말라. 그런 사람은 하나

님을 부정하는 자요, 하나님을 모독하는 자이며 사기꾼이다. 그런데 그렇게 살아가는 사람들이 실제로 많이 있으니 말하기조차 부끄럽다.

"깨끗한 자들에게는 모든 것이 깨끗하나 더럽고 믿지 아니하는 자들에게는 아무 것도 깨끗한 것이 없고 오직 저희 마음과 양심이 더러운지라 저희가 하나님을 시인하나 행위로는 부인하니 가증한 자요 복종치 아니하는 자요, 모든 선한 일을 버리는 자니라" (딛 1:15-16)

"그러나 성령이 밝히 말씀하시기를 후일에 어떤 사람들이 믿음에서 떠나 미혹케 하는 영과 귀신의 가르침을 좇으리라 하셨으니 자기 양심이 화인 맞아서 외식함으로 거짓말하는 자들이라" (딤전 4:1-2)

"독사의 자식들아 너희는 악하니 어떻게 선한 말을 할 수 있느냐 이는 마음에 가득한 것을 입으로 말함이라 선한 사람은 그 쌓은 선에서 선한 것을 내고 악한 사람은 그 쌓은 악에서 악한 것을 내느니라

내가 너희에게 이르노니 사람이 무슨 무익한 말을 하든지 심판 날에 이에 대하여 심문을 받으리니 네 말로 의롭다 함을 받고 네 말로 정죄함을 받으리라" (마 12:34-37)

"입에서 나오는 것들은 마음에서 나오나니 이것이야말로 사람을 더럽게 하느니라 마음에서 나오는 것은 악한 생각과 살인과 간음과 음란과 도적질과 거짓 증거와 훼방이니 이런 것들이 사람을 더럽게 하는 것이요 씻지 않은 손으로 먹는 것은 사람을 더럽게 하지 못하

느니라" (마 15:18-20)

"못된 열매 맺는 좋은 나무가 없고 또 좋은 열매 맺는 못된 나무
가 없느니라
　나무는 각각 그 열매로 아나니 가시나무에서 무화과를, 또는 찔
레에서 포도를 따지 못하느니라
　선한 사람은 마음의 쌓은 선에서 선을 내고 악한 자는 그 쌓은
악에서 악을 내나니 이는 마음의 가득한 것을 입으로 말함이니라
너희는 나를 불러 주여 주여 하면서도 어찌하여 나의 말하는 것을
행치 아니하느냐" (눅 6:43-46)

"혀는 능히 길들일 사람이 없나니 쉬지 아니하는 악이요 죽이는
독이 가득한 것이라 이것으로 우리가 주 아버지를 찬송하고 또 이
것으로 하나님의 형상대로 지음을 받은 사람을 저주하나니 한 입
으로 찬송과 저주가 나는도다
　내 형제들아 이것이 마땅치 아니하니라 샘이 한 구멍으로 어찌
단물과 쓴물을 내겠느뇨 내 형제들아 어찌 무화과나무가 감람 열
매를, 포도나무가 무화과를 맺겠느뇨 이와 같이 짠물이 단물을 내
지 못하느니라" (약 3:8-12)

주님의 말씀을 전하는 자들은 누구보다도 마음이 깨끗하고 입술
이 정하여야 한다.

"웃시야왕의 죽던 해에 내가 본즉 주께서 높이 들린 보좌에 앉으
셨는데 그 옷자락은 성전에 가득하였고

스랍들은 모셔 섰는데 각기 여섯 날개가 있어 그 둘로는 그 얼굴을 가리었고 그 둘로는 그 발을 가리었고 그 둘로는 날며 서로 창화하여 가로되 거룩하다 거룩하다 거룩하다 만군의 여호와여 그 영광이 온 땅에 충만하도다

이같이 창화하는 자의 소리로 인하여 문지방의 터가 요동하며 집에 연기가 충만한지라 그때에 내가 말하되 화로다 나여 망하게 되었도다 나는 입술이 부정한 사람이요 입술이 부정한 백성 중에 거하면서 만군의 여호와이신 왕을 뵈었음이로다

때에 그 스랍의 하나가 화저로 단에서 취한바 핀 숯을 손에 가지고 내게로 날아와서 그것을 내 입에 대며 가로되 보라 이것이 네 입에 닿았으니 네 악이 제하여졌고 네 죄가 사하여졌느니라 하더라

내가 또 주의 목소리를 들은즉 이르시되 내가 누구를 보내며 누가 우리를 위하여 갈꼬 그때에 내가 가로되 내가 여기 있나이다 나를 보내소서" (사 6:1-8)

깨끗지 못한 사람은 아무도 쓰임 받지 못하고 결국 반드시 망하게 되는 것이니 스스로 자기 입에서 어떤 말소리가 나오는지 검증해 보기 바란다.

세상은 어디도 깨끗한 곳이 없다. 그러므로 자신도 모르게 더러워지는 것이니 누구든지 항상 자신을 돌아보며 스스로 자기 옷을 빨아야 한다.

"우스 땅에 욥이라 이름하는 사람이 있었는데 그 사람은 순전하고 정직하여 하나님을 경외하며 악에서 떠난 자더라

그 소생은 남자가 일곱이요 여자가 셋이며 그 소유물은 양이 칠

천이요 약대가 삼천이요 소가 오백 겨리요 암나귀가 오백이며 종도
많이 있었으니

이 사람은 동방 사람 중에 가장 큰 자라 그 아들들이 자기 생일
이면 각각 자기의 집에서 잔치를 베풀고 그 누이 셋도 청하여 함께
먹고 마시므로 그 잔치 날이 지나면 욥이 그들을 불러다가 성결케
하되 아침에 일어나서 그들의 명수대로 번제를 드렸으니 이는 욥이
말하기를 혹시 내 아들들이 죄를 범하여 마음으로 하나님을 배반
하였을까 함이라 욥의 행사가 항상 이러하였더라"(욥 1:1-5)

항상 이렇게 죄를 멀리하고 하나님 중심으로 살았던 욥도 하나님
을 만났을 때는 자기 옷의 더러운 모습을 발견하고 재 가운데 앉아
서 회개하였다고 하였다 고백한다.

"내가 주께 대하여 귀로 듣기만 하였삽더니 이제는 눈으로 주를
뵈옵나이다 그러므로 내가 스스로 한하고 티끌과 재 가운데서 회
개하나이다" (욥 42:5-6)

어린양의 피에 씻어 깨끗한 사람이 천국 백성이 되는 것이다.

"이 일 후에 내가 보니 각 나라와 족속과 백성과 방언에서 아무
라도 능히 셀 수 없는 큰 무리가 흰옷을 입고 손에 종려 가지를 들
고 보좌 앞과 어린 양 앞에 서서
큰소리로 외쳐 가로되 구원하심이 보좌에 앉으신 우리 하나님과
어린 양에게 있도다 하니
모든 천사가 보좌와 장로들과 네 생물의 주위에 섰다가 보좌 앞

에 엎드려 얼굴을 대고 하나님께 경배하여

가로되 아멘 찬송과 영광과 지혜와 감사와 존귀와 능력과 힘이 우리 하나님께 세세토록 있을찌로다 아멘 하더라

장로 중에 하나가 응답하여 내게 이르되 이 흰옷 입은 자들이 누구며 또 어디서 왔느뇨 내가 가로되 내 주여 당신이 알리이다 하니 그가 나더러 이르되 이는 큰 환난에서 나오는 자들인데 어린양의 피에 그 옷을 씻어 희게 하였느니라" (계 7:9-14)

"너희는 이 모든 일로 스스로 더럽히지 말라 내가 너희의 앞에서 쫓아내는 족속들이 이 모든 일로 인하여 더러워졌고

그 땅도 더러워졌으므로 내가 그 악을 인하여 벌하고 그 땅도 스스로 그 거민을 토하여 내느니라

그러므로 너희 곧 너희의 동족이나 혹시 너희 중에 우거하는 타국인이나 나의 규례와 법도를 지키고 이런 가증한 일의 하나도 행하지 말라

너희의 전에 있던 그 땅 거민이 이 모든 가증한 일을 행하였고 그 땅도 더러워졌느니라 너희도 더럽히면 그 땅이 너희 있기 전 거민을 토함 같이 너희를 토할까 하노라 무릇 이 가증한 일을 하나라도 행하는 자는 그 백성 중에서 끊쳐지리라

그러므로 너희는 내 명령을 지키고 너희 있기 전에 행하던 가증한 풍속을 하나라도 좇음으로 스스로 더럽히지 말라 나는 너희 하나님 여호와니라" (레 18:24-30)

"너희가 하나님의 성전인 것과 하나님의 성령이 너희 안에 거하시는 것을 알지 못하느뇨 누구든지 하나님의 성전을 더럽히면 하나님

이 그 사람을 멸하시리라

하나님의 성전은 거룩하니 너희도 그러하니라"(고전 3:16-17)

"여호와께서 모세에게 일러 가라사대 이스라엘 자손 중에서 레위인을 취하여 정결케 하라 너는 이같이 하여 그들을 정결케 하되 곧 속죄의 물로 그들에게 뿌리고 그들로 그 전신을 삭도로 밀게 하고 그 의복을 빨게 하여 몸을 정결케 하고

또 그들로 수송아지 하나를 번제물로, 기름 섞은 고운 가루를 그 소제물로 취하게 하고 그 외에 너는 또 수송아지 하나를 속죄 제물로 취하고

레위인을 회막 앞에 나오게 하고 이스라엘 자손의 온 회중을 모으고

레위인을 여호와 앞에 나오게 하고 이스라엘 자손으로 그들에게 안수케 한 후에

아론이 이스라엘 자손을 위하여 레위인을 요제로 여호와 앞에 드릴찌니 이는 그들로 여호와를 봉사케 하기 위함이라"(민 8:5-11)

하나님의 속성은 성결이시고, 사단의 속성은 더러움이다. 누구든지 깨끗한 사람은 하나님이 쓰시고, 더러운 사람은 사단이 사용하는 것이다. 더러운 사람의 속에는 거짓과 탐욕과 부패와 음심과 온갖 부정한 것이 가득하다.

"화 있을찐저 외식하는 서기관들과 바리새인들이여 잔과 대접의 겉은 깨끗이 하되 그 안에는 탐욕과 방탕으로 가득하게 하는도다

소경된 바리새인아 너는 먼저 안을 깨끗이 하라 그리하면 겉도

깨끗하리라

　화 있을찐저 외식하는 서기관들과 바리새인들이여 회칠한 무덤 같으니 겉으로는 아름답게 보이나 그 안에는 죽은 사람의 뼈와 모든 더러운 것이 가득하도다

　이와 같이 너희도 겉으로는 사람에게 옳게 보이되 안으로는 외식과 불법이 가득하도다" (마 23:25-28)

성경에 귀신 앞에는 반드시 '더러운'이라는 수식어가 붙어있으니 귀신은 그 자체가 아주 더러운 존재로서 언제나 더러운 사람들을 먹이로 삼는다.

"예수께서 그 열 두 제자를 부르사 더러운 귀신을 쫓아내며 모든 병과 모든 약한 것을 고치는 권능을 주시니라" (마 10;1)

"마침 저희 회당에 더러운 귀신 들린 사람이 있어 소리질러 가로되

　나사렛 예수여 우리가 당신과 무슨 상관이 있나이까 우리를 멸하러 왔나이까 나는 당신이 누구인줄 아노니 하나님의 거룩한 자니이다

　예수께서 꾸짖어 가라사대 잠잠하고 그 사람에게서 나오라 하시니

　더러운 귀신이 그 사람으로 경련을 일으키게 하고 큰 소리를 지르며 나오는지라

　다 놀라 서로 물어 가로되 이는 어찜이뇨 권세 있는 새 교훈이로다 더러운 귀신들을 명한즉 순종하는도다 하더라" (막 1:23-27)

예수님이 오셨으나 더러운 거짓 지도자들이 유대 사회를 지배하고 있었으니 그 사회는 예수님을 영접하지 못하였고, 결국 패망할

수밖에 없었던 것이다.

지금도 마찬가지이다. 하나님의 마지막 심판 직전에는 이 부정함이 온 세상에 만연하게 되어서 모든 피조물이 함께 고통받는 시대가 되고, 그로 인하여 하나님의 심판으로 패망할 것이 작정된 사실이 말씀에 기록되어 있다.

우리가 사는 이 시대에 임하는 여러 가지 재난과 질병과 전쟁이 오늘날 세상이 얼마나 타락하고 더러워졌는가를 보여주고, 하나님의 심판이 임박하였다는 사실을 말해 주고 있다.

"예수께서 성전에서 나가실 때에 제자 중 하나가 가로되 선생님이여 보소서 이 돌들이 어떠하며 이 건물들이 어떠하니이까

예수께서 이르시되 네가 이 큰 건물들을 보느냐 돌 하나도 돌 위에 남지 않고 다 무너뜨려지리라 하시니라

예수께서 감람산에서 성전을 마주 대하여 앉으셨을 때에 베드로와 야고보와 요한과 안드레가 종용히 묻자오되

우리에게 이르소서 어느 때에 이런 일이 있겠사오며 이 모든 일이 이루려 할 때에 무슨 징조가 있사오리이까

예수께서 이르시되 너희가 사람의 미혹을 받지 않도록 주의하라

많은 사람이 내 이름으로 와서 이르되 내가 그로라 하여 많은 사람을 미혹케 하리라 난리와 난리 소문을 들을 때에 두려워 말라 이런 일이 있어야 하되 끝은 아직 아니니라 민족이 민족을, 나라가 나라를 대적하여 일어나겠고 처처에 지진이 있으며 기근이 있으리니 이는 재난의 시작이니라" (막 13:1-8)

태풍과 홍수는 극도로 오염된 세상을 새롭게 하기 위한 하나님의

징계의 한 부분이다. 홍수가 쓸어가고 태풍이 지나가면 많은 것들이 무너지고 파괴되고 떠내려 간다. 그런 후에는 사람의 생명과 직결되는 공기와 물이 깨끗하여지는 것이다.

하나님은 이렇게 심판하여서라도 살아있는 사람들이 깨끗한 환경 속에서 살아가도록 하셨으나 인류 역사는 이러한 징계와 심판이 계속 반복적으로 일어났고, 현재도 진행 중이다.

깨끗한 그릇에 담긴
복음이 능력이다

....

"우리가 이 보배를 질그릇에 가졌으니 이는 능력의 심히 큰 것이 하나님께 있고 우리에게 있지 아니함을 알게 하려 함이라

우리가 사방으로 우겨쌈을 당하여도 싸이지 아니하며 답답한 일을 당하여도 낙심하지 아니하며 핍박을 받아도 버린바 되지 아니하며 거꾸러뜨림을 당하여도 망하지 아니하고" (고후 4:7-9)

성령이나 능력은 자신이 원한다고 해서 받는 것이 아니고, 하나님의 뜻에 따라서 주시는 것이다.

"은사는 여러 가지나 성령은 같고 직임은 여러 가지나 주는 같으며 또 역사는 여러 가지나 모든 것을 모든 사람 가운데서 역사하시는 하나님은 같으니

각 사람에게 성령의 나타남을 주심은 유익하게 하려 하심이라 어떤이에게는 성령으로 말미암아 지혜의 말씀을, 어떤이에게는 같은 성령을 따라 지식의 말씀을, 다른이에게는 같은 성령으로 믿음을, 어떤이에게는 한 성령으로 병 고치는 은사를, 어떤이에게는 능력 행함을, 어떤이에게는 예언함을, 어떤이에게는 영들 분별함을, 다른이에게는 각종 방언 말함을, 어떤이에게는 방언들 통역함을 주시

나니 이 모든 일은 같은 한 성령이 행하사 그 뜻대로 각 사람에게 나눠 주시느니라"(고전 12:4-11)

하나님은 모든 사람이 회개하고 깨끗함을 얻어서 성령을 받아 마지막 때에 쓰임 받기를 원하신다. 그러나 사람들은 자신이 이미 회개하였으니 모든 것이 깨끗하다고 생각하고 회개할 줄 모르며, 영적인 소경임에도 불구하고 결코 자기가 소경임을 인정하지 않는다. 그러니 평생 더러운 자는 더러운 대로, 소경은 소경으로 살아갈 수밖에 없는 것이다.

자신을 지켜 깨끗한 자에게만 능력이 있고, 영광이 있고, 부요가 있으며, 강함이 있고, 생명의 빛이 있는 것이다.

"다니엘은 뜻을 정하여 왕의 진미와 그의 마시는 포도주로 자기를 더럽히지 아니하리라 하고 자기를 더럽히지 않게 하기를 환관장에게 구하니

하나님이 다니엘로 환관장에게 은혜와 긍휼을 얻게 하신지라

환관장이 다니엘에게 이르되 내가 내 주 왕을 두려워하노라 그가 너희 먹을 것과 너희 마실 것을 지정하셨거늘 너희의 얼굴이 초췌하여 동무 소년들만 못한 것을 그로 보시게 할 것이 무엇이냐 그렇게 되면 너희 까닭에 내 머리가 왕 앞에서 위태하게 되리라 하니라

환관장이 세워 다니엘과 하나냐와 미사엘과 아사랴를 감독하게 한 자에게 다니엘이 말하되 청하오니 당신의 종들을 열흘 동안 시험하여 채식을 주어 먹게 하고 물을 주어 마시게 한 후에 당신 앞에서 우리의 얼굴과 왕의 진미를 먹는 소년들의 얼굴을 비교하여 보아서 보이는대로 종들에게 처분하소서 하매

그가 그들의 말을 좇아 열흘을 시험하더니 열흘 후에 그들의 얼

굴이 더욱 아름답고 살이 더욱 윤택하여 왕의 진미를 먹는 모든 소년보다 나아 보인지라 이러므로 감독하는 자가 그들에게 분정된 진미와 마실 포도주를 제하고 채식을 주니라

하나님이 이 네 소년에게 지식을 얻게 하시며 모든 학문과 재주에 명철하게 하신 외에 다니엘은 또 모든 이상과 몽조를 깨달아 알더라" (단 1:8-17)

다니엘과 그의 세 친구는 왕실의 기름진 음식이 자신을 더럽게 할 수도 있다고 생각하고 환관장에게 채식을 요구하여 채식만 먹으면서 자기의 정결함을 지켰다. 그렇게 깨끗하게 자신을 관리하였던 그들에게 하나님의 영이 함께 계셨으니 하나님의 사람들에게는 성결함이 곧 능력인 것이다.

다니엘과 사드락과 메삭과 아벳느고는 세상에 있는 어떤 악의 세력도 두려워하지 않았고 그 앞에서 당당하였으며, 무서운 풀무불의 시험도 겁내지 않았다. 불 가운데 던져졌어도 불의 해를 받지 아니하고 살아 나왔고, 다니엘도 사자 굴에 던져졌으나 사자가 감히 다니엘을 해하지 못하였으니 다니엘에게 사자도 두려워하는 권세의 빛이 있었던 것이다.

"누구든지 엎드리어 절하지 아니하는 자는 극렬히 타는 풀무 가운데 던져 넣음을 당하리라 하지 아니하셨나이까 이제 몇 유다 사람 사드락과 메삭과 아벳느고는 왕이 세워 바벨론 도를 다스리게 하신 자이어늘 왕이여 이 사람들이 왕을 높이지 아니하며 왕의 신들을 섬기지 아니하며 왕이 세우신 금 신상에게 절하지 아니하나이다

느부갓네살왕이 노하고 분하여 사드락과 메삭과 아벳느고를 끌

어 오라 명하매 드디어 그 사람들을 왕의 앞으로 끌어 온지라 느부갓네살이 그들에게 물어 가로되 사드락, 메삭, 아벳느고야 너희가 내 신을 섬기지 아니하며 내가 세운 금 신상에게 절하지 아니하니 짐짓 그리하였느냐 이제라도 너희가 예비하였다가 언제든지 나팔과 피리와 수금과 삼현금과 양금과 생황과 및 모든 악기 소리를 듣거든 내가 만든 신상 앞에 엎드리어 절하면 좋거니와 너희가 만일 절하지 아니하면 즉시 너희를 극렬히 타는 풀무 가운데 던져 넣을 것이니 능히 너희를 내 손에서 건져 낼 신이 어떤 신이겠느냐

사드락과 메삭과 아벳느고가 왕에게 대답하여 가로되 느부갓네살이여 우리가 이 일에 대하여 왕에게 대답할 필요가 없나이다 만일 그럴 것이면 왕이여 우리가 섬기는 우리 하나님이 우리를 극렬히 타는 풀무 가운데서 능히 건져내시겠고 왕의 손에서도 건져내시리이다 그리 아니하실찌라도 왕이여 우리가 왕의 신들을 섬기지도 아니하고 왕의 세우신 금 신상에게 절하지도 아니할 줄을 아옵소서

느부갓네살이 분이 가득하여 사드락과 메삭과 아벳느고를 향하여 낯빛을 변하고 명하여 이르되 그 풀무를 뜨겁게 하기를 평일보다 칠배나 뜨겁게 하라 하고 군대 중 용사 몇 사람을 명하여 사드락과 메삭과 아벳느고를 결박하여 극렬히 타는 풀무 가운데 던지라 하니

이 사람들을 고의와 속옷과 겉옷과 별다른 옷을 입은채 결박하여 극렬히 타는 풀무 가운데 던질 때에 왕의 명령이 엄하고 풀무가 심히 뜨거우므로 불꽃이 사드락과 메삭과 아벳느고를 붙든 사람을 태워 죽였고 이 세 사람 사드락과 메삭과 아벳느고는 결박된채 극렬히 타는 풀무 가운데 떨어졌더라

때에 느부갓네살왕이 놀라 급히 일어나서 모사들에게 물어 가로

되 우리가 결박하여 불 가운데 던진 자는 세 사람이 아니었느냐 그
들이 왕에게 대답하여 가로되 왕이여 옳소이다 왕이 또 말하여 가
로되 내가 보니 결박되지 아니한 네 사람이 불 가운데로 다니는데
상하지도 아니하였고 그 네째의 모양은 신들의 아들과 같도다 하고
느부갓네살이 극렬히 타는 풀무 아구 가까이 가서 불러 가로되 지
극히 높으신 하나님의 종 사드락, 메삭, 아벳느고야 나와서 이리로
오라 하매 사드락과 메삭과 아벳느고가 불 가운데서 나온지라

　방백과 수령과 도백과 왕의 모사들이 모여 이 사람들을 본즉 불
이 능히 그 몸을 해하지 못하였고 머리털도 그슬리지 아니하였고
고의 빛도 변하지 아니하였고 불 탄 냄새도 없었더라

　느부갓네살이 말하여 가로되 사드락과 메삭과 아벳느고의 하나
님을 찬송할찌로다 그가 그 사자를 보내사 자기를 의뢰하고 그 몸
을 버려서 왕의 명을 거역하고 그 하나님 밖에는 다른 신을 섬기지
아니하며 그에게 절하지 아니한 종들을 구원하셨도다

　그러므로 내가 이제 조서를 내리노니 각 백성과 각 나라와 각 방
언하는 자가 무릇 사드락과 메삭과 아벳느고의 하나님께 설만히
말하거든 그 몸을 쪼개고 그 집으로 거름터를 삼을찌니 이는 이같
이 사람을 구원할 다른 신이 없음이니라 하고 왕이 드디어 사드락
과 메삭과 아벳느고를 바벨론 도에서 더욱 높이니라"(단 3:11-30)

　"이튿날에 왕이 새벽에 일어나 급히 사자굴로 가서 다니엘의 든
굴에 가까이 이르러는 슬피 소리질러 다니엘에게 물어 가로되 사시
는 하나님의 종 다니엘아 너의 항상 섬기는 네 하나님이 사자에게
서 너를 구원하시기에 능하셨느냐

　다니엘이 왕에게 고하되 왕이여 원컨대 왕은 만세수를 하옵소서

나의 하나님이 이미 그 천사를 보내어 사자들의 입을 봉하셨으므로 사자들이 나를 상해치 아니하였사오니 이는 나의 무죄함이 그 앞에 명백함이오며 또 왕이여 나는 왕의 앞에도 해를 끼치지 아니하였나이다

왕이 심히 기뻐서 명하여 다니엘을 굴에서 올리라 하매 그들이 다니엘을 굴에서 올린즉 그 몸이 조금도 상하지 아니하였으니 이는 그가 자기 하나님을 의뢰함이었더라

왕이 명을 내려 다니엘을 참소한 사람들을 끌어오게 하고 그들을 그 처자들과 함께 사자 굴에 던져 넣게 하였더니 그들이 굴 밑에 닿기 전에 사자가 곧 그들을 움켜서 그 뼈까지도 부쉬뜨렸더라

이에 다리오왕이 온 땅에 있는 모든 백성과 나라들과 각 방언하는 자들에게 조서를 내려 가로되 원컨대 많은 평강이 너희에게 있을찌어다 내가 이제 조서를 내리노라 내 나라 관할 아래 있는 사람들은 다 다니엘의 하나님 앞에서 떨며 두려워할찌니 그는 사시는 하나님이시요 영원히 변치 않으실 자시며 그 나라는 망하지 아니할 것이요 그 권세는 무궁할 것이며 그는 구원도 하시며 건져내기도 하시며 하늘에서든지 땅에서든지 이적과 기사를 행하시는 자로서 다니엘을 구원하여 사자의 입에서 벗어나게 하셨음이니라 하였더라 이 다니엘이 다리오왕의 시대와 바사 사람 고레스왕의 시대에 형통하였더라" (단 6:19-28)

"우리가 하나님과 함께 일하는 자로서 너희를 권하노니 하나님의 은혜를 헛되이 받지 말라

가라사대 내가 은혜 베풀 때에 너를 듣고 구원의 날에 너를 도왔다 하셨으니 보라 지금은 은혜 받을만한 때요 보라 지금은 구원의

날이로다

　우리가 이 직책이 훼방을 받지 않게 하려고 무엇에든지 아무에게
도 거리끼지 않게 하고 오직 모든 일에 하나님의 일군으로 자천하
여 많이 견디는 것과 환난과 궁핍과 곤난과 매 맞음과 갇힘과 요란
한 것과 수고로움과 자지 못함과 먹지 못함과

　깨끗함과 지식과 오래 참음과 자비함과 성령의 감화와 거짓이 없
는 사랑과

　진리의 말씀과 하나님의 능력 안에 있어 의의 병기로 좌우하고

　영광과 욕됨으로 말미암으며 악한 이름과 아름다운 이름으로 말
미암으며 속이는 자 같으나 참되고

　무명한 자 같으나 유명한 자요 죽은 자 같으나 보라 우리가 살고
징계를 받는 자 같으나 죽임을 당하지 아니하고

　근심하는 자 같으나 항상 기뻐하고 가난한 자 같으나 많은 사람
을 부요하게 하고 아무것도 없는 자 같으나 모든 것을 가진 자로다"
(고후 6:1-10)

깨끗함 이외에는 아무것도 구하지 말라.

　"그러므로 누구든지 이런 것에서 자기를 깨끗하게 하면 귀히 쓰
는 그릇이 되어 거룩하고 주인의 쓰심에 합당하며 모든 선한 일에
예비함이 되리라" (딤후 2:21)

　깨끗하게 되면 모든 선한 일에 예비함이 되어 하나님께서 바로바
로 사용하시는 것이다.

제4편

✝

하나님의 심판과 구원

천국은 누구나 쉽게 갈 수 있는 곳이 결코 아니다

....

"무엇이든지 속된 것이나 가증한 일 또는 거짓말 하는 자는 결코 그리로 들어오지 못하되 오직 어린 양의 생명책에 기록된 자들뿐이라"(계 21:27)

하나님의 속성은 성결이다. 구약시대에 하나님은 정결한 것과 부정한 것을 엄격히 구별하여서 부정한 것을 가까이하지 못하도록 금하셨다. 그렇기에 천국 백성의 자격은 첫째도, 둘째도, 셋째도 성결이다.

천국은 알기도 어렵지만, 들어가고 싶어도 들어가기가 결코 쉽지 않은 곳이다.

그 이유는 첫째로 이 세상에 가르치는 선생들이 무지하고 모두 거짓에 이미 미혹되어 있기 때문이며, 두 번째는 천국 가려는 백성들을 끊임없이 따라다니면서 미혹하여 넘어지게 하는 거짓의 영 때문이다.

세상의 것에 미혹된 사람들에게 천국은 관심도 없고 매력도 없는 곳이다. 사람들은 이 세상에 속한 것에나 익숙하고 관심이 있지, 천국은 애써서 찾아야 할 곳으로 생각하지도 않는다. 그렇기에 천국은 누구나 갈 수 있는 곳이 아니다. 오직 일부의 사람들이 임종의 시간이 가까워졌을 때 사후 세계에 대하여 불안해하면서 관심을 보이기도 하나 깨닫고 준비할 시간이 없어 온전한 복음을 받아들이고 회개하고 준비하기에는 너무 시간이 촉박하다. 그러나 누구든지 어느 때나 하나님을 만나면 구원의 기회를 얻을 수가 있으니 살아가는 동안에 올바르게 복음을 가르치는 지도자를 만난다는 것은 큰 복이 아닐 수 없다.

세상 사람들은 진리가 무엇인지 알지도 못하고, 알려고 하지도 않는다. 예수가 누구이고, 그분이 왜 십자가에 못 박혀 죽으셨는지에 대하여 아무 관심도 없다. 십자가에서 죽으시는 예수를 보고 대부분의 사람은 저주하며 머리를 흔들고 침을 뱉으며 욕하면서 뒤돌아갔다. 그런데 놀랍게도 십자가 현장에 있었던 로마군인 백부장의 말은 사람들에게 귀를 기울이게 한다.

"백부장과 및 함께 예수를 지키던 자들이 지진과 그 되는 일들을 보고 심히 두려워하여 가로되 **이는 진실로 하나님의 아들이었도다** 하더라" (마 27:54)

사람의 눈이 다 같은 것이 아니고, 그들의 입에서 나오는 말이 모두 같은 것이 아니다. 다른 사람들이 보지 못하는 것을 보는 사람도 있고, 다른 사람이 듣지 못하는 소리를 듣는 사람이 있고, 다른 사람이 알지 못하는 것을 깨달아 말하는 사람이 있다.

이 백부장은 예수님이 십자가에 못 박혀 죽으실 때 세 시간 동안이나 해가 빛을 잃어 온 세상이 캄캄해지고 지진이 일어나고 무덤들이 열리는 이적들을 보고 두려워하면서 그분이 하나님의 아들이었다고 사람들에게 선포하였던 것이다.

　그리고 예수님과 함께 십자가에 못 박혀 사형을 당하는 한 강도
의 마지막 구원을 위한 부르짖음은 그가 구원에 이르게 되는 놀라
운 호소가 되었으니 구원이 이렇게 절박한 순간에도 이루어짐을 알
수가 있다.
　어리석고 완악한 인간들은 천지개벽하는 이적이 나타나도 깨닫
지 못하고 알지 못하는 것이니 자신의 완악함과 어리석음이 곧 자
기를 죽이는 것이다.

　"달린 행악자 중 하나는 비방하여 가로되 네가 그리스도가 아니
냐 너와 우리를 구원하라 하되
　하나는 그 사람을 꾸짖어 가로되 네가 동일한 정죄를 받고서도
하나님을 두려워 아니하느냐 우리는 우리의 행한 일에 상당한 보응
을 받는 것이니 이에 당연하거니와 이 사람의 행한 것은 옳지 않은
것이 없느니라 하고
　가로되 예수여 당신의 나라에 임하실 때에 나를 생각하소서 하
니 예수께서 이르시되 내가 진실로 네게 이르노니 오늘 네가 나와
함께 낙원에 있으리라 하시니라" (눅 23:39-43)

　예수님은 당신이 하나님의 아들 메시아임을 사람들에게 알리기
위하여 삼 년 동안이나 많은 이적을 행하시며 말씀을 가르치셨다.
가지각색 불치의 병든 자를 고치셨고, 귀신 들린 사람에게서 귀신
을 내어 쫓고, 죽은 자를 살리셨고, 태풍과 풍랑을 꾸짖어 멈추게
하셨고, 마지막 이적으로 자신이 죽으셨다가 말씀대로 삼 일 만에

부활하시는 이적을 보이셨지만, 세상은 여전히 예수님을 외면하였으며 알지 못하고 영접하지 아니하였다.

예수님의 무덤을 지키던 병사들이 예수님 부활의 사실을 목격하고 돌아와서 보고하였으나 대제사장과 유대교 우두머리들은 오히려 병사들에게 이 사실에 대하여 말하지 못하도록 많은 돈을 주면서 그들의 입을 막았고, 부활의 소식을 전하는 예수님의 제자들을 붙잡아 핍박하고 죽이면서 온갖 박해를 하였다. 그러니 돈 있고 권세 있는 사람들이 복음을 받아들이고 회개하기가 이렇게 어려운 것이다.

뒤늦게라도 자신의 잘못과 죄악에 대하여 깨닫고 회개하였으면 용서받고 구원을 받을 기회가 있었는데, 회개할 절호의 기회가 와도 자신들의 거짓이 드러나서 백성들에게 버림받을까 두려워 돈과 권력을 앞세워 진리를 가로막고 덮어버리는 어리석은 행동을 하였으니 구원의 기회가 눈앞에 이르러도 스스로 거부하는 어리석은 자들이 많이 있는 것이다.

"악을 행하는 자마다 빛을 미워하여 빛으로 오지 아니하나니 이는 그 행위가 드러날까 함이요"(요 3:20)

"지으신 것이 하나라도 그 앞에 나타나지 않음이 없고 오직 만물이 우리를 상관하시는 자의 눈앞에 벌거벗은 것 같이 드러나느니라"(히 4:13)

모든 것이 때가 있고 기회가 있으니 그때를 잃지 말아야 하는 것이다.

"가라사대 내가 은혜 베풀 때에 너를 듣고 구원의 날에 너를 도왔다 하셨으니 보라 지금은 은혜 받을만한 때요 보라 지금은 구원의 날이로다" (고후 6:2)

"너희는 여호와를 만날만한 때에 찾으라 가까이 계실 때에 그를 부르라 악인은 그 길을, 불의한 자는 그 생각을 버리고 여호와께로 돌아오라 그리하면 그가 긍휼히 여기시리라 우리 하나님께로 나아오라 그가 널리 용서하시리라" (사 55:6-7)

"호세아 글에도 이르기를 내가 내 백성 아닌 자를 내 백성이라 사랑치 아니한 자를 사랑한 자라 부르리라
너희는 내 백성이 아니라 한 그 곳에서 저희가 살아 계신 하나님의 아들이라 부름을 얻으리라 함과 같으니라
또 이사야가 이스라엘에 관하여 외치되 이스라엘 뭇 자손의 수가 비록 바다의 모래 같을지라도 남은 자만 구원을 얻으리니" (롬 9:25-27)

"형제들아 내가 너희에게 전한 복음을 너희로 알게 하노니 이는 너희가 받은 것이요 또 그 가운데 선 것이라 너희가 만일 나의 전한 그 말을 굳게 지키고 헛되이 믿지 아니하였으면 이로 말미암아 구원을 얻으리라" (고전 15:1-2)

노아의 시대에 하나님은 홍수를 통하여 세상을 멸하실 때 구원받은 사람이 겨우 노아의 한 가족 여덟 명뿐이었다.

"내가 홍수를 땅에 일으켜 무릇 생명의 기식 있는 육체를 천하에서 멸절하리니 땅에 있는 자가 다 죽으리라

그러나 너와는 내가 내 언약을 세우리니 너는 네 아들들과 네 아내와 네 자부들과 함께 그 방주로 들어가고

혈육 있는 모든 생물을 너는 각기 암 수 한 쌍씩 방주로 이끌어 들여 너와 함께 생명을 보존케 하되

새가 그 종류대로, 육축이 그 종류대로, 땅에 기는 모든 것이 그 종류대로 각기 둘씩 네게로 나아오리니 그 생명을 보존케 하라

너는 먹을 모든 식물을 네게로 가져다가 저축하라 이것이 너와 그들의 식물이 되리라 노아가 그와 같이 하되 하나님이 자기에게 명하신대로 다 준행하였더라" (창 6:17-22)

"홍수가 땅에 사십일을 있었는지라 물이 많아져 방주가 땅에서 떠 올랐고

물이 더 많아져 땅에 창일하매 방주가 물위에 떠 다녔으며

물이 땅에 더욱 창일하매 천하에 높은 산이 다 덮였더니

물이 불어서 십 오 규빗이 오르매 산들이 덮인지라

땅 위에 움직이는 생물이 다 죽었으니 곧 새와 육축과 들짐승과 땅에 기는 모든 것과 모든 사람이라

육지에 있어 코로 생물의 기식을 호흡하는 것은 다 죽었더라

지면의 모든 생물을 쓸어버리시니 곧 사람과 짐승과 기는 것과 공중의 새까지라 이들은 땅에서 쓸어버림을 당하였으되 홀로 노아와 그와 함께 방주에 있던 자만 남았더라" (창 7:17-23)

홍수의 심판은 인간의 죄에 대한 하나님의 최초의 심판이자 의인

노아 가족의 구원에 대한 역사적 사건이다. 또한 장차 다가올 마지막 심판과 구원에 대한 하나님의 최초의 계시를 세상에 알리신 것이다.

하나님은 노아에게 홍수로 세상을 심판할 것을 미리 말씀하시고 노아와 그의 가족들과 일부의 짐승들을 구원하시기 위하여 방주를 설계하시고 노아에게 주시며 노아로 하여금 그 설계대로 방주를 짓게 하였다. 그 방주가 완성되었을 때 말씀대로 홍수로 세상을 심판하셨으니 하나님의 모든 말씀은 때가 되면 반드시 이루어지는 것이다.

"내가 내 파수하는 곳에 서며 성루에 서리라 그가 내게 무엇이라 말씀하실는지 기다리고 바라보며 나의 질문에 대하여 어떻게 대답하실는지 보리라 그리하였더니

여호와께서 내게 대답하여 가라사대 너는 이 묵시를 기록하여 판에 명백히 새기되 달려 가면서도 읽을 수 있게 하라

이 묵시는 정한 때가 있나니 그 종말이 속히 이르겠고 결코 거짓되지 아니하리라 비록 더딜찌라도 기다리라 지체되지 않고 정녕 응하리라

보라 그의 마음은 교만하며 그의 속에서 정직하지 못하니라 그러나 의인은 그 믿음으로 말미암아 살리라" (합 2:1-4)

"예수 그리스도의 계시라 이는 하나님이 그에게 주사 반드시 속히 될 일을 그 종들에게 보이시려고 그 천사를 그 종 요한에게 보내어 지시하신 것이라

요한은 하나님의 말씀과 예수 그리스도의 증거 곧 자기의 본 것을 다 증거하였느니라 이 예언의 말씀을 읽는 자와 듣는 자들과 그

가운데 기록한 것을 지키는 자들이 복이 있나니 때가 가까움이라"
(계 1:1-3)

"예수께서 권능을 가장 많이 베푸신 고을들이 회개치 아니하므로 그 때에 책망하시되 화가 있을찐저 고라신아 화가 있을찐저 벳새다야 너희에게서 행한 모든 권능을 두로와 시돈에서 행하였더면 저희가 벌써 베옷을 입고 재에 앉아 회개하였으리라

내가 너희에게 이르노니 심판날에 두로와 시돈이 너희보다 견디기 쉬우리라

가버나움아 네가 하늘에까지 높아지겠느냐 음부에까지 낮아지리라 네게서 행한 모든 권능을 소돔에서 행하였더면 그 성이 오늘날까지 있었으리라

내가 너희에게 이르노니 심판 날에 소돔 땅이 너보다 견디기 쉬우리라 하시니라" (마 11:20-24)

"아버지께서 아무도 심판하지 아니하시고 심판을 다 아들에게 맡기셨으니

이는 모든 사람으로 아버지를 공경하는 것 같이 아들을 공경하게 하려 하심이라 아들을 공경치 아니하는 자는 그를 보내신 아버지를 공경치 아니하느니라

내가 진실로 진실로 너희에게 이르노니 내 말을 듣고 또 나 보내신 이를 믿는 자는 영생을 얻었고 심판에 이르지 아니하나니 사망에서 생명으로 옮겼느니라

진실로 진실로 너희에게 이르노니 죽은 자들이 하나님의 아들의 음성을 들을 때가 오나니 곧 이 때라 듣는 자는 살아나리라

아버지께서 자기 속에 생명이 있음 같이 아들에게도 생명을 주어 그 속에 있게 하셨고 또 인자됨을 인하여 심판하는 권세를 주셨느니라

이를 기이히 여기지 말라 무덤 속에 있는 자가 다 그의 음성을 들을 때가 오나니

선한 일을 행한 자는 생명의 부활로, 악한 일을 행한 자는 심판의 부활로 나오리라 내가 아무 것도 스스로 할 수 없노라 듣는대로 심판하노니 나는 나의 원대로 하려하지 않고 나를 보내신 이의 원대로 하려는고로 내 심판은 의로우니라" (요 5:22-30)

"우리가 진리를 아는 지식을 받은 후 짐짓 죄를 범한즉 다시 속죄하는 제사가 없고 오직 무서운 마음으로 심판을 기다리는 것과 대적하는 자를 소멸할 맹렬한 불만 있으리라" (히 10:26-27)

"이로 말미암아 그때 세상은 물의 넘침으로 멸망하였으되 이제 하늘과 땅은 그 동일한 말씀으로 불사르기 위하여 간수하신바 되어 경건치 아니한 사람들의 심판과 멸망의 날까지 보존하여 두신 것이니라" (벧후 3:6-7)

"또 내가 들으니 성전에서 큰 음성이 나서 일곱 천사에게 말하되 너희는 가서 하나님의 진노의 일곱 대접을 땅에 쏟으라 하더라

첫째가 가서 그 대접을 땅에 쏟으매 악하고 독한 헌데가 짐승의 표를 받은 사람들과 그 우상에게 경배하는 자들에게 나더라

둘째가 그 대접을 바다에 쏟으매 바다가 곧 죽은 자의 피 같이 되니 바다 가운데 모든 생물이 죽더라

세째가 그 대접을 강과 물 근원에 쏟으매 피가 되더라

내가 들으니 물을 차지한 천사가 가로되 전에도 계셨고 시방도 계신 거룩하신 이여 이렇게 심판하시니 의로우시도다

저희가 성도들과 선지자들의 피를 흘렸으므로 저희로 피를 마시게 하신 것이 합당하니이다 하더라

또 내가 들으니 제단이 말하기를 그러하다 주 하나님 곧 전능하신 이시여 심판하시는 것이 참되시고 의로우시도다 하더라

네째가 그 대접을 해에 쏟으매 해가 권세를 받아 불로 사람들을 태우니

사람들이 크게 태움에 태워진지라 이 재앙들을 행하는 권세를 가지신 하나님의 이름을 훼방하며 또 회개하여 영광을 주께 돌리지 아니하더라" (계 16:1-9)

"이 일 후에 다른 천사가 하늘에서 내려오는 것을 보니 큰 권세를 가졌는데 그의 영광으로 땅이 환하여지더라

힘센 음성으로 외쳐 가로되 무너졌도다 무너졌도다 큰 성 바벨론이여 귀신의 처소와 각종 더러운 영의 모이는 곳과 각종 더럽고 가증한 새의 모이는 곳이 되었도다

그 음행의 진노의 포도주를 인하여 만국이 무너졌으며 또 땅의 왕들이 그로 더불어 음행하였으며 땅의 상고들도 그 사치의 세력을 인하여 치부하였도다 하더라

또 내가 들으니 하늘로서 다른 음성이 나서 가로되 내 백성아, 거기서 나와 그의 죄에 참예하지 말고 그의 받을 재앙들을 받지 말라

그 죄는 하늘에 사무쳤으며 하나님은 그의 불의한 일을 기억하신지라" (계 18:1-5)

"또 내가 보니 죽은 자들이 무론 대소하고 그 보좌 앞에 섰는데 책들이 펴 있고 또 다른 책이 펴졌으니 곧 생명책이라 죽은 자들이 자기 행위를 따라 책들에 기록된대로 심판을 받으니

바다가 그 가운데서 죽은 자들을 내어주고 또 사망과 음부도 그 가운데서 죽은 자들을 내어주매 각 사람이 자기의 행위대로 심판을 받고

사망과 음부도 불못에 던지우니 이것은 둘째 사망 곧 불못이라

누구든지 생명책에 기록되지 못한 자는 불못에 던지우더라"(계 20:12-15)

예수 그리스도의
대속의 죽음

....

"인자가 온 것은 섬김을 받으려 함이 아니라 도리어 섬기려 하고 자기 목숨을 많은 사람의 대속물로 주려 함이니라"(마 20:28)

"그가 찔림은 우리의 허물을 인함이요 그가 상함은 우리의 죄악을 인함이라 그가 징계를 받음으로 우리가 평화를 누리고 그가 채찍에 맞음으로 우리가 나음을 입었도다 우리는 다 양 같아서 그릇 행하여 각기 제 길로 갔거늘 여호와께서는 우리 무리의 죄악을 그에게 담당시키셨도다"(사 53:5-6)

"아버지께서는 모든 충만으로 예수 안에 거하게 하시고
    그의 십자가의 피로 화평을 이루사 만물 곧 땅에 있는 것들이나 하늘에 있는 것들을 그로 말미암아 자기와 화목케 되기를 기뻐하심이라
    전에 악한 행실로 멀리 떠나 마음으로 원수가 되었던 너희를
    이제는 그의 육체의 죽음으로 말미암아 화목케 하사 너희를 거룩하고 흠 없고 책망할 것이 없는 자로 그 앞에 세우고자 하셨으니"(골 1:19-22)

"우리가 아직 죄인 되었을 때에 그리스도께서 우리를 위하여 죽으심으로 하나님께서 우리에게 대한 자기의 사랑을 확증하셨느니라

그러면 이제 우리가 그 피를 인하여 의롭다 하심을 얻은즉 더욱 그로 말미암아 진노하심에서 구원을 얻을 것이니

곧 우리가 원수 되었을 때에 그 아들의 죽으심으로 말미암아 하나님으로 더불어 화목 되었은즉 화목된 자로서는 더욱 그의 살으심을 인하여 구원을 얻을 것이니라" (롬 5:8-10)

"이제는 전에 멀리 있던 너희가 그리스도 예수 안에서 그리스도의 피로 가까워졌느니라

그는 우리의 화평이신지라 둘로 하나를 만드사 중간에 막힌 담을 허시고 원수 된 것 곧 의문에 속한 계명의 율법을 자기 육체로 폐하셨으니 이는 이 둘로 자기의 안에서 한 새 사람을 지어 화평하게 하시고

또 십자가로 이 둘을 한 몸으로 하나님과 화목하게 하려 하심이라 원수 된 것을 십자가로 소멸하시고" (엡 2:13-16)

"나의 자녀들아 내가 이것을 너희에게 씀은 너희로 죄를 범치 않게 하려 함이라 만일 누가 죄를 범하면 아버지 앞에서 우리에게 대언자가 있으니 곧 의로우신 예수 그리스도시라

저는 우리 죄를 위한 화목 제물이니 우리만 위할뿐 아니요 온 세상의 죄를 위하심이라" (요일 2:1-2)

"하나님의 사랑이 우리에게 이렇게 나타난바 되었으니 하나님이 자기의 독생자를 세상에 보내심은 저로 말미암아 우리를 살리려

하심이니라

사랑은 여기 있으니 우리가 하나님을 사랑한 것이 아니요 오직 하나님이 우리를 사랑하사 우리 죄를 위하여 화목제로 그 아들을 보내셨음이니라" (요일 4:9-10)

"모세가 광야에서 뱀을 든 것 같이 인자도 들려야 하리니 이는 저를 믿는 자마다 영생을 얻게 하려 하심이니라" (요 3:14-15)

"보라 우리가 예루살렘으로 올라가노니 인자가 대제사장들과 서기관들에게 넘기우매 저희가 죽이기로 결안 하고

이방인들에게 넘겨주어 그를 능욕하며 채찍질하며 십자가에 못 박게 하리니 제 삼일에 살아나리라" (마 20:18-19)

"제 구시 즈음에 예수께서 크게 소리 질러 가라사대 엘리 엘리 라마 사박다니 하시니 이는 곧 나의 하나님, 나의 하나님, 어찌하여 나를 버리셨나이까 하는 뜻이라

거기 섰던 자중 어떤 이들이 듣고 가로되 이 사람이 엘리야를 부른다 하고

그중에 한 사람이 곧 달려가서 해융을 가지고 신 포도주를 머금게 하여 갈대에 꿰어 마시우거늘

그 남은 사람들이 가로되 가만두어라 엘리야가 와서 저를 구원하나 보자 하더라

예수께서 다시 크게 소리 지르시고 영혼이 떠나시다" (마 27:46-50)

"예수께서 신 포도주를 받으신 후 가라사대 다 이루었다 하시고 머리를 숙이시고 영혼이 돌아가시니라" (요 19:30)

여기가 성경 말씀의 핵심이요 정점이며, 완성인 것이다.
이것이 복음이다. 다른 복음은 없다. 복음은 오직 하나이다.

노아 시대의 홍수 심판 때에 방주 안에만 구원이 있었듯이 마지막 심판에서는 예수 그리스도의 십자가 대속의 죽으심 안에만 구원이 있는 것이다.

"내가 참 포도나무요 내 아버지는 그 농부라

무릇 내게 있어 과실을 맺지 아니하는 가지는 아버지께서 이를 제해 버리시고 무릇 과실을 맺는 가지는 더 과실을 맺게 하려하여 이를 깨끗케 하시느니라

너희는 내가 일러준 말로 이미 깨끗하였으니

내 안에 거하라 나도 너희 안에 거하리라 가지가 포도나무에 붙어 있지 아니하면 절로 과실을 맺을 수 없음 같이 너희도 내 안에 있지 아니하면 그러하리라

나는 포도나무요 너희는 가지니 저가 내 안에, 내가 저 안에 있으면 이 사람은 과실을 많이 맺나니 나를 떠나서는 너희가 아무것도 할 수 없음이라

사람이 내 안에 거하지 아니하면 가지처럼 밖에 버리워 말라지나니 사람들이 이것을 모아다가 불에 던져 사르느니라" (요 15:1-6)

"너희는 처음부터 들은 것을 너희 안에 거하게 하라 처음부터 들은 것이 너희 안에 거하면 너희가 아들의 안과 아버지의 안에 거하리라

그가 우리에게 약속하신 약속이 이것이니 곧 영원한 생명이니라

너희를 미혹케 하는 자들에 관하여 내가 이것을 너희에게 썼노라

너희는 주께 받은바 기름 부음이 너희 안에 거하나니 아무도 너희를 가르칠 필요가 없고 오직 그의 기름 부음이 모든 것을 너희에게 가르치며 또 참되고 거짓이 없으니 너희를 가르치신 그대로 주 안에 거하라

자녀들아 이제 그 안에 거하라 이는 주께서 나타내신바 되면 그의 강림하실 때에 우리로 담대함을 얻어 그 앞에서 부끄럽지 않게 하려 함이라

너희가 그의 의로우신 줄을 알면 의를 행하는 자마다 그에게서 난 줄을 알리라" (요일 2:24-29)

"우리가 아직 죄인 되었을 때에 그리스도께서 우리를 위하여 죽으심으로 하나님께서 우리에게 대한 자기의 사랑을 확증하셨느니라

그러면 이제 우리가 그 피를 인하여 의롭다 하심을 얻었은즉 더욱 그로 말미암아 진노하심에서 구원을 얻을 것이니

곧 우리가 원수 되었을 때에 그 아들의 죽으심으로 말미암아 하나님으로 더불어 화목되었은즉 화목된 자로서는 더욱 그의 살으심을 인하여 구원을 얻을 것이니라" (롬 5:8-10)

"모세가 광야에서 뱀을 든것 같이 인자도 들려야 하리니

이는 저를 믿는 자마다 영생을 얻게 하려 하심이니라

하나님이 세상을 이처럼 사랑하사 독생자를 주셨으니 이는 저를 믿는 자마다 멸망치 않고 영생을 얻게 하려 하심이니라

하나님이 그 아들을 세상에 보내신 것은 세상을 심판하려 하심이 아니요 저로 말미암아 세상이 구원을 받게 하려 하심이라

저를 믿는 자는 심판을 받지 아니하는 것이요 믿지 아니하는 자
는 하나님의 독생자의 이름을 믿지 아니하므로 벌써 심판을 받은
것이니라" (요 3:14-18)

"다른 복음은 없나니 다만 어떤 사람들이 너희를 요란케 하여
그리스도의 복음을 변하려 함이라
　그러나 우리나 혹 하늘로부터 온 천사라도 우리가 너희에게 전
한 복음 외에 다른 복음을 전하면 저주를 받을찌어다
　우리가 전에 말하였거니와 내가 지금 다시 말하노니 만일 누구
든지 너희의 받은 것 외에 다른 복음을 전하면 저주를 받을끼어
다" (갈 1:7-9)

"내가 진실로 진실로 너희에게 이르노니 양의 우리에 문으로 들
어가지 아니하고 다른데로 넘어가는 자는 절도며 강도요
　문으로 들어가는 이가 양의 목자라
　문지기는 그를 위하여 문을 열고 양은 그의 음성을 듣나니 그가
자기 양의 이름을 각각 불러 인도하여 내느니라
　자기 양을 다 내어 놓은 후에 앞서 가면 양들이 그의 음성을 아
는고로 따라 오되
　타인의 음성은 알지 못하는고로 타인을 따르지 아니하고 도리어
도망하느니라
　예수께서 이 비유로 저희에게 말씀하셨으나 저희는 그 하신 말씀
이 무엇인지 알지 못하니라
　그러므로 예수께서 다시 이르시되 내가 진실로 진실로 너희에게
말하노니 나는 양의 문이라

나보다 먼저 온 자는 다 절도요 강도니 양들이 듣지 아니하였느니라

내가 문이니 누구든지 나로 말미암아 들어가면 구원을 얻고 또는 들어가며 나오며 꼴을 얻으리라

도적이 오는 것은 도적질하고 죽이고 멸망시키려는 것뿐이요 내가 온 것은 양으로 생명을 얻게 하고 더 풍성히 얻게 하려는 것이라"(요 10:1-10)

사망에서 생명으로
옮겼느니라

....

"내가 진실로 진실로 너희에게 이르노니 내 말을 듣고 또 나 보내신 이를 믿는 자는 영생을 얻었고 심판에 이르지 아니하나니 사망에서 생명으로 옮겼느니라" (요 5:24)

"내가 저희를 음부의 권세에서 속량하며 사망에서 구속하리니 사망아 네 재앙이 어디 있느냐 음부야 네 멸망이 어디 있느냐 뉘우침이 내 목전에 숨으리라" (호 13:14)

"사망아 너의 이기는 것이 어디 있느냐 사망아 너의 쏘는 것이 어디 있느냐

사망의 쏘는 것은 죄요 죄의 권능은 율법이라

우리 주 예수 그리스도로 말미암아 우리에게 이김을 주시는 하나님께 감사하노니

그러므로 내 사랑하는 형제들아 견고하며 흔들리지 말며 항상 주의 일에 더욱 힘쓰는 자들이 되라 이는 너희 수고가 주 안에서 헛되지 않은 줄을 앎이니라" (고전 15:55-58)

"그런즉 누구든지 그리스도 안에 있으면 새로운 피조물이라 이전

것은 지나갔으니 보라 새것이 되었도다" (고후 5:17)

**"그러므로 이제 그리스도 예수 안에 있는 자에게는 결코 정죄함
이 없나니**

**이는 그리스도 예수 안에 있는 생명의 성령의 법이 죄와 사망의
법에서 너를 해방하였음이라**

율법이 육신으로 말미암아 연약하여 할 수 없는 그것을 하나님
은 하시나니 곧 죄를 인하여 자기 아들을 죄 있는 육신의 모양으로
보내어 육신에 죄를 정하사

육신을 좇지 않고 그 영을 좇아 행하는 우리에게 율법의 요구를
이루어지게 하려 하심이니라

육신을 좇는 자는 육신의 일을, 영을 좇는 자는 영의 일을 생각
하나니

육신의 생각은 사망이요 영의 생각은 생명과 평안이니라" (롬 8:1-6)

"그리스도 예수 안에 있는 구속으로 말미암아 하나님의 은혜로
값 없이 의롭다 하심을 얻은 자 되었느니라" (롬 3:24)

"너희의 허물과 죄로 죽었던 너희를 살리셨도다

그 때에 너희가 그 가운데서 행하여 이 세상 풍속을 좇고 공중의
권세 잡은 자를 따랐으니 곧 지금 불순종의 아들들 가운데서 역사
하는 영이라

전에는 우리도 다 그 가운데서 우리 육체의 욕심을 따라 지내며
육체와 마음의 원하는 것을 하여 다른 이들과 같이 본질상 진노의
자녀이었더니

긍휼에 풍성하신 하나님이 우리를 사랑하신 그 큰 사랑을 인하여 허물로 죽은 우리를 그리스도와 함께 살리셨고(너희가 은혜로 구원을 얻은 것이라)" (엡 2:1-5)

"진실로 진실로 너희에게 이르노니 죽은 자들이 하나님의 아들의 음성을 들을 때가 오나니 곧 이때라 듣는 자는 살아나리라

아버지께서 자기 속에 생명이 있음같이 아들에게도 생명을 주어 그 속에 있게 하셨고 또 인자됨을 인하여 심판하는 권세를 주셨느니라

이를 기이히 여기지 말라 무덤 속에 있는 자가 다 그의 음성을 들을 때가 오나니

선한 일을 행한 자는 생명의 부활로, 악한 일을 행한 자는 심판의 부활로 나오리라" (요 5:25-29)

"그러므로 함께 하늘의 부르심을 입은 거룩한 형제들아 우리의 믿는 도리의 사도시며 대제사장이신 예수를 깊이 생각하라

저가 자기를 세우신 이에게 충성하시기를 모세가 하나님의 온 집에서 한 것과 같으니 저는 모세보다 더욱 영광을 받을만한 것이 마치 집 지은 자가 그 집보다 더욱 존귀함 같으니라

집마다 지은 이가 있으니 만물을 지으신 이는 하나님이시라

또한 모세는 장래에 말할 것을 증거하기 위하여 하나님의 온집에서 사환으로 충성하였고

그리스도는 그의 집 맡은 아들로 충성하였으니 우리가 소망의 담대함과 자랑을 끝까지 견고히 잡으면 그의 집이라

그러므로 성령이 이르신 바와 같이 오늘날 너희가 그의 음성을

듣거든

노하심을 격동하여 광야에서 시험하던 때와 같이 너희 마음을 강퍅케 하지 말라

거기서 너희 열조가 나를 시험하여 증험하고 사십년 동안에 나의 행사를 보았느니라 그러므로 내가 이 세대를 노하여 가로되 저희가 항상 마음이 미혹되어 내 길을 알지 못하는도다 하였고

내가 노하여 맹세한 바와 같이 저희는 내 안식에 들어오지 못하리라 하셨다 하였으니 형제들아 너희가 삼가 혹 너희 중에 누가 믿지 아니하는 악심을 품고 살아 계신 하나님에게서 떨어질까 염려할 것이요"(히 3:1-12)

"그러므로 우리는 두려워할지니 그의 안식에 들어갈 약속이 남아 있을지라도 너희 중에 혹 미치지 못할 자가 있을까 함이라

저희와 같이 우리도 복음 전함을 받은 자이나 그러나 그 들은바 말씀이 저희에게 유익되지 못한 것은 듣는 자가 믿음을 화합지 아니함이라

이미 믿는 우리들은 저 안식에 들어가는도다 그 말씀하신 바와 같으니 내가 노하여 맹세한 바와 같이 저희가 내 안식에 들어오지 못하리라 하셨다 하였으나 세상을 창조할 때부터 그 일이 이루었느니라

제 칠일에 관하여는 어디 이렇게 일렀으되 하나님은 제 칠일에 그의 모든 일을 쉬셨다 하였으며

또다시 거기 저희가 내 안식에 들어오지 못하리라 하였으니

그러면 거기 들어갈 자들이 남아 있거니와 복음 전함을 먼저 받은 자들은 순종치 아니함을 인하여 들어가지 못하였으므로

오랜 후에 다윗의 글에 다시 어느날을 정하여 오늘날이라고 미리

이같이 일렀으되 오늘날 너희가 그의 음성을 듣거든 너희 마음을 강퍅케 말라 하였나니

만일 여호수아가 저희에게 안식을 주었더면 그 후에 다른 날을 말씀하지 아니하셨으리라

그런즉 안식할 때가 하나님의 백성에게 남아 있도다

이미 그의 안식에 들어간 자는 하나님이 자기 일을 쉬심과 같이 자기 일을 쉬느니라" (히 4:1-10)

"그러므로 모든 들은 것을 우리가 더욱 간절히 삼갈찌니 혹 흘러 떠내려 갈까 염려하노라

천사들로 하신 말씀이 견고하게 되어 모든 범죄함과 순종치 아니함이 공변된 보응을 받았거든

우리가 이같이 큰 구원을 등한히 여기면 어찌 피하리요 이 구원은 처음에 주로 말씀하신 바요 들은 자들이 우리에게 확증한 바니

하나님도 표적들과 기사들과 여러가지 능력과 및 자기 뜻을 따라 성령의 나눠주신 것으로써 저희와 함께 증거하셨느니라" (히 2:1-4)

"예수께서 권능을 가장 많이 베푸신 고을들이 회개치 아니하므로 그 때에 책망하시되 화가 있을찐저 고라신아 화가 있을찐저 벳새다야 너희에게서 행한 모든 권능을 두로와 시돈에서 행하였더면 저희가 벌써 베옷을 입고 재에 앉아 회개하였으리라

내가 너희에게 이르노니 심판날에 두로와 시돈이 너희보다 견디기 쉬우리라

가버나움아 네가 하늘에까지 높아지겠느냐 음부에까지 낮아지리라 네게서 행한 모든 권능을 소돔에서 행하였더면 그 성이 오늘날

까지 있었으리라

내가 너희에게 이르노니 심판 날에 소돔 땅이 너보다 견디기 쉬우리라 하시니라"(마 11:20-24)

"형제들아 내가 너희에게 전한 복음을 너희로 알게 하노니 이는 너희가 받은 것이요 또 그 가운데 선 것이라

너희가 만일 나의 전한 그 말을 굳게 지키고 헛되이 믿지 아니하였으면 이로 말미암아 구원을 얻으리라

내가 받은 것을 먼저 너희에게 전하였노니 이는 성경대로 그리스도께서 우리 죄를 위하여 죽으시고

장사 지낸바 되었다가 성경대로 사흘만에 다시 살아나사

게바에게 보이시고 후에 열 두 제자에게와 그 후에 오백여 형제에게 일시에 보이셨나니 그중에 지금까지 태반이나 살아 있고 어떤 이는 잠들었으며

그 후에 야고보에게 보이셨으며 그 후에 모든 사도에게와

맨 나중에 만삭되지 못하여 난 자 같은 내게도 보이셨느니라"(고전 15:1-8)

"우리가 하나님과 함께 일하는 자로서 너희를 권하노니 하나님의 은혜를 헛되이 받지 말라 가라사대 내가 은혜 베풀 때에 너를 듣고 구원의 날에 너를 도왔다 하셨으니

보라 지금은 은혜 받을만한 때요 보라 지금은 구원의 날이로다"(고후 6:1-2)

"내가 그리스도와 함께 십자가에 못 박혔나니 그런즉 이제는 내

가 산 것이 아니요 오직 내 안에 그리스도께서 사신 것이라 이제
내가 육체 가운데 사는 것은 나를 사랑하사 나를 위하여 자기 몸
을 버리신 하나님의 아들을 믿는 믿음 안에서 사는 것이라

　내가 하나님의 은혜를 폐하지 아니하노니 만일 의롭게 되는 것이
율법으로 말미암으면 그리스도께서 헛되이 죽으셨느니라" (갈 2:20-21)

내가 어떻게 하여야
구원을 얻으리이까

....

죄인들은 누구든지 자신이 죄로 인하여 죽을 수 밖에 없는 존재라는 사실을 먼저 깨닫고 두려운 마음으로 구원의 문을 두드릴 수 있어야 한다. 그러한 사람에게는 반드시 구원의 문이 열리게 된다.

"그가 이러한 영을 받아 저희를 깊은 옥에 가두고 그 발을 착고에 든든히 채웠더니 밤중쯤 되어 바울과 실라가 기도하고 하나님을 찬미하매 죄수들이 듣더라

이에 홀연히 큰 지진이 나서 옥터가 움직이고 문이 곧 다 열리며 모든 사람의 매인 것이 다 벗어진지라

간수가 자다가 깨어 옥문들이 열린 것을 보고 죄수들이 도망한 줄 생각하고 검을 빼어 자결하려 하거늘

바울이 크게 소리질러 가로되 네 몸을 상하지 말라 우리가 다 여기 있노라 하니

간수가 등불을 달라고 하며 뛰어 들어가 무서워 떨며 바울과 실라 앞에 부복하고

저희를 데리고 **나가 가로되 선생들아 내가 어떻게 하여야 구원을 얻으리이까 하거늘 가로되 주 예수를 믿으라 그리하면 너와 네**

집이 구원을 얻으리라 하고 주의 말씀을 그 사람과 그 집에 있는 모든 사람에게 전하더라"(행 16:24-32)

"이에 베드로가 성령이 충만하여 가로되 백성의 관원과 장로들아 만일 병인에게 행한 착한 일에 대하여 이 사람이 어떻게 구원을 얻었느냐고 오늘 우리에게 질문하면

너희와 모든 이스라엘 백성들은 알라 너희가 십자가에 못 박고 하나님이 죽은자 가운데서 살리신 나사렛 예수 그리스도의 이름으로 이 사람이 건강하게 되어 너희 앞에 섰느니라

이 예수는 너희 건축자들의 버린 돌로서 집 모퉁이의 머릿돌이 되었느니라

다른이로서는 구원을 얻을 수 없나니 천하 인간에 구원을 얻을 만한 다른 이름을 우리에게 주신 일이 없음이니라 하였더라"(행 4:8-12)

"**하나님이 세상을 이처럼 사랑하사 독생자를 주셨으니 이는 저를 믿는 자마다 멸망치 않고 영생을 얻게 하려 하심이니라**

하나님이 그 아들을 세상에 보내신 것은 세상을 심판하려 하심이 아니요 저로 말미암아 세상이 구원을 받게 하려 하심이라"(요 3:16-17)

"하나님의 사랑이 우리에게 이렇게 나타난바 되었으니 **하나님이 자기의 독생자를 세상에 보내심은 저로 말미암아 우리를 살리려 하심이니라**

사랑은 여기 있으니 우리가 하나님을 사랑한 것이 아니요 오직 하나님이 우리를 사랑하사 우리 죄를 위하여 화목제로 그 아들을

보내셨음이니라" (요일 4:9-10)

복음은 모든 사람들이 들을 수 있는 것이 아니다. 그 소리를 들을 수 있는 귀가 따로 있으니 그 귀는 사람들의 심령에 있는 귀이다. 복음을 들을 수 있는 귀가 있는 사람은 복 있는 사람이다.

"귀 있는 자는 성령이 교회들에게 하시는 말씀을 들을찌어다 이기는 그에게는 내가 하나님의 낙원에 있는 생명나무의 과실을 주어 먹게 하리라" (계 2:7)

"귀 있는 자는 성령이 교회들에게 하시는 말씀을 들을찌어다 이기는 자는 둘째 사망의 해를 받지 아니하리라" (계 2:11)

"귀 있는 자는 성령이 교회들에게 하시는 말씀을 들을찌어다 이기는 그에게는 내가 감추었던 만나를 주고 또 흰 돌을 줄터인데 그 돌 위에 새 이름을 기록한 것이 있나니 받는 자 밖에는 그 이름을 알 사람이 없느니라" (계 2:17)

"다만 너희에게 있는 것을 내가 올 때까지 굳게 잡으라
이기는 자와 끝까지 내 일을 지키는 그에게 만국을 다스리는 권세를 주리니
그가 철장을 가지고 저희를 다스려 질그릇 깨뜨리는 것과 같이 하리라 나도 내 아버지께 받은 것이 그러하니라
내가 또 그에게 새벽 별을 주리라 귀 있는 자는 성령이 교회들에게 하시는 말씀을 들을찌어다" (계 2:25-29)

"이기는 자는 이와 같이 흰옷을 입을 것이요 내가 그 이름을 생명책에서 반드시 흐리지 아니하고 그 이름을 내 아버지 앞과 그 천사들 앞에서 시인하리라

귀 있는 자는 성령이 교회들에게 하시는 말씀을 들을찌어다"(계 3:5-6)

"내가 속히 임하리니 네가 가진 것을 굳게 잡아 아무나 네 면류관을 빼앗지 못하게 하라

이기는 자는 내 하나님 성전에 기둥이 되게 하리니 그가 결코 다시 나가지 아니하리라 내가 하나님의 이름과 하나님의 성 곧 하늘에서 내 하나님께로부터 내려오는 새 예루살렘의 이름과 나의 새 이름을 그이 위에 기록하리라

귀 있는 자는 성령이 교회들에게 하시는 말씀을 들을찌어다"(계 3:11-13)

"볼찌어다 내가 문밖에 서서 두드리노니 누구든지 내 음성을 듣고 문을 열면 내가 그에게로 들어가 그로 더불어 먹고 그는 나로 더불어 먹으리라

이기는 그에게는 내가 내 보좌에 함께 앉게 하여주기를 내가 이기고 아버지 보좌에 함께 앉은 것과 같이 하리라

귀 있는 자는 성령이 교회들에게 하시는 말씀을 들을찌어다"(계 3:20-22)

"성도들의 인내가 여기 있나니 저희는 하나님의 계명과 예수 믿음을 지키는 자니라 또 내가 들으니 하늘에서 음성이 나서 가로되

기록하라 자금 이후로 주 안에서 죽는 자들은 복이 있도다 하시매 성령이 가라사대 그러하다 저희 수고를 그치고 쉬리니 이는 저희의 행한 일이 따름이라 하시더라

또 내가 보니 흰구름이 있고 구름 위에 사람의 아들과 같은 이가 앉았는데 그 머리에는 금 면류관이 있고 그 손에는 이한 낫을 가졌더라

또 다른 천사가 성전으로부터 나와 구름 위에 앉은이를 향하여 큰 음성으로 외쳐 가로되 네 낫을 휘둘러 거두라 거둘 때가 이르러 땅에 곡식이 다 익었음이로다 하니

구름 위에 앉으신 이가 낫을 땅에 휘두르매 곡식이 거두어지니라"(계 14:12-16)

눈에 보이며 이 세상에 속한 것들은 영적인 것이 아니니 누구든지 보이지 않는 영적일에 더 큰 관심을 가지고 구하고 찾고 두드려야 할 것이다.

"구하라 그러면 너희에게 주실 것이요 찾으라 그러면 찾을 것이요 문을 두드리라 그러면 너희에게 열릴 것이니 구하는 이마다 얻을 것이요 찾는 이가 찾을 것이요 두드리는 이에게 열릴 것이니라" (마 7:7-8)

"오늘 있다가 내일 아궁이에 던지우는 들풀도 하나님이 이렇게 입히시거든 하물며 너희일까보냐 믿음이 적은 자들아

그러므로 염려하여 이르기를 무엇을 먹을까 무엇을 마실까 무엇을 입을까 하지 말라 이는 다 이방인들이 구하는 것이라 너희 천부

께서 이 모든 것이 너희에게 있어야 할 줄을 아시느니라

너희는 먼저 그의 나라와 그의 의를 구하라 그리하면 이 모든 것을 너희에게 더하시리라

그러므로 내일 일을 위하여 염려하지 말라 내일 일은 내일 염려할 것이요 한 날 괴로움은 그날에 족하니라" (마 6:30-34)

눈에 보이는 세상에 속한 것을 구하지 말라. 이러한 것들은 모두가 세상에 속한 사람들이 구하는 것들이다. 우리가 구할 것은 오직 하나님의 나라와 예수님 안에 있는 '의'로움이다.

육신도 생명을 잃으면 내가 가진 모든 것들이 허사가 되듯이 예수 믿었던 사람이 영혼의 생명을 잃으면 우리의 모든 수고가 헛되고, 세상의 모든 사람보다도 불쌍한 사람이 된다.

"그리스도께서 만일 다시 살지 못하셨으면 우리의 전파하는 것도 헛것이요 또 너희 믿음도 헛것이며

또 우리가 하나님의 거짓 증인으로 발견되리니 우리가 하나님이 그리스도를 다시 살리셨다고 증거하였음이라 만일 죽은 자가 다시 사는 것이 없으면 하나님이 그리스도를 다시 살리시지 아니하셨으리라

만일 죽은 자가 다시 사는 것이 없으면 그리스도도 다시 사신 것이 없었을 터이요

그리스도께서 다시 사신 것이 없으면 너희의 믿음도 헛되고 너희가 여전히 죄 가운데 있을 것이요

또한 그리스도 안에서 잠자는 자도 망하였으리니

만일 그리스도 안에서 우리의 바라는 것이 다만 이생 뿐이면 모

든 사람 가운데 우리가 더욱 불쌍한 자리라

그러나 이제 그리스도께서 죽은 자 가운데서 다시 살아 잠자는 자들의 첫 열매가 되셨도다

사망이 사람으로 말미암았으니 죽은 자의 부활도 사람으로 말미암는도다

아담 안에서 모든 사람이 죽은것 같이 그리스도 안에서 모든 사람이 삶을 얻으리라" (고전 15:14-22)

그리스도 안에서 모든 사람이
삶을 얻으리라

....

"예수께서 대답하여 가라사대 인자의 영광을 얻을 때가 왔도다
내가 진실로 진실로 너희에게 이르노니 한 알의 밀이 땅에 떨어져
죽지 아니하면 한 알 그대로 있고 죽으면 많은 열매를 맺느니라"(요
12:23-24)

"그 중에 한 사람 그 해 대제사장인 가야바가 저희에게 말하되
너희가 아무 것도 알지 못하는도다
한 사람이 백성을 위하여 죽어서 온 민족이 망하지 않게 되는 것
이 너희에게 유익한 줄을 생각지 아니하는도다 하였으니
이 말은 스스로 함이 아니요 그 해에 대제사장이므로 예수께서
그 민족을 위하시고 또 그 민족만 위할 뿐 아니라 흩어진 하나님의
자녀를 모아 하나가 되게 하기 위하여 죽으실 것을 미리 말함이러
라"(요 11:49-52)

**"아담 안에서 모든 사람이 죽은것 같이 그리스도 안에서 모든
사람이 삶을 얻으리라"** (고전 15:22)

지금도 장기 기증자에게 장기 기증받기를 애타게 기다리며 시한

부 인생을 살아가는 사람들이 많이 있다. 이들에게 오직 한 가지 희망은 자기에게 장기를 기증해 줄 사람이 나타나는 것이다. 그러나 장기를 기증해 줄 사람이 많지 않기 때문에 그중 일부의 사람들만 장기를 기증받아서 제2의 인생을 살아가고 있으며, 대부분의 환자와 가족들은 장기 기증자 소식을 애타게 기다리며 하루하루 살아가고 있다.

어느 날 그렇게도 애태우며 기다리던 장기를 이식받을 수 있게 되었다는 기쁜 소식이 들려왔다. 그러나 사연을 듣고 보니 왠지 마음이 기쁘기보다는 슬픔이 앞서 눈물이 나온다. 한 젊은이가 교통사고로 뇌사 판정을 받았는데 그의 가족들이 그의 장기를 여러 사람에게 기증하기로 하고 사랑하는 가족을 보내기로 하였다는 것이었다.

그렇다. 이렇게 누군가는 어떤 사람의 안타까운 죽음으로 인하여 자신이 생명을 얻어서 제2의 인생을 살아가는 사람들이 더러 있다.

예수님이 세상에 오신 목적은 당신 한 사람의 죽음으로 죽음 아래에 있는 많은 사람을 살리시기 위하여 오신 것이었으니 예수님이 죄인을 대신하여 죽으시지 않으셨더라면 아무도 구원받지 못하고 죄 가운데 살다가 영원한 형벌을 피할 수가 없었을 것이다. 그러나 예수께서 죄인을 대신하여 죽으심으로 죽음 아래에 있는 사람들을 살리셨으니 죽음의 형벌 아래 살고 있는 사람들에게 이보다 더 큰 기쁨의 소식이 어디에 있겠는가?

기쁘면서도 한편으로는 나의 죄 때문에 하나님의 아들이 죽으셨으니 부끄럽고 죄송하여 남은 나의 생애가 헛되지 않도록 나를 구원하신 하나님의 사랑을 전하고 실천하는 삶을 살겠다는 각오로 살아야 하는 것이 구원받은 성도들의 삶이다.

죄인들에게 유일한 복음은 예수님의 희생으로 인하여 내가 생명을 얻게 되었다는 이 소식뿐이다. 교회에서는 이 소식만 전하고 이 복음만 가르쳐야 한다. 이 복음 이외는 아무것도 중요하지 않은 것이다.

"요한이 잡힌 후 예수께서 갈릴리에 오셔서 하나님의 복음을 전파하여 가라사대 때가 찼고 하나님 나라가 가까왔으니 회개하고 복음을 믿으라 하시더라" (막 1:14-15)

"또 가라사대 너희는 온 천하에 다니며 만민에게 복음을 전파하라 믿고 세례를 받는 사람은 구원을 얻을 것이요 믿지 않는 사람은 정죄를 받으리라" (막 16:15-16)

"예수 그리스도의 종 바울은 사도로 부르심을 받아 하나님의 복음을 위하여 택정함을 입었으니
이 복음은 하나님이 선지자들로 말미암아 그의 아들에 관하여 성경에 미리 약속하신 것이라
이 아들로 말하면 육신으로는 다윗의 혈통에서 나셨고
성결의 영으로는 죽은 가운데서 부활하여 능력으로 하나님의 아들로 인정되셨으니 곧 우리 주 예수 그리스도시니라" (롬 1:1-4)

"그리스도께서 나를 보내심은 세례를 주게 하려 하심이 아니요 오직 복음을 전케 하려 하심이니 말의 지혜로 하지 아니함은 그리스도의 십자가가 헛되지 않게 하려 함이라 십자가의 도가 멸망하는 자들에게는 미련한 것이요 구원을 얻는 우리에게는 하나님의

능력이라"(고전 1:17-18)

"형제들아 내가 너희에게 전한 복음을 너희로 알게 하노니 이는 너희가 받은 것이요 또 그 가운데 선 것이라 너희가 만일 나의 전한 그 말을 굳게 지키고 헛되이 믿지 아니하였으면 이로 말미암아 구원을 얻으리라"(고전 15:1-2)

"다른 복음은 없나니 다만 어떤 사람들이 너희를 요란케 하여 그리스도의 복음을 변하려 함이라

그러나 우리나 혹 하늘로부터 온 천사라도 우리가 너희에게 전한 복음 외에 다른 복음을 전하면 저주를 받을찌어다

우리가 전에 말하였거니와 내가 지금 다시 말하노니 만일 누구든지 너희의 받은 것 외에 다른 복음을 전하면 저주를 받을찌어다"(갈 1:7-9)

구원은 집단적으로 이루어지는 것이 아니라 개별적이다

....

"대저 표면적 유대인이 유대인이 아니요 표면적 육신의 할례가 할례가 아니라 오직 이면적 유대인이 유대인이며 할례는 마음에 할찌니 신령에 있고 의문에 있지 아니한 것이라 그 칭찬이 사람에게서가 아니요 다만 하나님에게서니라" (롬 2:28-29)

동일한 교회의 성도들이 표면적으로는 모두 똑같은 하나님의 백성처럼 보이지만, 이면적으로는 서로가 다르다. 구원은 철저히 개인적으로 이루어지는 것이니 개별적으로 회개하고 거듭나서 주님과의 영적 교통함을 유지하고 사는 사람에게만 구원이 이루어지는 것이다.

"예수께서 여리고로 들어 지나가시더라

삭개오라 이름하는 자가 있으니 세리장이요 또한 부자라

저가 예수께서 어떠한 사람인가 하여 보고자 하되 키가 작고 사람이 많아 할수 없어 앞으로 달려가 보기 위하여 뽕나무에 올라가니 이는 예수께서 그리로 지나가시게 됨이러라

예수께서 그곳에 이르사 우러러 보시고 이르시되 삭개오야 속히 내려오라 내가 오늘 네 집에 유하여야 하겠다 하시니

급히 내려와 즐거워하며 영접하거늘

뭇사람이 보고 수군거려 가로되 저가 죄인의 집에 유하러 들어갔
도다 하더라

삭개오가 서서 주께 여짜오되 주여 보시옵소서 내 소유의 절반
을 가난한 자들에게 주겠사오며 만일 뉘 것을 토색한 일이 있으면
사배나 갚겠나이다

예수께서 이르시되 오늘 구원이 이 집에 이르렀으니 이 사람도
아브라함의 자손임이로다 인자의 온 것은 잃어버린 자를 찾아 구원
하려 함이니라" (눅 19:1-10)

유대인들은 자기들은 아브라함의 후손이기 때문에 이미 하나님
의 백성으로서 구원받았다고 생각하고 있었다. 그러나 구원은 유대
교를 통해서 주어지는 것도 아니고, 혈통적으로 아브라함의 후손이
라 해서 구원이 확정된 것이 아니라 삭개오가 예수님을 만났을 때
예수님이 선포하셨던 것처럼 개별적으로 예수 그리스도를 만남으
로 인하여 얻게 되는 것이다. 그러므로 성도들은 반드시 회개하고
개인적 거듭남의 체험을 하여야 한다. 그래서 골방의 기도가 중요한
것이다.

공동체 교회 안에서는 함께 예배드리고 함께 생활을 하되 각 사
람이 철저하게 회개하고 주님과의 만남을 위한 개인적 기도 시간이
중요한 것이다. 공동체의 예배에 참석한 것으로 나의 신앙이 완성되
었다고 착각하지 말라. 공동체 예배보다 더 중요한 것이 개인의 골
방 기도이며, 예수님 안에 살아가는 삶이다. 구원은 교회 안에 있지
않고, 예수 그리스도 안에 있음을 분명하게 알아야 한다.

"형제들아 너희가 알지 못하기를 내가 원치 아니하노니 우리 조상들이 다 구름 아래 있고 바다 가운데로 지나며

모세에게 속하여 다 구름과 바다에서 세례를 받고

다 같은 신령한 식물을 먹으며 다 같은 신령한 음료를 마셨으니 이는 저희를 따르는 신령한 반석으로부터 마셨으매 그 반석은 곧 그리스도시라

그러나 저희의 다수를 하나님이 기뻐하지 아니하신고로 저희가 광야에서 멸망을 받았느니라" (고전 10:1-5)

한 교회 안에서 가르침을 받고 기사와 이적도 체험하고 신령한 양식을 공급받으며 살아도 끝까지 변하지 않는 육에 속한 사람들이 있고, 처음에는 모두가 동일한 사람 같았으나 어떤 사람들은 하나님의 신령한 은혜로 점점 변화되어 후에는 영적 사람으로 거듭나게 되어 천국에 소망을 가지고 새로운 삶을 살아가는 사람이 있다. 교회 안에서 표면적으로는 직분도 받고 봉사를 하며 사람에게서 인정을 받은 사람이라 할지라도 그의 속사람이 변하지 않는 사람들이 많이 있으니 누구든지 먼저 자신을 돌아보기 바란다.

예수님의 제자 가룟 유다는 표면적으로는 예수님 그룹에서 인정도 받았고 돈궤를 관리하는 직책까지 받았던 제자이었지만, 후에는 스승을 배반하고 팔아먹은 사람이 되었다. 가룟 유다는 예수님께서 너희 중 하나가 나를 팔리라는 말씀을 하셨을 때 시치미를 떼고 자기는 아닌 체하고 밖으로 나가버렸는데 말씀을 듣고서도 회개하지 못하니 마지막 회개의 기회를 잃어버렸고 그 후 마귀가 그의 속에 들어갔다. 마귀는 가룟 유다처럼 회개의 기회를 저버리고 거짓과 위선과 더러운 욕심으로 가득한 사람들을 항상 먹잇감으로 삼는 것

이다.

예수님은 배신자에게도 마지막 회개의 기회를 주셨는데 유다는 그때를 회개의 기회로 삼지 않고 용서받고 구원받을 마지막 기회를 내던져버리고 그 자리를 떠나고 말았다. 그러나 베드로는 오늘 밤 닭 울기 전에 네가 나를 세 번 부인하리라는 예수님 말씀이 생각나서 밖에 나가서 통곡하며 회개하였으니 하나님의 백성과 마귀 자녀의 차이는 말씀을 듣고 회개하는 것이다.

누구든지 회개하면 용서받고 하나님의 자녀가 되지만 회개하지 못하면 마귀에게 끌려 나가서 죽임을 당하는 것이다.

"때에 예수를 판 유다가 그의 정죄됨을 보고 스스로 뉘우쳐 그 은 삼십을 대제사장들과 장로들에게 도로 갖다 주며 가로되 내가 무죄한 피를 팔고 죄를 범하였도다 하니 저희가 가로되 그것이 우리에게 무슨 상관이 있느냐 네가 당하라 하거늘 유다가 은을 성소에 던져 넣고 물러가서 스스로 목매어 죽은지라" (마 27:3-5)

가룟 유다를 제외한 열한 제자도 주님이 끝까지 저들을 사랑하시고 제자들에게 찾아오셔서 저들의 눈을 열어주시지 않았더라면 모두 실패하고 말았을 것이다.

"다른 제자들이 그에게 이르되 우리가 주를 보았노라 하니 도마가 가로되 내가 그 손의 못자국을 보며 내 손가락을 그 못자국에 넣으며 내 손을 그 옆구리에 넣어 보지 않고는 믿지 아니하겠노라 하니라

여드레를 지나서 제자들이 다시 집안에 있을 때에 도마도 함께

있고 문들이 닫혔는데 예수께서 오사 가운데 서서 가라사대 너희 에게 평강이 있을찌어다 하시고

도마에게 이르시되 네 손가락을 이리 내밀어 내 손을 보고 네 손을 내밀어 내 옆구리에 넣어보라 그리하고 믿음 없는 자가 되지 말고 믿는 자가 되라" (요 20:25-27)

예수님의 제자들도 각자가 부활의 주님을 만나는 체험을 하고 난 후에 비로소 주님을 알게 되고 주님과 하나가 될 수 있었으니 내용만 알고 있는 교과서적 지식과 신앙만 있는 사람의 것은 생명이 없는 것이다.

반드시 거듭나는 체험을 하여야 한다. 표면적 지식만 가지고 다 아는 것처럼 착각하지 말라. 오히려 그러한 지식은 스스로 안일함에 빠지게 하여서 유대인 같은 외식주의자가 되어 자신도 생명에 이르지 못하고 다른 사람들을 죽이는 지식이 되는 것이다.

"우상의 제물에 대하여는 우리가 다 지식이 있는 줄을 아나 지식은 교만하게 하며 사랑은 덕을 세우나니 만일 누구든지 무엇을 아는 줄로 생각하면 아직도 마땅히 알 것을 알지 못하는 것이요" (고전 8:1-2)

"예수는 감람산으로 가시다 아침에 다시 성전으로 들어오시니 백성이 다 나아오는지라 앉으사 저희를 가르치시더니

서기관들과 바리새인들이 간음 중에 잡힌 여자를 끌고 와서 가운데 세우고

예수께 말하되 선생이여 이 여자가 간음하다가 현장에서 잡혔나

이다

모세는 율법에 이러한 여자를 돌로 치라 명하였거니와 선생은 어떻게 말하겠나이까 저희가 이렇게 말함은 고소할 조건을 얻고자하여 예수를 시험함이러라 예수께서 몸을 굽히사 손가락으로 땅에 쓰시니

저희가 묻기를 마지 아니하는지라 이에 일어나 가라사대 너희 중에 죄 없는 자가 먼저 돌로 치라 하시고

다시 몸을 굽히사 손가락으로 땅에 쓰시니

저희가 이 말씀을 듣고 양심의 가책을 받아 어른으로 시작하여 젊은이까지 하나씩 하나씩 나가고 오직 예수와 그 가운데 섰는 여자만 남았더라

예수께서 일어나사 여자 외에 아무도 없는 것을 보시고 이르시되 여자여 너를 고소하던 그들이 어디 있느냐 너를 정죄한 자가 없느냐

대답하되 주여 없나이다 예수께서 가라사대 나도 너를 정죄하지 아니하노니 가서 다시는 죄를 범치 말라 하시니라" (요 8:1-11)

유대인들이 가진 지식은 자기 자신은 물론 다른 사람을 죽이는 지식이 되었고, 예수님의 제자들이 예수님을 알고 나서 얻은 지식은 죽을 사람을 살리는 참지식과 능력이 되었으니 주님에 대한 지식은 반드시 주님과 실제적 교통이 이루어지는 가운데 얻어진 지식이어야 한다.

지금도 죽은 지식만 가지고 많은 사람을 죽이는 강도 같은 사람들이 있고, 죽을 사람들을 살리는 선한 사마리아 사람과 같은 사람들이 있다.

"예수께서 대답하여 가라사대 어떤 사람이 예루살렘에서 여리고로 내려가다가 강도를 만나매 강도들이 그 옷을 벗기고 때려 거반 죽은 것을 버리고 갔더라

마침 한 제사장이 그 길로 내려가다가 그를 보고 피하여 지나가고

또 이와 같이 한 레위 인도 그곳에 이르러 그를 보고 피하여 지나가되

어떤 사마리아인은 여행하는 중 거기 이르러 그를 보고 불쌍히 여겨

가까이 가서 기름과 포도주를 그 상처에 붓고 싸매고 자기 짐승에 태워 주막으로 데리고 가서 돌보아 주고

이튿날에 데나리온 둘을 내어 주막 주인에게 주며 가로되 이 사람을 돌보아 주라 부비가 더 들면 내가 돌아 올 때에 갚으리라 하였으니

네 의견에는 이 세 사람 중에 누가 강도 만난 자의 이웃이 되겠느냐

가로되 자비를 베푼 자니이다 예수께서 이르시되 가서 너도 이와 같이 하라 하시니라"(눅 10:30-37)

제사장이나 레위인은 하나님 성전의 봉사 직분을 가진 사람들이다. 그런데 이들이 왜 강도 만난 사람을 보고 돌보지 않고 피하였는가? 자신들이 피를 보거나 죽은 사람을 접하게 되면 부정하게 된다는 율법을 핑계 삼아 그 자리를 피하여 지나갔던 것인데 내면적으로는 혹시 자기들도 강도에게 당할지 모른다는 두려움과 이 자리를 빨리 벗어나야 한다는 비겁함도 있었을 것이고, 죽어가는 사람을 보고도 불쌍히 여기는 인간애도 없었기 때문이다.

하나님의 모든 말씀은 죽을 사람을 살리는 일에 사용하라고 주신 것인데 그 중요한 목적을 알지 못하고 율법의 표면만 가지고 있는 위선자들은 세상에서 가장 비겁하고 무정하며 다른 사람들을

심판하여 죽이고 무엇이든 자기들의 잘못된 지식을 기준으로 살아가는 사람이 된다. 이러한 사람들의 지식이 바로 죽은 지식이요, 그들이 바로 위선자인 것이다.

사마리아 사람은 이방인이다. 그들에게는 유대인들이 가진 율법은 없으나 그들에게는 이웃에 대한 사랑과 동정과 희생의 정신이 있었다. 그러니 하나님이 어떤 사람을 더 의롭다고 인정하시겠는가? 생각하여 보라. 율법의 핵심은 하나님을 사랑하고 네 이웃을 네 몸과 같이 사랑하라는 말씀인데, 율법을 지키며 살아간다고 하는 사람들이 죽어가는 사람을 보고 다가가서 보살피며 살리려고 하지 않고 피하여 지나갔다면 그들이 가진 율법은 자기들에게나 다른 사람들에게 아무 유익이 없는 지식인 것이다.

하나님의 법을 지킨다고 하면서 사람에게 해야 할 마땅한 도리마저 행하지 못한다면 그것이 모두 위선이요 거짓이요 사악함이다.

"너희가 하나님의 계명은 버리고 사람의 유전을 지키느니라

또 가라사대 너희가 너희 유전을 지키려고 하나님의 계명을 잘 저버리는도다

모세는 네 부모를 공경하라 하고 또 아비나 어미를 훼방하는 자는 반드시 죽으리라 하였거늘

너희는 가로되 사람이 아비에게나 어미에게나 말하기를 내가 드려 유익하게 할 것이 고르반 곧 하나님께 드림이 되었다고 하기만 하면 그만이라 하고

제 아비나 어미에게 다시 아무 것이라도 하여 드리기를 허하지 아니하여

너희의 전한 유전으로 하나님의 말씀을 폐하며 또 이같은 일을

많이 행하느니라 하시고 무리를 다시 불러 이르시되 너희는 다 내 말을 듣고 깨달으라" (막 7:8-14)

계명의 핵심은 사랑이다. 율법도, 복음도 죽은 자를 살리기 위한 하나님의 사랑에서 주어진 것이다.

"그 중에 한 율법사가 예수를 시험하여 묻되 선생님이여 율법 중에 어느 계명이 크니이까

예수께서 가라사대 네 마음을 다하고 목숨을 다하고 뜻을 다하여 주 너의 하나님을 사랑하라 하셨으니

이것이 크고 첫째 되는 계명이요

둘째는 그와 같으니 네 이웃을 네 몸과 같이 사랑하라 하셨으니

이 두 계명이 온 율법과 선지자의 강령이니라" (마 22:35-40)

유대교의 사랑이 없는 율법은 죄인을 죽음으로 내몰았고, 예수님 안에 있는 사랑은 죽을 수밖에 없는 죄인에게 생명을 얻게 하였다.

"내가 부를찌라도 너희가 듣기 싫어하였고 내가 손을 펼찌라도 돌아보는 자가 없었고 도리어 나의 모든 교훈을 멸시하며 나의 책망을 받지 아니하였은 즉

너희가 재앙을 만날 때에 내가 웃을 것이며 너희에게 두려움이 임할 때에 내가 비웃으리라

너희의 두려움이 광풍같이 임하겠고 너희의 재앙이 폭풍같이 이르겠고 너희에게 근심과 슬픔이 임하리니

그 때에 너희가 나를 부르리라 그래도 내가 대답지 아니하겠고

부지런히 나를 찾으리라 그래도 나를 만나지 못하리니

대저 너희가 지식을 미워하며 여호와 경외하기를 즐거워하지 아니하며

나의 교훈을 받지 아니하고 나의 모든 책망을 업신여겼음이라

그러므로 자기 행위의 열매를 먹으며 자기 꾀에 배부르리라

어리석은 자의 퇴보는 자기를 죽이며 미련한 자의 안일은 자기를 멸망시키려니와

오직 나를 듣는 자는 안연히 살며 재앙의 두려움이 없이 평안하리라" (잠 1:24-33)

"하나님을 잊어버린 너희여 이제 이를 생각하라 그렇지 않으면 내가 너희를 찢으리니 건질 자 없으리라 감사로 제사를 드리는 자가 나를 영화롭게 하나니 그 행위를 옳게 하는 자에게 내가 하나님의 구원을 보이리라" (시 50:22-23)

"하나님이 가라사대 저가 나를 사랑한즉 내가 저를 건지리라 저가 내 이름을 안즉 내가 저를 높이리라 저가 내게 간구하리니 내가 응답하리라 저희 환난 때에 내가 저와 함께하여 저를 건지고 영화롭게 하리라 내가 장수함으로 저를 만족케 하며 나의 구원으로 보이리라 하시도다" (시 91:14-16)

하나님 앞에서 우리가 무엇을 구하는 것보다 더 중요한 것은 우리의 각오이며 삶이다. 기도를 많이 한다고 스스로 의롭다고 생각하거나 자랑하지 말라. 기도는 기도하는 시간의 양이 중요한 것이 아니라 무엇을 구하느냐의 내용이 중요하며, 기도하는 사람의 내적 변화

의 삶이 더 중요한 것이다.

누가복음 15장에 나오는 둘째 아들은 아버지 앞에 돌아와서 아무것도 구하지 않았다. 오직 자신이 하늘과 아버지께 죄를 지은 아들임을 고백하면서 아버지의 아들이라 일컬음을 받을 자격도 없으니 아버지 집의 품꾼 중의 한 사람으로 살 수 있게 하여 달라는 각오를 보였을 뿐이었다.

"내가 일어나 아버지께 가서 이르기를 아버지여 내가 하늘과 아버지께 죄를 얻었사오니 지금부터는 아버지의 아들이라 일컬음을 감당치 못하겠나이다 나를 품군의 하나로 보소서 하리라 하고
이에 일어나서 아버지께로 돌아가니라 아직도 상거가 먼데 아버지가 저를 보고 측은히 여겨 달려가 목을 안고 입을 맞추니
아들이 가로되 아버지여 내가 하늘과 아버지께 죄를 얻었사오니 지금부터는 아버지의 아들이라 일컬음을 감당치 못하겠나이다 하나
아버지는 종들에게 이르되 제일 좋은 옷을 내어다가 입히고 손에 가락지를 끼우고 발에 신을 신기라
그리고 살진 송아지를 끌어다가 잡으라 우리가 먹고 즐기자
이 내 아들은 죽었다가 다시 살아났으며 내가 잃었다가 다시 얻었노라 하니 저희가 즐거워하더라" (눅 15:18-24)

둘째 아들이 아버지 집을 떠나기 전에는 아무 걱정도 없고 고생도 하지 않고 살았다. 그때 그가 아버지에게 구한 것이 무엇인가? 자기에게 돌아올 분깃을 나누어 달라고 한 것이다. 자기의 분깃을 가지고 아버지를 떠나서 자유롭고 멋지게 살아보고 싶어서 아버지에게

자기의 분깃을 요구하였던 것이다.

　아버지는 그 아들의 요구를 다 들어 주었고, 그 아들은 마침내 자기의 재산을 모두 정리하여 가지고 아버지를 떠나서 허랑방탕한 생활을 하면서 모든 재산을 다 탕진하고 말았다.

　지금 우리가 하나님께 기도하는 것은 어쩌면 이 둘째 아들처럼 아버지를 멀리 떠나서 현재보다 더 멋진 꿈을 꾸면서 신나게 자유를 누리며 내 마음대로 살아보고 싶어서 하나님 앞에서 세상의 재물을 구하고 있는 것일지도 모른다.

　둘째 아들의 잘못된 욕망은 아버지를 떠나 살게 하였고 결국 다 망하게 하였다. 우리가 오늘날 하나님께 원하는 것들이 모두 정욕적이며 세상적이고 육체적인 것들이니 이러한 모든 것이 이루어진 후에는 우리도 결국은 아버지를 떠나 살게 될 텐데 사람들은 계속하여 아버지 앞에서 재물이나 구하는 기도를 하고 있는 것이다.

　모든 것을 다 잃고 아버지께 돌아온 아들은 아버지 앞에 아무것도 구하지 않았으니 무엇을 더 구할 수 있었겠는가? 이제 모든 것 깨달았으니 겸손하게 아버지 집의 하인처럼 살겠다는 각오 이외에는 아무것도 없었던 것이다. 우리가 진정 하나님 앞에 회개하고 돌아온 사람들이라면 우리의 자세가 그와 같아야 하는 것이다. 하나님은 우리가 구하는 기도 소리를 원하시는 것이 아니라 우리가 앞으로 어떻게 살겠다는 마음의 각오를 원하시는 것이다.

　아직도 교인들은 하나님의 사랑과 은혜가 무엇인지 깨닫지 못하고 있다. 세상은 지금 물질의 풍요로 인하여 병들었고 죽어가고 망해가고 있다. 사람은 망하지 않으면 절대로 하나님을 찾지 않으니 물질 때문에 타락하고 망했는데 여전히 물질만 찾고 있는 것이다.

하나님께서 우리의 과거를 아시고 우리의 욕망을 알고 계신데 우리가 기도한다고 해서 언제나 구하는 대로 무엇이든 다 들어주실 것이라고 생각하는가?

이스라엘 사람들이 가나안 땅에 정착하여 풍요로운 삶을 살게 되었을 때는 언제나 하나님을 떠나 우상을 따라 살았던 삶이 계속 반복되었으며, 그때마다 하나님의 심판이 있었으니 하나님은 심판의 징계를 통하여서라도 그들이 하나님 앞에 돌아올 수 있게 하셨다. 징계도 사랑의 채찍이었던 것이다.

하나님의 백성들은 하나님의 사랑을 깨닫게 되었을 때 가장 성숙한 믿음의 사람이 된다. 성숙한 사람은 하나님 앞에 세상의 아무것도 구하지 않으며, 자신이 소유한 것으로 어떻게 사랑과 은혜에 보답하며 살아갈 것인가만 생각하고 그렇게 살아가는 것이다.

우리의 목표는
영생뿐이다

....

"하나님이 세상을 이처럼 사랑하사 독생자를 주셨으니 이는 저를 믿는 자마다 멸망치 않고 영생을 얻게 하려 하심이니라 하나님이 그 아들을 세상에 보내신 것은 세상을 심판하려 하심이 아니요 저로 말미암아 세상이 구원을 받게 하려 하심이라" (요 3:16-17)

이 목표 이외 아무것도 우리의 목표가 되어서는 아니 된다. 영생에 목표가 확실한 사람은 하나님 앞에서 세상의 것은 아무것도 구하지 않으며, 필요한 것이 있으면 자기가 성실하게 살아가면서 세상의 필요한 것을 얻는 것이다. 자기는 아무 노력도 하지 않으면서 구하기만 하면 얻을 수 있다고 생각하는 것은 미혹된 거짓 신앙이다.

학생은 열심히 공부하여야 하고, 근로자는 성실하게 살아가야 하며 직장에서나 가정에서 모든 면에 모범이 되는 열심을 보여야 한다.

예수님께서는 모든 권세와 능력을 소유하신 분이셨지만 죄인들을 구원하시는 일이 예수님의 기도나 능력이나 권세를 통해서 이루신 것이 아니라 십자가 위에서 희생을 당하심으로 이루셨다.

하나님은 우리의 기도를 통해서 무엇이든 이루어지게 하시는 것이 아니라 하나님의 뜻에 합당한 삶을 살게 하심으로 이루어지게 하시는 것이다.

"이에 말씀하시되 내 마음이 심히 고민하여 죽게 되었으니 너희는 여기 머물러 나와 함께 깨어 있으라 하시고 조금 나아가사 얼굴을 땅에 대시고 엎드려 기도하여 가라사대 내 아버지여 만일 할만 하시거든 이 잔을 내게서 지나가게 하옵소서 그러나 나의 원대로 마옵시고 아버지의 원대로 하옵소서 하시고" (마 26:38-39)

"예수께서 신 포도주를 받으신 후 가라사대 다 이루었다 하시고 머리를 숙이시고 영혼이 돌아가시니라" (요 19:30)

"나를 보내신 이의 뜻을 행하려 함이니라 나를 보내신 이의 뜻은 내게 주신 자 중에 내가 하나도 잃어버리지 아니하고 마지막 날에 다시 살리는 이것이니라 내 아버지의 뜻은 아들을 보고 믿는 자마다 영생을 얻는 이것이니 마지막 날에 내가 이를 다시 살리리라 하시니라" (요 6:39-40)

"너희가 내 양이 아니므로 믿지 아니하는도다 내 양은 내 음성을 들으며 나는 저희를 알며 저희는 나를 따르느니라 내가 저희에게 영생을 주노니 영원히 멸망치 아니할 터이요 또 저희를 내 손에서 빼앗을 자가 없느니라" (요 10:26-28)

"예수께서 이 말씀을 하시고 눈을 들어 하늘을 우러러 가라사대 아버지여 때가 이르렀사오니 아들을 영화롭게 하사 아들로 아버지를 영화롭게 하게 하옵소서
아버지께서 아들에게 주신 모든 자에게 영생을 주게 하시려고 만민을 다스리는 권세를 아들에게 주셨음이로소이다

영생은 곧 유일하신 참 하나님과 그의 보내신 자 예수 그리스도를 아는 것이니이다"(요 17:1-3)

"돈을 사랑함이 일만 악의 뿌리가 되나니 이것을 사모하는 자들이 미혹을 받아 믿음에서 떠나 많은 근심으로써 자기를 찔렀도다

오직 너 하나님의 사람아 이것들을 피하고 의와 경건과 믿음과 사랑과 인내와 온유를 좇으며 믿음의 선한 싸움을 싸우라 영생을 취하라

이를 위하여 네가 부르심을 입었고 많은 증인 앞에서 선한 증거를 증거하였도다"(딤전 6:10-12)

"만일 너희가 믿음에 거하고 터 위에 굳게 서서 너희 들은바 복음의 소망에서 흔들리지 아니하면 그리하리라

이 복음은 천하 만민에게 전파된 바요 나 바울은 이 복음의 일군이 되었노라 내가 이제 너희를 위하여 받는 괴로움을 기뻐하고 그리스도의 남은 고난을 그의 몸 된 교회를 위하여 내 육체에 채우노라

내가 교회 일군 된 것은 하나님이 너희를 위하여 내게 주신 경륜을 따라 하나님의 말씀을 이루려 함이니라"(골 1:23-25)

"만일 너희 믿음의 제물과 봉사 위에 내가 나를 관제로 드릴찌라도 나는 기뻐하고 너희 무리와 함께 기뻐하리니 이와 같이 너희도 기뻐하고 나와 함께 기뻐하라"(빌 2:17-18)

회개를 이루라. 그리하면 구원이 이루어지고 하나님과의 영적 교

통이 이루어지게 되며, 하나님의 모든 좋은 것이 따라오는 것이다.

"우리가 그리스도로 말미암아 하나님을 향하여 이같은 확신이 있으니 우리가 무슨 일이든지 우리에게서 난 것 같이 생각하여 스스로 만족할 것이 아니니 우리의 만족은 오직 하나님께로서 났느니라"(고후 3:4-5)

"항상 기뻐하라 쉬지 말고 기도하라 범사에 감사하라 이는 그리스도 예수 안에서 너희를 향하신 하나님의 뜻이니라

성령을 소멸치 말며 예언을 멸시치 말고 범사에 헤아려 좋은 것을 취하고 악은 모든 모양이라도 버리라

평강의 하나님이 친히 너희로 온전히 거룩하게 하시고 또 너희 온 영과 혼과 몸이 우리 주 예수 그리스도 강림하실 때에 흠없게 보전되기를 원하노라"(살전 5:16-23)

"우리 주 예수 그리스도의 하나님, 영광의 아버지께서 지혜와 계시의 정신을 너희에게 주사 하나님을 알게 하시고

너희 마음눈을 밝히사 그의 부르심의 소망이 무엇이며 성도 안에서 그 기업의 영광의 풍성이 무엇이며

그의 힘의 강력으로 역사하심을 따라 믿는 우리에게 베푸신 능력의 지극히 크심이 어떤 것을 너희로 알게 하시기를 구하노라

그 능력이 그리스도 안에서 역사하사 죽은 자들 가운데서 다시 살리시고 하늘에서 자기의 오른편에 앉히사

모든 정사와 권세와 능력과 주관하는 자와 이 세상뿐 아니라 오는 세상에 일컫는 모든 이름 위에 뛰어나게 하시고

또 만물을 그 발 아래 복종하게 하시고 그를 만물 위에 교회의 머리로 주셨느니라" (엡 1:17-22)

"내가 교회 일군 된 것은 하나님이 너희를 위하여 내게 주신 경륜을 따라 하나님의 말씀을 이루려 함이니라

이 비밀은 만세와 만대로부터 옴으로 감취었던 것인데 이제는 그의 성도들에게 나타났고 하나님이 그들로 하여금 이 비밀의 영광이 이방인 가운데 어떻게 풍성한 것을 알게 하려 하심이라 이 비밀은 너희 안에 계신 그리스도시니 곧 영광의 소망이니라 우리가 그를 전파하여 각 사람을 권하고 모든 지혜로 각 사람을 가르침은 각 사람을 그리스도 안에서 완전한 자로 세우려 함이니

이를 위하여 나도 내 속에서 능력으로 역사하시는 이의 역사를 따라 힘을 다하여 수고하노라" (골 1:25-29)

"찬송하리로다 우리 주 예수 그리스도의 아버지 하나님이 그 많으신 긍휼대로 예수 그리스도의 죽은 자 가운데서 부활하심으로 말미암아 우리를 거듭나게 하사 산 소망이 있게 하시며

썩지 않고 더럽지 않고 쇠하지 아니하는 기업을 잇게 하시나니 곧 너희를 위하여 하늘에 간직하신 것이라

너희가 말세에 나타내기로 예비하신 구원을 얻기 위하여 믿음으로 말미암아 하나님의 능력으로 보호하심을 입었나니

그러므로 너희가 이제 여러가지 시험을 인하여 잠간 근심하게 되지 않을 수 없었으나 오히려 크게 기뻐하도다

너희 믿음의 시련이 불로 연단하여도 없어질 금보다 더 귀하여 예수 그리스도의 나타나실 때에 칭찬과 영광과 존귀를 얻게 하려

함이라

예수를 너희가 보지 못하였으나 사랑하는도다 이제도 보지 못하나 믿고 말할 수 없는 영광스러운 즐거움으로 기뻐하니

믿음의 결국 곧 영혼의 구원을 받음이라" (벧전 1:3-9)

"너희는 저를 죽은 자 가운데서 살리시고 영광을 주신 하나님을 그리스도로 말미암아 믿는 자니 너희 믿음과 소망이 하나님께 있게 하셨느니라

너희가 진리를 순종함으로 너희 영혼을 깨끗하게 하여 거짓이 없이 형제를 사랑하기에 이르렀으니 마음으로 뜨겁게 피차 사랑하라

너희가 거듭난 것이 썩어질 씨로 된 것이 아니요 썩지 아니할 씨로 된 것이니 하나님의 살아 있고 항상 있는 말씀으로 되었느니라

그러므로 모든 육체는 풀과 같고 그 모든 영광이 풀의 꽃과 같으니 풀은 마르고 꽃은 떨어지되 오직 주의 말씀은 세세토록 있도다 하였으니

너희에게 전한 복음이 곧 이 말씀이니라" (벧전 1:21-25)

회개와 세례에 관한
지식

....

세례는 목사에 의하여 물로 베푸는 세례가 있고, 성령께서 베푸시는 불세례(성령세례)가 있다. 물세례는 예수님의 등장을 알리며 회개하여 예수님을 영접하게 하기 위하여 세례요한에 의하여 시작되었다.

세례요한은 나는 물로 세례를 주지만 내 뒤에 오시는 분은 성령과 불로 세례를 주실 것이라고 선포하였다.

"나는 너희로 회개케 하기 위하여 물로 세례를 주거니와 내 뒤에
오시는 이는 나보다 능력이 많으시니 나는 그의 신을 들기도 감당치
못하겠노라 그는 성령과 불로 너희에게 세례를 주실 것이요"(마 3:11)

죄인들을 향하여 회개하라는 외침은 죄인들을 우리의 구원자로 오신 예수님에게로 인도하여 예수님을 영접하게 하는 가장 복된 소리이다.

"그 때에 세례 요한이 이르러 유대 광야에서 전파하여 가로되
회개하라 천국이 가까왔느니라 하였으니
저는 선지자 이사야로 말씀하신 자라 일렀으되 광야에 외치는

자의 소리가 있어 가로되 너희는 주의 길을 예비하라 그의 첩경을
평탄케 하라 하였느니라" (마 3:1-3)

회개는 죄인이 죄 사함을 얻게 하기 위한 가장 중요한 과정이며,
죄 사함과 예수 영접을 통하여 구원이 이루어지는 것이다.

"그가 세상에 계셨으며 세상은 그로 말미암아 지은바 되었으되
세상이 그를 알지 못하였고 자기 땅에 오매 자기 백성이 영접지 아
니하였으나 영접하는 자 곧 그 이름을 믿는 자들에게는 하나님의
자녀가 되는 권세를 주셨으니" (요 1:10-12)

"이때부터 예수께서 비로소 전파하여 가라사대 회개하라 천국이
가까왔느니라 하시더라" (마 4:17)

"제자들이 나가서 회개하라 전파하고" (막 6:12)

세례요한과 예수님도 회개하라는 말씀으로 복음을 전파하기 시
작하였고, 예수님의 제자들도 회개하라 는 외침으로 복음을 전파
하기 시작하였다. 구원의 복음은 회개로부터 시작되며, 회개 없는
구원은 어디에도 없다. 율법과 복음이 짝을 이루듯이 회개를 통하
여 죄인과 예수님이 하나가 되는 것이다.

율법은 죄를 알게 하여 회개를 이루게 하고, 복음은 용서와 구원
과 생명을 주시는 하나님의 크신 사랑을 깨닫게 하여 죄인들이 하
나님 앞에 회개하고 돌아와서 예수님을 영접하여 하나님의 자녀가
되게 하는 것이다. 그런데 현대 교회는 이렇게 귀중한 회개의 외침
이 모두 사라져 버린 것이다.

모든 사람은 자기의 죄로 인하여 이미 사망선고를 받은 상태이다. 사형선고를 받은 사람에게 가장 두려운 것은 자신에게 다가오는 죽음의 시간이다. 그들에게 유일한 복음이 있다면 자기 형벌에 대하여 특별사면을 받아 출옥하여 자유의 몸이 되어서 새로운 삶의 기회를 얻게 되었다는 소식뿐이다.

하나님 말씀이 모든 죄인에게 복음이 되는 것은 사람이 죽음의 형벌 아래 있을 때 하나님이 죄인을 살리시려고 한 법을 만드셔서 죄인들이 죽음의 죄에서 해방을 얻게 하셨기 때문이다.

"흑암에 앉은 백성이 큰 빛을 보았고 사망의 땅과 그늘에 앉은 자들에게 빛이 비취었도다 하였느니라"(마 4:16)

"오호라 나는 곤고한 사람이로다 이 사망의 몸에서 누가 나를 건져 내랴"(롬 7:24)

"그러므로 이제 그리스도 예수 안에 있는 자에게는 결코 정죄함이 없나니 이는 그리스도 예수 안에 있는 생명의 성령의 법이 죄와 사망의 법에서 너를 해방하였음이라"(롬 8:1-2)

"내가 진실로 진실로 너희에게 이르노니 내 말을 듣고 또 나 보내신 이를 믿는 자는 영생을 얻었고 심판에 이르지 아니하나니 사망에서 생명으로 옮겼느니라"(요 5:24)

"그가 이같이 큰 사망에서 우리를 건지셨고 또 건지시리라 또한 이후에라도 건지시기를 그를 의지하여 바라노라"(고후 1:10)

"내가 네 허물을 빽빽한 구름의 사라짐 같이, 네 죄를 안개의 사라짐 같이 도말하였으니 너는 내게로 돌아오라 내가 너를 구속하였음이니라" (사 44:22)

"너희는 여호와를 만날만한 때에 찾으라 가까이 계실 때에 그를 부르라 악인은 그 길을, 불의한 자는 그 생각을 버리고 여호와께로 돌아오라 그리하면 그가 긍휼히 여기시리라 우리 하나님께로 나아오라 그가 널리 용서하시리라" (사 55:6-7)

"여호와께서 그 군대 앞에서 소리를 발하시고 그 진은 심히 크고 그 명령을 행하는 자는 강하니 여호와의 날이 크고 심히 두렵도다 당할 자가 누구이랴

여호와의 말씀에 너희는 이제라도 금식하며 울며 애통하고 마음을 다하여 내게로 돌아오라 하셨나니

너희는 옷을 찢지 말고 마음을 찢고 너희 하나님 여호와께로 돌아올찌어다 그는 은혜로우시며 자비로우시며 노하기를 더디하시며 인애가 크시사 뜻을 돌이켜 재앙을 내리지 아니하시나니

주께서 혹시 마음과 뜻을 돌이키시고 그 뒤에 복을 끼치사 너희 하나님 여호와께 소제와 전제를 드리게 하지 아니하실는지 누가 알겠느냐" (욜 2:11-14)

"다리오왕 이년 팔월에 여호와의 말씀이 잇도의 손자 베레갸의 아들 선지자 스가랴에게 임하니라 가라사대

나 여호와가 무리의 열조에게 심히 진노하였느니라

그러므로 너는 무리에게 고하기를 만군의 여호와께서 이처럼 이

르시되 너희는 내게로 돌아오라 나 만군의 여호와의 말이니라

그리하면 내가 너희에게로 돌아가리라 나 만군의 여호와의 말이니라 너희 열조를 본받지 말라 옛적 선지자들이 그들에게 외쳐 가로되 만군의 여호와께서 말씀하시기를 너희가 악한 길, 악한 행실을 떠나서 돌아오라 하셨다 하나 그들이 듣지 않고 내게 귀를 기울이지 아니하였느니라 나 여호와의 말이니라" (슥 1:1-4)

"요나가 그 성에 들어가며 곧 하룻길을 행하며 외쳐 가로되 사십 일이 지나면 니느웨가 무너지리라 하였더니

니느웨 백성이 하나님을 믿고 금식을 선포하고 무론 대소하고 굵은 베를 입은지라 그 소문이 니느웨 왕에게 들리매 왕이 보좌에서 일어나 조복을 벗고 굵은 베를 입고 재에 앉으니라

왕이 그 대신으로 더불어 조서를 내려 니느웨에 선포하여 가로되 사람이나 짐승이나 소떼나 양떼나 아무 것도 입에 대지 말찌니 곧 먹지도 말 것이요 물도 마시지 말 것이며

사람이든지 짐승이든지 다 굵은 베를 입을 것이요 힘써 여호와께 부르짖을 것이며 각기 악한 길과 손으로 행한 강포에서 떠날 것이라

하나님이 혹시 뜻을 돌이키시고 그 진노를 그치사 우리로 멸망치 않게 하시리라 그렇지 않을줄을 누가 알겠느냐 한지라

하나님이 그들의 행한 것 곧 그 악한 길에서 돌이켜 떠난 것을 감찰하시고 뜻을 돌이키사 그들에게 내리리라 말씀하신 재앙을 내리지 아니하시니라" (욘 3:4-10)

하나님은 아무리 악한 죄인이라도 그들이 하나님의 구원의 복음을 듣고 회개하여 구원받기를 원하신다.

"주의 약속은 어떤이의 더디다고 생각하는 것 같이 더딘 것이 아니라 오직 너희를 대하여 오래 참으사 아무도 멸망치 않고 다 회개하기에 이르기를 원하시느니라" (벧후 3:9)

"그리스도께서 하나님 곧 우리 아버지의 뜻을 따라 이 악한 세대에서 우리를 건지시려고 우리 죄를 위하여 자기 몸을 드리셨으니 영광이 저에게 세세토록 있을찌어다 아멘" (갈 1:4-5)

"전에 악한 행실로 멀리 떠나 마음으로 원수가 되었던 너희를 이제는 그의 육체의 죽음으로 말미암아 화복케 하사 너희를 거룩하고 흠 없고 책망할 것이 없는 자로 그 앞에 세우고자 하셨으니 만일 너희가 믿음에 거하고 터 위에 굳게 서서 너희 들은바 복음의 소망에서 흔들리지 아니하면 그리하리라 이 복음은 천하 만민에게 전파된 바요 나 바울은 이 복음의 일군이 되었노라" (골 1:21-23)

"내가 처음 변명할 때에 나와 함께한 자가 하나도 없고 다 나를 버렸으나 저희에게 허물을 돌리지 않기를 원하노라 주께서 내 곁에 서서 나를 강건케 하심은 나로 말미암아 전도의 말씀이 온전히 전파되어 이방인으로 듣게 하려 하심이니 내가 사자의 입에서 건지웠느니라 주께서 나를 모든 악한 일에서 건져내시고 또 그의 천국에 들어가도록 구원하시리니 그에게 영광이 세세 무궁토록 있을찌어다 아멘" (딤후 4:16-18)

사망이 선고된 사람이 구원을 얻기 위한 유일한 방편은 회개하고 예수님 앞에 돌아오는 것뿐이다. 회개는 자신의 죄 된 삶을 청산하고 하나님 앞에 돌아와서 새로운 삶을 사는 것을 말한다.

세례요한의 세례는 곧 복음의 주체이신 예수님이 오셨음을 알리는 최초의 외침으로 죄인들을 예수님에게로 인도하였다. 이것이 세례의 목적이요, 역할이다.

> "나는 너희로 회개케 하기 위하여 물로 세례를 주거니와 내 뒤에 오시는 이는 나보다 능력이 많으시니 나는 그의 신을 들기도 감당치 못하겠노라
>
> 그는 성령과 불로 너희에게 세례를 주실 것이요 손에 키를 들고 자기의 타작 마당을 정하게 하사 알곡은 모아 곡간에 들이고 쭉정이는 꺼지지 않는 불에 태우시리라" (마 3:11-12)

회개를 외치지 않는 사람에게는 예수님도 없고, 구원도 없고, 복음도 없다. 그러한 사람들은 언제나 자신을 세상의 특별한 축복권을 가진 하나님의 종으로 부각하여 축복과 저주에 관한 설교만 하면서 사람들을 현혹하여 재물을 갈취하는 행위를 서슴지 않고 있으니 사악한 사기꾼들일 뿐이다.

회개하라는 외침의 소리에 마음을 닫은 사람도 구원과 상관이 없게 되어서 가룟 유다처럼 복음을 거부하고 예수를 떠나는 사람이니 결국에는 사단의 앞잡이로 살아가다가 비참한 최후를 맞이하게 되는 것이다. 그런데 회개하라는 소리가 나를 살리는 소리(복음)로 들리는 사람은 참으로 복 있는 사람이다.

인간의 불행과 고통과 죽음이 죄를 범한 후에 하나님을 떠나서 어둠에 사로잡혀 살게 되어 임하게 된 것으로, 하나님은 예수님을

세상에 보내셔서 죄인들이 하나님 앞에 돌아올 수 있는 길을 열어 놓으신 것이니 이보다 더 복된 소식이 없는 것이다.

"그 때에 너희는 그리스도 밖에 있었고 이스라엘 나라 밖의 사람이라 약속의 언약들에 대하여 외인이요 세상에서 소망이 없고 하나님도 없는 자이더니

이제는 전에 멀리 있던 너희가 그리스도 예수 안에서 그리스도의 피로 가까워졌느니라 그는 우리의 화평이신지라 둘로 하나를 만드사 중간에 막힌 담을 허시고 원수 된 것 곧 의문에 속한 계명의 율법을 자기 육체로 폐하셨으니

이는 이 둘로 자기의 안에서 한 새 사람을 지어 화평하게 하시고 또 십자가로 이 둘을 한 몸으로 하나님과 화목하게 하려 하심이라

원수 된 것을 십자가로 소멸하시고 또 오셔서 먼데 있는 너희에게 평안을 전하고 가까운데 있는 자들에게 평안을 전하셨으니

이는 저로 말미암아 우리 둘이 한 성령 안에서 아버지께 나아감을 얻게 하려 하심이라" (엡 2:12-18)

"하나님은 한 분이시요 또 하나님과 사람 사이에 중보도 한 분이시니 곧 사람이신 그리스도 예수라" (딤전 2:5)

"이를 인하여 그는 새 언약의 중보니 이는 첫 언약 때에 범한 죄를 속하려고 죽으사 부르심을 입은자로 하여금 영원한 기업의 약속을 얻게 하려 하심이니라" (히 9:15)

죄인의 회개와 세례는 중보자 예수님과 하나가 되는 아주 중요한

과정으로서 이 과정이 없이는 아무도 하나님 앞에 나아갈 수 없다.

"그러므로 우리에게 큰 대제사장이 있으니 승천하신 자 곧 하나
님 아들 예수시라 우리가 믿는 도리를 굳게 잡을찌어다
우리에게 있는 대제사장은 우리 연약함을 체휼하지 아니하는 자
가 아니요 모든 일에 우리와 한결 같이 시험을 받은 자로되 죄는
없으시니라
그러므로 우리가 긍휼하심을 받고 때를 따라 돕는 은혜를 얻기
위하여 은혜의 보좌 앞에 담대히 나아갈 것이니라" (히 4:14-16)

회개와 세례가 이렇게 중요하고 값진 것이거늘 아주 가볍게 여기
고 헛되이 베풀고 헛되이 받는 자들이 있으니 이들은 복음의 내용
이나 그 가치를 모르고 하나님의 사랑을 알지 못하는 자들이다.

"우리가 하나님과 함께 일하는 자로서 너희를 권하노니 하나님의
은혜를 헛되이 받지 말라" (고후 6:1)

그렇기에 세례는 절대로 헛되이 베풀어서도 안 되고, 헛되이 받아
서도 안 된다. 회개의 의미를 바로 깨달아 세례를 베푸는 사람은 언
제나 엄중히 여기고 베풀어야 하고, 세례를 받는 사람도 엄중히 받
아야 한다.

"범죄한 자들을 모든 사람 앞에 꾸짖어 나머지 사람으로 두려워
하게 하라
하나님과 그리스도 예수와 택하심을 받은 천사들 앞에서 내가

엄히 명하노니 너는 편견이 없이 이것들을 지켜 아무 일도 편벽되이 하지 말며

아무에게나 경솔히 안수하지 말고 다른 사람의 죄에 간섭지 말고 네 자신을 지켜 정결케 하라

이제부터는 물만 마시지 말고 네 비위와 자주 나는 병을 인하여 포도주를 조금씩 쓰라

어떤 사람들의 죄는 밝히 드러나 먼저 심판에 나아가고 어떤 사람들의 죄는 그 뒤를 좇나니

이와 같이 선행도 밝히 드러나고 그렇지 아니한 것도 숨길 수 없느니라"(딤전 5:20-25)

"그레데인 중에 어떤 선지자가 말하되 그레데인들은 항상 거짓말장이며 악한 짐승이며 배만 위하는 게으름장이라 하니

이 증거가 참되도다 그러므로 네가 저희를 엄히 꾸짖으라 이는 저희로 하여금 믿음을 온전케 하고

유대인의 허탄한 이야기와 진리를 배반하는 사람들의 명령을 좇지 않게 하려 함이라 깨끗한 자들에게는 모든 것이 깨끗하나 더럽고 믿지 아니하는 자들에게는 아무것도 깨끗한 것이 없고 오직 저희 마음과 양심이 더러운지라

저희가 하나님을 시인하나 행위로는 부인하니 가증한 자요 복종치 아니하는 자요 모든 선한 일을 버리는 자니라"(딛 1:12-16)

아무리 귀한 것이라도 그 가치를 알지 못하는 사람은 그것을 쓸모 없는 것으로 여기고 언젠가는 버리게 된다. 세례를 받았던 많은 사람이 오늘날 교회를 떠나 세상으로 돌아가고 있으니 복음의 가치를

전혀 알지 못한 자들이요, 진정한 회개를 이루지 못한 사람들이다.

현대 교회의 세례는 그 의미가 얼마나 퇴색되어 있는지 회개를 하지 않은 사람들에게도 회개와 상관없이 세례가 베풀어지고 있는 것이다. 임종 직전에 있는 자에게도 가족들의 청원에 의하여 세례를 주고 있는데 가족들은 마치 세례를 받았으니 구원받은 것으로 받아들이고 있으니 이를 어찌하랴.

세례를 받고 이에 감사하여 감사헌금만 드리면 그것으로 천국 백성이 된 것으로 여기고 있는데, 세례는 면죄부도 아니고 구원의 자격증도 천국의 입장권도 아니다. 세례를 받았어도 회개를 하지 못하였으면 그 세례는 아무것도 아니고, 세례를 받지 않았어도 온전한 회개가 이루어졌으면 세례를 받은 것이나 마찬가지이다. 그런데 무지한 자들에 의하여 회개와 상관이 없는 세례가 남발되어서 복음의 가치가 훼손되고 복음의 본질을 흐리게 하고 있으니 가장 귀한 복음이 아주 값싼 복음으로 취급되고 있는 것이다.

"대저 표면적 유대인이 유대인이 아니요 표면적 육신의 할례가 할례가 아니라 오직 이면적 유대인이 유대인이며 할례는 마음에 할찌니 신령에 있고 의문에 있지 아니한 것이라 그 칭찬이 사람에게서가 아니요 다만 하나님에게서니라" (롬 2:28-29)

표면적으로 할례를 받았다고 해서 하나님 백성이 되는 것이 아니다. 그러나 유대인들은 스스로 그렇게 생각하고 주장하였으니 오늘날 세례만 받으면 하나님 백성이 되었다고 생각하는 사람들도 율법주의자 유대인과 다를 바가 없는 것이다.

"요한이 많은 바리새인과 사두개인이 세례 베푸는데 오는 것을 보고 이르되 독사의 자식들아 누가 너희를 가르쳐 임박한 진노를 피하라 하더냐

그러므로 **회개에 합당한 열매를 맺고** 속으로 아브라함이 우리 조상이라고 생각지 말라 내가 너희에게 이르노니 하나님이 능히 이 돌들로도 아브라함의 자손이 되게 하시리라 이미 도끼가 나무 뿌리에 놓였으니

좋은 열매 맺지 아니하는 나무마다 찍어 불에 던지우리라" (마 3:7-10)

세례받을 사람은 먼저 회개의 합당한 열매를 맺으라고 외치고 있다. 세례의 합당한 열매가 회개이고 변화된 삶이다.

사람들이 세례를 받았다고 교인 행세는 하지만, 일부의 사람들은 교회를 욕되게 하고 하나님 영광을 가리는 일을 함으로 인하여 교회가 세상 사람들에게 많은 비난을 받고 있으니 세례보다 더 중요한 것이 성도로서의 합당한 삶이다.

"진리가 예수 안에 있는 것 같이 너희가 과연 그에게서 듣고 또한 그 안에서 가르침을 받았을찐대

너희는 유혹의 욕심을 따라 썩어져 가는 구습을 좇는 옛사람을 벗어 버리고 오직 심령으로 새롭게 되어 하나님을 따라 의와 진리의 거룩함으로 지으심을 받은 새 사람을 입으라

그런즉 거짓을 버리고 각각 그 이웃으로 더불어 참된 것을 말하라 이는 우리가 서로 지체가 됨이니라" (엡 4:21-25)

세례는 회개하고 거듭난 자에게 주는 외적인 씻음의 표식이다. 물세례는 완성이 아니라 출발이며, 물세례는 반드시 예수님을 만나서 성령세례로 이어져 거듭남의 단계로 이어져야 한다. 거듭남이 없는 세례는 아무 의미가 없다. 사람을 통하여 받는 물세례는 거듭남의 표식이 결코 아니라는 사실을 꼭 기억하기 바란다.

"우리가 진리를 아는 지식을 받은 후 짐짓 죄를 범한즉 다시 속 죄하는 제사가 없고 오직 무서운 마음으로 심판을 기다리는 것과 대적하는 자를 소멸할 맹렬한 불만 있으리라

모세의 법을 폐한 자도 두 세 증인을 인하여 불쌍히 여김을 받지 못하고 죽었거든 하물며 하나님 아들을 밟고 자기를 거룩하게 한 언약의 피를 부정한 것으로 여기고 은혜의 성령을 욕되게 하는 자 의 당연히 받을 형벌이 얼마나 더 중하겠느냐

너희는 생각하라" (히 10:26-29)

"아들 디모데야 내가 네게 이 경계로써 명하노니 전에 너를 지도 한 예언을 따라 그것으로 선한 싸움을 싸우며 믿음과 착한 양심을 가지라

어떤 이들이 이 양심을 버렸고 그 믿음에 관하여는 파선하였느 니라 그 가운데 후메내오와 알렉산더가 있으니 내가 사단에게 내 어준 것은 저희로 징계를 받아 훼방하지 말게 하려 함이니라" (딤전 1:18-20)

"그러므로 우리가 그리스도 도의 초보를 버리고 죽은 행실을 회 개함과 하나님께 대한 신앙과

세례들과 안수와 죽은 자의 부활과 영원한 심판에 관한 교훈의 터를 다시 닦지 말고 완전한데 나아갈찌니라

하나님께서 허락하시면 우리가 이것을 하리라

한번 비췸을 얻고 하늘의 은사를 맛보고 성령에 참예한바 되고

하나님의 선한 말씀과 내세의 능력을 맛보고

타락한 자들은 다시 새롭게 하여 회개케 할 수 없나니 이는 자기가 하나님의 아들을 다시 십자가에 못 박아 현저히 욕을 보임이라

땅이 그 위에 자주 내리는 비를 흡수하여 밭 가는 자들의 쓰기에 합당한 채소를 내면 하나님께 복을 받고

만일 가시와 엉겅퀴를 내면 버림을 당하고 저주함에 가까와 그 마지막은 불사름이 되리라" (히 6:1-8)

"형제들아 내가 너희에게 전한 복음을 너희로 알게 하노니 이는 너희가 받은 것이요 또 그 가운데 선 것이라 너희가 만일 나의 전한 그 말을 굳게 지키고 헛되이 믿지 아니하였으면 이로 말미암아 구원을 얻으리라" (고전 15:1-2)

"형제들아 너희가 알지 못하기를 내가 원치 아니하노니 우리 조상들이 다 구름 아래 있고 바다 가운데로 지나며

모세에게 속하여 다 구름과 바다에서 세례를 받고

다 같은 신령한 식물을 먹으며

다 같은 신령한 음료를 마셨으니 이는 저희를 따르는 신령한 반석으로부터 마셨으매 그 반석은 곧 그리스도시라" (고전 10:1-4)

모세의 인도를 받은 성도들이 구름과 바다에서 세례를 받았다고

선포하고 있다. 애굽에서 떠나서 홍해를 건너고 구름기둥, 불기둥의 보호와 인도를 받았던 하나님의 백성들이 이미 세례받은 것으로 말하고 있으니 세례는 사람이 행하는 의식을 통하여 이루어지는 것이 아니라 성령으로 인하여 이루어지는 신비의 은혜인 것이다.

"육으로 난 것은 육이요 성령으로 난 것은 영이니 내가 네게 거듭 나야 하겠다 하는 말을 기이히 여기지 말라

바람이 임의로 불매 네가 그 소리를 들어도 어디서 오며 어디로 가는지 알지 못하나니 성령으로 난 사람은 다 이러하니라" (요 3:6-8)

"우리가 유대인이나 헬라인이나 종이나 자유자나 다 한 성령으로 세례를 받아 한 몸이 되었고 또 다 한 성령을 마시게 하셨느니라" (고전 12:13)

"너희가 다 믿음으로 말미암아 그리스도 예수 안에서 하나님의 아들이 되었으니 누구든지 그리스도와 합하여 세례를 받은 자는 그리스도로 옷입었느니라" (갈 3:26-27)

"너희가 세례로 그리스도와 함께 장사한 바 되고 또 죽은 자들 가운데서 그를 일으키신 하나님의 역사를 믿음으로 말미암아 그 안에서 함께 일으키심을 받았느니라" (골 2:12)

"물은 예수 그리스도의 부활하심으로 말미암아 이제 너희를 구원하는 표니 곧 세례라 육체의 더러운 것을 제하여 버림이 아니요 오직 선한 양심이 하나님을 향하여 찾아가는 것이라" (벧전 3:21)

구원에 이르는 믿음은
어떤 믿음인가?

···

믿음이란 단어만 가지고 사람마다 자기 생각대로 해석을 달리하여 구원을 말하고 있는데, 이것은 아주 잘못되고 거짓된 사단의 것이다.

성경 말씀에 관하여 무슨 말씀이든지 어느 특정 부분만 인용하여 말하게 되면 아주 중대한 오류에 빠지게 된다. 그러므로 믿음과 구원에 대하여 말할 때는 성경 전체의 말씀을 살펴보고 조심스럽게 결론에 이르러야 할 것이며, 단어 풀이로 이상한 논리를 주장하지 말기 바란다.

진리는 단어 속에 있는 것이 아니라 전체의 말씀 속에 있는 것이다. 믿음도 학습된 믿음이 있고, 성령으로 거듭난 후에 가지게 된 믿음이 있다. 성경에는 믿음에 대한 말씀과 증거들에 대하여 여러 곳에서 말씀하고 있으므로 이 모든 말씀 안에서 구원에 이르는 믿음이 어떠한 믿음인가를 말하여야 할 것이다.

어떤 사람은 신앙생활만 하면 그것을 믿음으로 생각하고 있는데, 신앙생활을 하고 있어도 아직 많은 사람이 회개하지도 않았고 거듭나지 못한 사람들이 대부분인데 그들의 믿음에 대하여 주님은 어떻게 말씀을 하실까?

"그러므로 모든 악독과 모든 궤휼과 외식과 시기와 모든 비방하는 말을 버리고 갓난 아이들 같이 순전하고 신령한 젖을 사모하라 이는 이로 말미암아 너희로 구원에 이르도록 자라게 하려 함이라" (벧전 2:1-2)

"구원에 이르도록 자라게 하려 함이라"는 이 말씀을 보면 아직 구원에 이르지 아니하였다는 사실을 알게 된다.

"형제들아 내가 너희에게 나아가 하나님의 증거를 전할 때에 말과 지혜의 아름다운 것으로 아니하였나니

내가 너희 중에서 예수 그리스도와 그의 십자가에 못 박히신 것 외에는 아무 것도 알지 아니하기로 작정하였음이라

내가 너희 가운데 거할 때에 약하며 두려워하며 심히 떨었노라

내 말과 내 전도함이 지혜의 권하는 말로 하지 아니하고 다만 성령의 나타남과 능력으로 하여

너희 믿음이 사람의 지혜에 있지 아니하고 다만 하나님의 능력에 있게 하려 하였노라" (고전 2:1-5)

"너희 믿음이 사람의 지혜에 있지 아니하고 하나님의 능력에 있게 하였노라"

믿음에 대한 지식을 가르칠 때 수영에 대한 지식과 능력을 예를 들어서 말한다면 수영 선생이 수영을 배우는 학생들에게 수영을 가르치지 않고 '여러분이 만일 물에 빠져 죽을 것 같으면 헤엄을 쳐서 나오세요. 그러면 살 수 있습니다. 그러니 꼭 헤엄쳐서 나오세요. 헤

엄쳐서 나오는 것만이 살 수 있는 유일한 방법입니다.'라고만 한다면 그것은 잘못된 가르침이다. 헤엄쳐 나오기만 하면 살 수 있다는 지식을 가르칠 것이 아니라 수영하는 방법과 능력을 가르쳐야 하는 것이다.

참된 지식에는 반드시 능력이 동반되어야 하는 것이다.

"그러나 주께서 허락하시면 내가 너희에게 속히 나아가서 교만한 자의 말을 알아 볼 것이 아니라 오직 그 능력을 알아 보겠노니 하나님의 나라는 말에 있지 아니하고 오직 능력에 있음이라"(고전 4:19-20)

"내 형제들아 만일 사람이 믿음이 있노라 하고 행함이 없으면 무슨 이익이 있으리요 그 믿음이 능히 자기를 구원하겠느냐"(약 2:14)

"이와 같이 행함이 없는 믿음은 그 자체가 죽은 것이라
혹이 가로되 너는 믿음이 있고 나는 행함이 있으니 행함이 없는 네 믿음을 내게 보이라 나는 행함으로 내 믿음을 네게 보이리라
네가 하나님은 한 분이신 줄을 믿느냐 잘하는도다 귀신들도 믿고 떠느니라
아아 허탄한 사람아 행함이 없는 믿음이 헛 것인줄 알고자 하느냐
우리 조상 아브라함이 그 아들 이삭을 제단에 드릴 때에 행함으로 의롭다 하심을 받은 것이 아니냐
네가 보거니와 믿음이 그의 행함과 함께 일하고 행함으로 믿음이 온전케 되었느니라"(약 2:17-22)

"대저 하나님께로서 난 자마다 세상을 이기느니라 세상을 이긴 이김은 이것이니 우리의 믿음이니라

예수께서 하나님의 아들이심을 믿는 자가 아니면 세상을 이기는 자가 누구뇨"(요일 5:4-5)

세상을 이기는 믿음, 죄악을 이기고 사단을 이기는 믿음이어야 구원에 이르는 믿음이 되는 것이다. 그러므로 믿음은 이상이나 입의 말이 아니라 행함의 능력인 것이다.

"그 이름을 믿으므로 그 이름이 너희 보고 아는 이 사람을 성하게 하였나니 **예수로 말미암아** 난 믿음이 너희 모든 사람 앞에서 이같이 완전히 낫게 하였느니라"(행 3:16)

사람에게서 난 믿음이 아니라, 예수 그리스도로부터 난 믿음이 구원에 이르는 믿음이다.

"그러므로 믿음은 들음에서 나며 들음은 그리스도의 말씀으로 말미암았느니라"(롬 10:17)

"예수께서 이르시되 어찌하여 무서워하느냐 믿음이 적은 자들아 하시고 곧 일어나사 바람과 바다를 꾸짖으신대 아주 잔잔하게 되거늘

그 사람들이 기이히 여겨 가로되 이 어떠한 사람이기에 바람과 바다도 순종하는고 하더라"(마 8:26-27)

"열 두 해를 혈루증으로 앓는 여자가 예수의 뒤로 와서 그 겉옷

가를 만지니

이는 제 마음에 그 겉옷만 만져도 구원을 받겠다 함이라

예수께서 돌이켜 그를 보시며 가라사대 딸아 안심하라 네 믿음이 너를 구원하였다 하시니 여자가 그 시로 구원을 받으니라"(마 9:20-22)

믿음과 행함(능력)은 별개의 것이 아니라 하나인 것이다.

"예수께서 거기서 나가사 두로와 시돈 지방으로 들어가시니

가나안 여자 하나가 그 지경에서 나와서 소리질러 가로되 주 다윗의 자손이여 나를 불쌍히 여기소서 내 딸이 흉악히 귀신들렸나이다 하되

예수는 한 말씀도 대답지 아니하시니 제자들이 와서 청하여 말하되 그 여자가 우리 뒤에서 소리를 지르오니 보내소서

예수께서 대답하여 가라사대 나는 이스라엘 집의 잃어 버린 양 외에는 다른데로 보내심을 받지 아니하였노라 하신대

여자가 와서 예수께 절하며 가로되 주여 저를 도우소서

대답하여 가라사대 자녀의 떡을 취하여 개들에게 던짐이 마땅치 아니하니라

여자가 가로되 주여 옳소이다마는 개들도 제 주인의 상에서 떨어지는 부스러기를 먹나이다 하니

이에 예수께서 대답하여 가라사대 여자야 네 믿음이 크도다 네 소원대로 되리라 하시니 그 시로부터 그의 딸이 나으니라"(마 15:21-25)

"저희가 무리에게 이르매 한 사람이 예수께 와서 꿇어 엎드리어 가로되

주여 내 아들을 불쌍히 여기소서 저가 간질로 심히 고생하여 자주 불에도 넘어지며 물에도 넘어지는지라

내가 주의 제자들에게 데리고 왔으나 능히 고치지 못하더이다

예수께서 대답하여 가라사대 믿음이 없고 패역한 세대여 내가 얼마나 너희와 함께 있으며 얼마나 너희를 참으리요 그를 이리로 데려오라 하시다

이에 예수께서 꾸짖으시니 귀신이 나가고 아이가 그때부터 나으니라

이 때에 제자들이 종용히 예수께 나아와 가로되 우리는 어찌하여 쫓아내지 못하였나이까

가라사대 너희 믿음이 적은 연고니라 진실로 너희에게 이르노니 너희가 만일 믿음이 한 겨자씨만큼만 있으면 이 산을 명하여 여기서 저기로 옮기라 하여도 옮길 것이요 또 너희가 못할 것이 없으리라"(마 17:14-20)

"저희가 여리고에 이르렀더니 예수께서 제자들과 허다한 무리와 함께 여리고에서 나가실 때에 디매오의 아들인 소경 거지 바디매오가 길가에 앉았다가

나사렛 예수시란 말을 듣고 소리질러 가로되 다윗의 자손 예수여 나를 불쌍히 여기소서 하거늘

많은 사람이 꾸짖어 잠잠하라 하되 그가 더욱 심히 소리질러 가로되 다윗의 자손이여 나를 불쌍히 여기소서 하는지라

예수께서 머물러 서서 저를 부르라 하시니 저희가 그 소경을 부

르며 이르되 안심하고 일어나라 너를 부르신다 하매

소경이 겉옷을 내어버리고 뛰어 일어나 예수께 나아오거늘

예수께서 일러 가라사대 네게 무엇을 하여주기를 원하느냐 소경
이 가로되 선생님이여 보기를 원하나이다

예수께서 이르시되 가라 **네 믿음이 너를 구원하였느니라** 하시니
저가 곧 보게 되어 예수를 길에서 좇으니라" (막 10:46-52)

믿음이라는 두 글자는 표면만 보면 그 믿음이 무엇으로 말미암은
믿음이고, 무엇을 믿는 믿음인지 알 수가 없다. 믿음의 능력은 표면
에 있는 것이 아니라 내면에 있는 것이다.

살아있는 믿음이 있고, 죽은 믿음도 있다. 진짜도 있고, 가짜도 있
다. 순교할 수 있는 믿음도 있고, 배신할 믿음도 있다. 종자의 씨앗도
표면적으로는 똑같이 보여도 생명을 가진 씨앗도 있고, 이미 죽은
씨앗도 있다.

"온 무리가 이 말을 기뻐하여 믿음과 성령이 충만한 사람 스데반
과 또 빌립과 브로고로와 니가노르와 디몬과 바메나와 유대교에
입교한 안디옥 사람 니골라를 택하여 사도들 앞에 세우니 사도들
이 기도하고 그들에게 안수하니라" (행 6:5-6)

"바나바는 착한 사람이요 성령과 믿음이 충만한 자라 이에 큰 무
리가 주께 더하더라" (행 11:24)

내용이 충만한 믿음이 있고, 텅 비어있는 거짓된 믿음이 있다. 사
람들에게 칭찬받는 믿음의 사람이 있고, 비난받는 믿음의 사람도

있다.

믿음이라는 그릇(표면)을 보지 말고 그 안에 무엇이 담겨있는지 내용을 보고 말해야 한다. 믿음은 표면이 아니라 내용이고 지식이 아니고 능력인 것이다.

초대교회는 일꾼을 세울 때 믿음과 성령이 충만하고 사람들로부터 칭찬받는 사람을 일꾼으로 세웠으니 믿음은 곧 그의 삶에 나타나며 본인이 아니라 타인에 의하여 증명이 되어야 한다는 사실을 알 수 있다.

"이에 제자들에게 이르시되 어찌하여 이렇게 무서워하느냐 너희가 어찌 믿음이 없느냐 하시니" (막 40:40)

자기 스스로는 믿음이 있는 듯하였는데 주님이 보실 때는 믿음이 전혀 없었던 것이다.

큰 믿음이 있고, 적은 믿음도 있다.

"이에 예수께서 대답하여 가라사대 여자야 네 믿음이 크도다 네 소원대로 되리라 하시니 그 시로부터 그의 딸이 나으니라"(마 15:28)

"믿음이 연약한 자를 너희가 받되 그의 의심하는 바를 비판하지 말라 어떤 사람은 모든 것을 먹을만한 믿음이 있고 연약한 자는 채소를 먹느니라" (롬 14:1-2)

믿음이 연약한 자도 있고, 성숙한 믿음의 사람도 있다.

하나님 앞에 나아갈 수 있는 온전한 믿음이 있고, 마음이 부패하여 믿음에서 버림받은 자들이 있다.

"우리가 마음에 뿌림을 받아 양심의 악을 깨닫고 몸을 맑은 물로 씻었으니 참 마음과 온전한 믿음으로 하나님께 나아가자"(히 10:22)

"저희 중에 남의 집에 가만히 들어가 어리석은 여자를 유인하는 자들이 있으니 그 여자는 죄를 중히 지고 여러가지 욕심에 끌린바 되어
항상 배우나 마침내 진리의 지식에 이를 수 없느니라
얀네와 얌브레가 모세를 대적한 것 같이 저희도 진리를 대적하니 이 사람들은 그 마음이 부패한 자요 믿음에 관하여는 버리운 자들이라"(딤후 3:6-8)

"너희가 믿음에 있는가 너희 자신을 시험하고 너희 자신을 확증하라 예수 그리스도께서 너희 안에 계신 줄을 너희가 스스로 알지 못하느냐 그렇지 않으면 너희가 버리운 자니라"(고후 13:5)

믿음은 자신이 보유한 능력을 통하여 검증이 된 사람에게서 온전한 믿음이 나오는 것이다. 수영으로 한강을 횡단할 수 있다고 말할 수 있는 사람 중에는 수영 실력도 없으며 실제 횡단 경험도 없는데 말로만 할 수 있다고 하는 사람이 있고, 실제로 수영 실력이 있고 이전에 수영으로 한강을 건넜던 경험을 가지고 있는 사람도 있다. 그와 같이 믿음에 대하여서도 사람들이 하는 말이 귀로 듣기에는 모

두 똑같이 들리지만, 실제의 결과는 서로 다른 것이니 능력으로 나타나는 것이다.

막연하게 성경에 기록된 어느 한 부분의 말씀만 가지고 가르침을 받은 학습된 말씀에서 가지게 된 믿음은 믿음의 근거가 될 수 없고, 각 사람이 거듭난 이후 변화된 삶을 통하여 능력으로 확증된 믿음이어야 한다.

"때가 오래므로 너희가 마땅히 선생이 될터인데 너희가 다시 하나님의 말씀의 초보가 무엇인지 누구에게 가르침을 받아야 할 것이니 젖이나 먹고 단단한 식물을 못 먹을 자가 되었도다

대저 젖을 먹는 자마다 어린 아이니 의의 말씀을 경험하지 못한 자요 단단한 식물은 장성한 자의 것이니 저희는 지각을 사용하므로 연단을 받아 선악을 분변하는 자들이니라" (히 5:12-14)

이 말씀을 보면 말씀은 들었으나 말씀을 경험하지 못한 자를 어린아이로, 장성한 자는 연단을 받아 선악을 분별하는 자로 구분하여 말하고 있다.

구원에 이르는 믿음은 어린아이 같은 믿음이 아니라 장성한 자의 믿음이다.

"우리가 다 하나님의 아들을 믿는 것과 아는 일에 하나가 되어 온전한 사람을 이루어 그리스도의 장성한 분량이 충만한데까지 이르리니

이는 우리가 이제부터 어린 아이가 되지 아니하여 사람의 궤술과 간사한 유혹에 빠져 모든 교훈의 풍조에 밀려 요동치 않게 하려 함

이라

오직 사랑 안에서 참된 것을 하여 범사에 그에게까지 자랄찌라 그는 머리니 곧 그리스도라

그에게서 온 몸이 각 마디를 통하여 도움을 입음으로 연락하고 상합하여 각 지체의 분량대로 역사하여 그 몸을 자라게 하며 사랑 안에서 스스로 세우느니라

그러므로 내가 이것을 말하며 주 안에서 증거하노니 이제부터는 이방인이 그 마음의 허망한 것으로 행함 같이 너희는 행하지 말라

저희 총명이 어두워지고 저희 가운데 있는 무지함과 저희 마음이 굳어짐으로 말미암아 하나님의 생명에서 떠나 있도다

저희가 감각 없는 자 되어 자신을 방탕에 방임하여 모든 더러운 것을 욕심으로 행하되 오직 너희는 그리스도를 이같이 배우지 아니하였느니라

진리가 예수 안에 있는 것 같이 너희가 과연 그에게서 듣고 또한 그 안에서 가르침을 받았을찐대 너희는 유혹의 욕심을 따라 썩어져 가는 구습을 좇는 옛 사람을 벗어 버리고 오직 심령으로 새롭게 되어 하나님을 따라 의와 진리의 거룩함으로 지으심을 받은 새 사람을 입으라" (엡 4:13-24)

"땅이 그 위에 자주 내리는 비를 흡수하여 밭 가는 자들의 쓰기에 합당한 채소를 내면 하나님께 복을 받고

만일 가시와 엉겅퀴를 내면 버림을 당하고 저주함에 가까와 그 마지막은 불사름이 되리라 사랑하는 자들아 우리가 이같이 말하나 너희에게는 이보다 나은 것과 구원에 가까운 것을 확신하노라

하나님이 불의치 아니하사 너희 행위와 그의 이름을 위하여 나타

낸 사랑으로 이미 성도를 섬긴 것과 이제도 섬기는 것을 잊어버리지 아니하시느니라

우리가 간절히 원하는 것은 너희 각 사람이 동일한 부지런을 나타내어 끝까지 소망의 풍성함에 이르러 게으르지 아니하고 믿음과 오래 참음으로 말미암아 약속들을 기업으로 받는 자들을 본받는 자 되게 하려는 것이니라" (히 6:7-12)

"나더러 주여 주여 하는 자마다 천국에 다 들어갈 것이 아니요 다만 하늘에 계신 내 아버지의 뜻대로 행하는 자라야 들어가리라

그 날에 많은 사람이 나더러 이르되 주여 주여 우리가 주의 이름으로 선지자 노릇하며 주의 이름으로 귀신을 쫓아 내며 주의 이름으로 많은 권능을 행치 아니하였나이까 하리니

그때에 내가 저희에게 밝히 말하되 내가 너희를 도무지 알지 못하니 불법을 행하는 자들아 내게서 떠나가라 하리라

그러므로 누구든지 나의 이 말을 듣고 행하는 자는 그 집을 반석 위에 지은 지혜로운 사람 같으리니

비가 내리고 창수가 나고 바람이 불어 그 집에 부딪히되 무너지지 아니하나니 이는 주초를 반석 위에 놓은 연고요

나의 이 말을 듣고 행치 아니하는 자는 그 집을 모래 위에 지은 어리석은 사람 같으리니 비가 내리고 창수가 나고 바람이 불어 그 집에 부딪히매 무너져 그 무너짐이 심하니라" (마 7:21-27)

믿음에 대한 기준은 자신에게 있지 아니하고 하나님의 말씀에 있다는 사실을 깨닫고, 언제나 겸손하게 성령의 도우심을 구하면서 자신이 온전한 믿음에 서있는가를 살펴보며 장성한 자의 분량에 이

르기까지 자라야 할 것이다.

"이러므로 우리에게 구름 같이 둘러싼 허다한 증인들이 있으니 모든 무거운 것과 얽매이기 쉬운 죄를 벗어 버리고 인내로써 우리 앞에 당한 경주를 경주하며

믿음의 주요 또 온전케 하시는 이인 예수를 바라보자 저는 그 앞에 있는 즐거움을 위하여 십자가를 참으사 부끄러움을 개의치 아니하시더니 하나님 보좌 우편에 앉으셨느니라

너희가 피곤하여 낙심치 않기 위하여 죄인들의 이같이 자기에게 거역한 일을 참으신 자를 생각하라

너희가 죄와 싸우되 아직 피흘리기까지는 대항치 아니하고

또 아들들에게 권하는것 같이 너희에게 권면하신 말씀을 잊었도다 일렀으되 내 아들아 주의 징계하심을 경히 여기지 말며 그에게 꾸지람을 받을 때에 낙심하지 말라

주께서 그 사랑하시는 자를 징계하시고 그의 받으시는 아들마다 채찍질하심이니라 하였으니

너희가 참음은 징계를 받기 위함이라 하나님이 아들과 같이 너희를 대우하시나니 어찌 아비가 징계하지 않는 아들이 있으리요

징계는 다 받는 것이거늘 너희에게 없으면 사생자요 참 아들이 아니니라

또 우리 육체의 아버지가 우리를 징계하여도 공경하였거든 하물며 모든 영의 아버지께 더욱 복종하여 살려 하지 않겠느냐

저희는 잠시 자기의 뜻대로 우리를 징계하였거니와 오직 하나님은 우리의 유익을 위하여 그의 거룩하심에 참예케 하시느니라

무릇 징계가 당시에는 즐거워 보이지 않고 슬퍼 보이나 후에 그

로 말미암아 연달한 자에게는 의의 평강한 열매를 맺나니

그러므로 피곤한 손과 연약한 무릎을 일으켜 세우고

너희 발을 위하여 곧은 길을 만들어 저는 다리로 하여금 어그러지지 않고 고침을 받게 하라

모든 사람으로 더불어 화평함과 거룩함을 좇으라 이것이 없이는 아무도 주를 보지 못하리라

너희는 돌아보아 하나님 은혜에 이르지 못하는 자가 있는가 두려워하고 또 쓴 뿌리가 나서 괴롭게 하고 많은 사람이 이로 말미암아 더러움을 입을까 두려워하고

음행하는 자와 혹 한 그릇 식물을 위하여 장자의 명분을 판 에서와 같이 망령된 자가 있을까 두려워하라

너희의 아는 바와 같이 저가 그 후에 축복을 기업으로 받으려고 눈물을 흘리며 구하되 버린 바가 되어 회개할 기회를 얻지 못하였느니라" (히 12:1-17)

"내 형제들아 만일 사람이 믿음이 있노라 하고 행함이 없으면 무슨 이익이 있으리요 그 믿음이 능히 자기를 구원하겠느냐

만일 형제나 자매가 헐벗고 일용할 양식이 없는데

너희 중에 누구든지 그에게 이르되 평안히 가라, 더웁게 하라, 배부르게 하라 하며 그 몸에 쓸 것을 주지 아니하면 무슨 이익이 있으리요

이와 같이 행함이 없는 믿음은 그 자체가 죽은 것이라

혹이 가로되 너는 믿음이 있고 나는 행함이 있으니 행함이 없는 네 믿음을 내게 보이라 나는 행함으로 내 믿음을 네게 보이리라

네가 하나님은 한 분이신 줄을 믿느냐 잘하는도다 귀신들도 믿고

떠느니라

아아 허탄한 사람아 행함이 없는 믿음이 헛 것인줄 알고자 하느냐

우리 조상 아브라함이 그 아들 이삭을 제단에 드릴 때에 행함으로 의롭다 하심을 받은 것이 아니냐

네가 보거니와 믿음이 그의 행함과 함께 일하고 행함으로 믿음이 온전케 되었느니라 이에 경에 이른바 아브라함이 하나님을 믿으니 이것을 의로 여기셨다는 말씀이 응하였고 그는 하나님의 벗이라 칭함을 받았나니

이로 보건대 사람이 행함으로 의롭다 하심을 받고 믿음으로만 아니니라

또 이와 같이 기생 라합이 사자를 접대하여 다른 길로 나가게 할 때에 행함으로 의롭다 하심을 받은 것이 아니냐 영혼 없는 몸이 죽은것 같이 행함이 없는 믿음은 죽은 것이니라" (약 2:14-26)

믿음은 마음에 있는 것이 아니라 그 사람의 삶에 있다.

"믿음은 바라는 것들의 실상이요 보지 못하는 것들의 증거니 선진들이 이로써 증거를 얻었느니라" (히 11:1-2)

"믿음으로 노아는 아직 보지 못하는 일에 경고하심을 받아 경외함으로 방주를 예비하여 그 집을 구원하였으니 이로 말미암아 세상을 정죄하고 믿음을 좇는 의의 후사가 되었느니라

믿음으로 아브라함은 부르심을 받았을 때에 순종하여 장래 기업으로 받을 땅에 나갈째 갈 바를 알지 못하고 나갔으며

믿음으로 저가 외방에 있는것 같이 약속하신 땅에 우거하여 동

일한 약속을 유업으로 함께 받은 이삭과 야곱으로 더불어 장막에 거하였으니

　이는 하나님의 경영하시고 지으실 터가 있는 성을 바랐음이니라"
(히 11:7-10)

　"바리새인들이 하나님의 나라가 어느 때에 임하나이까 묻거늘 예수께서 대답하여 가라사대 하나님의 나라는 볼 수 있게 임하는 것이 아니요 또 여기 있다 저기 있다고도 못하리니 하나님의 나라는 너희 안에 있느니라"(눅 17:20-21)

　"하나님의 나라는 눈으로 보이게 임하는 것이 아니라 너희 마음에 있다."라고 하신 말씀은 하나님의 나라를 부정하는 말씀이 아니라 하나님의 나라가 세상의 나라처럼 육신의 눈으로 볼 수 있게 임하는 것이 아니라 육의 몸을 가진 사람에게는 오직 마음으로만 인식하고 받아드릴 수 있다는 말씀이다.

　"그러면 무엇을 말하느뇨 말씀이 네게 가까와 네 입에 있으며 네 마음에 있다 하였으니 곧 우리가 전파하는 믿음의 말씀이라

　네가 만일 네 입으로 예수를 주로 시인하며 또 하나님께서 그를 죽은 자 가운데서 살리신 것을 네 마음에 믿으면 구원을 얻으리니

　사람이 마음으로 믿어 의에 이르고 입으로 시인하여 구원에 이르느니라"(롬 10:8-10)

　"빌립이 가로되 주여 아버지를 우리에게 보여 주옵소서 그리하면 족하겠나이다

예수께서 가라사대 빌립아 내가 이렇게 오래 너희와 함께 있으되
네가 나를 알지 못하느냐 나를 본 자는 아버지를 보았거늘 어찌하
여 아버지를 보이라 하느냐

나는 아버지 안에 있고 아버지는 내 안에 계신 것을 네가 믿지
아니하느냐 내가 너희에게 이르는 말이 스스로 하는 것이 아니라
아버지께서 내 안에 계셔 그의 일을 하시는 것이라" (요 14:8-10)

"좋은 땅에 있다는 것은 착하고 좋은 마음으로 말씀을 듣고 지키
어 인내로 결실하는 자니라" (눅 8:15)

"저희가 능히 믿지 못한 것은 이 까닭이니 곧 이사야가 다시 일
렀으되 저희 눈을 멀게 하시고 저희 마음을 완고하게 하셨으니 이
는 저희로 하여금 눈으로 보고 마음으로 깨닫고 돌이켜 내게 고침
을 받지 못하게 하려 함이니라 하였음이더라" (요 12:39-40)

마음은 말씀을 받아들이는 곳으로, 마음으로 받아들인 말씀이
그의 말과 삶으로 나타나고 삶을 통하여 자라서 열매를 맺게 되는
것이다. 씨앗이 땅에 떨어지면 싹이 나고 자라서 꽃이 피고 열매를
맺게 되는 원리와 같은 것이다.

미국 여행을 계획한 사람은 마음으로 여행을 준비하여 실행에 옮
기는 것과 같으니 미국 여행에 대한 아무 계획도 없는 사람이 미국
에 갈 수 없는 것처럼 천국도 마음으로 계획하고 준비한 사람이 갈
수 있는 곳이다. 그러므로 하나님의 말씀 속에서 그 나라에 꼭 가기
위하여 말씀에 따라 모든 것을 준비한 사람은 언젠가 그곳에 가게
되는 것이다.

"베뢰아 사람은 데살로니가에 있는 사람보다 더 신사적이어서 간절한 마음으로 말씀을 받고 이것이 그러한가 하여 날마다 성경을 상고하므로"(행 17:11)

"그 사람이 내게 이르되 인자야 내가 네게 보이는 그것을 눈으로 보고 귀로 들으며 네 마음으로 생각할찌어다 내가 이것을 네게 보이려고 이리로 데리고 왔나니 너는 본 것을 다 이스라엘 족속에게 고할찌어다 하더라"(겔 40:4)

"아브라함이 바랄 수 없는 중에 바라고 믿었으니 이는 네 후손이 이같으리라 하신 말씀대로 많은 민족의 조상이 되게 하려 하심을 인함이라

그가 백세나 되어 자기 몸의 죽은 것 같음과 사라의 태의 죽은 것 같음을 알고도 믿음이 약하여지지 아니하고

믿음이 없어 하나님의 약속을 의심치 않고 믿음에 견고하여져서 하나님께 영광을 돌리며 약속하신 그것을 또한 능히 이루실 줄을 확신하였으니

그러므로 이것을 저에게 의로 여기셨느니라

저에게 의로 여기셨다 기록된 것은 아브라함만 위한 것이 아니요

의로 여기심을 받을 우리도 위함이니 곧 예수 우리 주를 죽은 자 가운데서 살리신 이를 믿는 자니라

예수는 우리 범죄 함을 위하여 내어줌이 되고 또한 우리를 의롭다 하심을 위하여 살아나셨느니라"(롬 4:18-25)

하나님의 약속은 때가 되면 반드시 이루어질 예수 그리스도의 피

와 성령으로 인치신 불변의 사실이다.

"썩는 양식을 위하여 일하지 말고 영생하도록 있는 양식을 위하여 하라 이 양식은 인자가 너희에게 주리니 인자는 아버지 하나님의 인치신 자니라" (요 6:27)

"만일 땅에 있는 우리의 장막 집이 무너지면 하나님께서 지으신 집 곧 손으로 지은 것이 아니요 하늘에 있는 영원한 집이 우리에게 있는 줄 아나니

과연 우리가 여기 있어 탄식하며 하늘로부터 오는 우리 처소로 덧입기를 간절히 사모하노니

이렇게 입음은 벗은 자들로 발견되지 않으려 함이라

이 장막에 있는 우리가 짐 진것 같이 탄식하는 것은 벗고자 함이 아니요 오직 덧입고자 함이니 죽을 것이 생명에게 삼킨바 되게 하려 함이라

곧 이것을 우리에게 이루게 하시고 보증으로 성령을 우리에게 주신 이는 하나님이시니라 이러므로 우리가 항상 담대하여 몸에 거할 때에는 주와 따로 거하는 줄을 아노니 이는 우리가 믿음으로 행하고 보는 것으로 하지 아니함이로라" (고후 5:1-7)

"하나님이 아브라함에게 약속하실 때에 가리켜 맹세할 자가 자기보다 더 큰이가 없으므로 자기를 가리켜 맹세하여

가라사대 내가 반드시 너를 복주고 복주며 너를 번성케 하고 번성케 하리라 하셨더니 저가 이같이 오래 참아 약속을 받았느니라

사람들은 자기보다 더 큰 자를 가리켜 맹세하나니 맹세는 저희

모든 다투는 일에 최후 확정이니라

하나님은 약속을 기업으로 받는 자들에게 그 뜻이 변치 아니함을 충분히 나타내시려고 그 일에 맹세로 보증하셨나니

이는 하나님이 거짓말을 하실 수 없는 이 두 가지 변치 못할 사실을 인하여 앞에 있는 소망을 얻으려고 피하여 가는 우리로 큰 안위를 받게 하려 하심이라

우리가 이 소망이 있는 것은 영혼의 닻 같아서 튼튼하고 견고하여 휘장 안에 들어 가나니 그리로 앞서 가신 예수께서 멜기세덱의 반차를 좇아 영원히 대제사장이 되어 우리를 위하여 들어 가셨느니라" (히 6:13-20)

"믿음으로 이삭은 장차 오는 일에 대하여 야곱과 에서에게 축복하였으며" (히 11:20)

"우리가 여기는 영구한 도성이 없고 오직 장차 올 것을 찾나니 이러므로 우리가 예수로 말미암아 항상 찬미의 제사를 하나님께 드리자 이는 그 이름을 증거하는 입술의 열매니라" (히 13:14-15)

"우리가 이제는 거울로 보는것 같이 희미하나, 그 때에는 얼굴과 얼굴을 대하여 볼 것이요 이제는 내가 부분적으로 아나 그 때에는 주께서 나를 아신 것 같이 내가 온전히 알리라" (고전 13:12)

"그런즉 안식할 때가 하나님의 백성에게 남아 있도다, 이미 그의 안식에 들어간 자는 하나님이 자기 일을 쉬심과 같이 자기 일을 쉬느니라 그러므로 우리가 저 안식에 들어가기를 힘쓸지니 이는 누구든지 저 순종치 아니하는 본에 빠지지 않게 하려 함이라" (히 4:9-11)

누가 천국의
주인공이 될 것인가?

....

"천국은 마치 밭에 감추인 보화와 같으니 사람이 이를 발견한 후
숨겨 두고 기뻐하여 돌아가서 자기의 소유를 다 팔아 그 밭을 샀느
니라" (마 13:44)

"그 때에 세례 요한이 이르러 유대 광야에서 전파하여 가로되 회
개하라 천국이 가까왔느니라 하였으니" (마 3:1-2)

"이때부터 예수께서 비로소 전파하여 가라사대 회개하라 천국이
가까왔느니라 하시더라" (마 4:17)

천국을 얻기 위해서는 먼저 천국에 대하여 알아야 한다. 천국을
알지 못하거나 부정하는 사람이 천국의 주인공이 될 수는 없다.

마태복음 13장의 천국에 대한 비유의 말씀은 남의 밭에서 일을 하
다가 땅속 깊은 곳에 숨겨진 보화로 비유하여 이 보화를 발견한 사
람이 그 보화를 자기의 소유로 삼기 위하여 자기의 소유를 다 팔아서
그 밭을 산 것과 같다고 하였다. 이 보화는 깊이 숨겨져 있어서 누구
나 쉽게 발견할 수 있는 것이 아니다. 그와 같이 천국도 모든 사람에

게 허락된 것이 결코 아니며, 우연히 발견할 수 있는 것도 아니다.

천국은 어디에서 찾아야 하는가? 천국은 천국을 말하고 있는 성경 말씀 안에서 찾아야 한다. 성경 이외에 세상에서는 어디에서도 천국을 알 수 없고 찾을 수 없으며, 오직 성경과 성경의 주인이신 예수님에게서 찾아야 한다. 천국에 대한 말씀은 죄인들을 구원하시기 위하여 천국에서 이 땅에 오셨던 예수님만 말씀하실 수 있으니 예수님 말씀 안에서 찾아야 가장 확실하게 찾을 수 있고, 말할 수 있는 것이다.

"진실로 진실로 네게 이르노니 우리 아는 것을 말하고 본 것을 증거하노라

그러나 너희가 우리 증거를 받지 아니하는도다 내가 땅의 일을 말하여도 너희가 믿지 아니하거든 하물며 하늘 일을 말하면 어떻게 믿겠느냐

하늘에서 내려온 자 곧 인자 외에는 하늘에 올라간 자가 없느니라"(요 3:11-13)

사람들이 알지 못하는 것은 예수께서 말씀을 하셨어도 믿지 않기 때문에 알지 못하는 것이다.

"내가 하나님의 아들의 이름을 믿는 너희에게 이것을 쓴 것은 너희로 하여금 너희에게 영생이 있음을 알게 하려 함이라"(요일 5:13)

"나더러 주여 주여 하는 자마다 천국에 다 들어갈 것이 아니요, 다만 하늘에 계신 내 아버지의 뜻대로 행하는 자라야 들어가리라"(마 7:21)

"또 내가 네게 이르노니 너는 베드로라 내가 이 반석 위에 내 교회를 세우리니 음부의 권세가 이기지 못하리라

내가 천국 열쇠를 네게 주리니 네가 땅에서 무엇이든지 매면 하늘에서도 매일 것이요 네가 땅에서 무엇이든지 풀면 하늘에서도 풀리리라 하시고" (마 16:18-19)

"내 살을 먹고 내 피를 마시는 자는 영생을 가졌고 마지막 날에 내가 그를 다시 살리리니

내 살은 참된 양식이요 내 피는 참된 음료로다

내 살을 먹고 내 피를 마시는 자는 내 안에 서하고 나도 그 안에 거하나니

살아계신 아버지께서 나를 보내시매 내가 아버지로 인하여 사는 것 같이 나를 먹는 그 사람도 나로 인하여 살리라

이것은 하늘로서 내려온 떡이니 조상들이 먹고도 죽은 그것과 같지 아니하여 이 떡을 먹는 자는 영원히 살리라

이 말씀은 예수께서 가버나움 회당에서 가르치실 때에 하셨느니라

제자 중 여럿이 듣고 말하되 이 말씀은 어렵도다 누가 들을 수 있느냐 한 대

예수께서 스스로 제자들이 이 말씀에 대하여 수군거리는 줄 아시고 가라사대 이 말이 너희에게 걸림이 되느냐

그러면 너희가 인자의 이전 있던 곳으로 올라가는 것을 볼것 같으면 어찌 하려느냐 살리는 것은 영이니 육은 무익하니라 내가 너희에게 이른 말이 영이요 생명이라" (요 6:54-63)

"너희는 마음에 근심하지 말라 하나님을 믿으니 또 나를 믿으라

내 아버지 집에 거할 곳이 많도다 그렇지 않으면 너희에게 일렀으리라 내가 너희를 위하여 처소를 예비하러 가노니

가서 너희를 위하여 처소를 예비하면 내가 다시 와서 너희를 내게로 영접하여 나 있는 곳에 너희도 있게 하리라

내가 가는 곳에 그 길을 너희가 알리라 도마가 가로되 주여 어디로 가시는지 우리가 알지 못하거늘 그 길을 어찌 알겠삽나이까

예수께서 가라사대 내가 곧 길이요 진리요 생명이니 나로 말미암지 않고는 아버지께로 올 자가 없느니라

너희가 나를 알았더면 내 아버지도 알았으리로다 이제부터는 너희가 그를 알았고 또 보았느니라

빌립이 가로되 주여 아버지를 우리에게 보여 주옵소서 그리하면 족하겠나이다

예수께서 가라사대 빌립아 내가 이렇게 오래 너희와 함께 있으되 네가 나를 알지 못하느냐 나를 본 자는 아버지를 보았거늘 어찌하여 아버지를 보이라 하느냐

나는 아버지 안에 있고 아버지는 내 안에 계신 것을 네가 믿지 아니하느냐 내가 너희에게 이르는 말이 스스로 하는 것이 아니라

아버지께서 내 안에 계셔 그의 일을 하시는 것이라 내가 아버지 안에 있고 아버지께서 내 안에 계심을 믿으라 그렇지 못하겠거든 행하는 그 일을 인하여 나를 믿으라" (요 14:1-11)

"한 사람의 범죄를 인하여 사망이 그 한 사람으로 말미암아 왕노릇 하였은즉 더욱 은혜와 의의 선물을 넘치게 받는 자들이 한 분 예수 그리스도로 말미암아 생명 안에서 왕노릇 하리로다

그런즉 한 범죄로 많은 사람이 정죄에 이른것 같이 의의 한 행동

으로 말미암아 많은 사람이 의롭다 하심을 받아 생명에 이르렀느니라

한 사람의 순종치 아니함으로 많은 사람이 죄인 된 것 같이 한 사람의 순종하심으로 많은 사람이 의인이 되리라

율법이 가입한 것은 범죄를 더하게 하려 함이라 그러나 죄가 더한 곳에 은혜가 더욱 넘쳤나니

이는 죄가 사망 안에서 왕노릇 한 것 같이 은혜도 또한 의로 말미암아 왕노릇 하여 우리 주 예수 그리스도로 말미암아 영생에 이르게 하려 함이니라" (롬 5:17-21)

천국과 영생은 예수님 안에서만 발견할 수 있다. 다른 곳에서는 절대로 알 수도 없고, 찾을 수 없으니 내가 천국을 모른다고 함부로 천국을 부정하는 어리석은 사람이 되지 말라. 모든 사람이 세상의 일도 다 알지 못하고 살아가는데, 하물며 영원한 하나님 나라를 어떻게 알 수 있겠는가?

예수님 십자가 우편에서 죽임을 당한 강도를 보면 예수님과 함께 십자가에 못 박혀 죽게 되었을 때 자신은 자기가 범한 흉악한 죄로 인하여 죽임을 당하게 되었지만 예수께서 그동안 하신 일들을 알고 죽임을 당할 만한 아무 죄도 없이 십자가에 못 박혀 죽으시는 모습을 보고 예수님께 자기의 영혼을 부탁하였다. 자신의 죄를 깨닫는 사람은 예수님도 보이고, 마음으로 천국을 사모하게 되는 것이니 누구든지 자기를 먼저 돌아보아야 할 것이다.

"달린 행악자 중 하나는 비방하여 가로되 네가 그리스도가 아니

냐 너와 우리를 구원하라 하되

하나는 그 사람을 꾸짖어 가로되 네가 동일한 정죄를 받고서도 하나님을 두려워 아니하느냐

우리는 우리의 행한 일에 상당한 보응을 받는 것이니 이에 당연하거니와 이 사람의 행한 것은 옳지 않은 것이 없느니라 하고

가로되 예수여 당신의 나라에 임하실 때에 나를 생각하소서 하니

예수께서 이르시되 내가 진실로 네게 이르노니 오늘 네가 나와 함께 낙원에 있으리라 하시니라" (눅 23:39-43)

예수님의 삶과 십자가 희생 속에 천국과 용서와 구원과 영생의 길이 밝히 나타났으니 구원받을 사람의 눈에는 밝히 보이는 것이다.

"우리가 아직 죄인 되었을 때에 그리스도께서 우리를 위하여 죽으심으로 하나님께서 우리에게 대한 자기의 사랑을 확증하셨느니라

그러면 이제 우리가 그 피를 인하여 의롭다 하심을 얻었은즉 더욱 그로 말미암아 진노하심에서 구원을 얻을 것이니

곧 우리가 원수 되었을 때에 그 아들의 죽으심으로 말미암아 하나님으로 더불어 화목 되었은 즉 화목된 자로서는 더욱 그의 살으심을 인하여 구원을 얻을 것이니라" (롬 5:8-10)

"하나님의 사랑이 우리에게 이렇게 나타난바 되었으니 하나님이 자기의 독생자를 세상에 보내심은 저로 말미암아 우리를 살리려 하심이니라

사랑은 여기 있으니 우리가 하나님을 사랑한 것이 아니요 오직 하나님이 우리를 사랑하사 우리 죄를 위하여 화목제로 그 아들을

보내셨음이니라" (요일 4:9-10)

하나님의 사랑이 예수 그리스도의 십자가 희생 속에 분명히 나타났으니 이것이 성경의 핵심 말씀으로 가장 중요한 부분이다.

이 말씀을 붙잡는 사람에게만 구원의 길이 열리는 것이다.

"그런즉 이스라엘 온 집이 정녕 알찌니 너희가 십자가에 못 박은 이 예수를 하나님이 주와 그리스도가 되게 하셨느니라 하니라" (행 2:36)

"그러나 무엇이든지 내게 유익하던 것을 내가 그리스도를 위하여 다 해로 여길뿐더러 또한 모든 것을 해로 여김은 내 주 그리스도 예수를 아는 지식이 가장 고상함을 인함이라 내가 그를 위하여 모든 것을 잃어버리고 배설물로 여김은 그리스도를 얻고
　그 안에서 발견되려 함이니 내가 가진 의는 율법에서 난 것이 아니요 오직 그리스도를 믿음으로 말미암은 것이니 곧 믿음으로 하나님께로서 난 의라
　내가 그리스도와 그 부활의 권능과 그 고난에 참예함을 알려하여 그의 죽으심을 본받아 어찌하든지 죽은 자 가운데서 부활에 이르려 하노니
　내가 이미 얻었다 함도 아니요 온전히 이루었다 함도 아니라 오직 내가 그리스도 예수께 잡힌바 된 그것을 잡으려고 좇아가노라
　형제들아 나는 아직 내가 잡은 줄로 여기지 아니하고 오직 한 일 즉 뒤에 있는 것은 잊어버리고 앞에 있는 것을 잡으려고

푯대를 향하여 그리스도 예수 안에서 하나님이 위에서 부르신 부름의 상을 위하여 좇아가노라" (빌 3:7-14)

바울의 고백을 보면 예수님을 만난 후에는 예수님을 알지 못하였을 때 자신이 세상에서 가장 귀하게 여겼던 것들을 다 버렸다고 고백한다. 바울이 예수님을 만나고 보니 이전의 것과는 비교가 되지 않을 만큼 크고 귀한 새로운 가치를 발견하고 그것을 소유하게 된 것이다. 그리고 난 후에는 이전에 귀하게 여겼던 것들이 모두 배설물처럼 여겨지게 되어버렸다고 말한다. 이런 사람을 가리켜서 보화를 발견한 사람이 그 보화를 얻기 위하여 자기의 옛 소유를 다 팔아서 그 밭을 산 사람이라고 비유로 말씀하신 것이다.

옛것에 발목 잡혀서 세상 것만 따라가는 사람은 아직 천국 보화를 발견하지 못한 사람이고, 천국을 소유하지 못한 사람이다.

"어떤 사람이 주께 와서 가로되 선생님이여 내가 무슨 선한 일을 하여야 영생을 얻으리이까

예수께서 가라사대 어찌하여 선한 일을 내게 묻느냐 선한이는 오직 한 분이시니라 네가 생명에 들어 가려면 계명들을 지키라

가로되 어느 계명이오니이까 예수께서 가라사대 살인하지 말라, 간음하지 말라, 도적질하지 말라, 거짓증거하지 말라

네 부모를 공경하라, 네 이웃을 네 몸과 같이 사랑하라 하신 것이니라

그 청년이 가로되 이 모든 것을 내가 지키었사오니 아직도 무엇이 부족하니이까

예수께서 가라사대 네가 온전하고자 할찐대 가서 네 소유를 팔

아 가난한 자들을 주라 그리하면 하늘에서 보화가 네게 있으리라 그리고 와서 나를 좇으라 하시니

그 청년이 재물이 많으므로 이 말씀을 듣고 근심하며 가니라

예수께서 제자들에게 이르시되 내가 진실로 너희에게 이르노니 부자는 천국에 들어가기가 어려우니라" (마 19:16-23)

하늘의 것보다 세상 것을 더 사랑하고, 세상 것에 더 가치를 두고 있는 사람은 아직 천국 보화를 발견하지 못한 사람이기에 결코 천국의 주인공이 될 수 없음을 말씀하신 것이다.

"그러므로 염려하여 이르기를 무엇을 먹을까 무엇을 마실까, 무엇을 입을까 하지 말라 이는 다 이방인들이 구하는 것이라 너희 천부께서 이 모든 것이 너희에게 있어야 할 줄을 아시느니라

너희는 먼저 그의 나라와 그의 의를 구하라 그리하면 이 모든 것을 너희에게 더하시리라" (마 6:31-33)

너희는 먼저 그의 나라와 그의 의를 구하라. 그리하면 이 모든 것을 너희에게 더하시리라. 천국의 백성 된 자에게는 하늘에 속한 것과 땅에 속한 것에 대하여 우선순위가 아주 분명하여야 한다.

"또 내 이름을 위하여 집이나 형제나 자매나 부모나 자식이나 전토를 버린 자마다 여러 배를 받고 또 영생을 상속하리라" (마 19:29)

"예수께서 각성 각촌으로 다니사 가르치시며 예루살렘으로 여행하시더니

혹이 여짜오되 주여 구원을 얻는 자가 적으니이까 저희에게 이르
시되

좁은 문으로 들어가기를 힘쓰라 내가 너희에게 이르노니 들어가
기를 구하여도 못하는 자가 많으리라

집 주인이 일어나 문을 한번 닫은 후에 너희가 밖에 서서 문을
두드리며 주여 열어 주소서 하면 저가 대답하여 가로되 나는 너희
가 어디로서 온 자인지 알지 못하노라 하리니

그 때에 너희가 말하되 우리는 주 앞에서 먹고 마셨으며 주는 또
한 우리 길거리에서 가르치셨나이다 하나

저가 너희에게 일러 가로되 나는 너희가 어디로서 왔는지 알지 못
하노라 행악하는 모든 자들아 나를 떠나가라 하리라"(눅 13:22-27)

성경 말씀을 자세히 보면 신자라 해서 모두 구원을 받는 것이 아
니라는 사실을 분명하게 알 수 있다.

"그때에 두 사람이 밭에 있으매 하나는 데려감을 당하고 하나는
버려둠을 당할 것이요

두 여자가 매를 갈고 있으매 하나는 데려감을 당하고 하나는 버
려둠을 당할 것이니라"(마 24:40-41)

"그 때에 천국은 마치 등을 들고 신랑을 맞으러 나간 열 처녀와
같다 하리니

그 중에 다섯은 미련하고 다섯은 슬기 있는지라

미련한 자들은 등을 가지되 기름을 가지지 아니하고 슬기 있는
자들은 그릇에 기름을 담아 등과 함께 가져갔더니

신랑이 더디 오므로 다 졸며 잘새

밤중에 소리가 나되 보라 신랑이로다 맞으러 나오라 하매

이에 그 처녀들이 다 일어나 등을 준비할새

미련한 자들이 슬기 있는 자들에게 이르되 우리 등불이 꺼져가니 너희 기름을 좀 나눠 달라 하거늘

슬기 있는 자들이 대답하여 가로되 우리와 너희의 쓰기에 다 부족할까 하노니 차라리 파는 자들에게 가서 너희 쓸 것을 사라 하니

저희가 사러 간 동안에 신랑이 오므로 예비하였던 자들은 함께 혼인 잔치에 들어가고 문은 닫힌지라

그 후에 남은 처녀들이 와서 가로되 주여 주여 우리에게 열어 주소서

대답하여 가로되 진실로 너희에게 이르노니 내가 너희를 알지 못하노라 하였느니라"(마 25:1-12)

"그러므로 내가 택하신 자를 위하여 모든 것을 참음은 저희로도 그리스도 예수 안에 있는 구원을 영원한 영광과 함께 얻게 하려 함이로라

미쁘다 이 말이여, **우리가 주와 함께 죽었으면 또한 함께 살 것이요 참으면 또한 함께 왕노릇할 것이요 우리가 주를 부인하면 주도 우리를 부인하실 것이라**"(딤후 2;10-12)

천국은 오직 예수 그리스도 안에서만 찾을 수 있고, 우리의 구원도 예수 안에서만 이루어진다. 예수를 떠나서는 천국을 알 수도 없고, 영생을 얻을 수 없는 것이다.

아버지의 뜻에
하나 되지 못한 맏아들

....

"또 가라사대 어떤 사람이 두 아들이 있는데

그 둘째가 아비에게 말하되 아버지여 재산 중에서 내게 돌아올 분 깃을 내게 주소서 하는지라 아비가 그 살림을 각각 나눠 주었더니

그 후 며칠이 못되어 둘째 아들이 재물을 다 모아가지고 먼 나라 에 가 거기서 허랑방탕하여 그 재산을 허비하더니

다 없이한 후 그 나라에 크게 흉년이 들어 저가 비로소 궁핍한지라

가서 그 나라 백성 중 하나에게 붙여 사니 그가 저를 들로 보내 어 돼지를 치게 하였는데 저가

돼지 먹는 쥐엄 열매로 배를 채우고자 하되 주는 자가 없는지라

이에 스스로 돌이켜 가로되 내 아버지에게는 양식이 풍족한 품 군이 얼마나 많은고 나는 여기서 주려 죽는구나

내가 일어나 아버지께 가서 이르기를 아버지여 내가 하늘과 아버 지께 죄를 얻었사오니 지금부터는 아버지의 아들이라 일컬음을 감 당치 못하겠나이다 나를 품군의 하나로 보소서 하리라 하고

이에 일어나서 아버지께로 돌아가니라 아직도 상거가 먼데 아버 지가 저를 보고 측은히 여겨 달려가 목을 안고 입을 맞추니

아들이 가로되 아버지여 내가 하늘과 아버지께 죄를 얻었사오니 지금부터는 아버지의 아들이라 일컬음을 감당치 못하겠나이다 하나

아버지는 종들에게 이르되 제일 좋은 옷을 내어다가 입히고 손에 가락지를 끼우고 발에 신을 신기라

그리고 살진 송아지를 끌어다가 잡으라 우리가 먹고 즐기자

이 내 아들은 죽었다가 다시 살아났으며 내가 잃었다가 다시 얻었노라 하니 저희가 즐거워하더라

맏아들은 밭에 있다가 돌아와 집에 가까왔을 때에 풍류와 춤추는 소리를 듣고

한 종을 불러 이 무슨 일인가 물은대

대답하되 당신의 동생이 돌아왔으매 당신의 아버지가 그의 건강한 몸을 다시 맞아 들이게 됨을 인하여 살진 송아지를 잡았나이다 하니

저가 노하여 들어가기를 즐겨 아니하거늘 아버지가 나와서 권한대

아버지께 대답하여 가로되 내가 여러 해 아버지를 섬겨 명을 어김이 없거늘 내게는 염소 새끼라도 주어 나와 내 벗으로 즐기게 하신 일이 없더니

아버지의 살림을 창기와 함께 먹어버린 이 아들이 돌아오매 이를 위하여 살진 송아지를 잡으셨나이다

아버지가 이르되 얘 너는 항상 나와 함께 있으니 내 것이 다 네 것이로되

이 네 동생은 죽었다가 살았으며 내가 잃었다가 얻었기로 우리가 즐거워하고 기뻐하는 것이 마땅하다 하니라" (눅 15:11-32)

가장 기뻐하고 즐거워해야 할 자리에 한 사람은 참여하지 않고 아버지와 자기 동생이 못마땅하여 원망만 쏟아내었는데 그는 다름 아닌 아버지의 맏아들이었다. 그 아들은 그동안 아버지의 마음을 아

프게 한 적도 없었고, 아버지에게는 언제나 충성스럽고 자랑스러운 아들이었으며, 아버지의 모든 재산을 상속받을 사람이었다. 그런데 이 아들이 아버지가 가장 기뻐하시는 중요한 자리에서 원망을 쏟아내며 아버지의 마음을 아프게 하고, 모처럼 벌어진 즐거운 잔치 분위기를 썰렁하게 한 것이다.

교회 안에는 언제나 죄인의 위치에서 머리 숙인 사람이 있고, 의인의 자리에서 다른 사람을 정죄하며 심판하고 모처럼 조성된 좋은 분위기를 깨트리는 사람이 있다. 그들이 다름 아닌 그동안 충성스럽게 헌신하며 공로를 인정받았던 맏아들 같은 제직이다. 이러한 사람들은 무엇이든 자기 마음에 거슬리면 아버지도 목사도 동료들도 생각지 않고 원망하며 다투고 자리를 떠나고 교회를 나가 버린다. 목회를 하면서 이런 경험을 하지 않은 목사는 없을 것이다.

우리가 실패하는 원인은 무엇이든지 아버지의 뜻에 맞추어져 있지 않고 자기의 뜻과 자기의 이기적 목적에 맞춰서 있기 때문이다. 그러니 우리의 믿음이 언제나 한계에 도달하여 변화되지 않으며 성장하지 못하는 것이다. 우리에게 남다른 헌신의 공로가 있다 하더라도 나의 것은 모두 버리고 언제나 초심으로 돌아가서 항상 겸손하고 낮은 자리에서 다른 사람들을 섬기는 자세로 일하여야 한다.

사람들의 속이 너무 좁아서 자기보다 큰 것을 절대로 수용하지 못하고 있으니 내 작은 마음의 그릇에 어찌 하나님의 측량할 수 없는 사랑과 뜻을 품을 수 있겠는가? 작은 그릇에 무엇이 그렇게 가득 차 있는지 아무것도 받아드릴 공간이 없으니 예수님은 우리들의 마음을 다 비우고 마음에 가난한 자가 되라고 하셨는데도 자기의 것은 끝내 아무것도 버리지 못하고 살아가는 것이다. 그래서 하나님이 주시는 좋은 것은 하나도 받아들이지 못하는 것이다.

사람마다 아무것도 아닌 자신의 충성과 공로와 직분만 앞세우며 하나님의 사랑과 은혜와 뜻을 거부하고 있으니 하나님의 사랑과 은혜를 전혀 깨닫지 못하고 살아가고 있는 사람인 것이다. 이러한 사람들로 인하여 즐거워야 할 자리에서 사람들이 즐거워하지 못하고 오히려 상처받고 괴로워하며 뒤돌아서는 것이다. 만약에 돌아왔던 동생이 형의 태도를 보고 다시 나가버렸다면 아버지의 마음이 얼마나 괴롭고 아프셨을까 생각해 보라.

하나님 교회의 일꾼들은 누구든지 나를 따라오려거든 자기를 부인하고 자기의 십자가를 지고 나를 따르라는 주님의 말씀을 꼭 기억하고 주님의 일을 할 수 있어야 한다.

"조금 나아가사 얼굴을 땅에 대시고 엎드려 기도하여 가라사대 내 아버지여 만일 할만하시거든 이 잔을 내게서 지나가게 하옵소서 그러나 나의 원대로 마옵시고 아버지의 원대로 하옵소서 하시고" (마 26:39)

"아비나 어미를 나보다 더 사랑하는 자는 내게 합당치 아니하고 아들이나 딸을 나보다 더 사랑하는 자도 내게 합당치 아니하고
또 자기 십자가를 지고 나를 좇지 않는 자도 내게 합당치 아니하니라
자기 목숨을 얻는 자는 잃을 것이요 나를 위하여 자기 목숨을 잃는 자는 얻으리라" (마 10:37-39)

"베드로가 예수를 붙들고 간하여 가로되 주여 그리 마옵소서 이 일이 결코 주에게 미치지 아니하리이다

예수께서 돌이키시며 베드로에게 이르시되 사단아 내 뒤로 물러가라 너는 나를 넘어지게 하는 자로다 네가 하나님의 일을 생각지 아니하고 도리어 사람의 일을 생각하는도다 하시고

이에 예수께서 제자들에게 이르시되 아무든지 나를 따라 오려거든 자기를 부인하고 자기 십자가를 지고 나를 좇을 것이니라

누구든지 제 목숨을 구원코자 하면 잃을 것이요 누구든지 나를 위하여 제 목숨을 잃으면 찾으리라"(마 16:22-25)

하나님의 일꾼들은 모든 것이 아버지의 뜻, 아버지가 원하시는 일에 맞춰져 있어야 한다. 그런데 사람마다 자기 뜻에 맞춰져 있으니 교회가 언제나 하나 되지 못하고 다투고 갈리며 찢어지게 되어 상처만 남는 것이다. 사람의 뜻에 맞춰진 충성 봉사는 언젠가 반드시 그 사람이 사단에 이용되어 교회를 혼란에 빠지게 한다.

아버지의 뜻은 오직 하나님 중심으로 하나 되는 것이다. 여기에 함께하지 못하는 사람은 절대로 하나님 앞에 설 수가 없을 것이니 마음이 넓은 사람이 되어 큰 믿음으로 자라야 하는 것이다.

작은 화분에 심긴 나무는 정기적으로 분갈이를 해주지 않으면 그 나무는 더 이상 성장하지 못하고 말라 죽어버리게 된다. 계속하여 나무를 자라게 하려면 일 년에 한 번씩은 큰 화분으로 분갈이를 해주어야 할 뿐만 아니라 분갈이할 때마다 나무의 뿌리를 나무가 죽지 않을 만큼만 남기고 아낌없이 잘라 버려야 하고, 웃자라는 가지도 잘라버려야 한다. 그렇게 하면 그 나무가 아주 건강하게 오랫동안 잘 자랄 수 있다.

우리의 마음도 분갈이를 하듯이 조금씩 넓혀 나가며 자라나는 욕망의 뿌리 교만의 뿌리 자랑의 가지를 계속하여 잘라내야 하는 것

이다.

"예수께서 거기서 나가사 두로와 시돈 지방으로 들어가시니

가나안 여자 하나가 그 지경에서 나와서 소리질러 가로되 주 다

윗의 자손이여 나를 불쌍히 여기소서 내 딸이 흉악히 귀신들렸나

이다 하되

예수는 한 말씀도 대답지 아니하시니 제자들이 와서 청하여 말

하되 그 여자가 우리 뒤에서 소리를 지르오니 보내소서

예수께서 대답하여 가라사대 나는 이스라엘 집의 잃어 버린 양

외에는 다른데로 보내심을 받지 아니하였노라 하신대

여자가 와서 예수께 절하며 가로되 주여 저를 도우소서

대답하여 가라사대 자녀의 떡을 취하여 개들에게 던짐이 마땅치

아니하니라

여자가 가로되 주여 옳소이다마는 개들도 제 주인의 상에서 떨어

지는 부스러기를 먹나이다 하니

이에 예수께서 대답하여 가라사대 여자야 네 믿음이 크도다

네 소원대로 되리라 하시니 그 시로부터 그의 딸이 나으니라" (마

15:21-28)

예수님이 사람에게 **"네 믿음이 크도다."**라고 하신 것은 이 가나안

여자에게 단 한 번 하신 말씀이다. 이 가나안 여자에게 왜 이런 말

씀을 하셨는가 보면 이 여인이 예수님을 찾아와서 흉악한 귀신 들

린 자기 딸을 고쳐 달라고 그렇게도 애원을 하는데도 예수님은 이

여인의 부르짖음에 들은 척 만 척 아무 말씀도 하시지 않다가 더욱

간절하게 부르짖는 여인을 향하여 자녀의 떡을 취하여 개들에게 던

짐이 마땅치 아니하니라 라고 하시며 이 여인을 마치 개와 같이 취급하셨는데 이 여인은 예수님이 하시는 말씀을 다 받아들인다. '**주여, 옳소이다 마는 개도 주인의 상에서 떨어지는 부스러기를 먹나이다.**' 그 부스러기만 주면 제 딸이 고침 받을 수 있다고 애원하였던 것이다.

요즘 사람들은 자기의 자존심에 조금이라도 상처가 되는 말은 결코 받아들이지 못하고 뛰쳐 나간다. 그래서 요즘 목사들이 회개하라는 소리를 못하는 벙어리가 되어버린 것이다. 이것이 모두가 마음이 좁아져서 스스로 마음을 꼭 닫아버렸기 때문이고, 마음속에 주님의 말씀을 받아들일 만한 공간이 없다는 증거이다.

> "고린도인들이여 너희를 향하여 우리의 입이 열리고 우리의 마음이 넓었으니 너희가 우리 안에서 좁아진 것이 아니라 오직 너희 심정에서 좁아진 것이니라. 내가 자녀에게 말하듯 하노니 보답하는 양으로 너희도 마음을 넓히라" (고후 6:11-13)

마음이 좁은 사람이나 마음이 닫혔던 사람도 하나님의 사랑을 맛보게 되면 마음이 점점 넓어지게 되어서 나중에는 큰 그릇으로 쓰임을 받게 된다. 누구든지 마음이 넓어진 사람은 하나님의 쓰임을 받게 되고, 하나님의 기쁨이 되며, 하나님의 모든 좋은 것으로 가득하여 다른 사람들을 살릴 수 있는 것이다.

제5편

성경 말씀에 대한 바른 이해

성경 말씀에 대한
바른 이해

....

　　　　교회의 지도자에게 무엇보다도 중요한 것은 하나님의
말씀인 성경을 바르게 이해하는 것이다.

　성경 말씀은 주신 분과 받은 사람 그리고 말씀을 주신 목적이 무
엇인가에 대하여 분명하게 알지 못하면 언제나 바른길을 벗어나서
하나님의 목적과 아무 상관이 없는 다른 방향으로 나아가게 되는
것이다.

　말씀을 주신 분은 하나님이요, 받은 자는 하나님의 택함을 받은
사람들이다.

　"여호와께서 모세에게 이르시되 **너는 이 말들을 기록하라** 내가
　이 말들의 뜻대로 너와 이스라엘과 언약을 세웠음이니라 하시니라"
　(출 34:27)

　"땅이여, 땅이여, 땅이여, 여호와의 말을 들을찌니라 나 여호와가
　이같이 말하노라 너희는 이 사람이 무자하겠고 그 평생에 형통치
　못할 자라 **기록하라** 이는 그 자손 중 형통하여 다윗의 위에 앉아
　유다를 다스릴 사람이 다시는 없을 것임이니라" (렘 22:29-30)

"여호와께로서 말씀이 예레미야에게 임하여 이르시니라

이스라엘의 하나님 여호와께서 이같이 일러 가라사대 **내가 네게 이른 모든 말을 책에 기록하라**

나 여호와가 말하노라 내가 내 백성 이스라엘과 유다의 포로를 돌이킬 때가 이르리니 내가 그들을 그 열조에게 준 땅으로 돌아오게 할 것이라 그들이 그것을 차지하리라 여호와의 말이니라" (렘 30:1-3)

"나 요한은 너희 형제요 예수의 환난과 나라와 참음에 동참하는 자라 하나님의 말씀과 예수의 증거를 인하여 밧모라 하는 섬에 있었더니

주의 날에 내가 성령에 감동하여 내 뒤에서 나는 나팔 소리 같은 **큰 음성을 들으니 가로되 너 보는 것을 책에 써서 에베소, 서머나, 버가모, 두아디라, 사데, 빌라델비아, 라오디게아 일곱 교회에 보내라** 하시기로

몸을 돌이켜 나더러 말한 음성을 알아 보려고 하여 돌이킬 때에 일곱 금 촛대를 보았는데

촛대 사이에 인자 같은 이가 발에 끌리는 옷을 입고 가슴에 금띠를 띠고

그 머리와 털의 희기가 흰 양털 같고 눈 같으며 그의 눈은 불꽃 같고 그의 발은 풀무에 단련한 빛난 주석 같고 그의 음성은 많은 물소리와 같으며

그 오른손에 일곱 별이 있고 그 입에서 좌우에 날 선 검이 나오고 그 얼굴은 해가 힘있게 비취는 것 같더라" (계 1:9-16)

"성도들의 인내가 여기 있나니 저희는 하나님의 계명과 예수 믿음을 지키는 자니라 또 내가 들으니 **하늘에서 음성이 나서 가로되 기록하라** 자금 이후로 주 안에서 죽는 자들은 복이 있도다 하시매 성령이 가라사대 그러하다 저희 수고를 그치고 쉬리니 이는 저희의 행한 일이 따름이라 하시더라

또 내가 보니 흰구름이 있고 구름 위에 사람의 아들과 같은 이가 앉았는데 그 머리에는 금 면류관이 있고 그 손에는 이한 낫을 가졌더라

또 다른 천사가 성전으로부터 나와 구름 위에 앉은이를 향하여 큰 음성으로 외쳐 가로되 네 낫을 휘둘러 거두라 거둘 때가 이르러 땅에 곡식이 다 익었음이로나 하니" (계 14:12-15)

"또 내가 새 하늘과 새 땅을 보니 처음 하늘과 처음 땅이 없어졌고 바다도 다시 있지 않더라

또 내가 보매 거룩한 성 새 예루살렘이 하나님께로부터 하늘에서 내려오니 그 예비한 것이 신부가 남편을 위하여 단장한 것 같더라

내가 들으니 보좌에서 큰 음성이 나서 가로되 보라 하나님의 장막이 사람들과 함께 있으매 하나님이 저희와 함께 거하시리니 저희는 하나님의 백성이 되고 하나님은 친히 저희와 함께 계셔서

모든 눈물을 그 눈에서 씻기시매 다시 사망이 없고 애통하는 것이나 곡하는 것이나 아픈 것이 다시 있지 아니하리니 처음 것들이 다 지나갔음이러라

보좌에 앉으신 이가 가라사대 보라 내가 만물을 새롭게 하노라 하시고 또 가라사대 **이 말은 신실하고 참되니 기록하라** 하시고

또 내게 말씀하시되 이루었도다 나는 알파와 오메가요 처음과 나중이라 내가 생명수 샘물로 목 마른 자에게 값 없이 주리니

이기는 자는 이것들을 유업으로 얻으리라 나는 저의 하나님이 되고 그는 내 아들이 되리라"(계 21:1-7)

"모든 성경은 하나님의 감동으로 된 것으로 교훈과 책망과 바르게 함과 의로 교육하기에 유익하니 이는 하나님의 사람으로 온전케 하며 모든 선한 일을 행하기에 온전케 하려 함이니라"(딤후 3:16-17)

"예언은 언제든지 사람의 뜻으로 낸 것이 아니요 오직 성령의 감동하심을 입은 사람들이 하나님께 받아 말한 것임이니라"(벧후 1:21)

성경 말씀은 이렇게 하나님의 택함 받은 사람들이 하나님의 감동을 받아서 하나님이 주신대로 기록하여 사람들에게 전한 것임을 명백하게 알리고 있다.

육하원칙이 명백하다.

누가	Who	(말씀의 주체이신 하나님이)
언제	When	(말씀을 주신 시점)
어디서	Where	(말씀이 주어진 장소)
무엇을	What	(말씀의 내용)
어떻게	How	(성령의 감동으로)
왜	Why	(하나님의 심판 아래에 있는 죄인들을 살리시기 위한 단 하나의 목적을 위하여)

누가

구약성경의 말씀은 하나님이 그의 종(선지자)들에게 영감으로 전달하셨고, 신약의 말씀 중 복음서는 예수님이 직접 오셔서 주신 말씀과 행하신 일들을 제자들이 직접 보고 기록하였다. 일부는 사도들이 복음을 전파하면서 성령의 역사와 감동하심을 받아서 기록하였고, 요한계시록은 사도요한이 예수님에게 계시를 받아 기록하였다.

언제

성경 말씀을 주신 시점은 BC 1450-AD 90(1540년)의 긴 시간에 거쳐서 주셨다.

어디서

말씀별로 시간과 장소는 각각 다르다.

구약성경

모세오경(창세기, 출애굽기, 레위기, 민수기, 신명기)- 모세를 통해서 BC 1450-BC 1400 시내산에서 주셨고

여호수아서- BC 1370-BC 1330경 여호수아를 통해서 가나안 땅에서 주셨고

사사기- 사무엘(확실치 않음) BC 1000경 가나안 땅에서 주셨고

룻기- 저자는 미상이며, BC 1011-BC 931경 유다 땅에서 주셨고

사무엘상- 사무엘로 추정, BC 1050-BC 931경 이스라엘 땅에서

사무엘하- 갓과 나단으로 추정, BC 1010-BC 931경 이스라엘 땅에서

열왕기 상, 하– 예레미야를 통해서 BC 561–BC 538경 유다와 애굽으로 추정

역대상, 하– 에스라(추정), BC 450–BC 400경 예루살렘, 유다(추정)

에스라– 에스라, BC 458–BC 444경 장소는 예루살렘이며

느헤미야– 느헤미야, BC 420경 장소는 예루살렘이고

에스더– 미상, BC 485–BC 435경 장소 미상

욥기– 욥을 지켜본 목격자가 기록하였고, 기록 연대 미상이며, 기록 장소는 팔레스타인 지역

시편– 저자는 다윗, 모세, 솔로몬, 아삽, 에단, 헤만, 고라자손, 시기는 BC 1000경, 장소는 다양하며

잠언– 솔로몬 외 다수의 사람으로 BC 1000–BC 700경, 장소는 유다로 추정되며

전도서– 솔로몬, BC 935경, 장소는 예루살렘이고

아가– 솔로몬, BC 10세기경, 장소는 예루살렘이며

이사야– 이사야, BC 745–BC 680경, 장소는 예루살렘으로 추정되며

예레미야– 예레미야, BC 627–BC 580경, 장소는 예루살렘으로 추정되고

예레미야애가– 예레미야, BC 586–BC 585경, 장소는 예루살렘이나 애굽으로 추정

에스겔– 에스겔, BC 593–BC 571경, 장소는 바벨론 땅

다니엘– 다니엘, BC 605–BC 530경, 장소는 바벨론 땅

호세아– 호세아, BC 790–BC 710경, 장소는 북이스라엘 땅

요엘– 요엘, BC 830, 장소는 예루살렘으로 추정되며

아모스– 아모스, BC 760–BC 753경, 장소는 예루살렘 근처로 알려졌고

오바댜– 오바댜, BC 848–BC 841경, 장소는 유다 땅에서

요나– 요나, BC 760경, 장소는 예루살렘 부근이며

미가– 미가, BC 740–BC 687경, 장소는 유다의 어느 지역이며

나훔– 나훔, BC 663–BC 612, 장소는 유다 땅으로 알려졌고

하박국– 하박국, BC 609–BC 589경, 장소는 유다 땅으로 전하여졌고

스바냐– 스바냐, BC 640–BC 630경, 장소는 유다 땅으로 알려졌고

학개– 학개, BC 520경, 장소는 예루살렘이며

스가랴– 스가랴, 1~8장(BC 520–BC 518경)

　　　　　9~14장(BC 480–BC 470경) 장소는 예루살렘이며

말라기– 말라기, BC 516경 이후로 추정되며, 장소는 예루살렘으로 알려졌다.

신약성경

마태복음– 마태, 50년대 후반–70년 이전, 장소는 안디옥이며

마가복음 마가, 65–70년경으로 추정, 장소는 로마이다.

누가복음– 누가, 61–63년경, 장소는 가이사랴나 로마로 추정되며

요한복음– 요한, 80–90년경, 장소는 에베소이다.

사도행전– 누가, 61–63년경, 장소는 가이사랴나 로마로 추정되며

로마서– 바울, 57년경, 장소는 고린도로 알려져 있다.

고린도전서– 바울, 55년경, 장소는 에베소이며

고린도후서– 바울, 55–56년경, 장소는 마게도냐

갈라디아서– 바울, 48–49년경, 안디옥이나 장소는 에베소이며

에베소서– 바울, 61–63년경, 장소는 로마 감옥

빌립보서– 바울, 60–62년경, 장소는 로마 감옥

골로새서– 바울, 62년경, 장소는 로마 감옥

데살로니가전, 후서– 바울, 51–53년경, 장소는 고린도

디모데전서– 바울, 62년경, 장소는 빌립보이며

디모데후서– 바울, 66–67년경, 장소는 로마 감옥

디도서– 바울, 63–65년경, 장소는 그리스 또는 마게도냐로 추정되며

히브리서– 저자 미상, 64–67년경, 장소는 알려지지 않았다.

야고보서– 야고보, 45–49년경, 장소는 예루살렘이며

베드로전, 후서– 베드로, 64–65년경, 장소는 로마 또는 바벨론으로 추정된다.

요한일, 이, 삼서– 사도 요한, 85–96년경, 장소는 에베소이며

유다서– 유다(야고보의 동생), 60–80년경, 장소는 미상이다.

요한계시록– 요한, 90–96년경, 장소는 밧모섬이다.

(성경 저자와 기록 연대와 장소는 개역개정판 성경에서 편집)

무엇을

말씀의 내용은 천지 창조로 시작해서 인간의 타락과 하나님의 심판과 구원 그리고 세상 종말과 새 하늘과 새 땅이 이루어지는 그날까지 이 땅 위에서 진행되고 있는 모든 사건에 대한 기록과 죄인들이 하나님 앞에 회개하고 돌아와서 구원을 얻게 하시려는 단 하나의 목적을 위하여 주셨다. 모든 말씀이 한 줄기의 강물처럼 연합하여 흘러가는데 심판과 구원의 역사가 반복되어 기록되어 있다.

어떻게

시대 시대마다 하나님이 택하여 부르신 사람들에게 하나님의 성령으로 감동하시고 직접적으로 말씀도 주시고, 때로는 보여주신 대로 기록하여 세상에 전하게 하셨다.

왜

인간의 범죄와 타락으로 인하여 인간에게는 반드시 죽으리라는 하나님의 선고

가 확정되었기 때문에 그중 일부를 구원하시기 위하여 하나님 말씀 안에서 구원의 주 예수를 알게 하시고, 마지막 때에 죄인들이 예수 그리스도를 구주로 영접하여 구원을 얻도록 하신 하나님의 구원 계획을 성취하시기 위하여.

"여호와 하나님이 그 사람에게 명하여 가라사대 동산 각종 나무의 실과는 네가 임의로 먹되 선악을 알게하는 나무의 실과는 먹지 말라 네가 먹는 날에는 정녕 죽으리라 하시니라"(창 2:16-17)

"여호와께서 사람의 죄악이 세상에 관영함과 그 마음의 생각의 모든 계획이 항상 악할 뿐임을 보시고 땅 위에 사람 지으셨음을 한탄하사 마음에 근심하시고 가라사대 나의 창조한 사람을 내가 지면에서 쓸어 버리되 사람으로부터 육축과 기는 것과 공중의 새까지 그리하리니 이는 내가 그것을 지었음을 한탄함이니라 하시니라"(창 6:5-7)

"이스라엘이여 네 백성이 바다의 모래 같을 찌라도 남은 자만 돌아오리니 넘치는 공의로 파멸이 작정되었음이라 이미 작정 되었은 즉 주 만군의 여호와께서 온 세계 중에 끝까지 행하시리라"(사 10:22-23)

"그러므로 너희는 경만한 자가 되지 말라 너희 결박이 우심할까 하노라 대저 온 땅을 멸망시키기로 작정하신 것을 내가 만군의 주 여호와께로서 들었느니라"(사 28:22)

"육십이 이레 후에 기름 부음을 받은 자가 끊어져 없어질 것이며 장차 한 왕의 백성이 와서 그 성읍과 성소를 훼파하려니와 그의 종말은 홍수에 엄몰 됨 같을 것이며 또 끝까지 전쟁이 있으리니 황폐할 것이 작정 되었느니라" (단 9:26)

"알지 못하던 시대에는 하나님이 허물치 아니하셨거니와 이제는 어디든지 사람을 다 명하사 회개하라 하셨으니 이는 정하신 사람으로 하여금 천하를 공의로 심판할 날을 작정하시고 이에 저를 죽은 자 가운데서 다시 살리신 것으로 모든 사람에게 믿을만한 증거를 주셨음이니라 하니라" (행 17:30-31)

"또 보니 다른 천사가 공중에 날아가는데 땅에 거하는 자들 곧 여러 나라와 족속과 방언과 백성에게 전할 영원한 복음을 가졌더라 그가 큰 음성으로 가로되 하나님을 두려워하며 그에게 영광을 돌리라 이는 그의 심판하실 시간이 이르렀음이니 하늘과 땅과 바다와 물들의 근원을 만드신 이를 경배하라 하더라" (계 14:6-7)

"천지는 없어지겠으나 내 말은 없어지지 아니하리라
그러나 그 날과 그 때는 아무도 모르나니 하늘의 천사들도, 아들도 모르고 오직 아버지만 아시느니라
노아의 때와 같이 인자의 임함도 그러하리라
홍수 전에 노아가 방주에 들어가던 날까지 사람들이 먹고 마시고 장가 들고 시집 가고 있으면서 홍수가 나서 저희를 다 멸하기까지 깨닫지 못하였으니
인자의 임함도 이와 같으리라 그때에 두 사람이 밭에 있으매 하나는 데려감을 당하고 하나는 버려둠을 당할 것이요

두 여자가 매를 갈고 있으매 하나는 데려감을 당하고 하나는 버려둠을 당할 것이니라 그러므로 깨어 있으라 어느 날에 너희 주가 임할는지 너희가 알지 못함이니라

너희도 아는바니 만일 집 주인이 도적이 어느 경점에 올 줄을 알았더면 깨어 있어 그 집을 뚫지 못하게 하였으리라

이러므로 너희도 예비하고 있으라 생각지 않은 때에 인자가 오리라" (마 24:35-44)

"또 내가 새 하늘과 새 땅을 보니 처음 하늘과 처음 땅이 없어졌고 바다도 다시 있지 않더라

또 내가 보매 거룩한 성 새 예루살렘이 하나님께로부터 하늘에서 내려오니 그 예비한 것이 신부가 남편을 위하여 단장한 것 같더라

내가 들으니 보좌에서 큰 음성이 나서 가로되 보라 하나님의 장막이 사람들과 함께 있으매 하나님이 저희와 함께 거하시리니 저희는 하나님의 백성이 되고 하나님은 친히 저희와 함께 계셔서

모든 눈물을 그 눈에서 씻기시매 다시 사망이 없고 애통하는 것이나 곡하는 것이나 아픈 것이 다시 있지 아니하리니 처음 것들이 다 지나갔음이러라

보좌에 앉으신 이가 가라사대 보라 내가 만물을 새롭게 하노라 하시고 또 가라사대 이 말은 신실하고 참되니 기록하라 하시고

또 내게 말씀하시되 이루었도다 나는 알파와 오메가요 처음과 나중이라 내가 생명수 샘물로 목 마른 자에게 값 없이 주리니

이기는 자는 이것들을 유업으로 얻으리라 나는 저의 하나님이 되고 그는 내 아들이 되리라

그러나 두려워하는 자들과 믿지 아니하는 자들과 흉악한 자들과

살인자들과 행음자들과 술객들과 우상 숭배자들과 모든 거짓말 하는 자들은 불과 유황으로 타는 못에 참예하리니 이것이 둘째 사망이라

일곱 대접을 가지고 마지막 일곱 재앙을 담은 일곱 천사중 하나가 나아와서 내게 말하여 가로되 이리 오라 내가 신부 곧 어린 양의 아내를 네게 보이리라 하고

성령으로 나를 데리고 크고 높은 산으로 올라가 하나님께로부터 하늘에서 내려오는 거룩한 성 예루살렘을 보이니

하나님의 영광이 있으매 그 성의 빛이 지극히 귀한 보석 같고 벽옥과 수정 같이 맑더라"(계 21:1-11)

"한번 죽는 것은 사람에게 정하신 것이요 그 후에는 심판이 있으리니 이와 같이 그리스도도 많은 사람의 죄를 담당하시려고 단번에 드리신 바 되셨고 구원에 이르게 하기위하여 죄와 상관없이 자기를 바라는 자들에게 두 번째 나타나시리라"(히 9:27-28)

"내가 진실로 진실로 너희에게 이르노니 내 말을 듣고 또 나 보내신 이를 믿는 자는 영생을 얻었고 심판에 이르지 아니하나니 사망에서 생명으로 옮겼느니라

진실로 진실로 너희에게 이르노니 죽은 자들이 하나님의 아들의 음성을 들을 때가 오나니 곧 이 때라 듣는 자는 살아나리라"(요 5:24-25)

"이 일 후에 다른 천사가 하늘에서 내려오는 것을 보니 큰 권세를 가졌는데 그의 영광으로 땅이 환하여지더라

힘센 음성으로 외쳐 가로되 무너졌도다 무너졌도다 큰 성 바벨론
이여 귀신의 처소와 각종 더러운 영의 모이는 곳과 각종 더럽고 가
증한 새의 모이는 곳이 되었도다

그 음행의 진노의 포도주를 인하여 만국이 무너졌으며 또 땅의
왕들이 그로 더불어 음행하였으며 땅의 상고들도 그 사치의 세력을
인하여 치부하였도다 하더라

또 내가 들으니 하늘로서 다른 음성이 나서 가로되 내 백성아, 거
기서 나와 그의 죄에 참예 하지 말고 그의 받을 재앙들을 받지 말라

그 죄는 하늘에 사무쳤으며 하나님은 그의 불의한 일을 기억하
신지라

그가 준 그대로 그에게 주고 그의 행위대로 갑절을 갚아주고 그
의 섞은 잔에도 갑절이나 섞어 그에게 주라

그가 어떻게 자기를 영화롭게 하였으며 사치하였든지 그만큼 고
난과 애통으로 갚아주라 그가 마음에 말하기를 나는 여황으로 앉
은 자요 과부가 아니라 결단코 애통을 당하지 아니하리라 하니

그러므로 하루 동안에 그 재앙들이 이르리니 곧 사망과 애통과
흉년이라 그가 또한 불에 살라지리니 그를 심판하신 주 하나님은
강하신 자이심이니라"(계 18:1-8)

"이 일을 생각할 때에 주의 사자가 현몽하여 가로되 다윗의 자손
요셉아 네 아내 마리아 데려오기를 무서워 말라 저에게 잉태된 자
는 성령으로 된 것이라

아들을 낳으리니 이름을 예수라 하라 이는 그가 자기 백성을 저
희 죄에서 구원할 자이심이라 하니라"(마 1:20-21)

성경의 모든 말씀은 세상에 대한 하나님의 심판에서 그의 백성들

을 구원하시기 위함이다. **단 하나의 목적을 위하여 하나님의 구원 계획을 사람들에게 전하신 것이다.** 그러니 목회의 방향이나 가르치는 말씀의 내용은 모두 하나님의 구원 계획 하나에 초점이 맞춰져 있어야 한다.

그런데 에덴동산에서 우리 조상을 미혹하여 탈선하게 하였던 사단은 그 후에도 계속 하나님의 백성들을 거짓으로 미혹하여 다른 길로 빠지게 하고 있다. 그들이 거짓 목사가 되어서 사단의 앞잡이로 살아가면서 끊임없이 사람들을 탈선시키고 있으니 말씀에 깨어 있지 못하면 누구든지 미혹에 넘어가서 버림받게 되는 것이다.

현대사회는 대부분의 지도자나 성도들이 이미 거짓에 미혹되었다는 사실을 저들의 입에서 나오는 말소리에 나타나 있으며, 사람들의 신앙 목적이 세속적인 것에 있다는 것과 저들이 또한 성령 안에서 아무것도 변한 것이 없는 사실이 저들의 실체를 증거하고 있다.

"내가 사십년을 그 세대로 인하여 근심하여 이르기를 저희는 마음이 미혹된 백성이라 내 도를 알지 못한다 하였도다 그러므로 내가 노하여 맹세하기를 저희는 내 안식에 들어오지 못하리라 하였도다"(시 95:9-10)

"이 백성이 오히려 자기들을 치시는 자에게로 돌아오지 아니하며 만군의 여호와를 찾지 아니하도다
이러므로 여호와께서 하루 사이에 이스라엘 중에서 머리와 꼬리며 종려 가지와 갈대를 끊으시리니 머리는 곧 장로와 존귀한 자요 꼬리는 곧 거짓말을 가르치는 선지자라 백성을 인도하는 자가 그들로 미혹케 하니 인도를 받는 자가 멸망을 당하는도다"(사 9:13-16)

"너의 지혜로운 자가 어디 있느냐 그들이 만군의 여호와께서 애굽에 대하여 정하신 뜻을 알 것이요 곧 네게 고할 것이니라

소안의 방백들은 어리석었고 놉의 방백들은 미혹되었도다 그들은 애굽 지파들의 모퉁이 돌 이어늘 애굽으로 그릇가게 하였도다

여호와께서 그 가운데 사특한 마음을 섞으셨으므로 그들이 애굽으로 매사에 잘못 가게 함이 취한 자가 토하면서 비틀거림 같게 하였으니" (사 19:12-14)

하나님의 말씀이 없어서 미혹되는 것이 아니라 사단이 하나님의 말씀을 사람의 욕망과 취향에 맞춰서 그럴듯하게 변질시켜서 사림들을 미혹하기 때문에 하나님의 말씀에 무지한 사람들이 쉽게 미혹을 받아 넘어지고 있는 것이다.

"내 이름으로 거짓을 예언하는 선지자들의 말에 내가 몽사를 얻었다 몽사를 얻었다 함을 내가 들었노라

거짓을 예언하는 선지자들이 언제까지 이 마음을 품겠느냐 그들은 그 마음의 간교한 것을 예언하느니라

그들이 서로 몽사를 말하니 그 생각인즉 그들의 열조가 바알로 인하여 내 이름을 잊어버린 것 같이 내 백성으로 내 이름을 잊게 하려 함이로다

나 여호와가 말하노라 몽사를 얻은 선지자는 몽사를 말할 것이요 내 말을 받은 자는 성실함으로 내 말을 말할 것이라 겨와 밀을 어찌 비교하겠느냐

나 여호와가 말하노라 내 말이 불같지 아니하냐 반석을 쳐서 부스러뜨리는 방망이 같지 아니하냐

나 여호와가 말하노라 그러므로 보라 서로 내 말을 도적질하는 선지자들을 내가 치리라 나 여호와가 말하노라 보라 그들이 혀를 놀려 그가 말씀하셨다 하는 선지자들을 내가 치리라

나 여호와가 말하노라 보라 거짓 몽사를 예언하여 이르며 거짓과 헛된 자만으로 내 백성을 미혹하게 하는 자를 내가 치리라 내가 그들을 보내지 아니하였으며 명하지 아니하였나니 그들이 이 백성에게 아무 유익이 없느니라 여호와의 말이니라"(렘 23:25-32)

"처녀 예루살렘이여 내가 무엇으로 네게 증거하며 무엇으로 네게 비유할꼬 처녀 시온이여 내가 무엇으로 네게 비교하여 너를 위로할꼬 너의 파괴됨이 바다 같이 크니 누가 너를 고칠소냐

네 선지자들이 네게 대하여 헛되고 어리석은 묵시를 보았으므로 네 죄악을 드러내어서 네 사로잡힌 것을 돌이키지 못하였도다 저희가 거짓 경고와 미혹케 할 것만 보았도다"(애 2:13-14)

"여호와께서 가라사대 모압의 서너 가지 죄로 인하여 내가 그 벌을 돌이키지 아니하리니 이는 저가 에돔 왕의 뼈를 불살라 회를 만들었음이라

내가 모압에 불을 보내리니 그리욧 궁궐들을 사르리라 모압이 요란함과 외침과 나팔 소리 중에서 죽을 것이라 내가 그 중에서 재판장을 멸하며 방백들을 저와 함께 죽이리라 이는 여호와의 말씀이니라

여호와께서 가라사대 유다의 서너가지 죄로 인하여 내가 그 벌을 돌이키지 아니하리니 이는 저희가 여호와의 율법을 멸시하며 그 율례를 지키지 아니하고 그 열조의 따라가던 거짓것에 미혹하였음이라

내가 유다에 불을 보내리니 예루살렘의 궁궐들을 사르리라" (암 2:1-5)

하나님의 백성 이스라엘이 망한 것은 그들이 하나님의 말씀은 받았으나 사단의 거짓에 미혹되어 하나님을 버리고 사단의 거짓을 좇아갔기 때문이다.

"예수께서 대답하여 가라사대 너희가 사람의 미혹을 받지 않도록 주의하라

많은 사람이 내 이름으로 와서 이르되 나는 그리스도라 하여 많은 사람을 미혹케 하리라

난리와 난리 소문을 듣겠으나 너희는 삼가 두려워 말라 이런 일이 있어야 하되 끝은 아직 아니니라

민족이 민족을, 나라가 나라를 대적하여 일어나겠고 처처에 기근과 지진이 있으리니 이 모든 것이 재난의 시작이니라

그 때에 사람들이 너희를 환난에 넘겨주겠으며 너희를 죽이리니 너희가 내 이름을 위하여 모든 민족에게 미움을 받으리라

그 때에 많은 사람이 시험에 빠져 서로 잡아 주고 서로 미워하겠으며

거짓 선지자가 많이 일어나 많은 사람을 미혹하게 하겠으며

불법이 성하므로 많은 사람의 사랑이 식어지리라" (마 24:4-12)

"형제들아 내가 너희를 권하노니 너희 교훈을 거스려 분쟁을 일으키고 거치게 하는 자들을 살피고 저희에게서 떠나라

이같은 자들은 우리 주 그리스도를 섬기지 아니하고 다만 자기의

배만 섬기나니 공교하고 아첨하는 말로 순진한 자들의 마음을 미
혹하느니라"(롬 16:17-18)

"너희는 불의를 행하고 속이는구나 저는 너희 형제로다 불의한
자가 하나님의 나라를 유업으로 받지 못할 줄을 알지 못하느냐
　미혹을 받지 말라 음란하는 자나 우상 숭배하는 자나 간음하는
자나 탐색하는 자나 남색하는 자나 도적이나 탐람하는 자나 술 취
하는 자나 후욕하는 자나 토색하는 자들은 하나님의 나라를 유업
으로 받지 못하리라"(고전 6:8-10)

"뱀이 그 간계로 이와를 미혹케 한것 같이 너희 마음이 그리스도
를 향하는 진실함과 깨끗함에서 떠나 부패할까 두려워하노라
　만일 누가 가서 우리의 전파하지 아니한 다른 예수를 전파하거나
혹 너희의 받지 아니한 다른 영을 받게 하거나 혹 너희의 받지 아
니한 다른 복음을 받게 할 때에는 너희가 잘 용납하는구나"(고후
11:3-4)

"그러나 성령이 밝히 말씀하시기를 후일에 어떤 사람들이 믿음에
서 떠나 미혹케 하는 영과 귀신의 가르침을 좇으리라 하셨으니
　자기 양심이 화인 맞아서 외식함으로 거짓말하는 자들이라"(딤
전 4:1-2)

"저희가 바른길을 떠나 미혹하여 브올의 아들 발람의 길을 좇는
도다 그는 불의의 삯을 사랑하다가
　자기의 불법을 인하여 책망을 받되 말 못하는 나귀가 사람의 소

리로 말하여 이 선지자의 미친 것을 금지하였느니라

이 사람들은 물 없는 샘이요 광풍에 밀려가는 안개니 저희를 위하여 캄캄한 어두움이 예비되어 있나니

저희가 허탄한 자랑의 말을 토하여 미혹한데 행하는 사람들에게서 겨우 피한 자들을 음란으로써 육체의 정욕 중에서 유혹하여 저희에게 자유를 준다 하여도 자기는 멸망의 종들이니 누구든지 진 자는 이긴 자의 종이 됨이니라

만일 저희가 우리 주 되신 구주 예수 그리스도를 앎으로 세상의 더러움을 피한 후에 다시 그 중에 얽매이고 지면 그 나중 형편이 처음보다 더 심하리니

의의 도를 안 후에 받은 거룩한 명령을 저버리는 것보다 알지 못하는 것이 도리어 저희에게 나으니라

참 속담에 이르기를 개가 그 토하였던 것에 돌아가고 돼지가 씻었다가 더러운 구덩이에 도로 누웠다 하는 말이 저희에게 응하였도다" (벧후 2:15-22)

"사랑하는 자들아 영을 다 믿지 말고 오직 영들이 하나님께 속하였나 시험하라 많은 거짓 선지자가 세상에 나왔음이니라

하나님의 영은 이것으로 알찌니 곧 예수 그리스도께서 육체로 오신 것을 시인하는 영마다 하나님께 속한 것이요

예수를 시인하지 아니하는 영마다 하나님께 속한 것이 아니니 이것이 곧 적그리스도의 영이니라 오리라 한 말을 너희가 들었거니와 이제 벌써 세상에 있느니라

자녀들아 너희는 하나님께 속하였고 또 저희를 이기었나니 이는 너희 안에 계신 이가 세상에 있는 이보다 크심이라

저희는 세상에 속한고로 세상에 속한 말을 하매 세상이 저희 말을 듣느니라

우리는 하나님께 속하였으니 하나님을 아는 자는 우리의 말을 듣고 하나님께 속하지 아니한 자는 우리의 말을 듣지 아니하나니 진리의 영과 미혹의 영을 이로써 아느니라"(요일 4:1-6)

"또 내가 보매 그 짐승과 땅의 임금들과 그 군대들이 모여 그 말 탄 자와 그의 군대로 더불어 전쟁을 일으키다가

짐승이 잡히고 그 앞에서 이적을 행하던 거짓 선지자도 함께 잡혔으니 이는 짐승의 표를 받고 그의 우상에게 경배하던 자들을 이적으로 미혹하던 자라 이 둘이 산채로 유황불 붙는 못에 던지우고

그 나머지는 말 탄 자의 입으로 나오는 검에 죽으매 모든 새가 그 고기로 배불리우더라"(계 19:19-21)

"천년이 차매 사단이 그 옥에서 놓여 나와서 땅의 사방 백성 곧 곡과 마곡을 미혹하고 모아 싸움을 붙이리니 그 수가 바다 모래 같으리라

저희가 지면에 널리 퍼져 성도들의 진과 사랑하시는 성을 두르매 하늘에서 불이 내려와 저희를 소멸하고

또 저희를 미혹하는 마귀가 불과 유황 못에 던지우니 거기는 그 짐승과 거짓 선지자도 있어 세세토록 밤낮 괴로움을 받으리라"(계 20:7-10)

에덴에서 사람을 미혹하는 데 성공한 사단은 그가 잡혀서 심판의 불에 던져질 때까지 이 세상에서 하나님의 백성들을 미혹하고 있으

니 항상 말씀에 깨어있기를 간절히 호소한다. 우리가 구할 것은 이 세상에 속한 물질이 아니라 영생뿐이다. 모든 말씀은 우리들의 영생을 위한 하나의 목적만을 위하여 주신 말씀이다.

성경 말씀은 1,500여 년의 긴 시간 동안에 40여 명의 직업과 학문과 배경이 전혀 다른 저자들이 서로 다른 시기에 다른 장소에서 기록하였는데 놀랍도록 그 내용이 단 하나의 목적을 이루기 위한 말씀으로 통일이 되어있다는 사실이다. 이것은 성경 말씀이 저자들의 생각대로 기록한 말이 아니고 하나님께서 인간 구원에 대한 계획을 가지고, 그 계획을 이루시기 위하여 주신 말씀이라는 사실을 입증하는 것이다.

그러니 성경에 기록된 말씀과 저자들 이외의 사람들이 성경에 없는 다른 말을 가르치거나 자신이 마치 이 시대의 하나님의 선지자처럼 위장하고 자신에게 계시가 임한 것처럼 말하는 사람들은 모두 거짓된 사기꾼임을 깨닫고 그들을 멀리하기 바란다. 그들이 바로 사단의 입이 되어 사단의 거짓을 유포하는 사단의 사자들이다.

그리고 성경에는 다양한 사건과 많은 내용의 말씀이 있으나 말씀의 핵심과 목적은 오직 우리의 구원을 위한 단 하나뿐이고, 그 외의 모든 말씀은 핵심 목적을 이루기 위하여 참고적으로 하신 말씀들이니 그 핵심 목적을 떠나서 괜히 다른 것에 착념하지 말아야 할 것이다.

성경 말씀의 내용과
구성의 패턴

....

　　성경 말씀은 서로 다른 시기에 여러 사람에 의하여 기록되어서 여기저기의 깊은 토굴 속 항아리 같은 곳에 숨겨져서 오랫동안 잘 보존되어 있다가 후에 하나, 둘 발견이 되었다. 그것들을 모아서 하나의 책으로 완성하고 보니까 하나님께서 인간을 구원하시기 위한 계획을 가지시고, 그 계획을 진행하여 가시는 완벽한 하나의 진리 말씀이라는 사실이 밝혀진 것이다. 마치 서로 다른 건축 자재들이 여러 다른 공장에서 만들어졌으나 그것들을 모아서 조립하여 보니 하나의 완전한 집이 세워진 것과 동일하다 할 것이다.

　　성경 말씀은 죄로 인하여 하나님을 떠난(죽은) 인간을 살리시기 위하여 하나님이 죄인을 찾아오셔서 부르시고 구원하시는 구체적인 방법과 하나님의 계획에 대하여 그리고 계획대로 이루어 가시는 진행 과정에 대하여 시대마다 일어났던 역사적 사건과 하나님께서 예고하신 말씀이 시간이 지난 후에 그대로 성취된 사실들이 기록되었다. 반복적으로 동일하게 진행되고 있다는 사실과 장차 이루어질 놀라운 일들에 대하여 말씀하셨는데, 그 말씀들이 그대로 성취되어 가고 있는 사실을 확인할 수가 있다.

　　성경 말씀은 복잡하고 다양한 것 같아도 하나님의 구원 계획을 따라 아주 구체적이며, 단순하고 일관성 있게 말씀하셨다는 사실을 깨닫게 된다. 그러므로 우리가 이 흐름을 따라가기만 하면 하나님의 인간 구원에 대한 계획과 하나님이 이루어 가시는 놀라운 사실을 발견할 수 있다. 이것이 성경 말씀의 핵심이요 줄기이며, 목적이고 흐름이다. 아무리 세상이 변하여도 이 흐름은 변하지 않는다. 그런데 미혹된 지도자들은 이 흐름을 따르지 않고 자기들의 거짓 문화를 만들어가고 있으니 주의 깊게 살펴보기를 바란다. 잘못된 길로 빠지는 사람은 절대로 천국의 목적지에 이를 수 없는 것이다.

"예수를 너희가 보지 못하였으나 사랑하는도다 이제도 보지 못하나 믿고 말할 수 없는 영광스러운 즐거움으로 기뻐하니

믿음의 결국 곧 영혼의 구원을 받음이라

이 구원에 대하여는 너희에게 임할 은혜를 예언하던 선지자들이 연구하고 부지런히 살펴서 자기 속에 계신 그리스도의 영이 그 받으실 고난과 후에 얻으실 영광을 미리 증거하여 어느 시 어떠한 때를 지시하시는지 상고하니라

이 섬긴 바가 자기를 위한 것이 아니요 너희를 위한 것임이 계시로 알게 되었으니 이것은 하늘로부터 보내신 성령을 힘입어 복음을 전하는 자들로 이제 너희에게 고한 것이요 천사들도 살펴 보기를 원하는 것이니라

그러므로 너희 마음의 허리를 동이고 근신하여 예수 그리스도의 나타나실 때에 너희에게 가져올 은혜를 온전히 바랄찌어다

너희가 순종하는 자식처럼 이전 알지 못할 때에 좇던 너희 사욕을 본 삼지 말고 오직 너희를 부르신 거룩한 자처럼 너희도 모든 행실에 거룩한 자가 되라 기록하였으되 내가 거룩하니 너희도 거룩할찌어다 하셨느니라" (벧전 1:8-16)

요즘은 내비게이션이 있어서 어디든지 쉽게 목적지를 찾아갈 수가 있다. 내비게이션에는 수많은 정보가 담겨있어 출발지에서 목적지를 검색하면 목적지까지 가는 길이 바로 연결되고 안내가 시작된다. 성경 말씀의 눈이 열리면 바로 영생의 그 길이 내비게이션에 나타난 길처럼 환하게 나타나고 안내의 말씀이 들리기 시작한다. 지나가는 길 주변에는 여러 가지 다른 환경이 펼쳐지지만, 그 환경들은 모두 눈으로 보기만 하고 안내를 따라서 계속 따라가기만 하면 목적지에 도달하는 것이다.

믿음의 성도들이 설정한 목표는 천국 영생이기 때문에 천국 가는 길에 아무리 아름답고 풍요로운 세상이 우리를 향하여 미혹의 손을 흔들어도 그대로 지나쳐야 한다. 가던 길에서 미혹되어 목적지를 바꾸어 다른 길로 가는 사람들은 결코 천국에 이르지 못하게 됨으로 목표가 바뀌면 절대로 안 된다. 그런데 요즘 탈선한 지도자들은 처음부터 설정한 목표가 천국이 아니고 다른 곳을 목적지로 삼아 가르치고 있으니 그들이 바로 소경들이며 거짓된 악마들이다.

소경을 따라가면 모두 멸망으로 떨어지게 되는 것이니 처음부터 천국이 목표가 아니고 세상의 것에 목표를 두고 가르치는 지도자에게서는 속히 떠나기 바란다.

성경의 흐름을 알기 쉽게 정리하면

사람

사람에게는 하나님의 법령(계명)이 주어졌다. 최초의 법령은 '선악을 알게 하는 나무의 열매는 먹지 말라. 먹는 날에는 정령 죽으리라'는 법이었다. 그러면 왜 하나님께서 선악을 알게 하는 나무를 중앙에 두시고 그런 법을 만드셨을까? 그것은 세상에는 미혹자(뱀, 사단)가 존재하고 있었기 때문이다.

사람은 누구든지 하나님의 법(말씀) 안에서 살아야만 하나님과의 교제를 이루며 살게 되는데, 법이 없는 세상은 무질서하고 혼란스럽고 악을 행하여도 그것이 악으로 구별이 되지 않는다. 그래서 범죄를 예방도 할 수 없고 범죄자를 처벌할 수도 없고 선한 사람을 보호할 수 없기 때문에 법을 만들어 놓은 것이다.

> "죄가 율법 있기 전에도 세상에 있었으나 율법이 없을 때에는 죄를 죄로 여기지 아니하느니라" (롬 5:13)

법을 만드는 목적은 범죄 예방과 범죄자를 처벌하여 평화롭고 살기 좋은 세상을 만들기 위함이다. 그러므로 법을 왜 만들었느냐고 말하지 말고, 법을 잘 알고 지키면서 살아야 하는 것이다. 법을 잘 지키는 사람에게는 아무리 무서운 법이 있다고 하여도 아무런 해를 받지 않고 오히려 악인들로부터 보호를 받으며 평화롭고 안전하게 살 수 있는 것이다.

법이 없으면 사람들이 다 의인으로 살아갈 수 있을까? 절대로 그렇지 않다. 법이 없는 세상은 완전 무질서의 세상이 되어서 누구도 자유롭고 평화롭게 살아갈 수 없는 세상이 되어버린다. 죄를 범한 것이 법을 만든 사람의 잘못이 아니라 죄를 범한 사람에게 책임이 있는 것이다.

요즘은 음주운전에 관한 법을 아주 엄하게 하였는데도 사람들은 여전히 음주운전을 하고 사고를 많이 내고 있는데 사람이 음주를 하는 것도 술에 미혹되었기 때문이다.

하나님은 완전하신 분이지만, 사람은 신이 아니고 피조물이기 때문에 완전할 수가 없어 법을 통하여 법의 보호를 받으며 살도록 하시려고 법을 제정하신 것이다. 그러나 안타깝게도 사람은 하나님이 정하신 법을 지키지 못하였는데, 그 원인이 바로 뱀(사단)의 미혹에 빠졌기 때문이었다.

피조물인 인간은 언제 어디서나 미혹을 잘 받는다, 미혹 받는 원인은 더 높아지고 더 잘되고 더 많이 소유하고 더 자유롭고 더 행복해져서 무엇이든 자신이 원하는 대로 하면서 살아가고 싶은 탐욕이 마음속에 자리 잡고 있기 때문이다. 사단은 이러한 사람의 심리를 너무나 잘 알고 있기 때문에 사람들이 원하는 것, 사람의 약한 것, 사람들의 탐욕과 호기심을 잘 이용하여 미혹한다. 여기서 사단은 성공했고, 사람은 실패하여 불행에 빠지게 된 것이다.

하나님이 주신 것도 풍족했고 무엇 하나 부족함이 없는 에덴이었지만 사람은 그것으로 만족하지 못하였던 것이다. 가진 것으로 만족하지 못하는 것, 그것이 곧 사단이 틈을 타고 들어와 미혹하도록 문을 여는 것이다.

탐욕은 불행의 시작이요 행복 끝이며, 고통과 질병과 죽음에 이르는 큰 화근이 되는 것이다. 현재 소유한 것으로 만족하며 감사하며 형편에 맞도록 사는 사람은 절대로 미혹의 영이 들어오지 못하며 아무리 미혹하여도 절대로 넘어가지 않는다. 항상 부족해하고 더 가지려고 하고 더 높아지려고 하니까 결국 미혹에 넘어가게 되어서 있었던 것까지도 모두 잃게 되는 것이다.

하나님의 법은 먹지 말라, 먹는 날에는 네가 정녕 죽으리라는 것이었다.

"여호와 하나님이 그 사람에게 명하여 가라사대 동산 각종 나무의 실과는 네가 임의로 먹되 선악을 알게 하는 나무의 실과는 먹지 말라 네가 먹는 날에는 정녕 죽으리라 하시니라" (창 2:16-17)

"여호와 하나님의 지으신 들짐승 중에 뱀이 가장 간교하더라 뱀이 여자에게 물어 가로되 하나님이 참으로 너희더러 동산 모든 나무의 실과를 먹지 말라 하시더냐

여자가 뱀에게 말하되 동산 나무의 실과를 우리가 먹을 수 있으나

동산 중앙에 있는 나무의 실과는 하나님의 말씀에 너희는 먹지도 말고 만지지도 말라 너희가 죽을까 하노라 하셨느니라

뱀이 여자에게 이르되 너희가 결코 죽지 아니하리라

너희가 그것을 먹는 날에는 너희 눈이 밝아 하나님과 같이 되어 선악을 알 줄을 하나님이 아심이니라

여자가 그 나무를 본즉 먹음직도 하고 보암직도 하고 지혜롭게 할 만큼 탐스럽기도 한 나무인지라 여자가 그 실과를 따먹고 자기와 함께한 남편에게도 주매 그도 먹은지라" (창 3:1-6)

"육에 속한 사람은 하나님의 성령의 일을 받지 아니하나니 저희에게는 미련하게 보임이요 또 깨닫지도 못하나니 이런 일은 영적으로라야 분변함이니라

신령한 자는 모든 것을 판단하나 자기는 아무에게도 판단을 받지 아니하느니라

누가 주의 마음을 알아서 주를 가르치겠느냐 그러나 우리가 그리스도의 마음을 가졌느니라" (고전 2:14-16)

최초의 사람이 사단의 미혹으로 죄를 범하고, 하나님이 두려워서 하나님을 피하여 숨어 살고 있을 때 하나님이 아담을 부르시며 찾아오셨던 것이다.

"그들이 날이 서늘할 때에 동산에 거니시는 여호와 하나님의 음성을 듣고 아담과 그 아내가 여호와 하나님의 낯을 피하여 동산 나무 사이에 숨은지라

여호와 하나님이 아담을 부르시며 그에게 이르시되 네가 어디 있느냐

가로되 내가 동산에서 하나님의 소리를 듣고 내가 벗었으므로 두려워하여 숨었나이다 가라사대 누가 너의 벗었음을 네게 고하였느냐 내가 너더러 먹지 말라 명한 그 나무 실과를 네가 먹었느냐

아담이 가로되 하나님이 주셔서 나와 함께하게 하신 여자 그가 그 나무 실과를 내게 주므로 내가 먹었나이다" (창 3:8-12)

"아담아 네가 어디 있느냐" 이 말씀이 죄인에게 들려온 최초의 복음이다.

하나님은 말씀만 하신 것이 아니라 친히 찾아오셔서 그의 벌거벗은 부끄러움을 가리는 가죽옷을 지어 입히셨다. 그와 같이 마지막에는 예수께서 친히 오셔서 자신이 희생하여 우리의 죄를 사하여 의롭다 함을 얻게 하심으로 우리가 예수님의 의를 덧입고 하나님 앞에 나아갈 수 있게 된 것이다.

"여호와 하나님이 아담과 그 아내를 위하여 가죽옷을 지어 입히시니라" (창 3:21)

"우리가 아직 죄인 되었을 때에 그리스도께서 우리를 위하여 죽으심으로 하나님께서 우리에게 대한 자기의 사랑을 확증하셨느니라

그러면 이제 우리가 그 피를 인하여 의롭다 하심을 얻었은즉 더욱 그로 말미암아 진노하심에서 구원을 얻을 것이니 곧 우리가 원수 되었을 때에 그 아들의 죽으심으로 말미암아 하나님으로 더불어 화목되었은즉 화목된 자로서는 더욱 그의 살으심을 인하여 구원을 얻을 것이니라" (롬 5:8-10)

사람이 죄를 범하였지만 하나님은 사람을 버리시거나 죽도록 내버려 누시지 않으시고, 시대 시대마다 그의 사자들을 보내서서 하나님의 사랑의 마음을 전하시면서 그의 백성들이 하나님께 돌아오도록 부르신 것이다. 그러나 사람은 아담과 이브가 그랬던 것처럼 지금도 여전히 사단의 미혹을 받아 하나님의 법을 지키지 못하고, 하나님께 돌아오지 않고 하나님을 떠나서 점점 더 깊은 죄악의 소굴로 들어가 죄악 속에서 살아가고 있는 것이다.

이스라엘 역사를 보면 가나안 땅에 정착한 후에 처음에는 하나님 중심으로 살아갔지만, 시간이 지나면서 그들 속에는 탐욕이 들어와서 이방 사람들이 숭배하는 각종 우상을 수입하여 하나님도 섬기고 우상도 숭배하는 혼합주의 신앙을 가지게 되었다. 오늘의 그리스도인 가운데도 유일하신 하나님 중심으로 살지 않고 다원주의 혼합사상에 빠져서 각종 종교와 세상의 모든 문화를 받아들여 살아가고 있다. 그 모든 원인이 인간의 탐욕과 하나님에 대한 무지와 사단의 미혹으로 말미암은 것이다.

"유다 왕 웃시야와 요담과 아하스와 히스기야 시대에 아모스의

아들 이사야가 유다와 예루살렘에 대하여 본 이상이라

하늘이여 들으라 땅이여 귀를 기울이라 여호와께서 말씀하시기를 내가 자식을 양육하였거늘 그들이 나를 거역하였도다

소는 그 임자를 알고 나귀는 주인의 구유를 알건마는 이스라엘은 알지 못하고 나의 백성은 깨닫지 못하는도다 하셨도다

슬프다 범죄한 나라요 허물 진 백성이요 행악의 종자요 행위가 부패한 자식이로다 그들이 여호와를 버리며 이스라엘의 거룩한 자를 만홀히 여겨 멀리하고 물러갔도다

너희가 어찌하여 매를 더 맞으려고 더욱 더욱 패역하느냐 온 머리는 병 들었고 온 마음은 피곤하였으며

발바닥에서 머리까지 성한 곳이 없이 상한 것과 터진 것과 새로 맞은 흔적 뿐이어늘 그것을 짜며 싸매며 기름으로 유하게 함을 받지 못하였도다" (사 1:1-6)

그럴지라도 하나님은 그의 백성들을 결코 버리시거나 포기하지 않으셨다. 백성들이 죄를 범하면 때로는 여러 가지 징계의 채찍을 통하여 회개하고 돌아오게 하셔서 회개하고 돌아온 사람을 품어 안으시고 상처를 치료하여 주시고 회복하게 하시기를 반복하시며 오늘에 이르고 있다.

그러나 인간은 회개하고 하나님께 돌아온 후에도 시간이 지나고 세대가 바뀌면 또다시 지난날에 죄로 인하여 하나님의 매를 맞고 회개하였던 사실을 잊어버리고 또다시 세상으로 돌아가기를 계속 반복하며 살아가고 있는 것이다.

그래도 하나님은 끝까지 그의 종들을 보내셔서 회개하고 돌아오게 하셨으나 백성들은 하나님이 보내신 종들을 핍박하고 옥에 가

두어 매를 치며 심지어 죽이기까지 하였던 것이다.

마지막으로 하나님은 아들 예수를 보내셨으나 사람들은 아들마저 완강하게 거부하고 십자가에 못 박아 죽이고 말았으니 죄인들은 하나님의 심판을 피할 수 없게 되었으며, 그 심판에서 일부의 백성들이 죄를 회개하고 하나님 앞에 돌아와서 구원을 받게 되는 것이니 심판의 채찍이 구원받은 사람들에게는 최후의 하나님의 사랑의 표식인 것이다.

주님의 십자가 죽으심은 죄인에 대한 하나님의 사랑을 보여주신 가장 확실한 증거이나 우둔하고 사단에 미혹된 백성들은 아무것도 깨닫지 못하였으니 주님은 이러한 백성들로 인하여 탄식하시며 지상에서의 인간 구원 사역을 완성하시고, 사랑하는 제자들에게 '내 양을 먹이라'는 지상 최대의 사명을 부여하시고 세상에 다시 오리라는 약속을 하시고 승천하신 것이다.

"다시 한 비유를 들으라 한 집 주인이 포도원을 만들고 산울로 두르고 거기 즙 짜는 구유를 파고 망대를 짓고 농부들에게 세로 주고 타국에 갔더니

실과 때가 가까우매 그 실과를 받으려고 자기 종들을 농부들에게 보내니

농부들이 종들을 잡아 하나는 심히 때리고 하나는 죽이고 하나는 돌로 쳤거늘

다시 다른 종들을 처음보다 많이 보내니 저희에게도 그렇게 하였는지라

후에 자기 아들을 보내며 가로되 저희가 내 아들은 공경하리라 하였더니

농부들이 그 아들을 보고 서로 말하되 이는 상속자니 자 죽이고 그의 유업을 차지하자 하고 이에 잡아 포도원 밖에 내어좇아 죽였느니라" (마 21:33-39)

"예루살렘아 예루살렘아 선지자들을 죽이고 네게 파송된 자들을 돌로 치는 자여 암탉이 그 새끼를 날개 아래 모음 같이 내가 네 자녀를 모으려 한 일이 몇번이냐 그러나 너희가 원치 아니하였도다
보라 너희 집이 황폐하여 버린바 되리라
내가 너희에게 이르노니 이제부터 너희는 찬송하리로다 주의 이름으로 오시는 이여 할 때까지 나를 보지 못하리라 하시니라" (마 23:37-39)

"그 때에 인자의 징조가 하늘에서 보이겠고 그 때에 땅의 모든 족속들이 통곡하며 그들이 인자가 구름을 타고 능력과 큰 영광으로 오는 것을 보리라
저가 큰 나팔소리와 함께 천사들을 보내리니 저희가 그 택하신 자들을 하늘 이 끝에서 저 끝까지 사방에서 모으리라
무화과나무의 비유를 배우라 그 가지가 연하여지고 잎사귀를 내면 여름이 가까운 줄을 아나니
이와 같이 너희도 이 모든 일을 보거든 인자가 가까이 곧 문앞에 이른줄 알라
내가 진실로 너희에게 말하노니 이 세대가 지나가기 전에 이 일이 다 이루리라
천지는 없어지겠으나 내 말은 없어지지 아니하리라
그러나 그 날과 그 때는 아무도 모르나니 하늘의 천사들도, 아들

도 모르고 오직 아버지만 아시느니라

　노아의 때와 같이 인자의 임함도 그러하리라

　홍수 전에 노아가 방주에 들어가던 날까지 사람들이 먹고 마시고 장가들고

　시집가고 있으면서 홍수가 나서 저희를 다 멸하기까지 깨닫지 못하였으니

　인자의 임함도 이와 같으리라" (마 24:30-39)

　"이스라엘 자손들아 너희는 심히 거역하던 자에게로 돌아오라" (사 31:6)

　"너희는 여호와를 만날만한 때에 찾으라 가까이 계실 때에 그를 부르라 악인은 그 길을, 불의한 자는 그 생각을 버리고 여호와께로 돌아오라 그리하면 그가 긍휼히 여기시리라 우리 하나님께로 나아오라 그가 널리 용서하시리라" (사 55:6-7)

　"처녀 이스라엘아 너를 위하여 길표를 세우며 너를 위하여 표목을 만들고 대로 곧 네가 전에 가던 길에 착념하라 돌아오라 네 성읍들로 돌아오라

　패역한 딸아 네가 어느 때까지 방황하겠느냐 여호와가 새 일을 세상에 창조하였나니 곧 여자가 남자를 안으리라

　나 만군의 여호와 이스라엘의 하나님이 이같이 말하노라 내가 그 사로잡힌 자를 돌아오게 할 때에 그들이 유다 땅과 그 성읍들에서 다시 이 말을 쓰리니 곧 의로운 처소여, 거룩한 산이여, 여호와께서 네게 복 주시기를 원하노라 할 것이며

유다와 그 모든 성읍의 농부와 양떼를 인도하는 자가 거기 함께 거하리니

이는 내가 그 피곤한 심령을 만족케 하며 무릇 슬픈 심령을 상쾌케 하였음이니라 하시기로 내가 깨어보니 내 잠이 달았더라

여호와께서 가라사대 보라 내가 사람의 씨와 짐승의 씨를 이스라엘 집과 유다 집에 뿌릴 날이 이르리니

내가 경성 하여 그들을 뽑으며 훼파하며 전복하며 멸하며 곤란케 하던 것 같이 경성 하여 그들을 세우며 심으리라 여호와의 말이니라" (렘 31:21-28)

"여호와께서 그 군대 앞에서 소리를 발하시고 그 진은 심히 크고 그 명령을 행하는 자는 강하니 여호와의 날이 크고 심히 두렵도다 당할 자가 누구이랴

여호와의 말씀에 너희는 이제라도 금식하며 울며 애통하고 마음을 다하여 내게로 돌아오라 하셨나니

너희는 옷을 찢지 말고 마음을 찢고 너희 하나님 여호와께로 돌아올찌어다 그는 은혜로우시며 자비로우시며 노하기를 더디하시며 인애가 크시사 뜻을 돌이켜 재앙을 내리지 아니하시나니

주께서 혹시 마음과 뜻을 돌이키시고 그 뒤에 복을 끼치사 너희 하나님 여호와께 소제와 전제를 드리게 하지 아니하실는지 누가 알겠느냐

너희는 시온에서 나팔을 불어 거룩한 금식일을 정하고 성회를 선고하고

백성을 모아 그 회를 거룩케 하고 장로를 모으며 소아와 젖먹는 자를 모으며 신랑을 그 방에서 나오게 하며 신부도 그 골방에서 나

오게 하고

여호와께 수종드는 제사장들은 낭실과 단 사이에서 울며 이르기를 여호와여 주의 백성을 긍휼히 여기소서 주의 기업으로 욕되게 하여 열국들로 그들을 관할하지 못하게 하옵소서 어찌하여 이방인으로 그들의 하나님이 어디 있느뇨 말하게 하겠나이까 할찌어다

그 때에 여호와께서 자기 땅을 위하여 중심이 뜨거우시며 그 백성을 긍휼히 여기실 것이라"(엘 2:11-18)

"다리오왕 이년 팔월에 여호와의 말씀이 잇도의 손자 베레갸의 아늘 선지자 스가랴에게 임하니라 가라사대

나 여호와가 무리의 열조에게 심히 진노하였느니라

그러므로 너는 무리에게 고하기를 만군의 여호와께서 이처럼 이르시되 너희는 내게로 돌아오라 나 만군의 여호와의 말이니라 그리하면 내가 너희에게로 돌아가리라 나 만군의 여호와의 말이니라

너희 열조를 본받지 말라 옛적 선지자들이 그들에게 외쳐 가로되 만군의 여호와께서 말씀하시기를 너희가 악한 길, 악한 행실을 떠나서 돌아오라 하셨다 하나 그들이 듣지 않고 내게 귀를 기울이지 아니하였느니라 나 여호와의 말이니라"(슥 1:1-4)

"만군의 여호와가 이르노라 너희 열조의 날로부터 너희가 나의 규례를 떠나 지키지 아니하였도다 그런즉 내게로 돌아오라 그리하면 나도 너희에게로 돌아가리라 하였더니 너희가 이르기를 우리가 어떻게 하여야 돌아가리이까 하도다"(말 3:7)

하나님께서는 이렇게 시대 시대마다 그의 종들을 보내서 하나님

을 떠난 백성들을 돌아오라고 부르셨으니 끝까지 그의 백성들을 버리지 아니하시고 부르시며 기다리시는 만군의 여호와 우리 아버지 사랑을 말씀 속에서 찾아볼 수 있는 것이다.

"유월절 전에 예수께서 자기가 세상을 떠나 아버지께로 돌아가실 때가 이른 줄 아시고 세상에 있는 자기 사람들을 사랑하시되 끝까지 사랑 하시니라"(요 13:1)

"유다 족속 중에 피하여 남는 자는 다시 아래로 뿌리를 박고 위로 열매를 맺히리니 이는 남는 자가 예루살렘에서 나오며 피하는 자가 시온에서 나올 것임이라 만군의 여호와의 열심이 이를 이루시리이다"(사 37:31-32)

성경 말씀의 흐름을 따라가기만 하면 마지막은 심판과 구원이다. 그러니 누구든지 다른 길로 빠져서 구원에 실패하는 자가 되지 않기 바라며, 가르치는 자들은 구원의 길이 아닌 다른 것으로 하나님의 백성들을 미혹하지 말고 성경의 핵심 말씀에서 벗어나지 않기를 간곡히 바란다.

죄짓고 회개하지 못하고 죽음의 길을 좇아가는 사람의 마지막은 사망이고, 말씀을 듣고 회개하여 하나님께 돌아와 생명의 길을 따르는 사람의 마지막은 영생이다.

"너희가 죄의 종이 되었을 때에는 의에 대하여 자유하였느니라 너희가 그때에 무슨 열매를 얻었느뇨 이제는 너희가 그 일을 부끄러워하나니 이는 그 마지막이 사망임이니라 그러나 이제는 너희가 죄에게서 해방되고 하나님께 종이 되어 거룩함에 이르는 열매를 얻었으니 이 마지막은 영생이라

죄의 삯은 사망이요 하나님의 은사는 그리스도 예수 우리 주 안에 있는 영생이니라"(롬 6:20-23)

"하나님의 선한 말씀과 내세의 능력을 맛보고 타락한 자들은 다시 새롭게 하여 회개케 할 수 없나니 이는 자기가 하나님의 아들을 다시 십자가에 못 박아 현저히 욕을 보임이라

땅이 그 위에 자주 내리는 비를 흡수하여 밭 가는 자들의 쓰기에 합당한 채소를 내면 하나님께 복을 받고

만일 가시와 엉겅퀴를 내면 버림을 당하고 저주함에 가까와 그 마지막은 불사름이 되리라"(히 6:5-8)

인생의 마지막 날에 순종과 생명의 길을 따라간 사람에게는 영광의 삶이 주어지고, 거역하며 죄악의 길을 좇아간 사람들에게는 끔찍한 불의 심판이 기다리고 있다.

"사랑하는 자들아 내가 이제 이 둘째 편지를 너희에게 쓰노니 이 둘로 너희 진실한 마음을 일깨워 생각하게 하여

곧 거룩한 선지자의 예언한 말씀과 주 되신 구주께서 너희의 사도들로 말미암아 명하신 것을 기억하게 하려 하노라

먼저 이것을 알찌니 말세에 기롱하는 자들이 와서 자기의 정욕을 좇아 행하며 기롱하여 가로되 주의 강림하신다는 약속이 어디 있느뇨 조상들이 잔 후로부터 만물이 처음 창조할 때와 같이 그냥 있다 하니

이는 하늘이 옛적부터 있는 것과 땅이 물에서 나와 물로 성립한 것도 하나님의 말씀으로 된 것을 저희가 부러 잊으려 함이로다

이로 말미암아 그때 세상은 물의 넘침으로 멸망하였으되

이제 하늘과 땅은 그 동일한 말씀으로 불사르기 위하여 간수하신바 되어 경건치 아니한 사람들의 심판과 멸망의 날까지 보존하여 두신 것이니라

사랑하는 자들아 주께는 하루가 천년 같고 천년이 하루 같은 이 한가지를 잊지 말라 주의 약속은 어떤이의 더디다고 생각하는 것 같이 더딘 것이 아니라 오직 너희를 대하여 오래 참으사 아무도 멸망치 않고 다 회개하기에 이르기를 원하시느니라

그러나 주의 날이 도적 같이 오리니 그 날에는 하늘이 큰 소리로 떠나 가고 체질이 뜨거운 불에 풀어지고 땅과 그 중에 있는 모든 일이 드러나리로다

이 모든 것이 이렇게 풀어지리니 너희가 어떠한 사람이 되어야 마땅하뇨 거룩한 행실과 경건함으로 하나님의 날이 임하기를 바라보고 간절히 사모하라 그 날에 하늘이 불에 타서 풀어지고 체질이 뜨거운 불에 녹아지려니와

우리는 그의 약속대로 의의 거하는바 새 하늘과 새 땅을 바라보도다 그러므로 사랑하는 자들아 너희가 이것을 바라보나니 주 앞에서 점도 없고 흠도 없이 평강 가운데서 나타나기를 힘쓰라" (벧후 3:1-14)

성경 말씀이 기록된 기간과
여러 사람의 기록자들

....

하나님이 왜 1,500여 년의 긴 시간에 거쳐서 40여 명의
서로 다른 사람들을 통하여 이 말씀을 기록하여 전하게 하셨을까?
만약에 하나님의 말씀이 어느 한 시점에서 어느 한 사람에게만 주어
졌다면 그 말을 무슨 근거로 하나님의 말씀이라고 믿고 받아들일 수
가 있겠는가? 그런데 성경 말씀이 오랜 시간에 거쳐서 여러 사람에게
하신 말씀들이 역사 속에서 그대로 성취되었고, 마지막으로 말씀의
주인이신 예수께서 오셔서 성경에 기록된 대로 우리의 구원을 성취
하심으로써 하나님의 말씀이라는 사실이 확실하게 증명된 것이다.

"그러므로 모든 들은 것을 우리가 더욱 간절히 삼갈찌니 혹 흘러
떠내려 갈까 염려하노라 천사들로 하신 말씀이 견고하게 되어 모든
범죄함과 순종치 아니함이 공변된 보응을 받았거든 우리가 이같이
큰 구원을 등한히 여기면 어찌 피하리요
이 구원은 처음에 주로 말씀하신 바요 들은 자들이 우리에게 확
증한 바니 하나님도 표적들과 기사들과 여러가지 능력과 및 자기
뜻을 따라 성령의 나눠주신 것으로써 저희와 함께 증거하셨느니라"
(히 2:1-4)

"내가 만일 나를 위하여 증거 하면 내 증거는 참되지 아니하되 나를 위하여 증거 하시는 이가 따로 있으니 나를 위하여 증거 하시는 그 증거가 참 인줄 아노라

너희가 요한에게 사람을 보내매 요한이 진리에 대하여 증거 하였느니라 그러나 나는 사람에게서 증거를 취하지 아니하노라 다만 이 말을 하는 것은 너희로 구원을 얻게 하려 함이니라

요한은 켜서 비취는 등불이라 너희가 일시 그 빛에 즐거이 있기를 원하였거니와 내게는 요한의 증거보다 더 큰 증거가 있으니 아버지께서 내게 주사 이루게 하시는 역사 곧 나의 하는 그 역사가 아버지께서 나를 보내신 것을 나를 위하여 증거 하는 것이요 또한 나를 보내신 아버지께서 친히 나를 위하여 증거 하셨느니라

너희는 아무 때에도 그 음성을 듣지 못하였고 그 형용을 보지 못하였으며 그 말씀이 너희 속에 거하지 아니하니 이는 그의 보내신 자를 믿지 아니함이니라

너희가 성경에서 영생을 얻는 줄 생각하고 성경을 상고하거니와 이 성경이 곧 내게 대하여 증거 하는 것이로다 그러나 너희가 영생을 얻기 위하여 내게 오기를 원하지 아니하는도다" (요 5:31-40)

성경 말씀을 자세히 알기 위해서는 아주 오래전에 하신 말씀부터 맨 나중에 하신 말씀들을 모두 종합하여 자세히 살펴보아야 한다.

큰 건물은 멀리서 보아야 전체의 모습이 보인다 그런 후에는 가까이에 다가가서 부분 부분을 세밀하게 살펴보아야 이 건물이 무슨 건물이며 어떤 용도로 어떻게 지어진 건물인 것을 알 수가 있는 것이다.

그런데 사람들은 아주 멀리서만 바라보든지 아니면 아주 가까이에서 한 부분만 보고 자기 생각을 따라서 추상적으로 말하는 사람들이

있는데, 그러한 사람들의 주장은 성경에 무지한 사람들에게는 받아들여질 수 있을지 모르나 말씀에 대하여 모든 것을 자세히 아는 사람들에게는 그들의 말이 모두 거짓임이 여실히 드러나는 것이다.

어느 특정의 사람에 대하여 말하려면 그 사람의 집안, 외모, 인격, 직업, 성품, 능력 등 모든 것에 대하여 자세히 알아야 그 사람이 어떤 사람인지 정확하게 알 수 있고 말할 수 있는 것이다. 그렇지 않고 그 사람의 손가락이나 발가락만 보고 그 사람에 대하여 그가 어떤 사람이고 무엇을 하는 사람이라고 어떻게 말할 수 있겠는가? 그와 같이 성경 말씀도 어느 한 부분만 가지고는 하나님이 하시는 일이나 성성 말씀에 대하여 아무것도 알 수도 없고, 말할 수도 없는 것이다.

하나님이 택하신 유대인이 왜 실패하였는가? 그들의 성경 지식이나 신앙이 우물 안 개구리처럼 부분적이고 근시안적이었기 때문이다, 성경 전체를 통해서 예수님을 보았더라면 그분이 메시아 하나님의 아들이심을 분명하게 알 수가 있었을 텐데 유대인들은 예수님이 자기 이웃에 사는 나사렛 목수 요셉의 아들로 보았기에 그들의 눈에는 메시아 예수님으로 보이지 않았던 것이다.

예수님은 나사렛 목수의 아들로 태어나신 것이 사실이지만, 하나님은 오래전부터 예수님의 탄생과 사역과 죽으심과 부활 승천에 대하여 아주 구체적이고 자세하게 말씀하셨으나 유대인들은 하나님의 말씀을 떠나서 자기들의 시각과 왜곡된 신앙과 잘못된 지식으로 예수를 보았기에 예수님을 알아보지 못하고 배척하게 되었던 것이다. 예수님을 알고 예수님에 대하여 말하려면 성경을 전체를 자세하게 살펴보아야 한다.

"우리 중에 이루어진 사실에 대하여 처음부터 말씀의 목격자 되고 일군 된 자들의 전하여 준 그대로 내력을 저술하려고 붓을 든 사람이 많은지라 그 모든 일을 근원부터 자세히 미루어 살핀 나도 데오빌로 각하에게 차례대로 써 보내는 것이 좋은줄 알았노니 이는 각하로 그 배운 바의 확실함을 알게 하려 함이로라" (눅 1:1-4)

성경 말씀을 자세히 살펴보면 예수님과 죄인의 구원과 영생에 대하여 자세하게 알 수 있는데, 이 사실을 발견한 사람이 바로 영의 눈이 열린 사람이다.

유대인 지도자들은 예수님을 알아보지 못했지만, 사마리아 여인은 예수님과 단 몇 마디 대화만 했을 뿐인데 곧바로 예수님을 알아보고 동네로 달려가서 우리들이 기다리는 그분을 만났다고 증거하였다. 그녀의 말을 듣고 동네 사람들도 달려 나와서 예수님과 대화를 하더니 자기들이 만난 그분이 세상에 오실 구주시라고 확실하게 증거하였던 것이다.

"여자가 가로되 메시야 곧 그리스도라 하는 이가 오실 줄을 내가 아노니 그가 오시면 모든 것을 우리에게 고하시리이다

예수께서 이르시되 네게 말하는 내가 그로라 하시니라

이 때에 제자들이 돌아와서 예수께서 여자와 말씀하시는 것을 이상히 여겼으나 무엇을 구하시나이까 어찌하여 저와 말씀하시나이까 묻는 이가 없더라

여자가 물동이를 버려두고 동네에 들어가서 사람들에게 이르되 나의 행한 모든 일을 내게 말한 사람을 와 보라 이는 그리스도가 아니냐 하니

저희가 동네에서 나와 예수께로 오더라

그 사이에 제자들이 청하여 가로되 랍비여 잡수소서

가라사대 내게는 너희가 알지 못하는 먹을 양식이 있느니라

제자들이 서로 말하되 누가 잡수실 것을 갖다 드렸는가 한 대 예수께서 이르시되 나의 양식은 나를 보내신 이의 뜻을 행하며 그의 일을 온전히 이루는 이것이니라

너희가 넉 달이 지나야 추수할 때가 이르겠다 하지 아니하느냐 내가 너희에게 이르노니 눈을 들어 밭을 보라 희어져 추수하게 되었도다 거두는 자가 이미 삯도 받고 영생에 이르는 열매를 모으나니 이는 뿌리는 자와 거두는 자가 함께 즐거워하게 하려 함이니라

그런즉 한 사람이 심고 다른 사람이 거둔다 하는 말이 옳도다

내가 너희로 노력지 아니한 것을 거두러 보내었노니 다른 사람들은 노력하였고 너희는 그들의 노력한 것에 참예하였느니라

여자의 말이 그가 나의 행한 모든 것을 내게 말하였다 증거하므로 그 동네 중에 많은 사마리아인이 예수를 믿는지라

사마리아인들이 예수께 와서 자기들과 함께 유하기를 청하니 거기서 이틀을 유하시매 예수의 말씀을 인하여 믿는 자가 더욱 많아

그 여자에게 말하되 이제 우리가 믿는 것은 네 말을 인함이 아니니 이는 우리가 친히 듣고 그가 참으로 세상의 구주신 줄 앎이니라 하였더라"(요 4:25-42)

하나님은 주님을 세상에 보내시기 위하여 1,450여 년 전부터 예수님에 대하여 말씀하셨던 것인데, 그 말씀에 비추어 보면 예수님의 모습이 밝히 보이는 것이다.

"그 때에 예수께서 무리에게 말씀하시되 너희가 강도를 잡는 것

같이 검과 몽치를 가지고 나를 잡으러 나왔느냐 내가 날마다 성전에 앉아 가르쳤으되 너희가 나를 잡지 아니하였도다 그러나 이렇게 된 것은 다 선지자들의 글을 이루려 함이니라 하시더라 이에 제자들이 다 예수를 버리고 도망하니라" (마 26:55-56)

"가라사대 미련하고 선지자들의 말한 모든 것을 마음에 더디 믿는 자들이여 그리스도가 이런 고난을 받고 자기의 영광에 들어가야 할 것이 아니냐 하시고 이에 모세와 및 모든 선지자의 글로 시작하여 모든 성경에 쓴바 자기에 관한 것을 자세히 설명하시니라" (눅 24:25-27)

"형제들 아브라함의 후예와 너희 중 하나님을 경외하는 사람들아 이 구원의 말씀을 우리에게 보내셨거늘
예루살렘에 사는 자들과 저희 관원들이 예수와 및 안식일마다 외우는바 선지자들의 말을 알지 못하므로 예수를 정죄하여 선지자들의 말을 응하게 하였도다
죽일 죄를 하나도 찾지 못하였으나 빌라도에게 죽여 달라 하였으니
성경에 저를 가리켜 기록한 말씀을 다 응하게 한 것이라 후에 나무에서 내려다가 무덤에 두었으나 하나님이 죽은자 가운데서 저를 살리신지라" (행 13:26-30)

"나의 복음과 예수 그리스도를 전파함은 영세전부터 감취었다가 이제는 나타내신바 되었으며 영원하신 하나님의 명을 좇아 선지자들의 글로 말미암아 모든 민족으로 믿어 순종케 하시려고 알게 하신바 그 비밀의 계시를 좇아 된 것이니 이 복음으로 너희를 능히

견고케 하실 지혜로우신 하나님께 예수 그리스도로 말미암아 영광
이 세세무궁토록 있을찌어다 아멘" (롬 16:25-27)

말씀을 알지 못하는 백성들은 예수께서 그들 앞에 찾아오셔서 예
언된 말씀대로 일하시는 모습을 보았으나 예수를 알아보지 못하였다.

"예수께서 열 두 제자에게 명하시기를 마치시고 이에 저희 여러
동네에서 가르치시며 전도하시려고 거기를 떠나 가시니라
요한이 옥에서 그리스도의 하신 일을 듣고 제사들을 보내어 예
수께 여짜오되 오실 그이가 당신이오니이까 우리가 다른 이를 기다
리오리이까
예수께서 대답하여 가라사대 너희가 가서 듣고 보는 것을 요한에
게 고하되 소경이 보며 앉은뱅이가 걸으며 문둥이가 깨끗함을 받으
며 귀머거리가 들으며 죽은 자가 살아나며 가난한 자에게 복음이
전파된다 하라" (마 11:1-5)

세례요한의 질문에 예수님은 성경에 기록된 말씀으로 자신의 신
분을 밝히셨던 것이니 모든 성경이 예수님에 대하여 증거하고 있기
때문이다.

"너희가 성경에서 영생을 얻는 줄 생각하고 성경을 상고하거니와
이 성경이 곧 내게 대하여 증거하는 것이로다" (요 5:39)

"헤롯왕 때에 예수께서 유대 베들레헴에서 나시매 동방으로부터 박
사들이 예루살렘에 이르러 말하되 유대인의 왕으로 나신 이가 어디

계시뇨 우리가 동방에서 그의 별을 보고 그에게 경배하러 왔노라 하니
헤롯왕과 온 예루살렘이 듣고 소동한지라 왕이 모든 대제사장과
백성의 서기관들을 모아 그리스도가 어디서 나겠느뇨 물으니
가로되 유대 베들레헴이오니 이는 선지자로 이렇게 기록된바 또
유대 땅 베들레헴아 너는 유대 고을 중에 가장 작지 아니하도다 네
게서 한 다스리는 자가 나와서 내 백성 이스라엘의 목자가 되리라
하였음이니이다" (마 2:1-6)

"기록된바 보라 내가 내 사자를 네 앞에 보내노니 저가 네 길을 네
앞에 예비하리라 하신 것이 이 사람에 대한 말씀이니라" (마 11:10)

"옛적에 선지자들로 여러 부분과 여러 모양으로 우리 조상들에게
말씀하신 하나님이 이 모든 날 마지막에 아들로 우리에게 말씀하
셨으니 이 아들을 만유의 후사로 세우시고 또 저로 말미암아 모든
세계를 지으셨느니라" (히 1:1-2)

성경 말씀 안에는 과거에 이루어진 사실과 현재에 일어나고 있는
모든 사건 그리고 미래에 일어날 일들에 대하여 자세하게 말씀하고
있으니 우리는 이 모든 말씀을 통하여 하나님과 예수님 그리고 성
령님에 대하여 자세하게 알고 믿어 구원에 이를 수 있는 지혜에 이
르게 되는 것이다.

"또 네가 어려서부터 성경을 알았나니 성경은 능히 너로 하여금
그리스도 예수 안에 있는 믿음으로 말미암아 구원에 이르는 지혜
가 있게 하느니라" (딤후 3:15)

제 6 편

✝

최후의 심판

통제할 수 없는 집단과 세력의
결국은 심판이다

....

요즘엔 지구촌 곳곳에 전례 없는 큰 홍수가 나서 삶의
기반들이 파괴되고 사람들이 죽어 나가는 놀라운 현상이 나타나고
있다.

"산이 생기기 전, 땅과 세계도 주께서 조성하시기 전 곧 영원부터
영원까지 주는 하나님이시니이다

주께서 사람을 티끌로 돌아가게 하시고 말씀하시기를 너희 인생
들은 돌아가라 하셨사오니 주의 목전에는 천년이 지나간 어제 같으
며 밤의 한 경점 같을 뿐임이니이다

주께서 저희를 홍수처럼 쓸어 가시나이다 저희는 잠간 자는것 같
으며 아침에 돋는 풀 같으니이다

풀은 아침에 꽃이 피어 자라다가 저녁에는 벤바 되어 마르나이다
우리는 주의 노에 소멸되며 주의 분내심에 놀라나이다" (시 90:1-7)

그런가 하면 어느 지역에는 비가 전혀 내리지 않아서 사막화되어
가고 있다. 기온이 점점 더 오르고 있으니 이러한 추세가 더욱 강하
게 나타날 것이다.

홍수는 모두 것을 파괴하며 사람들이 휩쓸려 죽어가고 세상의 평

화와 질서를 무너트리고 난장판을 만들어 놓는다. 큰 홍수가 한바탕 쓸어가면 모든 곳이 무너지고 떠내려가고 침수되어 많은 것을 잃어버리게 되고 폐허가 되어 더 많은 비용을 들여 다시 세우게 되는데, 인류 역사는 이러한 일들이 언제나 반복되어 일어나고 있다.

홍수처럼 차고 넘치는 시대가 좋은 것이 결코 아니다. 돈이 많은 시대가 좋은 것이 아니고, 정보와 지식과 물질이 넘치는 시대가 좋은 것이 아니다.

한국은행이나 세계의 모든 은행이 그동안 엄청난 돈을 풀어서 세상은 이렇게 외적으로는 빠른 속도로 성장하고 발전되기도 하였다. 그런데 지금 무슨 일이 일어나고 있는가? 홍수에 마실 물이 없는 것처럼 지금 곳곳이 돈이 없어 난리다. 곳곳이 무너지고 팔려 가고 쓰러지고 넘어가고 심지어 이제는 어떻게 살아가야 할지 한숨만 나오는 시대가 되어버렸다.

이것이 물질의 역습이다. 돈은 사람들이 잘 이용하여야 하는데 미친 듯이 풀고 미친 듯이 사용하다 보니까 이제는 역습을 당하여 모두가 큰 고통을 겪게 되어 세상이 아수라장이 되어버렸다.

교회도 지나치게 많은 사람이 모이고 재물이 많아지게 되니까 하나님이 인도하시는 길로 나아가지 않고, 무엇이든 자기가 가진 힘을 가지고 자기들 생각을 따라서 움직이고 있기 때문에 질서가 파괴되고 혼란에 빠졌다. 정체성이 사라지고 나아갈 방향을 잃었고, 이제는 모였던 사람들이 흩어지고 있는 것이다.

일부 대형 교회 지도자들이 말년에 탈선하고 온갖 수치와 고통을 당하며 그동안 쌓아놓은 명성이 허물어지고 패가망신하는데, 이것이 바로 부와 힘의 역습인 것이다. 그래서 하나님은 주님의 일을 하는 사람들에게 특별히 탐욕을 경계하신 것이니 탐욕은 절대로 하나님이 원하시는 삶을 이루지 못하게 하고 언제나 잘못된 방향으로 향하게 하였다.

교회는 그동안 교회의 기초도 제대로 세우지 못하고 교회 성장만 외쳤고, 교회 성장만이 하나님의 뜻이라 생각하여 교회 성장에만 집착하여 오늘의 교회를 세워놓았으나 모든 것이 부실하게 성장하여 이제는 아주 작은 충격에도 힘없이 무너져 내리고 있다.

> "한 서기관이 나아와 예수께 말씀하되 선생님이여 어디로 가시든지 저는 좇으리이다 예수께서 이르시되 여우도 굴이 있고 공중의 새도 거처가 있으되 오직 인자는 머리 둘 곳이 없다 하시더라" (마 8:19-20)

예수님은 모든 것을 소유하신 분이지만 이 세상에서는 가장 가난한 사람으로 사셨으며, 사탄의 권세를 이기시는 가장 강하신 분이시지만 마지막에는 아주 연약한 모습으로 십자가 위에서 죽으셨다. 예수님의 삶과 죽으심은 오직 하나님의 뜻을 따라 죄인을 구원하기 위하여 외길을 걸어가신 것이다. 만약 예수께서 그가 가지신 능력을 모두 행하시며 사셨다면 이 세상은 이미 망하고 사람들은 모두 재앙의 죽음을 피하지 못하고 다 죽었을 것이다.

> "말씀하실 때에 열 둘 중에 하나인 유다가 왔는데 대제사장들과 백성의 장로들에게서 파송된 큰 무리가 검과 몽치를 가지고 그와 함께 하였더라
> 예수를 파는 자가 그들에게 군호를 짜 가로되 내가 입맞추는 자

가 그이니 그를 잡으라 하였는지라 곧 예수께 나아와 랍비여 안녕하시옵니까 하고 입을 맞추니

예수께서 가라사대 친구여 네가 무엇을 하려고 왔는지 행하라 하신대 이에 저희가 나아와 예수께 손을 대어 잡는지라

예수와 함께 있던 자 중에 하나가 손을 펴 검을 빼어 대제사장의 종을 쳐 그 귀를 떨어뜨리니 이에 예수께서 이르시되 네 검을 도로 집에 꽂으라 검을 가지는 자는 다 검으로 망하느니라

너는 내가 내 아버지께 구하여 지금 열 두 영 더 되는 천사를 보내시게 할 수 없는 줄로 아느냐

내가 만일 그렇게 하면 이런 일이 있으리라 한 성경이 어떻게 이루어지리요 하시더라" (마 26:47-54)

그런데 사람들은 힘만 있으면 그 힘을 가지고 자기 마음대로 살면서 하나님을 대적하며 살았으니 유대인들은 예수님을 죽였고, 그의 제자들을 핍박하였다. 자신들의 세력을 가지고 온갖 죄를 저지르며 살았으니 마지막 회개의 기회마저 잃고 하나님의 심판을 자초하게 된 것이다.

자기가 소유한 힘도 스스로 절제하며 살아야 세상에 평화와 질서가 유지되고 기쁨과 용서와 화합의 아름다운 세상이 되는 것인데, 그 힘이 일부의 국가나 일부의 기업이나 개인에게 쏠리게 되어 힘을 가진 자가 그 힘을 남용하고 있기 때문에 세상은 질서와 평화가 깨지고 전쟁의 소용돌이에 빠져들어 모두 황폐화되어 가고 있다. 이 모든 것이 인간의 탐욕과 무지와 악함이 가져온 결과가 아니고 무엇이겠는가?

황폐할 것이 작정되어 있는
세상

·····························

"내 백성은 나를 알지 못하는 우준한 자요 지각이 없는 미련한 자식이라 악을 행하기에는 지각이 있으나 선을 행하기에는 무지하도다

내가 땅을 본즉 혼돈하고 공허하며 하늘들을 우러른즉 거기 빛이 없으며

내가 산들을 본즉 다 진동하며 작은 산들도 요동하며

내가 본즉 사람이 없으며 공중의 새가 다 날아갔으며

내가 본즉 좋은 땅이 황무지가 되었으며 그 모든 성읍이 여호와의 앞 그 맹렬한 진노 앞에 무너졌으니

이는 여호와의 말씀에 이 온 땅이 황폐할 것이나 내가 진멸하지는 아니할 것이며

이로 인하여 땅이 슬퍼할 것이며 위의 하늘이 흑암할 것이라 내가 이미 말하였으며 작정하였고 후회하지 아니하였은 즉 또한 돌이키지 아니하리라 하셨음이로다" (렘 4:22-28)

"내게 가르치며 내게 말하여 가로되 다니엘아 내가 이제 네게 지혜와 총명을 주려고 나왔나니

곧 네가 기도를 시작할 즈음에 명령이 내렸으므로 이제 네게 고

하러 왔느니라 너는 크게 은총을 입은 자라 그런즉 너는 이 일을 생각하고 그 이상을 깨달을찌니라

네 백성과 네 거룩한 성을 위하여 칠십 이레로 기한을 정하였나니 허물이 마치며 죄가 끝나며 죄악이 영속되며 영원한 의가 드러나며 이상과 예언이 응하며 또 지극히 거룩한 자가 기름부음을 받으리라

그러므로 너는 깨달아 알찌니라 예루살렘을 중건하라는 영이 날 때부터 기름부음을 받은 자 곧 왕이 일어나기까지 일곱 이레와 육십 이 이레가 지날 것이요 그 때 곤란한 동안에 성이 중건되어 거리와 해자가 이룰 것이며

육십 이 이레 후에 기름부음을 받은 자가 끊어져 없어질 것이며 장차 한 왕의 백성이 와서 그 성읍과 성소를 훼파하려니와 그의 종말은 홍수에 엄몰됨 같을 것이며 또 끝까지 전쟁이 있으리니 황폐할 것이 작정되었느니라

그가 장차 많은 사람으로 더불어 한 이레 동안의 언약을 굳게 정하겠고 그가 그 이레의 절반에 제사와 예물을 금지할 것이며 또 잔포하여 미운 물건이 날개를 의지하여 설 것이며 또 이미 정한 종말까지 진노가 황폐케 하는 자에게 쏟아지리라 하였느니라" (단 9:22-27)

지금 우리는 모든 것이 파괴되고 무너지며 황폐화되어 가는 시대에 살아가고 있다. 교회도 무너지고 가정도 무너지고 사회적 모든 삶의 기반들이 모두 무너지고 있다. 인간을 포함하여 모든 동물과 그 양식이 되는 식물들도 모두 병들어 죽어가고 메말라 황폐화되어 가고 있는 현실 속에서 이제 모두가 탄식하며 살아갈 수밖에 없게 되었다.

"피조물의 고대하는 바는 하나님의 아들들의 나타나는 것이니

피조물이 허무한데 굴복하는 것은 자기 뜻이 아니요 오직 굴복케 하시는 이로 말미암음이라

그 바라는 것은 피조물도 썩어짐의 종노릇 한데서 해방되어 하나님의 자녀들의 영광의 자유에 이르는 것이니라

피조물이 다 이제까지 함께 탄식하며 함께 고통하는 것을 우리가 아나니

이뿐 아니라 또한 우리 곧 성령의 처음 익은 열매를 받은 우리까지도 속으로 탄식하여 양자 될것 곧 우리 몸의 구속을 기다리느니라" (롬 8:19-23)

그 파괴의 주범이 곧 하나님을 떠난 인간들의 탐욕의 죄악이니 이제 세상과 교회가 함께 무너져가고 있는 것이다.

그럼에도 불구하고 어리석은 인간들은 여전히 아무것도 깨닫지 못하고 바벨탑을 쌓아서 하나님의 진노에서 스스로 살아보겠다고 홍수 심판 후에 하였던 행동을 지금도 계속하고 있으니 인간이 쌓은 바벨탑이 어찌 하나님의 심판에서 사람들을 구원할 수가 있겠는가 생각하여 보라. 어리석은 인간들의 어리석은 행위일 뿐이다.

이렇게 인간들은 언제나 헛되고 헛된 일에 자기의 인생을 소모하며 하나님을 대적하고 살았으니 그 결과 하나님의 심판을 불러오게 되었다. 그동안 전 세계에 확산되었던 코로나 팬데믹은 세계의 경제를 무너지게 하였고, 현재(2024년 5월)에도 계속되고 있는 러시아와 우크라이나의 전쟁, 이스라엘과 하마스의 전쟁으로 인하여 전 세계의 정치, 경제, 안보, 사회, 문화 등 전반에 엄청난 혼란과 고통이 시

작되었다.

여러 가지 질병과 자연재해(기근과 홍수, 지진, 태풍, 기온 상승과 기온의 강하)는 이전에 경험하지 못하였던 아주 무섭고 끔찍한 재앙으로 임하여 세상 곳곳이 황폐되어가고 있으니 그 재앙을 사람의 힘으로 막을 수 없고 피할 수도 없으며, 사람이 다시 회복시킬 수도 없으니 하나님의 말씀대로 이 세상은 지금 황폐화되어 가고 있는 것이다.

"예레미야가 스라야에게 이르되 너는 바벨론에 이르거든 삼가 이 모든 말씀을 읽고 말하기를 여호와여 주께서 이곳에 대하여 말씀하시기를 이 땅을 멸하여 사람이나 짐승이 거기 거하지 못하게 하고 영영히 황폐케 하리라 하셨나이다 하라

너는 이 책 읽기를 다한 후에 책에 돌을 매어 유브라데 하수 속에 던지며

말하기를 바벨론이 나의 재앙 내림을 인하여 이같이 침륜하고 다시 일어나지 못하리니 그들이 쇠패하리라 하라 하니라 예레미야의 말이 이에 마치니라" (렘 51:61-64)

"이미 있는 무엇이든지 오래 전부터 그 이름이 칭한바 되었으며 사람이 무엇인지도 이미 안바 되었나니 자기보다 강한 자와 능히 다툴 수 없느니라

헛된 것을 더하게 하는 많은 일이 있나니 사람에게 무엇이 유익하랴

헛된 생명의 모든 날을 그림자 같이 보내는 일평생에 사람에게 무엇이 낙인지 누가 알며 그 신 후에 해 아래서 무슨 일이 있을 것을 누가 능히 그에게 고하리요" (전 6:10-12)

"만군의 여호와께서 이같이 말씀하시되 너희에게 예언하는 선지자들의 말을 듣지 말라 그들은 너희에게 헛된 것을 가르치나니 그들의 말한 묵시는 자기 마음으로 말미암은 것이요 여호와의 입에서 나온 것이 아니니라

항상 그들이 나를 멸시하는 자에게 이르기를 너희가 평안하리라 여호와의 말씀이니라 하며 또 자기 마음의 강퍅한대로 행하는 모든 사람에게 이르기를 재앙이 너희에게 임하지 아니하리라 하였느니라

누가 여호와의 회의에 참예하여 그 말을 알아들었으며 누가 귀를 기울여 그 말을 들었느뇨

보라 나 여호와의 노가 발하여 폭풍과 회리바람처럼 악인의 머리를 칠 것이라 나 여호와의 노는 내 마음의 뜻하는 바를 행하여 이루기까지는 쉬지 아니하나니 너희가 말일에 그것을 완전히 깨달으리라" (렘 23:16-20)

"난리와 소란의 소문을 들을 때에 두려워 말라 이 일이 먼저 있어야 하되 끝은 곧 되지 아니하니라 또 이르시되 민족이 민족을, 나라가 나라를 대적하여 일어나겠고 처처에 큰 지진과 기근과 온역이 있겠고 또 무서운 일과 하늘로서 큰 징조들이 있으리라" (눅 21:9-11)

"천사가 향로를 가지고 단 위의 불을 담아다가 땅에 쏟으매 뇌성과 음성과 번개와 지진이 나더라

일곱 나팔 가진 일곱 천사가 나팔 불기를 예비하더라

첫째 천사가 나팔을 부니 피 섞인 우박과 불이 나서 땅에 쏟아지

매 땅의 삼분의 일이 타서 사위고 수목의 삼분의 일도 타서 사위고 각종 푸른 풀도 타서 사위더라"(계 8:5-7)

"이 일 후에 다른 천사가 하늘에서 내려오는 것을 보니 큰 권세를 가졌는데 그의 영광으로 땅이 환하여지더라

힘센 음성으로 외쳐 가로되 무너졌도다 무너졌도다 큰 성 바벨론이여 귀신의 처소와 각종 더러운 영의 모이는 곳과 각종 더럽고 가증한 새의 모이는 곳이 되었도다

그 음행의 진노의 포도주를 인하여 만국이 무너졌으며 또 땅의 왕들이 그로 더불어 음행하였으며 땅의 상고들도 그 사치의 세력을 인하여 치부하였도다 하더라

또 내가 들으니 하늘로서 다른 음성이 나서 가로되 내 백성아, 거기서 나와 그의 죄에 참예하지 말고 그의 받을 재앙들을 받지 말라

그 죄는 하늘에 사무쳤으며 하나님은 그의 불의한 일을 기억하신지라

그가 준 그대로 그에게 주고 그의 행위대로 갑절을 갚아주고 그의 섞은 잔에도 갑절이나 섞어 그에게 주라"(계 18:1-6)

하나님의 백성들은 하나님의 음성을 듣고 속히 그 죄악의 도성에서 빠져나와야 살 수가 있는데, 아무도 거기서 도망쳐 나오지 못하고 머뭇거리며 그들의 죄에 깊이 참여하고 있는 것이다.

"롯이 나가서 그 딸들과 정혼한 사위들에게 고하여 이르되 여호와께서 이 성을 멸하실터이니 너희는 일어나 이곳에서 떠나라 하되 그 사위들이 농담으로 여겼더라

동틀 때에 천사가 롯을 재촉하여 가로되 일어나 여기 있는 네 아내와 두 딸을 이끌라 이 성의 죄악 중에 함께 멸망할까 하노라

그러나 롯이 지체하매 그 사람들이 롯의 손과 그 아내의 손과 두 딸의 손을 잡아 인도하여 성밖에 누니 여호와께서 그에게 인자를 더하심이었더라

그 사람들이 그들을 밖으로 이끌어낸 후에 이르되 도망하여 생명을 보존하라 돌아보거나 들에 머무르거나 하지 말고 산으로 도망하여 멸망함을 면하라

롯이 그들에게 이르되 내 주여 그리 마옵소서

종이 주께 은혜를 얻었고 주께서 큰 인자를 내게 베푸사 내 생명을 구원하시오나 내가 도망하여 산까지 갈 수 없나이다 두렵건대 재앙을 만나 죽을까 하나이다

보소서 저 성은 도망하기 가깝고 작기도 하오니 나로 그곳에 도망하게 하소서 이는 작은 성이 아니니이까 내 생명이 보존되리이다

그가 그에게 이르되 내가 이 일에도 네 소원을 들었은즉 너의 말하는 성을 멸하지 아니하리니

그리로 속히 도망하라 네가 거기 이르기까지는 내가 아무 일도 행할 수 없노라 하였더라 그러므로 그 성 이름을 소알이라 불렀더라

롯이 소알에 들어갈 때에 해가 돋았더라

여호와께서 하늘 곧 여호와에게로서 유황과 불을 비 같이 소돔과 고모라에 내리사

그 성들과 온 들과 성에 거하는 모든 백성과 땅에 난 것을 다 엎어 멸하셨더라

롯의 아내는 뒤를 돌아 본고로 소금 기둥이 되었더라" (창 19:14-26)

지금 교인들의 신앙 상태가 마치 롯의 가족들과 같다. 롯의 사위들은 하나님의 심판과 구원의 복음을 듣고서도 농담으로 여기고 비웃으며 심판의 도성에서 도망하지 아니하였다. 롯과 그의 처자식들은 빨리 도망쳐서 나오지 않고 머뭇거리고 있을 때 천사들이 들어가서 억지고 끌어냄으로써 겨우 구원을 받았으나 롯의 처는 끌려 나오다가도 뒤를 돌아보지 말라는 경고의 말씀을 무시하고 뒤를 돌아보아 소금기둥이 되고 말았다.

현대 교인들의 신앙 상태가 모두 이 롯의 가족들과 같아서 하나님의 천사들이 강권적으로 끌어내지 않으면 구원받을 사람들이 아무도 없을 것이다. 롯과 그의 가족들의 구원은 삼촌 아브라함의 기도가 있었기에 가능하였다면 마지막 때는 예수님의 기도로 말미암아 구원에 이르게 되는 것이다.

이 말씀이 옛날 동화 속에 나왔던 이야기가 아니라 실제로 일어났던 역사적 사건으로, 말세를 살아가는 모든 사람을 살리시기 위한 하나님의 마지막 계시의 경고인 것이다. 그런데 이렇게 귀한 복음이 사람들에게 외면을 받고 있으니 모두가 사단에 미혹되어 있기 때문이다.

"시몬아, 시몬아, 보라 사단이 밀 까부르듯 하려고 너희를 청구하였으나 그러나 내가 너를 위하여 네 믿음이 떨어지지 않기를 기도하였노니 너는 돌이킨 후에 네 형제를 굳게 하라"(눅 22:31-32)

"우리가 소망으로 구원을 얻었으매 보이는 소망이 소망이 아니니 보는 것을 누가 바라리요 만일 우리가 보지 못하는 것을 바라면 참음으로 기다릴찌니라 이와 같이 성령도 우리 연약함을 도우시나니 우리가 마땅히 빌바를 알지 못하나 오직 성령이 말할 수 없는 탄식으로 우리를 위하여 친히 간구하시느니라 마음을 감찰하시는 이가 성령의 생각을 아시나니 이는 성령이 하나님의 뜻대로 성도를 위하여 간구하심이니라

우리가 알거니와 하나님을 사랑하는 자 곧 그 뜻대로 부르심을 입은 자들에게는 모든 것이 합력하여 선을 이루느니라

하나님이 미리 아신 자들로 또한 그 아들의 형상을 본받게 하기 위하여 미리 정하셨으니 이는 그로 많은 형제 중에서 맏아들이 되게 하려 하심이니라

또 미리 정하신 그들을 또한 부르시고 부르신 그들을 또한 의롭다 하시고 의롭다 하신 그들을 또한 영화롭게 하셨느니라

그런즉 이 일에 대하여 우리가 무슨 말 하리요 만일 하나님이 우리를 위하시면 누가 우리를 대적하리요 자기 아들을 아끼지 아니하시고 우리 모든 사람을 위하여 내어주신 이가 어찌 그 아들과 함께 모든 것을 우리에게 은사로 주지 아니하시겠느뇨

누가 능히 하나님의 택하신 자들을 송사하리요 의롭다 하신 이는 하나님이시니 누가 정죄하리요 죽으실 뿐아니라 다시 살아나신 이는 그리스도 예수시니 그는 하나님 우편에 계신 자요 우리를 위하여 간구하시는 자시니라" (롬 8:24-34)

그런데 이렇게 귀한 말씀도 귀가 열린 사람들에게나 들리는 것이니 들을 수 있는 귀가 열린 사람들은 복 있는 사람들이다.

"귀 있는 자는 성령이 교회들에게 하시는 말씀을 들을찌어다 이기는 그에게는 내가 하나님의 낙원에 있는 생명나무의 과실을 주어

먹게 하리라"(계 2:7)

"피조물이 다 이제까지 함께 탄식하며 함께 고통하는 것을 우리가 아나니 이뿐 아니라 또한 우리 곧 성령의 처음 익은 열매를 받은 우리까지도 속으로 탄식하여 양자 될것 곧 우리 몸의 구속을 기다리느니라 "(롬 8:22-23)

"찬송하리로다 우리 주 예수 그리스도의 아버지 하나님이 그 많으신 긍휼대로 예수 그리스도의 죽은 자 가운데서 부활하심으로 말미암아 우리를 거듭나게 하사 산 소망이 있게 하시며 썩지 않고 더럽지 않고 쇠하지 아니하는 기업을 잇게 하시나니
곧 너희를 위하여 하늘에 간직하신 것이라 너희가 말세에 나타내기로 예비하신 구원을 얻기 위하여 믿음으로 말미암아 하나님의 능력으로 보호하심을 입었나니
그러므로 너희가 이제 여러가지 시험을 인하여 잠간 근심하게 되지 않을 수 없었으나 오히려 크게 기뻐하도다 너희 믿음의 시련이 불로 연단하여도 없어질 금보다 더 귀하여 예수 그리스도의 나타나실 때에 칭찬과 영광과 존귀를 얻게 하려 함이라"(벧전 1:3-7)

바벨론에 대한
최후의 심판

....

바벨론은 BC 626.10.-BC539.10.13까지 87년 동안 실제로 존재하였다가 하나님의 심판으로 멸망한 제국이며, 마지막 때에 심판받게 될 이 세상의 모든 나라를 통칭하는 명칭이 되고 있다.

바벨론 제국에 의하여 남유다국이 망하였고, 예루살렘 성전이 파괴되어 성전의 모든 보화가 바벨론으로 옮겨졌다(BC 586). 유다가 바벨론에 의하여 정복되고, 예루살렘 성전이 파괴된 것은 하나님 백성들의 죄악에 대한 하나님의 최후 심판이었던 것이다. 하나님은 그의 백성을 심판하시기 전에 반드시 먼저 경고의 말씀을 거듭거듭 하셨으나 백성들은 여전히 마지막의 경고마저 무시하고 받아들이지 아니하였다.

성경 말씀을 자세히 보면 앞으로 세상에 일어날 일들에 대하여 자세하게 기록되어 있는데도 사람들은 여전히 알지 못하며, 듣지 아니하며, 들은 사람들도 믿지 아니하고 자신의 욕망에 빠져서 자기 생각대로만 살아가고 있으니 이들이 어떻게 구원에 이를 수가 있겠는가?

"주 여호와께서는 자기의 비밀을 그 종 선지자들에게 보이지 아니하시고는 결코 행하심이 없으시리라 사자가 부르짖은즉 누가 두

려워하지 아니하겠느냐 주 여호와께서 말씀하신즉 누가 예언하지 아니하겠느냐"(암 3:7-7)

"유다 왕 요시야의 아들 여호야김 사년 곧 바벨론 왕 느부갓네살 원년에 유다 모든 백성에 관한 말씀이 예레미야에게 임하니라

선지자 예레미야가 유다 모든 백성과 예루살렘 모든 거민에게 고하여 가로되 유다 왕 아몬의 아들 요시야의 십 삼년부터 오늘까지 이십 삼년 동안에 여호와의 말씀이 내게 임하기로 내가 너희에게 이르되 부지런히 일렀으나 너희가 듣지 아니 하였으며

여호와께서 그 모든 종 선지자를 너희에게 보내시되 부지런히 보내셨으나 너희가 듣지 아니하였으며 귀를 기울여 들으려고도 아니하였도다

이르시기를 너희는 각기 악한 길과 너희 악행에서 돌이키라 그리하면 나 여호와가 너희와 너희 열조에게 옛적에 주어 영원히 있게 한 그 땅에 거하리니 너희는 다른 신을 좇아 섬기거나 숭배하지 말며 너희 손으로 만든 것을 인하여 나의 노를 격동치 말라 그리하면 내가 너희를 해치 아니하리라 하였으나 너희가 내 말을 듣지 아니하고

너희 손으로 만든 것으로 나의 노를 격동하여 스스로 해하였느니라 여호와의 말이니라 그러므로 나 만군의 여호와가 이같이 말하노라 너희가 내 말을 듣지 아니하였은즉 보라 내가 보내어 북방 모든 족속과 내 종 바벨론 왕 느부갓네살을 불러다가 이 땅과 그 거민과 사방 모든 나라를 쳐서 진멸하여 그들로 놀램과 치소거리가 되게 하며 땅으로 영영한 황무지가 되게 할 것이라

내가 그들 중에서 기뻐하는 소리와 즐거워하는 소리와 신랑의 소리와 신부의 소리와 맷돌소리와 등불 빛이 끊쳐지게 하리니 이 온

땅이 황폐하여 놀램이 될 것이며

이 나라들은 칠십년 동안 바벨론 왕을 섬기리라

나 여호와가 말하노라 칠십년이 마치면 내가 바벨론 왕과 그 나라와 갈대아인의 땅을 그 죄악으로 인하여 벌하여 영영히 황무케 하되 내가 그 땅에 대하여 선고한바 곧 예레미야가 열방에 대하여 예언하고 이 책에 기록한 나의 모든 말을 그 땅에 임하게 하리니 여러 나라와 큰 왕들이 그들로 자기 역군을 삼으리라

내가 그들의 행위와 그들의 손의 행한대로 보응하리라 하시니라"

(렘 25:1-14)

"선지자 예레미야가 예루살렘에서 이같은 편지를 느부갓네살이 예루살렘에서 바벨론으로 옮겨간 포로 중 남아 있는 장로들과 제사장들과 선지자들과 모든 백성에게 보내었는데 때는 여고니야왕과 국모와 환관들과 및 유다와 예루살렘 방백들과 목공들과 철공들이 예루살렘에서 떠난 후라

유다 왕 시드기야가 바벨론으로 보내어 바벨론 왕 느부갓네살에게로 가게 한 사반의 아들 엘라사와 힐기야의 아들 그마랴의 손에 위탁하였더라 일렀으되 만군의 여호와 이스라엘의 하나님 내가 예루살렘에서 바벨론으로 사로잡혀 가게 한 모든 포로에게 이같이 이르노라

너희는 집을 짓고 거기 거하며 전원을 만들고 그 열매를 먹으라 아내를 취하여 자녀를 생산하며 너희 아들로 아내를 취하며 너희 딸로 남편을 맞아 그들로 자녀를 생산케 하여 너희로 거기서 번성하고 쇠잔하지 않게 하라

너희는 내가 사로잡혀 가게 한 그 성읍의 평안하기를 힘쓰고 위

하여 여호와께 기도하라 이는 그 성이 평안함으로 너희도 평안할 것임이니라

만군의 여호와 이스라엘의 하나님이 이같이 말하노라 너희 중 선지자들에게와 복술에게 혹하지 말며 너희가 꾼바 꿈도 신청하지 말라 내가 그들을 보내지 아니하였어도 그들이 내 이름으로 거짓을 예언함이니라 여호와의 말이니라

나 여호와가 이같이 말하노라 바벨론에서 칠십년이 차면 내가 너희를 권고하고 나의 선한 말을 너희에게 실행하여 너희를 이곳으로 돌아오게 하리라"(렘 29:1-10)

"다리오왕 이년 팔월에 여호와의 말씀이 잇도의 손자 베레갸의 아들 선지자 스가랴에게 임하니라 가라사대 나 여호와가 무리의 열조에게 심히 진노하였느니라

그러므로 너는 무리에게 고하기를 만군의 여호와께서 이처럼 이르시되 너희는 내게로 돌아오라 나 만군의 여호와의 말이니라 그리하면 내가 너희에게로 돌아가리라 나 만군의 여호와의 말이니라

너희 열조를 본받지 말라 옛적 선지자들이 그들에게 외쳐 가로되 만군의 여호와께서 말씀하시기를 너희가 악한 길, 악한 행실을 떠나서 돌아오라 하셨다 하나 그들이 듣지 않고 내게 귀를 기울이지 아니하였느니라 나 여호와의 말이니라

너희 열조가 어디 있느냐 선지자들이 영원히 살겠느냐 내가 종 선지자들에게 명한 내 말과 내 전례들이 어찌 네 열조에게 임하지 아니하였느냐 그러므로 그들이 돌쳐 이르기를 만군의 여호와께서 우리 길대로, 우리 행위대로 우리에게 행하시려고 뜻하신 것을 우리에게 행하셨도다 하였다 하셨느니라 하라

다리오왕 이년 십일월 곧 스밧월 이십 사일에 잇도의 손자 베레 갸의 아들 선지자 스가랴에게 여호와의 말씀이 임하여 이르시니라 내가 밤에 보니 사람이 홍마를 타고 골짜기 속 화석류나무 사이에 섰고 그 뒤에는 홍마와 자마와 백마가 있기로 내가 가로되 내 주여 이들이 무엇이니이까

내게 말하는 천사가 내게 이르되 이들이 무엇인지 내가 네게 보 이리라 하매 화석류나무 사이에 선 자가 대답하여 가로되 이는 여 호와께서 땅에 두루 다니라고 보내신 자들이니라 그들이 화석류나 무 사이에 선 여호와의 사자에게 고하되 우리가 땅에 두루 다녀보 니 온 땅이 평안하여 정온하더이다

여호와의 사자가 응하여 가로되 만군의 여호와여 여호와께서 언 제까지 예루살렘과 유다 성읍들을 긍휼히 여기지 아니하시려나이 까 이를 노하신지 칠십년이 되었나이다 하매 여호와께서 내게 말하 는 천사에게 선한 말씀, 위로하는 말씀으로 대답하시더라

내게 말하는 천사가 내게 이르되 너는 외쳐 이르기를 만군의 여 호와의 말씀에 내가 예루살렘을 위하며 시온을 위하여 크게 질투 하며 안일한 열국을 심히 진노하나니

나는 조금만 노하였거늘 그들은 힘을 내어 고난을 더하였음이라 그러므로 여호와가 이처럼 말하노라 내가 긍휼히 여기므로 예루살 렘에 돌아왔은즉 내 집이 그 가운데 건축되리니 예루살렘 위에 먹 줄이 치어지리라 나 만군의 여호와의 말이니라 하셨다 하라 다시 외쳐 이르기를 만군의 여호와의 말씀에 나의 성읍들이 넘치도록 다시 풍부할 것이라 여호와가 다시 시온을 안위하며 다시 예루살 렘을 택하리라 하셨다 하라" (슥 1:1-17)

"또 다른 천사 곧 둘째가 그 뒤를 따라 말하되 무너졌도다 무너졌도다 큰 성 바벨론이여 모든 나라를 그 음행으로 인하여 진노의 포도주로 먹이던 자로다 하더라"(계 14:8)

"세 영이 히브리 음으로 아마겟돈이라 하는 곳으로 왕들을 모으더라 일곱째가 그 대접을 공기 가운데 쏟으매 큰 음성이 성전에서 보좌로부터 나서 가로되 되었다 하니 번개와 음성들과 뇌성이 있고 또 큰 지진이 있어 어찌 큰지 사람이 땅에 있어 옴으로 이같이 큰 지진이 없었더라

큰 성이 세 갈래로 갈라지고 만국의 성들도 무너지니 큰 성 바벨론이 하나님 앞에 기억하신바 되어 그의 맹렬한 진노의 포도주 잔을 받으매 각 섬도 없어지고 산악도 간데 없더라"(계 16:16-20)

"또 일곱 대접을 가진 일곱 천사 중 하나가 와서 내게 말하여 가로되 이리 오라 많은 물위에 앉은 큰 음녀의 받을 심판을 네게 보이리라

땅의 임금들도 그로 더불어 음행하였고 땅에 거하는 자들도 그 음행의 포도주에 취하였다 하고 곧 성령으로 나를 데리고 광야로 가니라 내가 보니 여자가 붉은 빛 짐승을 탔는데 그 짐승의 몸에 참람된 이름들이 가득하고 일곱 머리와 열 뿔이 있으며 그 여자는 자주빛과 붉은 빛 옷을 입고 금과 보석과 진주로 꾸미고 손에 금잔을 가졌는데 가증한 물건과 그의 음행의 더러운 것들이 가득하더라

그 이마에 이름이 기록되었으니 비밀이라, 큰 바벨론이라, 땅의 음녀들과 가증한 것들의 어미라 하였더라 또 내가 보매 이 여자가 성도들의 피와 예수의 증인들의 피에 취한지라

내가 그 여자를 보고 기이히 여기고 크게 기이히 여기니 천사가 가로되 왜 기이히 여기느냐 내가 여자와 그의 탄바 일곱 머리와 열 뿔 가진 짐승의 비밀을 네게 이르리라 네가 본 짐승은 전에 있었다가 시방 없으나 장차 무저갱으로부터 올라와 멸망으로 들어갈 자니 땅에 거하는 자들로서 창세 이후로 생명책에 녹명되지 못한 자들이 이전에 있었다가 시방 없으나 장차 나올 짐승을 보고 기이히 여기리라

지혜 있는 뜻이 여기 있으니 그 일곱 머리는 여자가 앉은 일곱 산이요 또 일곱 왕이라 다섯은 망하였고 하나는 있고 다른이는 아직 이르지 아니하였으나 이르면 반드시 잠간 동안 계속하리라 전에 있었다가 시방 없어진 짐승은 여덟째 왕이니 일곱 중에 속한 자라 저가 멸망으로 들어가리라

네가 보던 열 뿔은 열 왕이니 아직 나라를 얻지 못하였으나 다만 짐승으로 더불어 임금처럼 권세를 일시 동안 받으리라

저희가 한 뜻을 가지고 자기의 능력과 권세를 짐승에게 주더라 저희가 어린 양으로 더불어 싸우려니와 어린 양은 만주의 주시요 만왕의 왕이시므로 저희를 이기실터이요 또 그와 함께 있는 자들 곧 부르심을 입고 빼내심을 얻고 진실한 자들은 이기리로다 또 천사가 내게 말하되 네가 본바 음녀의 앉은 물은 백성과 무리와 열국과 방언들이니라" (계 17:1-15)

세상 나라들은 끝까지 하나님을 대적하게 되지만, 결국 하나님의 심판으로 인하여 모두 멸망하고 사라질 것이다. 그리고 하나님의 남은 백성들만 최후 영광의 나라 주인공이 될 것이다.

"예수께서 신 포도주를 받으신 후 가라사대 다 이루었다 하시고 머리를 숙이시고 영혼이 돌아가시니라" (요 19:30)

"보좌에 앉으신 이가 가라사대 보라 내가 만물을 새롭게 하노라 하시고 또 가라사대 이 말은 신실하고 참되니 기록하라 하시고 또 내게 말씀하시되

이루었도다 나는 알파와 오메가요 처음과 나중이라 내가 생명수 샘물로 목 마른 자에게 값 없이 주리니 이기는 자는 이것들을 유업으로 얻으리라 나는 저의 하나님이 되고 그는 내 아들이 되리라" (계 21:5-7)

"또 내게 말하되 이 책의 예언의 말씀을 인봉하지 말라 때가 가까우니라 불의를 하는 자는 그대로 불의를 하고 더러운 자는 그대로 더럽고 의로운 자는 그대로 의를 행하고 거룩한 자는 그대로 거룩되게 하라 보라

내가 속히 오리니 내가 줄 상이 내게 있어 각 사람에게 그의 일한대로 갚아 주리라 나는 알파와 오메가요 처음과 나중이요 시작과 끝이라

그 두루마기를 빠는 자들은 복이 있으니 이는 저희가 생명 나무에 나아가며 문들을 통하여 성에 들어갈 권세를 얻으려 함이로다 개들과 술객들과 행음자들과 살인자들과 우상 숭배자들과 및 거짓말을 좋아하며 지어내는 자마다 성밖에 있으리라 나 예수는 교회들을 위하여 내 사자를 보내어 이것들을 너희에게 증거하게 하였노라

나는 다윗의 뿌리요 자손이니 곧 광명한 새벽별이라 하시더라 성령과 신부가 말씀하시기를 오라 하시는도다 듣는 자도 오라 할 것

이요 목마른 자도 올 것이요 또 원하는 자는 값 없이 생명수를 받으라 하시더라" (계 22:10-17)

"이것들을 증기하신 이가 가라사대 내가 진실로 속히 오리라 하시거늘 아멘 주 예수여 오시옵소서 주 예수의 은혜가 모든 자들에게 있을찌어다 아멘" (계 22:20-21)

저 요단강 건너편에 찬란하게(489장)

1. 저 요단강 건너편에 찬란하게 뵈는 집
예루살렘 새 집에서 주의 얼굴 뵈오리
빛난 하늘 그 집에서 주의 얼굴 뵈오리
한량없는 영광중에 주의 얼굴 뵈오리
2. 주가 내게 부탁하신 모든 일을 마친 후
예비하신 그 집에서 주의 얼굴 뵈오리
빛난 하늘 그 집에서 주의 얼굴 뵈오리
한량없는 영광중에 주의 얼굴 뵈오리
3. 성도들이 함께 모여 할렐루야 부를 때
나도 기쁜 마음으로 화답하여 부르리
빛난 하늘 그 집에서 주의 얼굴 뵈오리
한량없는 영광중에 주의 얼굴 뵈오리
4. 이 세상에 사는 동안 주의 일에 힘쓰고
썩을 장막 떠날 때에 주의 얼굴 뵈오리
빛난 하늘 그 집에서 주의 얼굴 뵈오리
한량없는 영광중에 주의 얼굴 뵈오리

주여 지난밤 내 꿈에 (490장)

1. 주여 지난 밤 내 꿈에 뵈었으니 그 꿈 이루어 주옵소서
밤과 아침에 계시로 보여주사 항상 은혜를 주옵소서
나의 놀라운 꿈 정녕 나 믿기는 장차 큰 은혜 받을 표니
나의 놀라운 꿈 정녕 이루어져 주님 얼굴을 뵈오리라
2. 마음 괴롭고 아파서 낙심 될 때 내게 소망을 주셨으며
내가 영광의 주님을 바라보니 앞 길 환하게 보이도다
나의 놀라운 꿈 정녕 나 믿기는 장차 큰 은혜 받을 표니
나의 놀라운 꿈 정녕 이루어져 주님 얼굴을 뵈오리라
3. 세상 풍조는 나날이 변하여도 나는 내 믿음 지키리니
인생 살다가 죽음이 꿈 같으나 오직 내 꿈은 참되리라
나의 놀라운 꿈 정녕 나 믿기는 장차 큰 은혜 받을 표니
나의 놀라운 꿈 정녕 이루어져 주님 얼굴을 뵈오리라

저 높은 곳을 향하여 (491장)

1. 저 높은 곳을 향하여 날마다 나아갑니다
내 뜻과 정성 모아서 날마다 기도합니다
내 주여 내 맘 붙드사 그곳에 있게 하소서
그곳은 빛과 사랑이 언제나 넘치옵니다
2. 괴롬과 죄가 있는 곳 나 비록 여기 살아도
빛나고 높은 저곳을 날마다 바라봅니다
내 주여 내 맘 붙드사 그곳에 있게 하소서
그곳은 빛과 사랑이 언제나 넘치옵니다
3. 의심의 안개 걷히고 근심의 구름 없는곳
기쁘고 참된 평화가 거기만 있사옵니다
내 주여 내 맘 붙드사 그곳에 있게 하소서
그곳은 빛과 사랑이 언제나 넘치옵니다
4. 험하고 높은 이 길을 싸우며 나아갑니다
다시금 기도하오니 내 주여 인도하소서
내 주여 내 맘 붙드사 그곳에 있게 하소서
그곳은 빛과 사랑이 언제나 넘치옵니다
5. 내 주를 따라 올라가 저 높은곳에 우뚝서
영원한 복락 누리며 즐거운 노래 부르리
내 주여 내 맘 붙드사 그곳에 있게 하소서
그곳은 빛과 사랑이 언제나 넘치옵니다